Die *hypothèque rechargeable* – eine wiederaufladbare Hypothek als Grundschuld *à la française*?

Schriften zum internationalen Privat- und Verfahrensrecht

Herausgegeben von Rainer Hausmann
und Astrid Stadler

Band 14

PETER LANG
Frankfurt am Main · Berlin · Bern · Bruxelles · New York · Oxford · Wien

Alexander Baumann

Die *hypothèque rechargeable* – eine wiederaufladbare Hypothek als Grundschuld *à la française*?

Eine Analyse der französischen *hypothèque rechargeable* durch Vergleich mit den deutschen Grundpfandrechten

PETER LANG
Internationaler Verlag der Wissenschaften

Bibliografische Information der Deutschen Nationalbibliothek
Die Deutsche Nationalbibliothek verzeichnet diese Publikation in der Deutschen Nationalbibliografie; detaillierte bibliografische Daten sind im Internet über http://dnb.d-nb.de abrufbar.

Zugl.: Konstanz, Univ., Diss., 2011

Dissertation der Universität Konstanz
Tag der mündlichen Prüfung: 2. Mai 2011
Referentin: Frau Prof. Dr. Astrid Stadler
Referent: Herr Prof. Dr. Jens Koch

Umschlaggestaltung:
© Olaf Glöckler, Atelier Platen, Friedberg

Gedruckt auf alterungsbeständigem,
säurefreiem Papier.

D 352
ISSN 1862-099X
ISBN 978-3-631-63181-2

www.peterlang.de

der deutsch-französischen Freundschaft

Vorwort

Die vorliegende Arbeit wurde im Wintersemester 2010/2011 vom Fachbereich Rechtswissenschaft der Universität Konstanz als Dissertation angenommen. Sie befindet sich inhaltlich im Wesentlichen auf dem Stand von Anfang 2010. Die Literaturfundstellen entsprechen dem Stand von Mai 2012.

Ganz herzlich bedanken möchte ich mich bei Frau Prof. Dr. Astrid Stadler. Sie hat diese Arbeit in einer Weise betreut, wie man es sich als Doktorand nur wünschen konnte. Herrn Prof. Dr. Jens Koch danke ich für die zügige Erstellung des Zweitgutachtens. Danken möchte ich auch der Universität Konstanz, deren Mitarbeiter sich in meiner ganzen Zeit in Konstanz stets als ausgesprochen hilfsbereit und unbürokratisch gezeigt haben. Weiter möchte ich der Universität Straßburg danken, die mich bei meinem Aufenthalt in Straßburg ihre Bibliotheken in großzügigster Weise nutzen ließ. Bedanken möchte ich mich auch bei all denen, die mir in Gesprächen ihre Sicht auf die Thematik schilderten und wichtige Anregungen gaben. Ausdrücklich danken möchte ich meinem Studien- und Doktorandenkollegen Holger A. Kastler. Mein ganz besonderer Dank gilt schließlich meinen Eltern Angelika und Adolf Baumann sowie meiner lieben Eirini. Ihre große und liebevolle Unterstützung über viele Jahre hinweg hat diese Arbeit erst möglich gemacht.

Brüssel, im Mai 2012 Alexander Baumann

Inhaltsverzeichnis

Kapitel 2

Die Reform von 2006

Teil 2
Die Ausgestaltung der wiederaufladbaren Hypothek

Kapitel 3
Erstsicherung und Wiederverwendung

Kapitel 4
Mehrpersonenkonstellationen bei der Wiederaufladung

Teil 3
Folgerungen: Merkmale des Wiederaufladungskonzepts

Einleitung

> „Grundbesitzer und Kapitalisten begegnen sich in dem Bedürfnis nach einfacher Gestaltung des ihre Interessen berührenden Rechts. Dem Grundbesitzer ist wesentlich daran gelegen, den Kredit, den der Grund und Boden ihm gewährt, erschöpfend, rasch und ohne Weiterungen verwerten zu können. Dem Kapitalisten aber verleiden umständliche Formen, Schwierigkeiten, welche bei der nachgesuchten Eintragung von dem Grundbuchamt gemacht werden.“
>
> *Reinhold Johow*[1]

A. Vorüberlegungen

I. Im Westen etwas Neues?

Die französische Hypothek galt bisher als Paradebeispiel für ein streng akzessorisches Grundpfandrecht ähnlich der Sicherungshypothek nach § 1184 BGB.[2] Mehrfach wurde auf damit zusammenhängende Nachteile, auf eine gewisse Schwerfälligkeit dieser Hypothekenform hingewiesen.[3] Die deutsche Grundschuld wurde hingegen bereits 1966 von der EWG-Kommission als Modell für eine europäische Harmonisierung der Grundpfandrechte ins Spiel gebracht. Die EWG-Kommission schätzte an der Grundschuld, dass sie aufgrund ihrer Forderungsunabhängigkeit eine hohe Anpassungsfähigkeit an verschiedenste Kreditsituationen aufweise.[4] Durch die Einführung der *hypothèque rechargeable* 2006 hat sich auf französischer Seite etwas getan. Für diese Arbeit wurde für *hypothèque rechargeable* die deutsche Bezeichnung „wiederaufladbare Hypothek“ gewählt.[5] Dies soll nicht ausblenden, dass sich bislang noch keine einheitliche

1 *Johow*, in: *Schubert (Hrsg.)*, Die Vorlagen der Redaktoren, Sachenrecht Teil 2, S. 461 f.: Die selbständige Hypothek, Gründe für deren Aufnahme.

2 *Ferid/Sonnenberger*, Das Französische Zivilrecht, S. 732, 3 D 322 f.; *Hadding/Schneider*, Recht der Kreditsicherheiten, Frankreich, S. 192 Nr. 204.

3 *Hadding/Schneider*, Recht der Kreditsicherheiten, Frankreich S. 36 Nr. 40, S. 230 Nr. 233; *Stöcker*, Die Eurohypothek, S. 142; *Stadler*, Gestaltungsfreiheit und Verkehrsschutz durch Abstraktion, S. 606 ff.; *Kircher*, Grundpfandrechte in Europa, S. 262 ff.

4 Vgl. *Stöcker*, Die Eurohypothek, S. 217, sog. *Segré*-Bericht (Bericht einer Sachverständigengruppe unter Leitung von *Claudio Segré* an die EWG-Kommission zum Aufbau eines europäischen Kapitalmarktes, 1966).

5 Ebenso *Sonnenberger/Dammann*, Französisches Handels- und Wirtschaftsrecht, S. 474, VII 82; *Klein/Tietz*, RIW 2007, S. 106; *Kühl*, Kreditwesen 2006, S. 31.

Übersetzung durchgesetzt hat[6] und die Bezeichnung etwas sperrig und an der wörtlichen Übersetzung haftend wirken mag. Diese Wiederaufladbarkeit bezieht sich auf die Forderungen, die die Hypothek sichert. Ein Sicherungsrecht, das mit neuen Forderungen wiederaufgeladen werden kann, kann nicht gleichzeitig streng akzessorisch sein. In Reinform wäre es ein von der Forderung inhaltlich gelöstes Recht wie die Grundschuld. Handelt es sich bei der wiederaufladbaren Hypothek gar um eine verkappte Grundschuld?[7]

Zu den fundamentalen Unterschieden des deutschen und französischen Zivilrechts gehört traditionell der Gegensatz von französischem Konsensprinzip und deutschem Abstraktionsprinzip. Die Nicht-Akzessorietät eines Grundpfandrechts einerseits und die Trennung und Abstraktheit des Verfügungsgeschäfts vom Verpflichtungsgeschäft andererseits sind zwar zu trennen.[8] Die wiederaufladbare Hypothek muss daher mit der Grundschuld strukturell gewiss nicht übereinstimmen. Obwohl die Nicht-Akzessorietät der Grundschuld gerade keine unmittelbare Folge des Abstraktionsprinzips ist, wurde gleichwohl wiederholt auf einen historischen Zusammenhang hingewiesen.[9] Beides liege konzeptionell nahe beieinander.[10] Die mit der Wiederaufladbarkeit verbundene Lockerung der Verbindung zwischen Sicherungsrecht und Forderung könnte die wiederaufladbare Hypothek auch von der vertraglichen Ebene ein Stück weit verselbstständigen und damit eine gewisse Annäherung an das deutsche Abstraktionsprinzip bewirken. Die Wichtigkeit der Reform scheint durch französische Betrachter bestätigt zu werden, von denen nicht wenige die wiederaufladbare Hypothek als „Revolution“ bezeichnen.[11] Schließlich ist auch die europäische Dimension der Reform zu beachten. Zu überlegen wird sein, ob die wiederaufladbare Hypothek einen

---

6 Vgl. „wiederauffüllbare Hypothek“ bei *Leutner/Lehberg*, ZfIR 2006, S. 817.

7 Vgl. hierzu *Leutner/Lehberg*, ZfIR 2006, S. 817 ff.

8 *Stadler*, in: Chinesisches Zivil- und Wirtschaftsrecht aus deutscher Sicht, S. 47.

9 Vgl. die rechtshistorischen Zusammenhänge bei *Buchholz*, Abstraktionsprinzip und Immobiliarrecht, insb. S. 11: „In den Gebieten (der deutschen Staaten im 19. Jahrhundert), die sich für das „abstrakte“ System entschieden hatten, galten die „selbständige Hypothek“ (Grundschuld) und die „abstrakte Auflassung“ als eine notwendige und logische Einheit.“ *Stadler*, Gestaltungsfreiheit und Verkehrsschutz durch Abstraktion, S. 606: „Abstraktion und Nicht-Akzessorietät haben gemeinsame gedankliche und wirtschaftliche Wurzeln.“

10 *Stadler*, in: Chinesisches Zivil- und Wirtschaftsrecht aus deutscher Sicht, S. 48.

11 Vgl. *Les Echos,* 26.09.2005 „Crédit : la révolution de l'hypothèque.“
Le Point, 17.1.2007: „L'hypothèque en pleine révolution.“ Vgl. auch *Becqué-Ickowicz*, in: Évolution des sûretés réelles, S. 86: „D'un point de vue théorique, cette création est à certain égard plus qu'une réforme : une révolution!“

neuen Impuls für die Bestrebungen zur Rechtsvereinheitlichung im Hypothekenrecht geben kann.

II. Gegenstand und Gang der Untersuchung

Im Mittelpunkt dieser Arbeit steht die wiederaufladbare Hypothek. Ihre rechtlichen Besonderheiten sollen herausgearbeitet werden. Dabei soll auch versucht werden einzuschätzen, wie sie sich in der Praxis bewähren wird. Die gewählte wissenschaftliche Methode ist der Rechtsvergleich. Vergleichsmaßstab ist die deutsche Rechtsordnung. Sie bietet sich nicht nur wegen der nicht-akzessorischen Grundschuld an. Das BGB verfügt über eine große Vielfalt an Hypothekenformen. Diese Vielfalt spiegelt sich in der Praxis jedoch nicht wider, da dort die Grundschuld vorgezogen wird. Die Grundschuld hat sich auch deshalb durchgesetzt, weil bei ihr die gesicherten Forderungen einfach ausgewechselt und/oder erweitert werden können. Da dies anscheinend auch die besondere Fähigkeit der wiederaufladbaren Hypothek sein soll, ist zu fragen, inwieweit die wiederaufladbare Hypothek der Grundschuld ähnelt und ob sie eine vergleichbare Entwicklung nehmen könnte. Das Hauptaugenmerk ist auf deutscher Seite folglich auf das „Erfolgsmodell" Grundschuld zu legen. Zu berücksichtigen wird hierbei auch das Risikobegrenzungsgesetz von 2008 sein. Aber auch die verschiedenen Hypothekenformen sind einzubeziehen. Die diversen Zwischenformen zwischen streng akzessorischer Sicherungshypothek und nicht-akzessorischer Grundschuld könnten Ähnlichkeiten mit einer wiederaufladbaren Hypothek aufweisen und so deren Bewertung erleichtern.

Der Aufbau der Untersuchung orientiert sich an der wiederaufladbaren Hypothek. Der Schwerpunkt bildet ihre technisch-inhaltliche Ausgestaltung: Bestellung, Wiederverwendbarkeit, Rangfolge, Übertragung und Erlöschen. Dem vorgelagert ist die Betrachtung der Entstehungsgeschichte der wiederaufladbaren Hypothek. Die Frische der Reform bietet die Chance, einen noch wenig verstellten Blick auf die Vorgeschichte der Reform zu erhalten. Zugleich wird so die bisherige Rechtspraxis bei der Sicherung von Forderungen mit in die Untersuchung einbezogen. Dadurch verbreitert sich die Basis der Untersuchung, was für das Verständnis und die Beurteilung der wiederaufladbaren Hypothek nützlich sein wird. Entsprechend lässt sich die Untersuchung grob in diese zwei Abschnitte unterteilen, an welche sich dann eine zusammenfassende Gesamtbewertung anschließt.

B. Klärung einiger Grundbegriffe der Untersuchung

Für diese Untersuchung nehmen einige Begriffe eine wichtige Rolle ein. Auf deren Inhalt und Bedeutung soll vorab eingegangen werden.

I. Wiederaufladbarkeit und Wiederverwendbarkeit

Bei der Bezeichnung *rechargeable* handelt es sich nicht um einen üblichen und inhaltlich hinreichend bestimmten Begriff des französischen Kreditsicherungsrechts,[12] sondern eher um eine Anleihe aus dem technisch-physikalischen Bereich. Ein deutsches Pendant existiert nicht. Der Tradition des *Code Civil* folgend soll offenbar in einfacher, dem juristischen Laien verständlicher Sprache deutlich gemacht werden, wie diese neue Hypothek funktioniert. Ähnlich wie etwa ein Prepaid-Handy mit neuem Guthaben wiederaufgeladen werden kann, soll auch diese Hypothek mit neuen Forderungen wiederaufgeladen werden können. Für die folgende Untersuchung ist dies inhaltlich zu präzisieren. Zu denken ist an Rechtsbegriffe wie Revalutierung oder Forderungsauswechslung. Erstere betrifft die Fälle, in denen ein teilweise beglichenes Darlehen aufgestockt oder ein bereits zurückgezahltes Darlehen erneut ausgezahlt wird.[13] Bei einer Forderungsauswechslung wird die gesicherte Forderung ausgetauscht. Beide Begriffe beschreiben einen Teil dessen, was mit Wiederaufladen gemeint ist, sie erfassen jedoch nicht alle Facetten. Hierzu gehören alle über die ursprünglich gesicherte Forderung hinausgehenden Erweiterungen[14] der grundpfandrechtlichen Sicherung. Die Wiederaufladbarkeit soll die Verwendung der Sicherheit für solche Forderungen ermöglichen, die bislang in keiner Beziehung zu Grundpfandrecht oder gesicherter Forderung standen. Um diese vielfältige Verwendbarkeit zum Ausdruck zu bringen und eine gewisse Nähe zum Begriff Wiederaufladung zu erhalten, werden im Folgenden diese verschiedenen Erweiterungsformen der gesicherten Forderung unter *Wiederverwendung* zusammengefasst und die entsprechende Fähigkeit eines Grundpfandrechts als *Wiederverwendbarkeit* bezeichnet.

---

12 Kritisch hierzu *de Ravel d'Esclapon*, L'hypothèque rechargeable, S. 15; *Frémeaux/Daublon*, Defrénois 2006, art. 38430, S. 1095.

13 Vgl. *Stöcker*, Die Eurohypothek, S. 32.

14 *Becker-Eberhard*, Die Forderungsgebundenheit der Sicherungsrechte, S. 492 ff.

II. Akzessorietät

Kreditsicherheiten sind zumeist akzessorisch ausgestaltet. Unter Akzessorietät wird im deutschen Zivilrecht eine bestimmte Form der einseitigen Abhängigkeit eines Rechts von einem anderen Recht verstanden.[15] Das Hauptrecht und das akzessorische Nebenrecht sind so miteinander verknüpft, dass die für das Hauptrecht getroffene Regelung unmittelbar auch auf das Nebenrecht einwirkt.[16] Das Hauptrecht ist das führende, das Nebenrecht das geführte, angelehnte Recht.[17] Der Gesetzgeber hat eine solche Beziehung in Konstellationen vorgesehen, in denen ein Recht gegenüber dem anderen ein Übergewicht hat und das Schicksal des anderen bestimmt[18], weil das eine Recht ausschließlich der Sicherung und der Realisierung des Leistungsanspruchs des anderen Rechts dient.[19] Dieser Funktion entsprechend ist das Nebenrecht durch die akzessorische Verknüpfung auf diesen Zweck gesetzlich reduziert und der Schuldner durch die Begrenzung der Haftungsrisikos geschützt.[20] Dieser Schuldnerschutz in Form einer Haftungsbegrenzung ist die rechtspolitische Funktion der Akzessorietät. Er wird in Reinform in allen Phasen der Forderung gewährt, indem das akzessorische Recht dem Hauptrecht hinsichtlich seiner Entstehung, seines Umfangs, seiner Zuständigkeit, seiner Durchsetzung und seines Untergangs folgt.[21] In der Abwägung zwischen Schuldnerschutz und Verkehrsinteresse wird die Akzessorietät jedoch oftmals erheblich gelockert.[22]

Die eben beschriebenen Überlegungen zur Akzessorietät finden sich weitgehend auch im französischen Recht.[23] Anfänge der Akzessorietät lassen sich bereits bei den dem deutschen und französischen Recht gemeinsamen Wurzeln im römischen Recht finden.[24] Es setzte sich die Erkenntnis durch, dass man die Vollrechts- und Besitzübertragung als Sicherheit besser vermied, da dies gefährlich

15 *Wiegand*, in: Probleme der Kreditsicherung, S. 38; *Medicus*, JuS 1971, S. 497.
16 *Habersack*, JZ 1997, S. 857.
17 *Medicus*, JuS 1971, S. 497.
18 Ebenda.
19 *Wiegand*, in: Probleme der Kreditsicherung, S. 38.
20 Ebenda.
21 Vgl. *Medicus*, JuS 1971, S. 498 ff.; Staudinger/*Wiegand,* Anh. zu §§ 929-931 Rn. 188.
22 *Stöcker/Stürner*, Grundpfandrechte in Europa, Band III, S. 45.
23 Vgl. im Bezug auf die Hypothek *Aynès/Crocq*, Les sûretés 2011, S. 169 Nr. 400 und *Mazeaud/Mazeaud/Chabas/Picod*, Leçons de droit civil, Sûretés, S. 286 ff. Nr. 234 ff.; ähnlich zur Bürgschaft *Legeais*, Dr. & patr. 2001, Nr. 92, S. 68.
24 *Habersack*, JZ 1997, S. 860; *Becker-Eberhard*, Die Forderungsgebundenheit der Sicherungsrechte, S. 127 ff.

für den Schuldner war, aber auch schlicht und einfach unpraktisch für beide Seiten.[25] Bei der Betrachtung der französischen Dogmatik zur Akzessorietät sind gleichwohl Unterschiede zu beachten. Der Begriff *accessoire* wird im französischen Zivilrecht deutlich weiter gefasst.[26] *Goubeaux* unterteilt den Begriff in *accessoires par production,* zu denen insbesondere Früchte im Sinne von § 99 BGB zählen, und *accessoires par affectation (*durch Zuordnung/ Zweckbestimmung), worunter Realsicherheiten fallen.[27] Auffallend ist vor allem, dass hiernach jedes Recht akzessorisch gemacht werden kann und hierzu lediglich eine Willensbetätigung ausreicht.[28] Der Begriff der Akzessorietät ist somit nicht wie im deutschen Recht auf eine bestimmte Form der gesetzlichen Verbindung zweier Rechte begrenzt, welche im Kern durch die Parteien nicht verändert werden kann[29], sondern erfasst auch vertragliche Konstruktionen, die zu einer Begrenzung eines Rechts führen.[30] So gilt etwa auch der Eigentumsvorbehalt als akzessorische Rechtsposition.[31]

Die unterschiedliche Bedeutung der Akzessorietät zeigt sich bei der Diskussion um den Begriff der *sûreté* (Sicherungsrecht). Zur dessen klassischer Definition

---

25 Vgl. *Mazeaud/Mazeaud/Chabas/Picod*, Leçons de droit civil, Sûretés, S. 13 Nr. 6; *Aynès/Crocq*, Les sûretés 2011, S.174 f. Nr. 408.

26 *Goubeaux*, La règle de l'accessoire en droit privé, S. 33 ff. Nr. 18 ff.; vgl. auch *Cabrillac*, in: Études dédiées à Alex Weill, S. 109; *Crocq*, Propriété et garantie, S. 61 f.

27 *Goubeaux*, La règle de l'accessoire en droit privé, S. 35 f. Nr. 19.

28 Vgl. *Goubeaux*, La règle de l'accessoire en droit privé, S. 47, 26: „Il faut distinguer plusieurs hypothèses: Il est des accessoires dont la destination se trouve inscrite dans leur nature même : une hypothèque garantit toujours une créance, [...] . Il existe aussi toute une série de situations dans lesquelles le rapport de destination est essenciellement subjectif." S. 48 Nr. 26: „De cette souplesse, il résulte encore que le nombre d'accessoire par destination est illimité et qu'on peut créer des variétés à l'infini. Dès l'instant qu'un opération toute intellectuelle suffit à établir un rapport d'accessoire. À principale, il est extrêmement facile de multiplier de telles relations." Zustimmend *Crocq*, Propriété et garantie, S. 61 Nr. 71.

29 Vgl. *Jauernig*, NJW 1982, S. 269; *Serick*, Eigentumsvorbehalt und Sicherungsübertragung, Band 5, S. 12; *Becker-Eberhard*, Die Forderungsgebundenheit der Sicherungsrechte, S. 64 ff.; Staudinger/*Wiegand*, Anh. zu §§ 929-931 Rn. 190; *Schmidt*, in: Festschrift Serick, S. 331; *Bülow*, Recht der Kreditsicherheiten, S. 9 Rn. 27, S. 369 Rn. 1094.

30 Zur engen deutschen Definition vgl. die Überlegungen zum Akzessorietätsersatz bei *Medicus*, JuS 1971, S. 503 f.

31 *Aynès/Crocq*, Les sûretés 2011, S. 382 f. Nr. 805; anders das deutsche Recht, siehe Palandt/*Grüneberg*, § 401 Rn. 5; zu den dogmatischen Überlegungen im deutschen Recht siehe *Serick*, Eigentumsvorbehalt und Sicherungsübertragung, Band 1, S. 206 ff., insb. S. 212; *Wiegand*, in: Probleme der Kreditsicherung, S. 38, S. 52.

gehört die akzessorische Verbindung zur gesicherten Forderung.[32] Erst mit dem Aufkommen neuer Sicherungsformen in den letzten Jahrzehnten wie etwa dem Eigentumsvorbehalt[33] oder der selbstständigen Garantie (*garantie autonome)*[34] wurde dieses traditionelle Verständnis in Frage gestellt.[35] Die Reform von 2006 hat diese Sicherungsrechte nun als *sûreté* eingeordnet.[36]

Trotz Übereinstimmungen sind beim Begriff der Akzessorietät historisch gewachsene Unterschiede in der deutschen und französischen Dogmatik festzustellen und anzuerkennen.[37] Dies verlangt beim Rechtsvergleich eine erhöhte Vorsicht. Der Akzessorietät von Kreditsicherheiten wird nach der französischen Vorstellung grundlegende Bedeutung beigemessen, wohingegen der formalen Forderungsunabhängigkeit prinzipiell misstraut wird.[38] In jüngeren deutschen Beiträgen zur europäischen Harmonisierung wurde hierauf reagiert und begriffliche Veränderungen vorgenommen. Die vertragliche Begrenzung eines formal forderungsunabhängigen dinglichen Rechts wird als vertragliche Akzessorietät bezeichnet.[39] Damit geht einher, dass die trennscharfe Unterscheidung in einerseits akzessorisch forderungsgebundene und andererseits formal forderungsunabhängige, aber vertraglich gebundene Sicherungsrechte zunehmend schwerer fällt.[40]

---

32 Siehe *Crocq*, Propriété et garantie, S. 230 Nr. 278, S. 234 Nr. 282: „Une sûreté est l'affectation à la satisfaction du créancier d'un bien, d'un ensemble de bien ou d'un patrimoine par l'adjonction aux droit résultant normalement pour lui de contrat de base, d'un droit d'agir, accessoire de son droit de créance, … ."
Vgl. auch *Marty/Raynaud/Jestaz*, Les sûretés, S. 3 f. Nr. 3; *Mazeaud/Mazeaud/Chabas/Picod,* Leçons de droit civil, Sûretés, S. 10 ff. Nr. 5 ff.; *Cabrillac/Mouly*, Droit des sûretés 2004, S. 424 Nr. 503; *Hadding/Schneider*, Recht der Kreditsicherheiten, Frankreich, S. 36 Nr. 40.

33 *Sonnenberger/Dammann*, Französisches Handels- und Wirtschaftsrecht, S. 488 f., VII 106.

34 *Sonnenberger/Dammann*, Französisches Handels- und Wirtschaftsrecht, S. 480 f., VII 93 ff.; *Simler/Delebecque*, Les sûretés 2009, S. 257 f. Rn. 284.

35 Vgl. *Witz*, JCP E 1993, I. Études et chroniques, Art. 244, S. 233, der bereits in den 80ern die Akzessorietät nicht mehr als konstituierendes Merkmal einer Kreditsicherheit ansah.

36 Chapitre II : De la garantie autonome, Art. 2321 CC, und chapitre VIII : De la propriété cédée à titre de garantie, Art. 2488-1 – Art. 2488-5 CC.

37 Vgl. auch *Stöcker/Stürner*, Grundpfandrechte in Europa, Band III, S. 45, die im europäischen Kontext auf mannigfaltige Erscheinungsformen und unterschiedliche Auswirkungen der Akzessorietät hinweisen.

38 Vgl. *Stöcker*, WM 2006, S. 1947.

39 Ebenda, aufgenommen auch von *Baur/Stürner*, Sachenrecht 2009, § 36 Rn. 78.

40 Vgl. MünchKomm/*Eickmann*, § 1191 Rn. 11.

III. Zusammenhang zwischen Bestimmtheit und Akzessorietät

Der Bestimmtheits- oder Spezialitätsgrundsatz[41] als sachenrechtlicher Grundsatz besagt im deutschen Recht an sich lediglich, dass Rechte zur Wahrung der Rechtsklarheit nur an einzelnen Sachen bestehen können.[42] Eine Bestimmtheit der von einer Hypothek zu sichernden Forderung lässt sich hieraus noch nicht ohne weiteres begründen. Hinter diesem speziellen sachenrechtlichen Grundsatz steht das allgemeine Erfordernis der Bestimmtheit von Verfügungen, da deren Zuordnungsfunktion eine ausreichende inhaltliche Klarheit voraussetzt.[43] Hieraus lassen sich für die Verfügung „Hypothekenbestellung“ gewisse Anforderungen an deren Inhalt ableiten.

Neben dieser rein sachenrechtsdogmatischen Erklärung ist die rechtspolitische Bedeutung zu beachten.[44] Durch die Bestimmung der gesicherten Forderung werden Belastungen für Dritte nachvollziehbar und bewertbar. Die Bestimmtheit der gesicherten Forderung stellt somit die Publizität und Ordnung der Sicherungsrechte sicher.[45] Sie dient nicht nur dem Schutz des Rechtsverkehrs, sondern ist ebenso ein Aspekt des Schuldnerschutzes und nicht zuletzt auch eine Konsequenz der Akzessorietät.[46] Die akzessorische Verknüpfung führt dazu, dass das führende Recht inhaltlich zu einem Teil des geführten Rechts wird. Für dessen inhaltliche Klarheit ist auch eine Klärung der gesicherten Forderung erforderlich. Nur so kann die Akzessorietät ihrem Zweck, die Haftung des Schuldners entsprechend dem Inhalt des führenden Rechts zu begrenzen, gerecht werden.[47] Fehlt es an einem individualisierbaren führenden Recht, geht auch die Akzessorietät ins Leere. Lockerungen der Bestimmtheit führen so mittelbar auch zu einer Lockerung der Akzessorietät. Das Erfordernis der Bestimmtheit einer hypothekarisch gesicherten Forderung bestimmt daher gemeinsam mit der Akzessorietät die Reichweite der Sicherheit[48] und dient auch dem Schuldnerschutz.

---

41 Zu der teilweise unterschiedlichen Verwendung der beiden Begriffe vgl. Staudinger/*Wiegand*, Anh. zu §§ 929-931 Rn. 95; MünchKomm/*Oechsler*, § 929 Rn. 6 f.

42 Staudinger/*Seiler*, Einl. zum SachenR. Rn. 54; *Baur/Stürner*, Sachenrecht 2009, § 4 Rn. 17.

43 Vgl. Westermann/*H. P. Westermann*, Sachenrecht, § 3 II, S. 20; *Wiegand*, in: Probleme der Kreditsicherung, S. 41; *Wilhelm*, Sachenrecht, S. 12 f. Rn. 20 f.

44 *Wiegand*, in: Probleme der Kreditsicherung, S. 41.

45 Ebenda.

46 Ebenda; für die Bürgschaft *Bülow*, Recht der Kreditsicherheiten, S. 267 Rn. 840.

47 Vgl. *Wiegand*, in: Probleme der Kreditsicherung, S. 41 f.

48 Vgl. *Stadler*, Gestaltungsfreiheit und Verkehrsschutz durch Abstraktion, S. 611.

Im französischen Recht wird diese letztgenannte Funktion der *spécialité* bei der vertraglichen Hypothek stärker betont. Es wird darauf hingewiesen, dass die Festlegung des belasteten Grundstücks sowie der gesicherten Forderung der Begrenzung der Belastung des Schuldnervermögens diene und damit die Kreditwürdigkeit des Schuldners erhalte.[49] Dies komme auch den Gläubigern zu Gute und sei letztlich auch für die Funktionsfähigkeit des Kreditwesens generell von Bedeutung.[50] Auch im französischen Recht wird der Spezialitätsgrundsatz jedoch nicht allein mit dem Schuldnerschutz begründet, sondern ebenso um rechtsdogmatische Erklärungen ergänzt.[51]

IV. Abstraktionsprinzip, Konsensprinzip und Akzessorietät

Wie eingangs angedeutet besteht zwischen französischem und deutschem Zivilrecht ein fundamentaler Unterschied: Das Verhältnis von Verpflichtungen und Verfügungen ist grundlegend anders geregelt.[52] Das deutsche Recht trennt das Verfügungsgeschäft vom zugrunde liegenden Schuldverhältnis (Trennungsprinzip) und verselbstständigt dieses, indem es in seiner Wirksamkeit von Letzterem unabhängig ist (Abstraktionsprinzip).[53] Nach dem im französischen Recht geltenden Konsensprinzip hat hingegen grundsätzlich bereits die schuldrechtliche Vereinbarung verfügende Wirkung.[54] Die fehlende Trennung hat zur Folge, dass die Wirksamkeit der Verfügung anders als im deutschen Recht von der Wirksamkeit des Rechtsgrundes, seiner Causa, abhängig ist.[55] Hieraus ergibt sich zwar noch keine Vorfestlegung hinsichtlich der Akzessorietät eines Sicherungsrechts. Gleichwohl ist das Verhältnis von Abstraktions- und Akzessorietätsprinzip leicht missverständlich. Die unterschiedlichen Bezugspunkte werden bei der Betrach-

49 *Marty/Raynaud/Jestaz*, Les sûretés, S. 131 Nr. 194; *Mestre/Putman/Billiau*, Traité de droit civil, S. 299 Nr. 324; *Mazeaud/Mazeaud/Chabas/Picod* Leçons de droit civil, Sûretés, S. 312 Nr. 269, S. 316 Nr. 274; *Ferid/Sonnenberger*, Das Französische Zivilrecht, S. 735, 3 D 337.

50 *Mazeaud/Mazeaud/Chabas/Picod*, Leçons de droit civil, Sûretés, S. 312 Nr. 269, S. 316 Nr. 274; *Ferid/Sonnenberger*, Das Französische Zivilrecht, S. 735, 3 D 337.

51 *Mestre/Putman/Billiau*, Traité de droit civil, S. 300 Nr. 324; *Crocq*, Dr. & patr. 2001, Nr. 92, S. 61.

52 Zu den weiteren Gestaltungsmöglichkeiten *Aretz*, JA 1998, S. 242 ff.

53 *Stadler*, Gestaltungsfreiheit und Verkehrsschutz durch Abstraktion, S. 7 f.

54 *Ferid/Sonnenberger*, Das Französische Zivilrecht, S. 571, 3 B 109, S. 54, 2 G 201 ff.; *Hadding/Schneider*, Recht der Kreditsicherheiten, Frankreich, S. 193 Nr. 206; vgl. zu den historischen Ursprüngen auch *Ferrari*, ZEuP 1993, S. 60 ff.

55 *Stadler*, Gestaltungsfreiheit und Verkehrsschutz durch Abstraktion, S. 31 f.

tung der deutschen Grundpfandrechte deutlich. Die Hypothek ist akzessorisch zur gesicherten Forderung, die Grundschuld nicht. Für beide Grundpfandrechte gilt dennoch das Abstraktionsprinzip. Die dingliche Bestellungsvereinbarung gemäß § 873 Abs. 1 BGB ist in beiden Fällen rechtlich unabhängig von der zugrunde liegenden schuldrechtlichen Verpflichtung, dem Sicherungsvertrag. Erschwert wird die Unterscheidung dadurch, dass es dennoch Überschneidungen gibt.[56] Beide Prinzipien bestimmen zusammen die Selbstständigkeit eines Sicherungsrechts.[57] Mit der Geltung des Abstraktionsprinzips wird nicht nur das Verfügungsgeschäft, sondern das betroffene Recht selbst von seiner Causa, dem schuldrechtlichen Vertrag, abgelöst. Dieser enthält bei Sicherungsrechten jedoch nicht nur die Verpflichtung zur Sicherungsbestellung, sondern auch die Sicherungszweckvereinbarung, insbesondere die Bezeichnung der gesicherten Forderung. Der Umfang der Abstraktion i.S.d. Abstraktionsprinzips beeinflusst daher ebenfalls die Abhängigkeit von der gesicherten Forderung. Umgekehrt erfordert die Verselbstständigung i.S.e. echten Forderungsunabhängigkeit auch eine Abstrahierung. Die Sicherung einer konkreten, bestimmten Forderung kann nicht mehr die alleinige Causa sein.

56 Siehe hierzu *Stadler*, in: Chinesisches Zivil- und Wirtschaftsrecht aus deutscher Sicht, S. 48 f.

57 Vgl. *Stadler*, Gestaltungsfreiheit und Verkehrsschutz durch Abstraktion, S. 604; *Huber*, Die Sicherungsgrundschuld, S. 28.

Teil 1

Die Beweggründe für die Einführung der wiederaufladbaren Hypothek

Kapitel 1: Die vertragliche Hypothek vor der Reform von 2006

Jedes Gesetz und jede gesetzliche Änderung hat seine Vorgeschichte. Die Gesetzesänderung, die zur Einführung der wiederaufladbaren Hypothek führte, bildet hiervon keine Ausnahme.

§ 1: Überblick zu den Sicherheiten an Grundstücken

A. Vielfältige Sicherungsformen an Grundstücken

I. Vertragliche Hypothek (*hypothèque conventionnelle*)

Die vertragliche Hypothek war vor 2006 in den Art. 2124-2133 CC aF geregelt (nunmehr in den Art. 2413–2424 CC). Es handelt sich um eine Hypothek im klassischen Sinne, d.h. einem besitzlosen Pfandrecht an einem Grundstück, das auf einer Vereinbarung zwischen Sicherungsgeber und Sicherungsnehmer beruht. Die wiederaufladbare Hypothek stellt nun eine neue Sonderform dieser Hypothek dar, die aber auch in ihrer ursprünglichen Form weiterbesteht.[58]

II. Nutzungspfandrecht (*antichrèse*)

Die *antichrèse*[59] ist auch ein vertraglich bestelltes Pfandrecht an einem Grundstück. Bei diesem Sicherungsrecht werden grundsätzlich der Besitz und das Nutzungsrecht am Grundstück auf den Sicherungsnehmer übertragen. Sie ist vor 2006 in den Art. 2085-2091 CC aF geregelt. Als zentraler Vorteil dieses Sicherungsrechts wird angesehen, dass der Sicherungsnehmer mit dem Besitz auch ein Zurückbehaltungsrecht (*droit de retention*) gegenüber dem Sicherungsgeber und damit eine bessere Rechtsposition als andere Gläubiger erlangt.[60] Der Besitzübergang am Grundstück ist jedoch für die meisten Sicherungsgeschäfte of-

58 *Grimaldi*, D 2006, S. 1294.

59 Mit dem loi Nr. 2009-526 du 12.5.2009 „de simplification et de clarification du droit et d'allègement des procédures" ist der Begriff im Code Civil durch die Bezeichnung „gage immobilier" ersetzt worden.

60 Vgl. *Dupichot*, JCP N 2006, Nr. 19, 1193, S. 937.

fensichtlich ungeeignet.[61] Um die *antichrèse* dennoch nutzbar zu machen, hat man vorgeschlagen, dass zwischen Gläubiger und Schuldner ein Mietvertrag, ein *antichrèse-bail*, vereinbart wird, und der Schuldner mithin den unmittelbaren Besitz als Mieter behält.[62] Diese Konstruktion hat die Rechtsprechung zugelassen.[63] Nicht gänzlich geklärt ist allerdings, ob der Gläubiger bei Insolvenz des Schuldners sich noch auf dieses Zurückbehaltungsrecht berufen kann.[64]

III. Sicherungsrechte kraft Gesetzes

Für das französische[65] Recht ist typisch, dass Gläubigern bestimmter Forderungen allein aufgrund der Eigenart ihrer Forderung ein gesetzliches Sicherungsrecht an Mobilien und/oder Immobilien gewährt wird. Die Ursprünge lassen sich weit, bis ins römische Recht, zurückverfolgen.[66] Dahinter steht die Idee, diese Gläubiger aufgrund (sozial-)politischer Erwägungen gegenüber anderen Gläubigern zu privilegieren.[67] Derartig bevorzugte Gläubiger sind in bestimmten Konstellationen etwa der Ehegatte, die Familie, der Arbeitnehmer oder auch der Staat. Bei der Bevorzugung gibt es verschiedene Ausprägungen.

1. Gesetzliche Hypothek (*hypothèque légale*)

Als eine erste Stufe der Privilegierung kann die Gewährung einer Hypothek kraft Gesetzes angesehen werden. Der überwiegende Teil dieser Sicherungsrechte kann nur an einem einzigen Grundstück bestellt werden.[68] Es gibt jedoch auch

---

61 *Mazeaud/Mazeaud/Chabas/Picod*, Leçons de droit civil, Sûretés, S. 182 Nr. 109.

62 *Lejeune*, Journ. not. 1986, Art. 58465, S. 572 ff.; *Martin, Didier R.*, JCP N 1987, II, Doct., S. 300; *Dupichot*, JCP N 2006, Nr. 19, 1193, S. 937.

63 Cass. 3e civ. 18.12.2002, D. aff. 2003, S. 963.

64 Kritisch noch zur alten Rechtslage *Simler/Delebecque*, Les sûretés 2004, S. 324 Rn. 360. Auch nach der neuen Rechtslage und der gesetzgeberischen Bestätigung der Konstruktion in Art. 2390 CC wird dies unterschiedlich gesehen. *Dupichot*, JCP N 2006, Nr. 19, 1193, S. 936 und *Legeais*, Sûretés, S. 507 Nr. 647 gehen von einem Zurückbehaltungsrecht aus, anders hingegen *Sonnenberger/Dammann*, Französisches Handels- und Wirtschaftsrecht, S. 546, VIII 86, die Cass. civ. 23.10.2002, Bull. civ. III, Nr. 209, dahingehend interpretieren, dass das Zurückbehaltungsrecht beim antichrèse-bail im Insolvenzverfahren unwirksam sei. Ebenso auf dieses Problem hinweisend *Robinne*, in: Évolution des sûretés réelles, S. 99 und *Ancel*, Droit des sûretés, S. 203 Nr. 451.

65 Auch dem deutschen Recht sind gesetzliche Hypotheken nicht unbekannt, vgl. etwa §§ 866 Abs. 1, 932 ZPO. Privilegien wurden hingegen schon von den Verfassern des BGB abgelehnt, vgl. Motive bei *Mugdan* III, S. 335.

66 Vgl. hierzu *Ferid/Sonnenberger*, Das Französische Zivilrecht, S. 704, 3 D 201 ff.

67 *Simler/Delebecque*, Les sûretés 2004, S. 6 Rn. 3.

68 Vgl. *Simler/Delebecque*, Les sûretés 2004, S. 361 Rn. 405; beispielsweise die Ehegatten-

Generalhypotheken, d.h. Hypotheken, die alle Grundstücke erfassen, z.B. die Hypothek der Finanzverwaltung an den Gütern des Steuerpflichtigen (*hypothèque du Trésor),* Art. 1929 ter Code général des impôts.[69] Auch diese müssen wie sämtliche gesetzliche Hypotheken[70] zu ihrer Drittwirksamkeit im Grundstücksregister publiziert werden.[71]

2. Spezialimmobiliarprivileg (*privilège spécial immobilier*)

Auch bei Spezialimmobiliarprivilegien ist keine Einigung mit dem Schuldner erforderlich.[72] Hinzu kommt, dass nicht der Eintragungszeitpunkt, sondern der Entstehungszeitpunkt der Forderung maßgeblich für die Rangstelle ist.[73] Typisch für diese Gläubiger ist, dass sie zunächst das Vermögen des Schuldners bereichert haben und aus diesem Grund schützenswert erscheinen.[74] Die Rückanknüpfung führt dazu, dass das Grundstücksregister an Aussagekraft verliert. Die dadurch verursachte Rechtsunsicherheit wurde 1955 begrenzt. Seitdem sind sämtliche Spezialimmobiliarprivilegien eintragungspflichtig.[75] Wird ein Privileg nicht innerhalb einer bestimmten Frist eingetragen, wandelt es sich in eine einfache gesetzliche Hypothek um und der Rang richtet sich allein nach dem Zeitpunkt der Eintragung im Grundstücksregister.[76] Eine Auflistung dieser Sicherungsrechte enthält vor der Reform Art. 2103 CC aF.[77]

Für die Kreditpraxis spielt vor allem der *privilège du prêteur de deniers* (Vorrecht desjenigen, der für den Grundstückserwerb Geld vorschießt[78]) gemäß Art. 2103 Nr. 2 CC aF eine Rolle. Dessen Konstellation, dass ein Dritter den Erwerb eines Grundstücks finanziert, ist praktisch der Normalfall des Grundkredits.[79]

---

hypothek gemäß Art. 2136-2142 CC aF.

69 *Ferid/Sonnenberger*, Das Französische Zivilrecht, S. 750, 3 D 402.

70 *Aynès/Crocq*, Les sûretés 2004, S. 397 Nr. 703.

71 *Piedelièvre*, Sûretés 2004, S. 299 ff. Rn. 520 ff.

72 *Aynès/Crocq*, Les sûretés 2004, S. 291 Nr. 697.

73 *Simler/Delebecque*, Les sûretés 2004, S. 361 Rn. 406.

74 *Mazeaud/Mazeaud/Chabas/Picod*, Leçons de droit civil, Sûretés, S. 347 Nr. 323; *Simler/Delebecque*, Les sûretés 2004, S. 362 Rn. 408; *Aynès/Crocq*, Les sûretés 2004, 292 Nr. 698.

75 Zur Reform vgl. *Ferid/Sonnenberger*, Das Französische Zivilrecht, S. 486, 3 C 10 ff.

76 *Ferid/Sonnenberger*, Das Französische Zivilrecht, S. 753, 3 D 413; *Simler/Delebecque*, Les sûretés 2004, S. 372 Rn. 421.

77 *Mazeaud/Mazeaud/Chabas/Picod*, Leçons de droit civil, Sûretés, S. 344.

78 *Ferid/Sonnenberger*, Das Französische Zivilrecht, S. 754, 3 D 416; *Stöcker*, Die Eurohypothek, S. 85.

79 Vgl. *Daublon*, Defrénois 1994, art. 35887, S. 1058; *Cabrillac/Mouly*, Droit des sûretés

Daneben kann das weitgehend identische *privilège du vendeur* (Vorrecht des Immobilienverkäufers) genutzt werden, indem der Verkäufer dieses an den Kreditgeber überträgt und dieser so vom im Vergleich zum *privilège du prêteur de deniers* noch besseren Rang profitiert.[80] Die Eintragungsfrist dieser Privilegien beträgt nach Art. 2108 Abs. 1 CC aF jeweils zwei Monate[81]. Privilegien zur Sicherung von Forderungen wegen Bauarbeiten an einem Grundstück, etwa gemäß Art. 2103 Nr. 4 CC aF[82] sind nur von geringer Bedeutung.[83]

3. Generalprivileg (*privilège général*)

Die Bevorzugung bei diesen Sicherungsrechten geht am weitesten. Generalprivilegien erstrecken sich auf das gesamte Vermögen und müssen nicht im Grundstücksregister eingetragen werden. Zu beachten ist, dass auf das Grundvermögen nur dann zugegriffen werden kann, wenn das bewegliche Vermögen zur Erfüllung der Verbindlichkeiten nicht ausreicht.[84] Um die negative Wirkung auf die Kreditwürdigkeit von Kreditsuchenden zu begrenzen, hat man sie 1955 reduziert.[85] Seit 2005 lassen sich vier Generalprivilegien unterscheiden.[86]

IV. Richterliche Hypotheken (*hypothèques judiciaires*)

Richterliche Hypotheken sollen verhindern, dass die Durchsetzung gerichtlich geltend gemachter Forderungen durch betrügerische Vermögensverschiebungen des Schuldners vereitelt werden.[87] Vor 2006 gewährt Art. 2123 CC aF bei be-

---

2004, S. 634 Nr. 760.

80 Vgl. *La Magueresse*, JCP N 2008, Nr. 15, 1175, S. 30; *Stöcker*, Die Eurohypothek, S. 85. Ohnehin hat sich der privilège du prêteur de deniers erst aus dem privilège de vendeur heraus entwickelt, vgl. hierzu *Daublon*, Defrénois 1994, art. 35887, S. 1057.

81 *Simler/Delebecque*, Les sûretés 2004, S. 366 Rn. 414, S. 372 Rn. 421.

82 Vgl. hierzu *Cabrillac/Mouly*, Droit des sûretés 2004, S. 641 Nr. 769; *Stöcker*, Die Eurohypothek, S. 87; *Kircher*, Grundpfandrechte in Europa, S. 69.

83 *Simler/Delebecque*, Les sûretés 2004, S. 375 ff. Rn. 425 f.

84 *Simler/Delebecque*, Les sûretés 2004, S. 606 Rn. 711 f.

85 Vgl. hierzu *Piedelièvre*, Sûretés 2004, S. 160 ff. Rn. 259 ff.; *Ferid/Sonnenberger*, Das Französische Zivilrecht, S. 711 f., 3 D 233 f.

86 *Legeais*, Sûretés, S. 513 Nr. 661:
1.) privilège de frais de justice,
2.) privilèges garantissant les salaires,
3.) privilège de période de conciliation,
4.) privilège de créanciers de la période d'observation.

87 *Aynès/Crocq*, Les sûretés 2011, S. 348 Nr. 711; vgl. hierzu auch *Ferid/Sonnenberger*, Das Französische Zivilrecht, S. 751, 3 D 407.

stimmten gerichtlichen Streitentscheidungen eine Hypothek. Da diese ohne ausdrückliche Anordnung des Richters bereits per Gesetz entsteht, wird sie entgegen der gesetzlichen Systematik gemeinhin als gesetzliche Hypothek eingestuft.[88] Daneben gibt es seit 1955 noch die vorläufige richterliche Hypothek (*hypothèque judiciaire conservatoire*).[89] Diese beruht tatsächlich auf einer richterlichen Anordnung und kann dem Kläger ähnlich wie bei § 932 ZPO schon während des gerichtlichen Verfahrens als vorläufiger Rechtsschutz zugesprochen werden.[90]

V. Eigentum als Kreditsicherheit

1. Immobilienleasing (*crédit bail immobilier*)

Schon seit geraumer Zeit nutzt man Immobilienleasing als eine Form der Kreditsicherung.[91] Ähnlich wie in Deutschland ist dieses Sicherungsrecht vor allem im gewerblichen Bereich bedeutsam.[92]

2. Eigentumsvorbehalt (*clause de réserve de propriété*)

Der Vorbehalt des Eigentums bis zur vollständigen Kaufpreiszahlung ist auch im Immobilienrecht zulässig. Er wird dort jedoch kaum als Kreditsicherheit eingesetzt.[93] Vor allem bei Notaren stößt er auf Ablehnung.[94]

---

88 *Simler/Delebecque*, Les sûretés 2004, S. 392 Rn. 446.

89 Seit 1991 ist es in den Art. 67 ff. loi du 9.7.1991 geregelt.

90 *Aynès/Crocq*, Les sûretés 2011, S. 348 Nr. 711; *Simler/Delebecque*, Les sûretés 2004, S. 395 ff. Rn. 454 ff.; *Ferid/Sonnenberger*, Das Französische Zivilrecht, S. 752, 3 D 411.

91 Loi Nr. 66-455 du 2.6.1966 relative aux entreprises pratiquant le crédit-bail.

92 Dalloz Rép. Dr. civ. *Schütz*, crédit-bail, S. 19 Nr. 76; *Frémeaux*, Dr. & patr. 2003, Nr. 113, S. 79; *Simler/Delebecque*, Les sûretés 2004, S. 326 f. Rn. 362 f.

93 *Cabrillac/Mouly*, Droit des sûretés 2004, S. 620 Nr. 740. Nach *Simler/Delebecque*, Les sûretés 2004, S. 329 f. Rn. 364 und *Dupichot*, RLDC 2006, suppl. au Nr. 29, 2168, S. 21 wird bei Immobiliargeschäften häufig ein Eigentumsvorbehalt zwischen Käufer und Verkäufer vereinbart. Hierbei handelt es sich jedoch nicht um das eigentliche Kreditgeschäft. Vielmehr wird lediglich der Eigentumserwerb in Etappen vollzogen. Der Kaufvertrag unter Eigentumsvorbehalt soll verhindern, dass das Eigentum übergeht, bevor die Kreditfinanzierung geregelt und die Kaufpreiszahlung erfolgt ist.

94 *Frémeaux*, Dr. & patr. 2003, Nr. 113, S. 76 f.; *Daublon*, Defrénois 1994, art. 35887, S. 1057; entsprechend bereits *Institut d'études Juridiques du Conseil Supérieur du Notariat* JCP N 1986, Band II, Pratique, 9976, S. 639 ff.; skeptisch auch *Simler/Delebecque*, Les sûretés 2004, S. 329 Rn. 364.

3. Verkauf mit Rückkaufsrecht (*vente à rémerer*)

Zu den Sicherheiten im weiteren Sinne wird auch der Kauf mit Rückkaufsrecht gemäß Art. 1659-1673 CC gezählt. Im Unterschied zum Eigentumsvorbehalt wird hier der Schuldner sofort Eigentümer, dem Gläubiger steht jedoch ein Rückkaufsrecht zu. Als langfristige Kreditsicherheit ist dieses Instrument jedoch nicht geeignet.[95]

VI. Vielfältige Grundpfandrechtsformen im deutschen Recht

Das französische Recht nach der alten Rechtslage zeichnet sich hiernach durch eine große Anzahl verschieden gestalteter Sicherungsinstrumente aus. Vielfältige Sicherungsformen sind jedoch keine linksrheinische Besonderheit. Das BGB enthält zwar keine vergleichbare Anzahl nicht-vertraglicher Sicherheiten.[96] Auch Konstruktionen, bei denen die Eigentumsübertragung des Grundstücks als Sicherheit dient, haben sich wenig entwickelt. Ein Eigentumsvorbehalt an Immobilien verhindert bereits § 925 Abs. 2 BGB. Eine Sicherungsübereignung ist zwar möglich, in der Praxis wird davon jedoch keinen Gebrauch gemacht.[97] Lediglich Immobilienleasing hat eine gewisse Bedeutung bei hochwertigen gewerblichen Immobilien.[98] Dagegen gibt es im BGB eine größere Anzahl vertraglicher Grundpfandrechtstypen. Das Gesetz nimmt zunächst eine grobe Einteilung in Hypothek, Grundschuld und Rentenschuld vor. Innerhalb der Hypothek bietet es dann eine nur schwer überschaubare Zahl von Unterformen an.

---

95 *93e Congrès des notaires de France*, L'investissement immobilier, S. 481; *Aynès/Crocq*, Les sûretés 2004, S. 307 Nr. 752; *Simler/Delebecque*, Les sûretés 2004, S. 325 Rn. 361.

96 Vgl. beispielsweise § 648 BGB.

97 Vgl. BezG Dresden ZIP 1991, S. 1635; MünchKomm/*Oechlser*, Anh. §§ 929-936 Rn. 11; *Baur/Stürner*, Sachenrecht 2009, § 40 Rn. 25 f.

98 *Runge/Bremser/Zöller*, Leasing, S. 36; *Büschgen*, Praxishandbuch Leasing, § 4 Rn. 1.

B. Die Bedeutung der vertraglichen Hypothek in der Praxis

I. Heterogenität der französischen Kreditsicherungspraxis

1. Überblick zur historischen Entwicklung

Die vertragliche Hypothek hat eine wechselvolle Geschichte hinter sich. Unter dem *ancien régime* ist die Publizität im Grundstücksrecht nur unzureichend geregelt.[99] Die Revolution von 1789 führte auch in diesem Rechtsbereich zu einem Bruch, und es wurden einige bemerkenswerte Veränderungen vorgenommen. Veräußerungen und Belastungen von Grundstücken mussten zu ihrer Drittwirksamkeit in ein Register eingetragen werden.[100] Interessanterweise wurde auch eine forderungsunabhängige Hypothek eingeführt, die allerdings nie Bedeutung erlangte und nach wenigen Jahren wieder abgeschafft wurde.[101] Mit der Einführung des *Code Civil* 1804 kehrte man teilweise zum vorrevolutionären Zustand zurück. Eine öffentliche Registrierung der Hypothek blieb für die Wirksamkeit gegenüber Dritten erforderlich. Für nicht-vertragliche Grundstücksbelastungen galt diese Regel dagegen nicht.[102] Das Grundstücksregister hatte mithin nur eine unzureichende Aussagekraft für Kreditgeber. Diese Bevorzugung der gesetzlichen Sicherheiten gegenüber der vertraglichen Hypothek behinderte die Kreditwirtschaft.[103] Die sich daraus ergebenden ökonomischen Nachteile wurden bald unübersehbar und führten zur schrittweisen Verbesserung der Publizität.[104] Hiervon profitierte die vertragliche Hypothek, die zu einem geschätzten Sicherungsmittel, zur „Königin der Sicherheiten" wurde.

99 Vgl. *Aynès/Crocq*, Les sûretés 2011, S. 286 Nr. 633; *Ferid/Sonnenberger*, Das Französische Zivilrecht, S. 585, 3 C 4.

100 Loi du 11 brumaire an VII, vgl. *Mazeaud/Mazeaud/Chabas/Picod*, Leçons de droit civil, Sûretés, S. 283.

101 Hypothèque sur soi-même, vgl. Art. 36 loi du 9 Messidor an III; JCl. Annexe *Dagot/Frémont*, Publicité foncière, Généralité, S. 6 f. Nr. 28 ff.; *Mazeaud/Mazeaud/Chabas/Picod*, Leçons de droit civil, Sûretés, S. 283.

102 *Ferid/Sonnenberger*, Das Französische Zivilrecht, S. 585, 3 C 6; *Simler/Delebecque*, Les sûretés 2009, S. 351 Rn. 375.

103 *Ferid/Sonnenberger*, Das Französische Zivilrecht, S. 726 f., 3 D 302 f.

104 Vgl. *Ferid/Sonnenberger*, Das Französische Zivilrecht, S. 585, 3 C 2 ff., S. 726 f., 3 D 302. Der entscheidende Schritt erfolgte hiernach 1955 durch die Einführung einer generellen Eintragungspflicht für Sicherungsrechte an Grundstücken.

2. Der Bedeutungsverlust der vertraglichen Hypothek

Auch wenn das französische Recht vor der Reform 2006 angesichts all der Sicherungsinstrumente recht unübersichtlich und fast zersplittert[105] wirkt, so zeigt sich doch auch, dass diese Instrumente ganz überwiegend keine echte Konkurrenz für die vertragliche Hypothek darstellen.[106] Der Großteil von ihnen ist ebenso im Grundstücksregister einzutragen und für Kreditgeber mithin kalkulierbar. Die gesetzlichen Sicherheiten sind zudem auf bestimmte Forderungstypen festgelegt. Bei diesen Forderungstypen können sie demgemäß die Hypothek verdrängen. Als alternative Kreditsicherheit am Grundstück kommen diese jedoch überwiegend nicht in Betracht. Auch die auf Eigentumsübertragung beruhenden Sicherungskonstruktionen passen strukturell wenig zum Immobiliarkredit und eignen sich jedenfalls nicht für den massenhaften Gebrauch.[107]

Versucht man die Bedeutung der Hypothek vor der Reform zu rekonstruieren, ergibt sich kein ganz einheitliches Bild. Es wird auf Schwierigkeiten der Hypothek hingewiesen.[108] Hierzu scheint aber nicht zu passen, dass namhafte Autoren gleichzeitig hervorheben, dass sie noch immer eine zentrale Rolle bei privaten Immobiliarkrediten inne habe und ihre Probleme in der Praxis relativieren.[109] Selbst bei der Einführung der wiederaufladbaren Hypothek wird betont, dass die Hypothek an sich gut funktioniert habe.[110] Zweifel hieran drängen sich bereits durch die pure Existenz der *antichrèse-bail* auf. Ein Sicherungsrecht wie die *antichrèse*, dessen Charakteristikum eben die Nutzung und der Besitz des Sicherungsobjekts durch den Sicherungsnehmer ist, dann doch wieder an den Eigentümer zurückzuvermieten, gleichzeitig aber ein Zurückbehaltungsrecht des mit-

---

105 *Simler/Delebecque*, Les sûretés 2004, S. 597 Rn. 702 bezeichnen so die Erstellung einer Auflistung der Privilegien als „tâche pratiquement impossible".

106 Vgl. *Simler/Delebecque*, Les sûretés 2004, S. 6 f. Rn. 3, S. 10 Rn. 6.

107 *Frémeaux*, Dr. & patr. 2003, Nr. 113, S. 76 ff.

108 *Ferid/Sonnenberger*, Das Französische Zivilrecht, S. 727, 3 D 306; noch eindringlicher bei *Ferid/Sonnenberger*, Das Französische Zivilrecht - Ergänzungen, S. 153, 3 D 306; ebenso *93e Congrès des notaires de France*, L'investissement immobilier, S. 543 ff.; *Monassier/Michel*, Dr. & patr. 2001, Nr. 92, S. 52; *Aynès/Crocq*, Les sûretés 2004, S. 244 Nr. 631; *Cabrillac/Mouly*, Droit des sûretés 2004, S. 644 ff. Nr. 775.

109 *Simler/Delebecque*, Les sûretés 2004, S. 321 Rn. 355: „Il n'y en a qu'une"; *Mazeaud/ Mazeaud/Chabas/Picod*, Leçons de droit civil, Sûretés, S. 17: „...l'hypothèque reste la sûreté la plus adaptée lorsqu'une opération immobilière est financée par un prêt."; siehe auch *Martin, Frédéric*, Dr. & patr. 2005, Nr. 142, S. 58; *Aynès/Crocq*, Les sûretés 2004, S. 7 Nr. 11.

110 *Grimaldi*, JCP N 2006, Nr. 19, 1195, S. 947; *Frémeaux*, Dr. & patr. 2005, Nr. 142, S. 57.

telbaren Besitzers gegenüber dem unmittelbaren Besitzer und dessen weiteren Gläubigern anzunehmen, wirkt umständlich und gekünstelt. Auch wenn diese Konstruktion (wohl auch deshalb) in der Praxis keine große Rolle spielt[111], so deutet ihre pure Existenz doch darauf hin, dass man nach Auswegen sucht, wie die Verwendung der Hypothek vermieden werden kann.

Auch bei jenen Autoren, die die Hypothek noch immer hoch einstufen, zeigt sich bei genauerem Hinsehen, dass sich der Erfolg der Hypothek gar nicht so eindrucksvoll ausnimmt, wie es zunächst scheint. Dies hängt damit zusammen, dass der Begriff „Hypothek" oftmals in einem weiten Sinne für alle dinglichen Immobiliarkreditsicherheiten verwendet wird.[112] Ein Großteil des Erfolgs der Hypothek geht entsprechend gar nicht auf das Konto der vertraglichen Hypothek, sondern auf das des *privilège du prêteur de deniers*.[113] Vor allem aber scheint sich die Bürgschaft als neue Sicherheit bei Grundstückskrediten etabliert zu haben.[114] Sie gilt einerseits im gewerblichen Bereich schon seit längerer Zeit als wichtiges Sicherungsinstrument.[115] Und auch im privaten Bereich vermag sie der Hypothek in einem klassischerweise von dieser abgedeckten Gebiet zunehmend den Rang abzulaufen. Als wichtige statistische Quelle gelten offenbar die jährlichen Marktanalysen von Modulartig, in Zusammenarbeit mit *Crédit Logement*, einem der wichtigsten Anbieter von Bürgschaften beim privaten Immobiliarkredit.[116] Auf dessen Zahlen wird so auch im Rahmen der Reformüberlegungen zur

111 Vgl. *Simler/Delebecque*, Les sûretés 2004, S. 321 Rn. 355.

112 *Simler/Delebecque*, Les sûretés 2004, S. 361 Rn. 405.

113 *Grimaldi*, JCP N 2006, Nr. 19, 1195, S. 948; *Frémeaux*, JCP N 2006, Nr. 19, 1196, S. 953; *Gourio*, RD bancaire et financier 2006, 14, S. 42.
Pascal Clément, ministre de la justice, exposé de motifs du projet de loi de ratification de l'ordonnance 2006-346, 21.06.2006, http://www.senat.fr/leg/pjl05-415.html (Stand: 25.5.2012), ging im Rahmen des Gesetzgebungsverfahrens davon aus, dass 60 Prozent aller Immobiliarkredite durch privilèges du prêteur de deniers gesichert wurden.

114 Vgl. *Groupe de travail relatif à la réforme du droit des sûretés,* S. 18, die es als eine Aufgabe der Reform ansah, die Hypothek wieder zu „une réelle alternative au cautionnement", einer echten Alternative der Bürgschaft, zu machen.

115 *Aynès/Crocq*, Les sûretés 2004, S. 8 f. Nr. 12 f.; *Simler/Delebecque*, Les sûretés 2004, S. 334 Rn. 369; *Stöcker*, Die Eurohypothek, S. 142.

116 *Mouillart/l'Institut CSA/Crédit Logement*, L'Observatoire du Financement de Marchés Résidentiels, S. 26 ff. Der Autor hält zahlreiche Statistiken zum Immobiliarkredit bei Privatleuten bereit. In der Tendenz mit den anderen dort aufgeführten Statistiken übereinstimmend, erscheint der Vergleich der Prozentwerte hinsichtlich der Kreditsummen im Jahr 2001 und 2006 besonders aussagekräftig, vgl. S. 34 f.: Der Anteil der Bürgschaft als Kreditsicherungsmittel am gesamten privaten Immobiliarkreditmarkt ist demzufolge in diesem Zeitraum von 36,3 Prozent auf 55,2 Prozent gestiegen, der Anteil bei Grund-

wiederaufladbaren Hypothek vertraut.[117] Hiernach ist die Bürgschaft in Frankreich in den Jahren vor der Reform zum wichtigsten Sicherungsrecht bei privaten Grundstückskrediten aufgestiegen.[118] Sie sichert mehr als die Hälfte aller Kreditgeschäfte, wohingegen auf vertragliche Hypothek und *privilège du prêteur de deniers* zusammengenommen nur etwa ein Drittel entfallen und andere Sicherungsrechte lediglich eine untergeordnete Rolle spielen. Insgesamt ergibt sich so eine einheitliche Tendenz. Die Hypothek hat in den Jahren vor der Reform zwar durchaus noch Bedeutung bei der Sicherung von Immobiliarkrediten. Es scheint sich aber in den letzten Jahren eine von den Banken ausgehende Geschäftspraxis etabliert zu haben, welche die Hypothek zunehmend meidet, und dies sowohl im Bereich der gewerblichen Kredite als auch bei privaten Immobilienfinanzierungen.

II. Monopolisierung im deutschen Recht durch die Grundschuld

1. Historische Gründe für die Vielfalt im deutschen Recht

Auch die große Palette vertraglicher Grundpfandrechte im BGB ist keine sachliche Notwendigkeit. Auch sie ist das Resultat, ja „ein Überbleibsel" von lange zurückliegenden Entscheidungen des Gesetzgebers, in diesem Fall bei der Einführung des BGB. Mit dieser Vielfalt ließen sich bei der privatrechtlichen Rechtsvereinheitlichung historisch gewachsene Unterschiede in den Regionen

---

stückserwerbsgeschäften von 33,9 Prozent auf 54,4 Prozent. Die Anteile von Hypothek und privilège du prêteur des deniers werden in der Statistik zusammengenommen. Dieser Wert blieb einigermaßen stabil und veränderte sich bezogen auf den gesamten Immobiliarkreditmarkt von 38,0 Prozent auf 35,9 Prozent, bezogen auf Grundstückserwerbsgeschäfte von 40,5 Prozent auf 36,9 Prozent. Die Bedeutung anderer Sicherheiten ging hingegen deutlich zurück. Ihr Anteil bezogen auf den gesamten Immobiliarkreditmarkt sank von 18,4 Prozent auf 5,3 Prozent, ihr Anteil bei Grundstückserwerbsgeschäften von 19,5 Prozent auf 5,8 Prozent. Die zu 100 Prozent fehlenden Anteile entfallen jeweils auf ungesicherte Kreditgeschäfte.

117 *Jachiet/Bourquard/Champagne/u.a.*, Rapport d'enquête 2004, S. 10 sowie ausführlicher im Annexe 5.2.1, S. 11.

118 Vgl. *Le Figaro,* 4./5.11.2006. Beim Immobiliarkredit liegt hiernach der Marktanteil der Bürgschaft bei 60 Prozent und der des privilège du prêteur des deniers bei 25 Prozent. Für die Hypothek verbleibt folglich nur noch ein kleiner Anteil. Auf diese Zahlen berufen sich auch *Jobard-Bachellier/Bourassin/u.a.*, Droit des sûretés, S. 505 Nr. 2035. Anders noch *Léost*, L'Actualité juridique 2000, Études, S. 7, bei welchem auf den cautionnement lediglich 15 Prozent entfallen.

des neu gegründeten deutschen Reichs berücksichtigen.[119] Da akzessorische[120] wie nicht-akzessorische[121] Grundpfandrechte existierten, erschien es am geschicktesten, beide Grundtypen beizubehalten.[122] Eine gewisse Vorfestlegung ergab sich auch durch die vorangegangene Rechtsentwicklung in Preußen, wo mit dem Eigentumserwerbsgesetz vom 5. Mai 1872 eine Grundschuld neben die bisher bestehende akzessorische Hypothek eingeführt worden war.[123] Die endgültige Fassung des BGB beschränkte sich allerdings nicht auf diese Zweiteilung. Eine zusätzliche Vermehrung der Grundpfandrechtskonstruktionen ergab sich auch aus einer regelrechten Konstruktionsfreude[124] sowie dem Bestreben, auf ständische Gruppeninteressen Rücksicht zu nehmen.[125] Der Gesetzgeber überließ damit der Kreditpraxis die Entscheidung zwischen den Sicherungsinstrumenten. Auffallend bei der Konzeption des BGB ist somit die geradezu verwirrende Anzahl verschiedener Formen von Grundpfandrechten.[126] Im Wesentlichen existieren allerdings lediglich zwei Grundtypen, die akzessorische Hypothek und die nicht-akzessorische Grundschuld.

2. Die Sicherungsgrundschuld als die praxisbestimmende Sicherheit

In der deutschen Sicherungspraxis hat die nicht-akzessorische Grundschuld sämtliche andere Grundpfandrechtsformen als Kreditsicherheit an Grundstücken verdrängt.[127] Die Bürgschaft spielt keine Rolle bei der Grundstücksfinanzierung.

---

119 Zu den Ursprüngen der Grundschuld kompakt *Seckelmann*, Grundschuld, S. 5 ff.

120 Motive bei *Mugdan* III, S. 335: Der überwiegende Teil, insb. Sachsen, Bayern, Baden und Württemberg.

121 *Felgentraeger*, in: Festschrift v. Gierke, S. 140 f.: Hamburg, Lübeck, und Mecklenburg. Daneben gab es in Preußen, Oldenburg, Coburg-Gotha, Waldeck und Pyrmont, Lippe und Schaumburg beide Grundpfandrechtstypen, vgl. Motive bei *Mugdan* III, S. 337.

122 Die Einführung nur eines der beiden Rechtsinstrumente hätte zur Folge gehabt, dass noch längere Zeit altes Recht fortbestanden hätte, was die angestrebte Rechtsvereinheitlichung behindert hätte, vgl. Motive bei *Mugdan* III, S. 340. Gegen eine bloße Einführung der Grundschuld schienen auch regionale Besonderheiten zu sprechen, vgl. Motive bei *Mugdan* III, S. 339: „Von Bayern, Sachsen, Württemberg und Baden wird von Personen, die Land und Leute kennen, mit voller Bestimmtheit versichert, dass für die dortigen Verhältnisse die Grundschuld nicht passe."

123 *Buchholz*, Abstraktionsprinzip und Immobiliarrecht, S. 344 f.

124 *Buchholz*, in: Wissenschaft und Kodifikation, S. 1702 ff.

125 Vgl. *Buchholz*, Abstraktionsprinzip und Immobiliarrecht, S. 397 ff. und noch deutlicher in *Buchholz*, RabelsZ, 50 (1986), S. 101; vgl. auch unten § 4 B I 2 b.

126 Vgl. *Baur/Stürner*, Sachenrecht 2009, § 36 Rn. 93 f.

127 Ausführlich hierzu *Stöcker*, Die Eurohypothek, S. 24 ff.; *Gaberdiel/Gladenbeck*, Kreditsicherung durch Grundschulden, S. 25 Rn. 6; *Stöcker/Stürner*, Grundpfandrechte in Europa, Band III, S. 47.

Eine Grundschuld, die eine Forderung sichert, wird als Sicherungsgrundschuld bezeichnet. Dabei ist bemerkenswert, dass der Bedeutung der Sicherungsgrundschuld in der Praxis bislang eine auffallend wenig entwickelte gesetzliche Grundlage gegenüberstand, insbesondere ihre Verbindung mit der zu sichernden Forderung gesetzlich nicht geregelt war. Durch die Einführung des § 1192 Abs. 1a BGB im Rahmen des Risikobegrenzungsgesetzes hat sich dies jetzt geändert.[128]

128 Mehr zum Risikobegrenzungsgesetz s.u. § 8 B II 1.

§ 2: Gründe für den Bedeutungsverlust der vertraglichen Hypothek

Manche Autoren weisen darauf hin, dass es eine gewisse Abneigung der französischen Kreditnehmer gegenüber der Hypothek gebe, eine Art „Monopoly-Syndrom“.[129] Eine Hypothekenbelastung auf dem eigenen Grundstück mag für Verbraucher gewiss eine negative psychologische Komponente haben. Der Niedergang dieser Sicherungsform in Frankreich kann jedoch nicht als reines Image-Problem abgetan werden. Die unterschiedlichen Entwicklungen in Deutschland und Frankreich legen dagegen nahe, dass die Ursache bei der unterschiedlichen rechtlichen Gestaltung der Grundpfandrechte zu suchen ist.

A. Bisherige Grundstrukturen

I. Bestellung der Hypothek

1. Dogmatische Unterschiede bei der Bestellung

a. Bestellungsvorgang

Ein grundlegender Unterschied zwischen französischen und deutschen Grundpfandrechten ergibt sich traditionell aus dem Gegensatz zwischen Konsensprinzip und Abstraktionsprinzip. [130] Hieran änderte auch die Reform 2006 nichts. Im französischen Recht tritt bei der Bestellung einer vertraglichen Hypothek lediglich ein weiteres Rechtsgeschäft neben den Darlehensvertrag.[131] Dieses ist Hypothekenbestellung und Sicherungsvereinbarung in einem. In Umsetzung des Konsensprinzips entsteht die vertragliche Hypothek inter partes allein durch die (formgerechte) Vereinbarung der Bestellung einer vertraglichen Hypothek.[132]

---

129 *Chalvignac*, RLDA 2007, Nr. 14, 855, S. 93; ähnlich bereits *Dagot*, JCP N 1986, Doctrine, S. 104.

130 Zum Konsensprinzip vgl. oben Einleitung B IV.

131 *Mazeaud/Mazeaud/Chabas/Picod*, Leçons de droit civil, Sûretés, S. 300 Nr. 247; zur Dreiteilung durch Voranschaltung eines Hypothekenversprechens siehe *Stadler*, Gestaltungsfreiheit und Verkehrsschutz durch Abstraktion, S. 576.

132 Cass. 3e civ., 17.7.1986, Bull. civ. III, Nr. 118; *Ferid/Sonnenberger*, Das Französische Zivilrecht, S. 747, 3 D 388.

Eingeschränkt ist die Privatautonomie nur durch die Art. 2115, 2127 CC aF. Sie schreiben für die Hypothekenbestellung zwingend die notarielle Form vor.[133]

Bei der Kreditsicherung mit deutschen Grundpfandrechten sind unabhängig vom Grundpfandrechtstyp drei Rechtsgeschäfte zu unterscheiden: Der Darlehensvertrag, der Sicherungsvertrag und die dingliche Einigung.[134] Letztere führt zusammen mit der Eintragung des Grundpfandrechts ins Grundbuch[135] zur Entstehung des Rechts gemäß § 873 Abs. 1 BGB. Der Sicherungsvertrag ist eine schuldrechtliche Vereinbarung zwischen Sicherungsgeber und Sicherungsnehmer, welche das Kreditsicherungsgeschäft begründet, den Sicherungsgeber zur Bestellung des Grundpfandrechts verpflichtet und die Rechte und Pflichten der Vertragsparteien regelt.[136] Eine notarielle Form sieht das BGB weder für den Sicherungsvertrag noch für die dingliche Einigung vor. Allerdings ist für die Grundbucheintragung eine notarielle Mitwirkung gemäß §§ 29 Abs. 1 S. 1, 19 GBO erforderlich, indem die für die Eintragung erforderliche Eintragungsbewilligung des Sicherungsgebers notariell beglaubigt oder beurkundet werden muss.[137]

b. Drittwirksamkeit durch Registereintragung

aa. Aufbau des Registersystems

Das französische Registersystem besteht seit 1955 aus einer Kombination mehrerer Register. Sie werden von Hypothekenbewahrern (*conservateurs des hypothèques*), Beamten der Finanzverwaltung, geführt.[138] Eine erste Einteilung unterscheidet zwischen Haupt- und Nebenregister. Zum Hauptregister zählen drei Publizitätsregister[139]:

---

133 Art. 2127 CC aF verlangt zwar die Anwesenheit zweier Notare bzw. eines Notars und zweier Zeugen, diese Regelung ist allerdings schon durch Art. 9 loi Nr. 66-1022 vom 26.12.1966 aufgehoben worden, vgl. *Lepeltier*, Dr. & patr. 2007, Nr. 158, S. 61. Zum formlosen Hypothekenversprechen als Ersatzkonstruktion ausführlich *Brémont*, JCP N 2003, Nr. 24, 1369 und 1374, S. 929 ff., S. 958 ff. sowie prägnant *Dagot*, JCP N 2007, Nr. 7, 1065, S. 24.

134 *Stadler*, Gestaltungsfreiheit und Verkehrsschutz durch Abstraktion, S. 562 f.

135 *Kuntze/Eickmann/Herrmann/u.a.*, Grundbuchrecht-Kommentar, S. 63, Einl. A 11; *Wagemann*, Funktion und Bedeutung von Grundstücksregistern, S. 9.

136 *Baur/Stürner*, Sachenrecht 2009, § 45 Rn. 9 f.; *Gaberdiel/Gladenbeck*, Kreditsicherung durch Grundschulden, S. 244 Rn. 563.

137 Vgl. *Gerhardt*, Immobiliarsachenrecht, S. 96.

138 *Ferid/Sonnenberger*, Das Französische Zivilrecht, S. 587, 3 C 14.

139 *Ferid/Sonnenberger*, Das Französische Zivilrecht, S. 588, 3 C 22; *Wagemann*, Funktion und Bedeutung von Grundstücksregistern, S. 19 f.; *Frank*, in: Handbuch Immobilienrecht

- das *registre des inscriptions*, in welchem alle Hypotheken und Privilegien festgehalten werden,
- das *registre de publications*, das alle übrigen auf Grundstücke bezogenen Vorgänge enthält und
- das *registre de saisies immobilières* für die Veröffentlichung von Pfändungen des Grundstücks.

In allen drei Registern werden keine Rechte registriert, sondern lediglich Urkunden, die sich auf das Grundstück beziehen, chronologisch gesammelt.[140] Diese Urkunden werden unter dem Namen des von der Eintragung betroffenen Grundstückseigentümers registriert.[141] Aufgrund ihrer schweren Handhabbarkeit werden diese Register durch Nebenregister ergänzt:

- Das Eingangsregister (*registre de dépôts*) bestimmt den Rang eines publizierten Rechts. In ihm werden die im Hauptregister abgehefteten Urkunden vermerkt und der Zeitpunkt der publizierten Rechte festgelegt.[142]
- Die Grundkartei (*fichier immobilier*) besteht aus mehreren Teilen.[143] Von großer Bedeutung sind die Grundstückskartei sowie die Parzellenkartei, da sie nach Grundstücken geordnet sind und sich so aus ihnen entnehmen lässt, welche Rechte an einem Grundstück bestehen.[144] Obwohl sie nur eine Hilfsfunktion haben, werden sie als sehr wichtig erachtet, da sie die Handhabung der umständlichen Publizitätsregister erheblich vereinfachen.[145]

Dieses insgesamt recht komplizierte Registersystem ist eine Folge der bei der Einführung des *Code Civil* nur schwach ausgeprägten Publizität im Liegenschaftsrecht.[146] Diese wurde in zahlreichen Schritten ausgebaut und an die wirt-

in Europa, S. 297 Rn. 107.

140 *Ferid/Sonnenberger*, Das Französische Zivilrecht, S. 587, 3 C 14; *Stöcker/Stürner*, Grundpfandrechte in Europa, Band III, S. 33.

141 *Wagemann*, Funktion und Bedeutung von Grundstücksregistern, S. 20.

142 *Ferid/Sonnenberger*, Das Französische Zivilrecht, S. 588, 3 C 16.

143 *Ferid/Sonnenberger*, Das Französische Zivilrecht, S. 588, 3 C 18 ff.

144 *Simler/Delebecque*, Les sûretés 2004, S. 729 Rn. 871; *Kircher*, Grundpfandrechte in Europa, S. 151.

145 *Ferid/Sonnenberger*, Das Französische Zivilrecht, S. 588, 3 C 17; *Wagemann*, Funktion und Bedeutung von Grundstücksregistern, S. 20; *Kircher*, NotBZ 2005, S. 138; *Aynès/Crocq*, Les sûretés 2004, S. 250 Nr. 637.

146 *Ferid/Sonnenberger*, Das Französische Zivilrecht, S. 584 ff., 3 C 2 ff.; *Wagemann*, Funktion und Bedeutung von Grundstücksregistern, S. 17 ff.; *Aynès/Crocq*, Les sûretés 2004, S. 246 f. Nr. 633.

schaftlichen Bedürfnisse angepasst, das Grundsystem aber gleichwohl beibehalten.[147] Eine Besonderheit gilt für die drei *Departements Haut-Rhin, Bas-Rhin* und *Moselle*. Dieses Gebiet war von 1870/71 bis 1918 Teil des zweiten deutschen Kaiserreichs und es galt deutsches Recht, insb. auch das deutsche Grundbuchrecht. Nach dem ersten Weltkrieg, als Frankreich dieses Gebiet zurückerlangte, galten Teile dieses Rechts zunächst provisorisch, ab 1924 dann als *droit local* weiter.[148] Zu diesem *droit local* gehört auch ein Grundbuchsystem, welches eine Zwischenstellung zwischen deutschem und französischem Recht einnimmt.[149]

bb. Funktion der Register

Wie gerade erläutert entsteht eine vertragliche Hypothek bereits allein kraft privatautonomer Vereinbarung. Ein reines Konsensprinzip wäre allerdings nicht praktikabel, da es an jeglicher Transparenz der rechtlichen Verhältnisse am Grundstück fehlen würde.[150] Die französischen Register dienen demselben Zweck wie das deutschen Grundbuch. Sie schaffen Publizität und schützen so den Rechtsverkehr.[151] Die Hypothekenbestellung erlangt umfassende Gültigkeit gegenüber Dritten daher erst mit der Eintragung (*inscription)* im Grundstücksregister (*registre d'inscription*).[152]

cc. Zeitliche Begrenzung der Eintragung

Die Eintragung einer Hypothek ins Grundstücksregister ist zeitlich nicht unbegrenzt wirksam. Wird sie nicht rechtzeitig erneuert, entfällt die Drittwirksamkeit der Hypothek.[153] Vor der Reform ist die Eintragung nach Art. 2154 CC aF nur zwei Jahre über den Fälligkeitstermin der Forderung hinaus, in jedem Fall jedoch nicht mehr als fünfunddreißig Jahre wirksam.[154] Dieses System ist eine

---

147 *Simler/Delebecque*, Les sûretés 2004, S. 676, Rn. 807, *Aynès/Crocq*, Les sûretés 2004, S. 247 Nr. 633; *Ferid/Sonnenberger*, Das Französische Zivilrecht, S. 599, 3 C 70.

148 *Vallens*, D 1998, Chronique, S. 275; *Rohlfing*, ZEuP 2000, S. 620.

149 *Vallens*, D 1998, Chronique, S. 278; *Simler/Delebecque*, Les sûretés 2004, S. 674 Rn. 806; *Ferid/Sonnenberger*, Das Französische Zivilrecht, S. 599, 3 C 70.

150 Vgl. *Ferid/Sonnenberger*, Das Französische Zivilrecht, S. 585, 3 C 6 f.

151 *Bauer*/von Oefele, GBO-Kommentar, AT Rz. I 1; vgl. hierzu auch *Stöcker/Stürner*, Grundpfandrechte in Europa, Band III, S. 40.

152 Vgl. *Ferid/Sonnenberger*, Das Französische Zivilrecht, S. 591 f., 3 C 34 ff.; *Aynès/Crocq*, Les sûretés 2011, S. 312 Nr. 670.

153 *Ferid/Sonnenberger*, Das Französische Zivilrecht, S. 749, 3 D 396.

154 *Kircher*, Grundpfandrechte in Europa, S. 158.

Folge des Grundstücksregisterwesens, nach welchem die Hypothek unabhängig vom Bestehen einer Registrierung entsteht und erlischt.[155] Die begrenzte Geltungsdauer der Eintragung soll die verschiedenen Register aktuell und übersichtlich halten.[156] Diese zeitliche Begrenzung hängt jedoch auch mit der Akzessorietät der Hypothek[157] zusammen. Die Eintragung einer Hypothek nach Erlöschen einer gesicherten Forderung ist nutzlos, wenn mit der Forderung auch die Hypothek selbst erlischt. Entsprechend liegt es nahe, die Eintragung an die voraussichtliche Dauer der Kreditrückzahlung anzupassen. Der automatische Wegfall der Eintragung bezweckt die Reduzierung die Kosten, da eine rechtsgeschäftliche oder gerichtliche Löschung (*radiation volontaire ou judiciaire*)[158] der Eintragung gespart wird[159].

dd. Folge: Kein gutgläubiger Erwerb möglich

Eine wichtige Konsequenz der Unterschiede im deutschen und französischen formellen Grundstücksrecht besteht darin, dass Letzteres nur einen sehr eingeschränkten gutgläubigen Erwerb kennt. Der französischen Registereintragung fehlt ein Rechtsschein[160], wie er für einen gutgläubigen Erwerb erforderlich wäre. Ein solcher entsteht nicht durch die Registrierung, da dieser keine rechtsbegründende Wirkung zukommt.[161] Auch die der Registrierung zugrundeliegende Entscheidung des Hypothekenbewahrers (*conservateur des hypothèques*) kann nicht herangezogen werden, da dieser lediglich die Ordnungsmäßigkeit der Publikationsanträge, nicht jedoch die materielle Rechtslage prüft.[162] Dies bleibt hinter den deutschen Regelungen zurück, wo zwar ebenso keine materielle Prüfung, stattdessen aber eine Prüfung von an den materiellen Anforderungen angelehnten verfahrensrechtlichen Surrogaten vorgenommen wird.[163] Das französische Grundstücksregister erzeugt entsprechend der deutschen Terminologie lediglich negative Publizität.[164] Vom Inhalt des Grundstücksregisters kann nicht

155 *Mazeaud/Mazeaud/Chabas/Picod*, Leçons de droit civil, Sûretés, S. 391 Nr. 396.
156 *Ferid/Sonnenberger*, Das Französische Zivilrecht, S. 749, 3 D 395.
157 S.u. § 2 III 2 a.
158 *Aynès/Crocq*, Les sûretés 2011, S. 317 Nr. 676.
159 *Simler/Delebecque*, Les sûretés 2004, S. 464 Rn. 550; *Ferid/Sonnenberger*, Das Französische Zivilrecht, S. 772, 3 D 493 ff.
160 Vgl. hierzu *Westermann*, JuS 1963, S. 1, 3 f.; *Wiegand*, JuS 1975, S. 206 f.
161 *Ferid/Sonnenberger*, Das Französische Zivilrecht, S. 600, 3 C 70.
162 *Ferid/Sonnenberger*, Das Französische Zivilrecht, S. 589, 3 C 23.
163 *Wagemann*, Funktion und Bedeutung von Grundstücksregistern, S. 13.
164 Ebenda.

auf die Rechtswirksamkeit einer Hypothek geschlossen werden. Positive Publizität wie bei §§ 891, 892 BGB fehlt.[165] Lediglich in den sehr engen Grenzen der Regeln des Scheineigentums ist ein gutgläubiger Erwerb möglich.[166] Voraussetzung hierfür ist, dass der Irrtum des Erwerbers unabwendbar, d.h. auch bei besonders hoher Sorgfalt nicht vermeidbar war.[167]

Weitgehend identisch ist die Rechtslage in den drei *Departements* mit *droit local*. Im Grundbuch des *droit local* werden zwar anders als in die oben geschilderten Publikationsregister Rechte eingetragen. Ein umfassender Schutz des gutgläubigen Erwerbers, wie ihn § 892 BGB im deutschen Recht gewährt, fehlt hingegen.[168] Gläubiger können im französischen Recht grundsätzlich nicht darauf vertrauen, dass derjenige, der im Grundstücksregister als Eigentümer eines Grundstücks ausgewiesen wird, auch tatsächlich eine Hypothek an diesem Grundstück bestellen kann.

2. Forderungsbindung bei der Bestellung

a. Entstehungsakzessorie*tät*

aa. Grundsatz

Die französische vertragliche Hypothek vor der Reform 2006 ist als akzessorisches Recht konzipiert. Sie setzt als materielle Entstehungsvoraussetzung die Existenz einer zu sichernden Forderung voraus (Art. 2114 Abs. 1 CC aF).[169] Ein bei der Bestellung von einer Forderung unabhängiges Grundpfandrecht wie die Grundschuld gibt es nicht. Entsteht die zu sichernde Forderung nicht, entsteht grundsätzlich auch die Hypothek nicht. Eine solche Hypothek ist endgültig unwirksam.[170] Ein Instrument wie die Eigentümergrundschuld bei der Hypothek im deutschen Recht, die bei vorübergehender bzw. endgültiger Unwirksamkeit der

---

165 *Stadler*, in: Chinesisches Zivil- und Wirtschaftsrecht aus deutscher Sicht, S. 51.

166 *Simler/Delebecque*, Les sûretés 2004, S. 351 f. Rn. 393; *Kircher*, Grundpfandrechte in Europa, S. 107.

167 *Marty/Raynaud/Jestaz*, Les sûretés, S. 120 Nr. 171; *Ferid/Sonnenberger*, Das Französische Zivilrecht, S. 644 f., 3 C 309 ff.; vgl. auch Rspr. zum Scheineigentum: Cass. 3e civ. 24.09.2003, Bull. civ. III, Nr. 162; Cass. 3e civ. 19.02 1974, Bull. civ. III, Nr. 83.

168 *Kircher*, Grundpfandrechte in Europa, S. 151. Lediglich eine § 891 BGB entsprechende Vermutungsregel existiert, vgl. *Simler/Delebecque*, Les sûretés 2004, S. 674 Rn. 806.

169 *Simler/Delebecque*, Les sûretés 2004, S. 338 Rn. 375.

170 Vgl. Cass. requête, 9.12.1930, Gaz. Pal. S. 1931, 1, 107; *Planiol/Ripert*, Traité pratique de Droit civil français, S. 377 Nr. 330; *Marty/Raynaud/Jestaz*, Les sûretés, S. 112 Nr. 157.

zu sichernden Forderung entsteht, den Rang erhält und zur Sicherung anderer Forderungen verwendet werden kann,[171] gibt es nicht.[172] Eine Abstrahierung einer Hypothek durch die Sicherung abstrakter Forderungen ähnlich §§ 780, 781 BGB ist nicht möglich,[173] auch nicht durch einen *billet non cause* gemäß Art. 1132 CC aF[174]. Gleichwohl ist die Entstehungsakzessorietät aus praktischen Erwägungen an mehreren Stellen aufgeweicht. Akzessorietät ist, wie oben[175] bei der Begriffsbestimmung deutlich werden sollte, kein Selbstzweck, sondern ein Instrument des Schuldnerschutzes. Im Hinblick auf eine angemessene Berücksichtigung anderer schützenswerter Interessen ist dieser Schutz nicht absolut und die Akzessorietät daher in einigen Fällen eingeschränkt.

bb. Hypothekarische Sicherung der Darlehensvaluta bei unwirksamen Darlehensvertrag

Die strenge Akzessorietät erfährt eine erste Einschränkung, soweit sich nach Auszahlung der Darlehenssumme herausstellt, dass der Darlehensvertrag nicht wirksam ist. Die Darlehensforderung, für welche die Hypothek bestellt worden ist, kann so an sich nicht entstehen. Der Kassationshof hat zunächst für die Bürgschaft[176] und dann auch für die Hypothek entschieden, dass diese dann den entstandenen Bereicherungsanspruch absichern.[177] Vergleichbare Überlegungen gibt es auch im deutschen Recht.[178] Im deutschen Recht wird angenommen, dass der Bereicherungsanspruch aus Gründen der Akzessorietät und Spezialität hinsichtlich der gesicherten Forderung nur dann mit einbezogen ist, wenn auch diese Forderung bei der Bestellung vom Parteiwillen umfasst war.[179] Im französischen Recht werden diese konstruktiven Schwierigkeiten interessanterweise dadurch vermieden, dass man durch eine Art Abstrahierung den Darlehensvertrag

171 *Medicus*, JuS 1971, S. 449.
172 S.u. § 2 III 1 a.
173 *Kircher*, Grundpfandrechte in Europa, S. 65 f.
174 *Ferid/Sonnenberger*, Das Französische Zivilrecht, S. 412, 2 M 301; *Stadler*, Gestaltungsfreiheit und Verkehrsschutz durch Abstraktion, S. 32 f.
175 S.o. Einleitung B II.
176 Cass. com. 17.11.1982, Dalloz/Sirey, 1983 Jurisprudence, S. 527, mit Anmerkung von *Monique Contamine-Raynaud*.
177 Cass. com. 2.11.1994., Bull. civ. IV, Nr. 321; vgl. hierzu *Aynès*, Defrénois 1995, Nr. 38, Art. 36040, S. 424.
178 MünchKomm/*Eickmann*, § 1113 Rn. 72; Palandt/*Bassenge*, § 1113 Rn. 9.
179 BGH NJW 1968, S. 1134; *Baur/Stürner*, Sachenrecht 2009, § 37 Rn. 48.

als *contrat réel*[180] klassifiziert, wodurch sich der Rückzahlungsanspruch bereits aus der Zahlung der Darlehensvaluta als solche ergeben soll.[181]

cc. Sicherung bedingter Forderungen

Gesetzliche Grundlage für die Sicherung lediglich bedingter Forderungen ist nach altem Recht Art. 2132 CC aF.[182] Dadurch wird die hypothekarische Sicherung noch nicht entstandener Forderungen ermöglicht.[183] Die Zulassung der Sicherung künftiger Forderungen bedeutet eine Lockerung der Bestimmtheit der Forderung. Die Hypothek kann bereits vor Entstehen der Forderung bestellt werden. Sie bleibt bis zu deren Entstehen unwirksam, wird aber gleichwohl in das Register aufgenommen.[184] Ab Entstehung der Forderung profitiert sie dann von der günstigen Rangstelle. Die Hypothek wartet somit gewissermaßen auf ihre Aktivierung durch die Entstehung der Forderung, sie ist nicht nichtig mangels fehlender Forderung. Dies entspricht im Ergebnis dem Ablauf bei der Hypothek im deutschen Recht, wo gemäß §§ 1113 Abs. 2, 1163 Abs. 1 S. 1, 1177 Abs. 1 S. 1 BGB bis zur tatsächlichen Entstehung der Forderung lediglich eine vorläufige Eigentümergrundschuld vorliegt.[185] Damit wird auch ohne die Zulassung eines Eigentümergrundpfandrechts ein dem deutschen Recht vergleichbares Ergebnis erlangt. Auch im Vergleich zur Sicherungsgrundschuld besteht hinsichtlich der Sicherung bedingter Forderungen kein praktischer Nachteil.

180 Zu den seit der Schuldrechtsmodernisierung obsolet gewordenen Überlegungen eines Realvertrags im deutschen Recht vgl. *Mühlberg*, AcP 192 (1992), S. 453 f.

181 *Aynès*, Defrénois 1995, Nr. 38, Art. 36040, S. 424.

182 Art. 2132 CC aF: „L'hypothèque conventionnelle n'est valable qu'autant que la somme pour laquelle elle est consentie est certaine et déterminée par l'acte: si la créance résultant de l'obligation est conditionnelle pour son existence, ou indéterminée dans sa valeur, le créancier ne pourra requérir l'inscription dont il sera parlé ci-après, que jusqu'à concurrence d'une valeur estimative par lui déclarée expressément, et que le débiteur aura droit de faire réduire, s'il y a lieu."

183 Vgl. hierzu bereits Cass. civ. 20.10.1897, Sirey 1897, I, S. 489.

184 Indirekt bestätigt durch Art. 44 Nr. 4 décret 55-1350, 14.10.1955, statt vieler vgl. *Cabrillac/Mouly*, Droit des sûretés 2004, S. 651 Nr. 780.

185 Ganz überwiegende Ansicht, vgl. RGZ 51, 43, 44; Staudinger/*Wolfsteiner*, § 1163 Rn. 32; *Baur/Stürner*, Sachenrecht 2009, § 37 Rn. 21; andere Ansicht *Wilhelm*, Sachenrecht, S. 597 f. Rn. 1448 ff.

b. Sicherung einer Vielzahl von Forderungen

aa. Kontokorrent- und Krediteröffnungsverträge

Die Zulassung bedingter Forderungen führt nicht nur zu einer Flexibilisierung in zeitlicher Hinsicht. Die Bedingtheit einer Forderung kann auch darin liegen, ob eine Forderung überhaupt entsteht. Da eine Forderung schließlich auch nur zum Teil entstehen kann, erreicht man eine Flexibilität bei der Höhe der Forderung, wenn unklar ist, ob diese Teilforderungen alle entstehen werden.[186] Im französischen Recht vor 2006 wird entsprechend auf der Grundlage von Art. 2132 CC aF auch die Sicherung von Kontokorrentvereinbarungen (*compte courant*) und Krediteröffnungsverträgen (*ouverture de crédit*) zugelassen.[187] Bei einem Krediteröffnungsvertrag[188] gewährt der Kreditgeber einen Kreditrahmen. Der Umfang der tatsächlichen Nutzung des Kredits bleibt offen. Gesichert wird das Saldo der tatsächlich in Anspruch genommenen Einzelkredite als künftige, in der endgültigen Höhe noch unbestimmte Forderung.[189] Im Falle der Sicherungsverwertung ist nur die tatsächlich in Anspruch genommene Kreditsumme nebst Zinsen maßgeblich. Ähnlich verhält es sich bei der Sicherung eines Kontokorrents.[190] Auch hier lässt sich die Forderungshöhe bei der Bestellung der Sicherheit nicht bestimmen.

bb. Übereinstimmungen mit der deutschen Höchstbetragshypothek

Die Sicherung von Kontokorrentvereinbarungen bietet ähnliche Möglichkeiten wie die Verwendung einer Höchstbetragshypothek nach § 1190 BGB. Diese zeichnet sich dadurch aus, dass sie eine Forderung sichert, deren endgültige Bestimmung zunächst offen gelassen ist und lediglich nach oben hin durch den festgelegten Höchstbetrag begrenzt ist.[191] Bei der gesicherten Forderung handelt

---

186 Vgl. hierzu im deutschen Recht die verdeckte Höchstbetragshypothek und Staudinger/*Wolfsteiner*, § 1113 Rn. 19.

187 *Simler/Delebecque*, Les sûretés 2004, S. 357 Rn. 399; *Aynès/Crocq*, Les sûretés 2004, S. 263 Nr. 662; *Mazeaud/Mazeaud/Chabas/Picod*, Leçons de droit civil, Sûretés, S. 316.

188 Cass. civ. 21.11.1848, Lippmann et Clausse, DP 1849, 1, S. 275; Cass. civ., 10.2.1977, Bull. civ. II, Nr. 32.

189 Vgl. *Stöcker*, Die Eurohypothek, S. 120.

190 Cass. com. 17.12.1991, Bull. civ. IV, Nr. 389: „Le contrat de compte courant est caractérisé par la possibilité de remises réciproques s'incorporant dans un solde pouvant, dans la commune intention des parties, varier alternativement au profit de l'une ou l'autre." Ausführlich zum französischen Kontokorrent *Sonnenberger/Dammann*, Französisches Handels- und Wirtschaftsrecht, S. 450 ff., VII 28 ff.

191 Staudinger/*Wolfsteiner*, § 1190 Rn. 2.

es sich um ein Forderungssaldo, einen Verrechnungsbetrag anderer Forderungen. Auf diese Weise wird die hypothekarische Sicherung aller Ansprüche einer laufenden Geschäftsbeziehung, aller gegenwärtigen und künftigen Forderungen ohne nähere Bezeichnung eines Rechtsgrundes, insb. eines Kontokorrents i.S.v. § 355 ff. HGB, möglich.[192] Soweit der Saldobetrag unterhalb des Höchstbetrags liegt, entsteht nach allgemeiner Ansicht eine Hypothek zugunsten des Sicherungsnehmers lediglich bis zu diesem Betrag. Für den darüber hinausgehenden Teil gilt wiederum §§ 1163 Abs. 1 S. 1, 1177 Abs. 1 S. 1 BGB.[193]

cc. Übereinstimmungen mit der verdeckten Höchstbetragshypothek

Daneben gibt es im deutschen Recht noch die Konstruktion der verdeckten Höchstbetragshypothek. Dabei handelt es sich um eine gewöhnliche Verkehrshypothek, bei der zwischen den Parteien vereinbart wurde, dass sie im Innenverhältnis als Höchstbetragshypothek behandelt werden solle.[194] Sie vermag auf diese Weise die Rolle der Höchstbetragshypothek aus § 1190 BGB zu übernehmen und etwa Kontokorrentvereinbarungen zu sichern. Bedenken gegen diese Konstruktion werden vor allem an § 1163 Abs. 1 S. 2 BGB festgemacht. Bei für Kontokorrentvereinbarungen typischen Teilrückzahlungen müsse aufgrund dieser Vorschrift zwingend eine endgültige Eigentümergrundschuld in entsprechender Höhe entstehen, und die Hypothek könne sich auch bei einer späteren Erhöhung des Kontokorrentsaldos nicht mehr an diesem anpassen.[195] Die Befürworter sehen dieses Problem dadurch gelöst, dass Teilrückzahlungen nicht sofort auf die Forderung angerechnet, sondern bis zu einer abschließenden Abrechnung getrennt gesammelt werden könnten.[196] Die Rechtsprechung, insb. das Reichsgericht, hat die verdeckte Höchstbetragshypothek zur Sicherung eines Kontokor-

192 *Weingartner*, Die Höchstbetragshypothek, S. 3; MünchKomm/*Eickmann*, § 1190 Rn. 5; *Staudinger/Wolfsteiner*, § 1190 Rn. 3.

193 Vgl. RGZ 120, 110; *Baur/Stürner*, Sachenrecht 2009, § 42 Rn. 25; andere Ansicht *Wilhelm*, Sachenrecht, S. 599 Rn. 1452.

194 MünchKomm/*Eickmann*, § 1190 Rn. 35, § 1113, Rn, 35 f.; Staudinger/*Wolfsteiner*, § 1113 Rn. 19. Ein in der Wirkung ähnliches Instrument ist die abstrahierte Hypothek, s.u. § 2 III 2 b bb.

195 *Weingartner*, Die Höchstbetragshypothek, S. 69; *Felgentraeger*, in: Festschrift v. Gierke, S. 157; Westermann/*Eickmann*, Sachenrecht, § 110 I 3, S. 790, m.w.N.; ebenso Erman/*Wenzel*, § 1190 Rn. 3.

196 So Staudinger/*Wolfsteiner*, § 1113 Rn. 19, der auf Ähnlichkeiten mit der Tilgungsfondshypothek verweist. Zur dieser Soergel/*Kontzen*, Vor § 1113 Rn. 10 ff.

rents zugelassen und keinen Widerspruch zu §§ 1190, 1163 Abs. 1 S. 2, 1113 Abs. 2 oder § 1180 BGB gesehen.[197]

dd. Grenze der Gemeinsamkeit: Festlegung der gesicherten Forderung

Das französische Recht verfügt somit bereits vor der Einführung der wiederaufladbaren Hypothek über eine Technik, die den deutschen Höchstbetragshypotheken entspricht.[198] Auf diese Weise kann eine Vielzahl von Forderungen gleichzeitig gesichert werden. Die akzessorische Verbindung zu diesen Forderungen ist durch die Reduzierung der Bestimmtheit der gesicherten Forderung gelockert. Es besteht jedoch ein wesentlicher Unterschied zu den deutschen Konstruktionen. Obwohl aus Art. 2132 CC aF selbst nicht zu entnehmen, ist erforderlich, dass der Rechtsgrund der Forderung im Bestellungsvertrag festgelegt wird.[199] Ohnehin sieht dies Art. 2148 S. 2 Nr. 3 CC aF für die Registereintragung vor. Eine Hypothek für sämtliche gegenwärtige und künftige Forderungen wie bei einer (deutschen) Höchstbetragshypothek oder Sicherungsgrundschuld[200] ist so nicht möglich. Die Sicherungsmöglichkeiten sind entsprechend geringer.[201] In den Jahren vor der Reform gibt es interessanterweise die (bislang nicht erfüllte) Hoffnung, dass durch eine Streichung dieser Voraussetzung das französische Hypothekenrecht auf einfache Weise erheblich flexibilisiert würde.[202]

II. Übertragung der Hypothek

Die Ausgestaltung der Übertragbarkeit eine Grundpfandrechts ist sowohl in theoretischer wie in praktischer Hinsicht bedeutsam.[203] Die akzessorische Struktur eines Grundpfandrechts zeigt sich, weil sie den Ablauf der Übertragung vorgibt. Typisch akzessorische Merkmale eines Grundpfandrechts wie die Bindung der Zuständigkeit und der Begrenzung des Haftungsumfangs an die gesicherte Forderung treten hervor. Die Übertragbarkeit bestimmt aber auch wesentlich die

197 RGZ 60, 243; BayOLG NJW 1954, S. 1808; OLG Brandenburg WM 1998, S. 283.

198 *Stöcker*, Die Eurohypothek, S. 121; *Kircher*, Grundpfandrechte in Europa, S. 114.

199 Cass. civ. 6.2.1939, DP 1939, I, S. 53, mit Anmerkung Plassard; zustimmend *Marty/Raynaud/Jestaz*, Les sûretés, S. 132 Nr. 195; *Mazeaud/Mazeaud/Chabas/Picod*, Leçons de droit civil, Sûretés, S. 316; *Simler/Delebecque*, Les sûretés 2004, S. 3057 Rn. 399.

200 S.u. § 2 A III 2 b dd.

201 *Stöcker*, Die Eurohypothek, S. 92; *Dupichot*, D 2006, S. 129; *Aynès/Crocq*, Les sûretés 2004, S. 263 Nr. 662; ähnlich auch *Hadding/Schneider*, Recht der Kreditsicherheiten, Frankreich, S. 229 f. Nr. 232 f.

202 *Crocq*, Dr. & patr. 2001, Nr. 92, S. 65 ff.

203 *Buchholz*, AcP 187 (1987), S. 110 f.

Verkehrsfähigkeit eines Grundpfandrechts. Durch die Art und Weise, wie die Interessen von Gläubigern und Schuldner berücksichtigt sind, bestimmt sie den Spielraum für praktisch bedeutsame Vorgänge wie Refinanzierung, freihändige Verwertung oder Umschuldung.[204]

1. Unselbstständige Übertragung (*transmission à titre accessoire*)

Bei Übertragung der Forderung auf einen Dritten folgt die Hypothek der Forderung automatisch nach. Hier zeigt sich vor 2006 in klassischer Weise die akzessorische Bindung der Hypothek, wie sie auch bei der deutschen Hypothek mit § 1153 BGB zu Tage tritt. Diese Übertragung vollzieht sich zum einen durch Abtretung (*cession*), Art. 1689, 1692 CC der hypothekarisch gesicherten Forderung. Zur Drittwirksamkeit sind die in Art. 1690 CC geregelten Publizitätsregeln zu beachten.[205] Eine akzessorische Übertragung erfolgt zum anderen durch die Begleichung der hypothekarischen Forderung durch einen Dritten und den damit verbundenen Eintritt in die Rechte des befriedigten Gläubigers gemäß Art. 1250 f. CC (*subrogation dans le paiement*).[206] Dies bietet die Möglichkeit der Umschuldung zur Änderung der Zinsvereinbarungen bei langfristigen Krediten.[207] Die akzessorische Bindung an die Erstforderung samt den Darlehenskonditionen bleibt hierbei jedoch insoweit erhalten, dass die neu gesicherte Forderung über den Umfang der bisher gesicherten Forderung, wie sie zum Zeitpunkt des Forderungswechsels besteht, nicht hinausgehen kann.[208] Diese Technik ist daher nur dann verwendbar, wenn die neuen Zinsbedingungen günstiger als die bisherigen sind.[209]

In der Konstellation, dass ein Erwerber eines hypothekarisch belasteten Grundstücks auch die hypothekarisch gesicherte Forderung befriedigt, führt der Gläubigereintritt gemäß Art. 1251 Nr. 2 CC dazu, dass dieser dann Inhaber der Hypo-

---

204 S.u. § 8 B I 1 b.

205 *Mazeaud/Mazeaud/Chabas*, Leçons de droit civil, Obligations, S. 1278 Nr. 1260; vgl. hierzu auch *Kircher*, Grundpfandrechte in Europa, S. 241.

206 *Kircher*, Grundpfandrechte in Europa, S. 243; zur früheren Bedeutung dieser Technik beim privilège du prêteur de deniers *Daublon*, Defrénois 1994, art. 35887, S. 1057.

207 *Stöcker*, Die Eurohypothek, S. 123.

208 *93e Congrès des notaires de France*, L'investissement immobilier, S. 548; vgl. auch *Stöcker*, Die Eurohypothek, S. 123, S. 193.

209 *Jachiet/Bourquard/Champagne/u.a.*, Rapport d'enquête 2004, S. 38; vgl. hierzu auch *Mazeaud/Mazeaud/Chabas/Picod*, Leçons de droit civil, Sûretés, S. 526 Nr. 618-641.

thek am eigenen Grundstück wird.[210] Es stellt vor 2006 den einzigen Fall im französischen Recht dar, bei dem der Hypothekeninhaber auch zugleich Eigentümer sein kann.[211]

2. Selbstständige Übertragung (*transmission à titre principal*)

Daneben ist auch die selbstständige Übertragung der Hypothek möglich. Diese Bezeichnung erweckt den Eindruck, dass hier die akzessorische Bindung aufgegeben ist. Blickt man jedoch auf die sich hinter diesem Begriff verbergenden Übertragungsmöglichkeiten, zeigt sich, dass zwar die strenge Akzessorietät gelockert, aber gleichwohl zumindest eine betragsmäßige Begrenzung auf die ursprünglich gesicherte Forderung bestehen bleibt.[212]

a. Abtretung des Vorrangs (Cession de rang ou d'antériorité)

Als ein Fall der selbstständigen Übertragung gilt die Vereinbarung des Rangabtritts bzw. Rangtauschs zwischen Hypothekengläubigern am selben Grundstück.[213] Wie bei der Rangänderung im deutschen Recht gemäß § 880 BGB ist dies nur möglich, wenn andere Hypothekengläubiger dadurch nicht benachteiligt werden.[214]

b. Subrogation à l'hypothèque

Von den oben beschriebenen Formen der Subrogation ist der Fall zu unterscheiden, dass ein hypothekarisch gesicherter Gläubiger die Hypothek an einen anderen, bislang ungesicherten Gläubiger abtritt.[215] Die Hypothek sichert dann nicht mehr die ursprünglich gesicherte Forderung sondern lediglich die andere Forderung.[216] Allerdings ist diese Ablösung nicht vollständig. Vielmehr bleibt die Hypothek auch nach dieser Übertragung an die bisherige Forderung gebunden.[217] Erlischt diese, erlischt mit ihr auch die Hypothek.[218]

---

210 *Simler/Delebecque*, Les sûretés 2004, S. 338 Rn. 375.

211 *Stöcker*, Die Eurohypothek, S. 106.

212 Zu den Ursprüngen bei den gesetzlichen Grundpfandrechten siehe *Ferid/Sonnenberger*, Das Französische Zivilrecht, S. 763 f., 3 D 462 und *Simler/Delebecque*, Les sûretés 2004, S. 453 Rn. 531.

213 *Simler/Delebecque*, Les sûretés 2004, S. 453 Rn. 532.

214 *Ferid/Sonnenberger*, Das Französische Zivilrecht, S. 764, 3 D 465.

215 *Simler/Delebecque*, Les sûretés 2004, S. 454 Rn. 533.

216 *Kircher*, Grundpfandrechte in Europa, S. 245.

217 *Simler/Delebecque*, Les sûretés 2004, S. 452 Rn. 530.

218 *Mazeaud/Mazeaud/Chabas/Picod*, Leçons de droit civil, Sûretés, S. 523 Nr. 614; *Kircher*,

c. Novation

Bei einer Novation erlischt die bisherige Forderung und eine neue Forderung tritt an ihre Stelle.[219] Auf diese Weise können gemäß Art. 1271 CC Schuldner, Gläubiger und die zwischen ihnen bestehende Forderung ersetzt werden. Für eine Hypothek, die die bisherige Forderung sichert, sieht Art. 1278 CC vor, dass sie mit dieser erlischt, soweit nicht ausdrücklich vorgesehen wird, dass sie auf die neue Forderung übergehen soll.[220] Es ist jedoch nicht so, dass durch die Novation die hypothekarisch gesicherte Forderung beliebig ausgetauscht werden kann. Vielmehr vermag die Hypothek die neue Forderung nur in dem Umfang zu sichern, wie die alte Forderung zum Zeitpunkt vor der Novation besteht.[221] Der darüber hinausgehende Betrag einer neuen Forderung kann hingegen nur durch die Bestellung einer neuen Hypothek gesichert werden.[222] Dies entspricht insoweit der Forderungsauswechslung nach § 1180 BGB.[223] Die Novation kann so in ähnlich beschränktem Umfang wie der oben geschilderte Gläubigereintritt zur Umschuldung genutzt werden.[224] Die Praxis zieht es vor 2006 jedoch offenbar vor, hierzu Hypotheken neu zu bestellen.[225]

3. Publizierungs- und Übertragungserleichterungen

Für sämtliche Übertragungsformen ist nach Art. 2149 Abs. 1 CC aF die Eintragung eines Randvermerks *(mention en marge)* vorgesehen. Die Kosten des Randvermerks, 0,05 Prozent des Hypothekenbetrags als Gebühr des Hypothekenbewahrers, sind im Vergleich zu einer herkömmlichen Registrierung gering.[226] In der Rechtsprechung hat sich durchgesetzt, dass diese Form der Publi-

---

Grundpfandrechte in Europa, S. 245.

219 *Kircher*, Grundpfandrechte in Europa, S. 246.

220 *Kircher*, Grundpfandrechte in Europa, S. 246; *Ferid/Sonnenberger*, Das Französische Zivilrecht, S. 733, 3 D 331.

221 JCl. *Simler*, Art. 1271-1281 CC, contrats et obligation, S. 10 f. Nr. 39, 41; *Mazeaud/Mazeaud/Chabas/Picod*, Leçons de droit civil, Sûretés, S. 1251 Nr. 1229; *Kircher*, Grundpfandrechte in Europa, S. 246; *Kohls*, Die Hypothek im französischen und im deutschen Recht, S. 113; *Stöcker*, Die Eurohypothek, S. 119.

222 *Kohls*, Die Hypothek im französischen und im deutschen Recht, S. 115.

223 Mängel der alten, ausgewechselten Forderung sind bei § 1180 BGB hingegen bedeutungslos, vgl. Westermann/*Eickmann*, Sachenrecht, § 117 II 1, S. 818.

224 JCl. *Mouly/Jacob*, Art. 2114-2117 CC, Hypothèques Definition. Caractères. Effets, S. 24 Nr. 176; *Stöcker*, Die Eurohypothek, S. 122.

225 *Jachiet/Bourquard/Champagne/u.a.*, Rapport d'enquête 2004, S. 38; *Stöcker*, Die Eurohypothek, S. 193.

226 S.u. § 5 A I 1.

zierung rein deklaratorisch ist und ihr somit keine Wirkung gegenüber Dritten zukommt.[227]

Verglichen mit dem deutschen Recht ist die Übertragung hiernach nicht aufwendiger als bei einem Buchgrundpfandrecht, bei dem im deutschen Recht eine Grundbuchänderung gemäß § 1154 Abs. 3 BGB erforderlich ist. Die Möglichkeit der Bestellung eines Briefgrundpfandrechts, bei welchem die Übertragung ganz ohne Grundbucheintragung wie nach § 1154 Abs. 1 BGB erfolgt, gibt es hingegen nicht. Da jedoch im deutschen Recht eine Entwicklung zu den Buchgrundpfandrechten stattgefunden hat,[228] dürfte dieser Unterschied in der Praxis wenig bedeutsam sein. Zur Vereinfachung der Übertragung hypothekarisch gesicherter Forderungen besteht im französischen Recht zudem die Möglichkeit der Bildung von Sammelurkunden (*billet à ordre*) und der Übertragung mittels Indossierung einer an ein Orderpapier gebundenen Forderung.[229]

4. Unterschiedlicher Schutz des Rechtsverkehrs

Art. 2149 CC aF bringt schließlich noch zum Ausdruck, was bereits auf der Entstehungsebene angesprochen wurde. Ein gutgläubiger Erwerb von Hypothek und Forderung ist im französischen Recht praktisch nicht möglich. In Art. 2149 Abs. 1 CC aF ist ausdrücklich geregelt, dass diese Übertragungen den Schuldner nicht zusätzlich belasten dürfen. Die akzessorische Begrenzung der Schuld bleibt somit betragsmäßig aufrecht erhalten. Aus dieser Bindung an die Forderung ergibt sich eine gewisse Rechtsunsicherheit für die Praxis.

Vor Inkrafttreten des Risikobegrenzungsgesetzes 2008 zeigen sich an dieser Stelle gravierende Unterschiede zum deutschen Recht.[230] Zwar folgt auch die deutsche Hypothek bei der Übertragung grundsätzlich den Regeln der Akzessorietät, vgl. § 1153 BGB. Über § 1138 BGB sind gutgläubige Erwerber jedoch umfassend geschützt. Der französischen Rechtslage entspricht allein die in der Kreditpraxis unbedeutende Sicherungshypothek, bei der gutgläubiger einredefreier Erwerb ausgeschlossen ist gemäß § 1185 Abs. 2 BGB. Die Übertragung

227 Cass. 3e civ., 16.7.1987, Bull. civ. III, Nr. 145; hierzu *Aynès*, Defrénois 1987, Nr. 111, Art. 34120, S. 1489; *Cabrillac/Mouly*, Droit des sûretés 2004, S. 706 Nr. 855 und *Kircher*, Grundpfandrechte in Europa, S. 248.

228 *Clemente*, Sicherungsgrundschuld, S. 14 Rn. 41.

229 *Cabrillac/Mouly*, Droit des sûretés 2004, S. 707 f. Nr. 856; *Stöcker*, Die Eurohypothek, S. 112 ff.

230 Ausführlich hierzu s.u. § 8 B I.

der Grundschuld vollzieht sich bereits im Ansatz anders. Forderung und Grundschuld werden selbstständig voneinander übertragen.[231] Dies schließt mit ein, dass diese Rechte an verschiedene Erwerber übertragen werden können.[232] Einschränkungen der Grundschuldhaftung, die sich durch die Anwendung von § 1157 S. 1 BGB ergeben, wurden durch den Schutz des gutgläubigen Erwerbers gemäß § 1157 S. 2 BGB überlagert. Auf der Übertragungsebene liegt im Vergleich zur französischen Hypothek der wesentliche Unterschied darin, dass Verkehrshypothek und Grundschuld gutgläubig erwerbbar sind, und ein Erwerber vor Mängel des Sicherungsrechts, der gesicherten Forderung und, vor allem, hinsichtlich des noch bestehenden Umfangs der gesicherten Forderung umfassend geschützt ist.[233]

III. Erlöschen und Wiederverwendung der Hypothek

Besonders in diesen Punkten unterscheidet sich die französische Hypothek nach der alten Rechtslage von der Grundschuld und deutscher Hypothek.

1. Unterscheidungsmerkmal Erlöschensakzessorietät

a. Erlöschensakzessorietät der französischen Hypothek

Die Erlöschensgründe sind im alten Recht in Art. 2180 CC aF aufgelistet.[234] Diese werden in selbstständige und unselbstständige Erlöschensgründe unterteilt. Der wichtigste (unselbstständige) Grund für das Erlöschen der Hypothek ist das Erlöschen der gesicherten Forderung gemäß Art. 2180 Nr. 1 CC aF. Auf dieser Ebene zeigt sich so in klassischer Weise die akzessorische Gestalt der französischen Hypothek. Aufgrund der Unteilbarkeit der Hypothek erlischt sie zwar erst dann, wenn die komplette gesicherte Forderung erloschen ist.[235] Auch bis dahin steht dem Gläubiger aus der Hypothek jedoch nie mehr zu als der jeweils aktuelle Bestand der gesicherten Forderung. Sie kann zudem wiederaufleben, soweit die Erfüllung der Forderung rückgängig gemacht wird.[236] Lediglich Novation

---

231 Vgl. *Tiedtke*, Jura 1980, S. 411.

232 Zu den sich daraus ergebenden Risiken s.u. § 8 B I 2 a.

233 Im Detail s.u. § 8 B I 2 a.

234 Als weitere, nicht in Art. 2180 CC aF genannte Erlöschensgründe zählen *Ferid/Sonnenberger*, Das Französische Zivilrecht, S. 768, 3 D 577 f., die auflösende Bedingung und die Konsolidation.

235 *Simler/Delebecque*, Les sûretés 2004, S. 456 Rn. 536.

236 Ebenda.

und Subrogation erlauben eine teilweise Lösung von der ursprünglich gesicherten Forderung.[237]

b. Kein Erlöschen der deutschen Hypothek bei Erlöschen der gesicherten Forderung

Die Leistung durch den Schuldner führt gemäß § 362 Abs. 1 BGB zum Erlöschen der Forderung. Wegen der Akzessorietät müsste an sich auch die Hypothek erlöschen wie etwa beim Pfandrecht an beweglichen Sachen gemäß § 1252 BGB. Diese Grundsätze gelten aber nur eingeschränkt für die hypothekarische Sicherung.[238] Die Befriedigung der gesicherten Forderung führt nicht zwingend zu deren Erlöschen, vgl. § 1143 Abs. 1 S. 1 BGB. Die Hypothek erlischt nicht bei Erlöschen der hypothekarisch gesicherten Forderung, vgl. § 1163 Abs. 1 S. 2 BGB. Wer genau die Hypothek (und im Fall von §§ 1143, 1177 Abs. 2 BGB auch die Forderung) erwirbt, hängt davon ab, wer letztlich die Schuld zu tilgen hat.[239] Sind wie üblich nur zwei Personen am Kreditgeschäft beteiligt, und es leistet der Schuldner, der zugleich Eigentümer des hypothekarisch belasteten Grundstücks ist, so erlischt zwar die Forderung, die Hypothek geht jedoch als Eigentümergrundschuld auf ihn über gemäß §§ 1163 Abs. 1 S. 2, 1177 Abs. 1 S. 1 BGB. Auch bei Teilzahlungen entsteht eine Eigentümergrundschuld in entsprechender Höhe.[240] Der Umfang der Hypothek ist somit zwar abhängig vom Umfang der Forderung und insoweit akzessorisch, der Rückgang oder Untergang der Forderung führt aber nicht zum Erlöschen der Hypothek in entsprechender Höhe, sondern zur Umwandlung in eine Grundschuld. Auch bei der deutschen Hypothek verliert der Sicherungsnehmer zwar die Sicherheit, ein Erlöschen des Grundpfandrechts[241] wird bei der Kreditrückzahlung hingegen vermieden. Dem Eigentümer bleibt über die Eigentümergrundpfandrechte der Wert dieses Rechts erhalten und es entsteht die Möglichkeit, dieses Recht zur Sicherung anderer Forderungen wiederzuverwenden.

---

237 S.o. § 2 A II 2 a u. b.

238 *Baur/Stürner*, Sachenrecht 2009, § 41 Rn. 1.

239 Bei Mehrpersonenverhältnissen vgl. *Baur/Stürner*, Sachenrecht 2009, § 40 Rn. 16 ff.; *Bülow*, Recht der Kreditsicherheiten, S. 113 ff. Rn. 326 ff.

240 Eine Ausnahme hiervon ergibt sich bei der Vereinbarung einer Tilgungsfondshypothek, vgl. Staudinger/*Wolfsteiner*, Vorbem. zu §§ 1113 ff. Rn. 29.

241 Zu den Erlöschensgründen vgl. *Baur/Stürner*, Sachenrecht 2009, § 41 Rn. 2 ff.

c. Kein Erlöschen der Grundschuld bei Zahlungen an den Gläubiger

Die Grundschuld setzt inhaltlich keine Forderung voraus, vgl. § 1192 Abs. 1 BGB.[242] Die Verbindung mit einer Forderung erfolgt durch eine schuldrechtliche Vereinbarung, durch den Sicherungsvertrag.[243] Erst die darin enthaltene Zweckerklärung macht das zweckneutrale dingliche Recht zum Sicherungsrecht, die Grundschuld zur Sicherungsgrundschuld.[244] Die dadurch geschaffene Bindung ist im Grundsatz allein schuldrechtlicher Natur.[245] All dies sind fast eherne Grundsätze der Grundschuld, die bisher völlig unstreitig galten. Wegen des Risikobegrenzungsgesetzes mag man diese im Fall der Übertragung der Grundschuld in Frage stellen können, im Verhältnis zwischen Eigentümer und Erstgläubiger änderte sich dagegen nichts.[246] Aufgrund der lediglich schuldrechtlichen Bindung haben die Zahlungen an den Gläubiger auf den Bestand der Grundschuld andere Auswirkungen als bei der Hypothek.[247] Ein besonderes Wesensmerkmal der Grundschuld ist es, dass allein auf die Grundschuld geleistet werden kann.[248] Dies ist eine Konsequenz ihrer Forderungsunabhängigkeit und findet ihre Stütze in den §§ 1191 Abs. 1, 1142 Abs. 1, 1192 Abs. 1 BGB. Im Ergebnis[249] herrscht Einigkeit darüber, dass mit der Leistung auf die Grundschuld diese nicht entsprechend § 362 Abs. 1 BGB erlöschen oder beim Gläubiger verbleiben, sondern auf den Eigentümer übergehen soll.

Wird auf die gesicherte Forderung ganz oder teilweise geleistet, ändert dies aufgrund der Forderungsunabhängigkeit am Bestand der Grundschuld nichts.[250] Sie bleibt beim Sicherungsnehmer. Diesem steht nach wie vor der volle Anspruch aus der Grundschuld zu. Insoweit scheint das Risiko der doppelten Inanspruchnahme zu drohen. Der Eigentümer kann allerdings gegen die Grundschuld die Einrede aus dem Sicherungsvertrag geltend machen, dass der Gläubiger nur insoweit aus der Grundschuld gegen ihn vorgehen darf, wie die gesicherte Forde-

---

242 Motive bei *Mugdan* III, S. 435.
243 *Baur/Stürner*, Sachenrecht 2009, § 44 Rn. 1; hierzu bereits *Kowalski*, Die Grundschuld, S. 14 ff.
244 *Huber*, Die Sicherungsgrundschuld, S. 77.
245 *Baur/Stürner*, Sachenrecht 2009, § 43 Rn. 1.
246 Ausführlich zu den Auswirkungen des Risikobegrenzungsgesetzes s.u. § 8 B II 2 a.
247 *Oehler*, JuS 1989, S. 604; *Baur/Stürner*, Sachenrecht 2009, § 45 Rn. 41 Rn. 72.
248 Vgl. *Huber*, Die Sicherungsgrundschuld, S. 36 ff.
249 Zu den Unterschieden der Begründung vgl. *Baur/Stürner*, Sachenrecht 2009, § 44 Rn. 24.
250 Westermann/*Eickmann*, Sachenrecht, § 117 II 1, S. 818.

rung noch besteht.[251] Bei vollständiger Erfüllung der Forderung(en) steht dem Eigentümer zudem ein Rückgewähranspruch zu. Eine Gefahr der doppelten Inanspruchnahme besteht daher an dieser Stelle nicht.[252]

2. Folgen für die Wiederverwendbarkeit

a. Französische Hypothek

aa. Keine echte Wiederverwendbarkeit

Die strikt durchgeführte Erlöschensakzessorietät führt nach altem französischen Recht dazu, dass die vertragliche Hypothek auf die einmal gesicherte Forderung festgelegt bleibt. Novation und Subrogation stellen zwar formal eine Ausnahme hierzu dar. Aber auch dort findet letztlich keine vollständige Ablösung statt.[253] Sie eignen sich im begrenzten Maße zur Umschuldung, nicht jedoch zur Revalutierung bereits erfüllter Kreditforderungen.

Auch die Sicherung von Krediteröffnungsverträgen und Kontokorrenten ändert hieran wenig, da wie oben gesehen, der Rechtsgrund der gesicherten Forderungen bereits im Bestellungsakt angegeben werden muss.[254] Man lässt somit gerade nicht zu, dass eine Hypothek beliebig von einer Forderung zur anderen wechseln kann.[255] Krediteröffnungsverträge bzw. Kontokorrentvereinbarungen werden typischerweise nur im Bereich des kurz- bis mittelfristigen Kredits eingesetzt.[256] Mit ihnen kann eine vertragliche Hypothek nicht wiederverwendbar gemacht werden in dem Sinne, dass sie nach vollständiger oder teilweiser Tilgung eines gesicherten Darlehens eine andere, bei der Bestellung der Hypothek noch völlig unbekannte Forderung erfassen kann.

bb. Akzessorietät als Kostenfaktor

Diese enge Bindung an die Forderung hat zur Folge, dass außerhalb eben genannter Spezialfälle zu jeder hypothekarischen Sicherung einer Forderung eigens eine neue Hypothek bestellt werden muss und die entsprechenden Kosten

251 Westermann/*Eickmann*, Sachenrecht, § 116 I 1, S. 815.
252 Zu den Risiken bei Veräußerung von gesicherten Forderungen ausführlich § 8 B I 2 a aa.
253 S.o. § 2 A II 2 b u. c.
254 S.o. § 2 A I 2 b dd.
255 *Dupichot*, D 2006, S. 1291; *Aynès/Crocq*, Les sûretés 2011, S. 304 Nr. 662; Dalloz Rép. Dr. civ. *Fournier*, hypothèque conventionnelle, S. 9 f. Nr. 72.
256 *Deblecker-Wittemberg*, Vers un renouveau de l'hypothèque, S. 26.

für die notarielle Form und die Registrierung entstehen. Somit sind mit der hypothekarischen Sicherung erhebliche Fixkosten verbunden. Neben diesen Bestellungskosten können durch etwaige Erneuerung und Löschung der Grundregistereintragung zusätzliche Kosten entstehen. Die zeitliche Begrenztheit der Wirksamkeit der Grundregistereintragung führt zwar im Normalfall zu einer Begrenzung der Kosten. Wird das Grundstück jedoch vor Erfüllung der gesicherten Forderung weiter veräußert, ist es üblich, dass man hierbei das Grundeigentum durch Befriedigung dieser Forderung von bisherigen Belastungen befreit.[257] Eine rechtsgeschäftliche Löschung der Hypothekeneintragung ist so in diesen Fällen unumgänglich[258], und die Begrenzung der Eintragungsdauer nützt dem Eigentümer in vielen Fällen wenig.[259] Da die Löschung der Eintragung für den Gläubiger den faktischen Verlust seiner Hypothek bedeutet, ist für die vorzeitige Löschung gemäß Art. 2158 CC aF die notariell beurkundete Willenserklärung desselben erforderlich.[260] Dieses System der begrenzten Eintragungsdauer, welches die umständliche, Kosten verursachende Löschung von Eintragungen verhindern soll, diese in der Realität jedoch oft nicht verhindert, gilt daher als wenig gelungen.[261]

b. Wiederverwendbarkeit der deutschen Grundpfandrechte

Im deutschen Recht können beide Grundpfandrechtsformen wiederverwendet werden. Bei der Hypothek sind hierbei verschiedene Wege zu unterscheiden.

aa. Forderungsauswechslung nach § 1180 BGB

§ 1180 Abs. 1 S. 1 BGB sieht die Möglichkeit der Auswechslung der Forderung vor. Die Voraussetzungen dieser Auswechslung entsprechen gemäß § 1180 Abs. 1 S. 2 BGB denen einer Neubestellung. Durch den Wechsel der Forderung wird der Inhalt der akzessorischen Hypothek wesentlich verändert, was aus Gründen

257 *Cabrillac/Mouly*, Droit des sûretés 2004, S. 686 Nr. 834. Zu den verschiedenen Möglichkeiten vgl. *Simler/Delebecque*, Les sûretés 2004, S. 440 ff. Rn. 514 ff. und *Dagot*, L'hypothèque rechargeable, S.138 Nr. 447.

258 Novation und Subrogation wurden in diesen Fällen nicht als Alternative angesehen, vgl. *Jachiet/Bourquard/Champagne/u.a.*, Rapport d'enquête 2004, S. 38, 41.

259 *Destame*, JCP N 1995, I, Pratique, 3354, S. 714.

260 *Simler/Delebecque*, Les sûretés 2004, S. 467 ff. Rn. 554 f.

261 Vgl. *Mazeaud/Mazeaud/Chabas/Picod*, Leçons de droit civil, Sûretés, S. 391 Nr. 396, S. 394 Nr. 403; vgl. auch *Jachiet/Bourquard/Champagne/u.a.*, Rapport d'enquête 2004, S. 42.

des Verkehrsschutzes eine Publizierung im Grundbuch erforderlich macht.[262] Auch bei einer Forderungsauswechslung nach § 1180 BGB sind zudem nachrangige Hypotheken zu beachten. Soweit sich durch die Forderungsauswechslung die Aussichten auf die Umwandlung der Hypothek in eine Eigentümergrundschuld verschlechtern, ist diese ohne ihre Zustimmung unwirksam.[263] Bei nachrangigen Hypotheken ist die Forderungsauswechslung daher nur eingeschränkt möglich. Die durch § 1180 BGB geschaffene Flexibilität bleibt insgesamt gering.

bb. Höchstbetragshypothek, verdeckte Höchstbetragshypothek und abstrahierte Hypothek

Für die Höchstbetragshypothek gemäß § 1190 BGB gilt ebenso § 1180 BGB. Über den großen Spielraum bei der Bestimmtheit der gesicherten Forderung besteht dennoch eine ungleich höhere Flexibilität. So kann diese sämtliche gegenwärtige wie künftige Forderungen aus einer Geschäftsbeziehung erfassen, so dass die Sicherung später entstehender und zum Zeitpunkt der Hypothekenbestellung noch nicht bestimmbarer Forderungen möglich ist.[264] Damit können gerade auch kurzfristige, variable Kredite gesichert werden.

Die Verwendung der Höchstbetragshypothek bereitet allerdings an anderen Stellen Schwierigkeiten. Zum einen müssen Zinsen nach § 1190 Abs. 2 BGB in den Höchstbetrag eingerechnet werden.[265] Daher muss ein höherer Höchstbetrag als die in Aussicht gestellten Kredite eingetragen werden, was höhere Bestellungskosten verursacht und den weiteren Kredit des Eigentümers belastet. Dies schafft auch eine gewisse Unsicherheit für den Gläubiger, da er typischerweise kaum übersehen kann, welchen Reservebetrag er für Zinsen einkalkulieren muss.[266] Weiter ist die Höchstbetragshypothek nur eingeschränkt übertragbar. Ihre charakteristische Eigenschaft, die flexible Sicherung einer Vielzahl von Forderungen des Gläubigers, kann im Regelfall nur in Kombination mit einer eintragungspflichtigen Inhaltsänderung übertragen werden.[267] Als entscheiden-

262 *Becker-Eberhard*, Die Forderungsgebundenheit der Sicherungsrechte, S. 437.

263 *Becker-Eberhard*, Die Forderungsgebundenheit der Sicherungsrechte, S. 438 f.; MünchKomm/*Eickmann*, § 1180 Rn. 11, 21.

264 S.o. § 2 A I 2 b bb.

265 Soergel/*Kontzen*, § 1190 Rn. 1; *Jauernig*-BGB, 1190 Rn. 2.

266 *Felgentraeger*, in: Festschrift v. Gierke, S. 154.

267 Erman/*Wenzel*, § 1190 Rn.15; *Jauernig*-BGB, § 1190 Rn. 8; Soergel/*Kontzen*, § 1190 Rn. 19; ausführlicher *Weingartner*, Die Höchstbetragshypothek, S. 25 ff., S. 66.

des Problem wird jedoch angesehen, dass eine Unterwerfung unter die sofortige Zwangsvollstreckung wegen der Unbestimmtheit der Forderung gemäß §§ 794 Abs. 1 Nr. 5, 800 ZPO nicht möglich ist.[268]

Um den Nachteilen der Höchstbetragshypothek nach § 1190 BGB zu entgehen, wurde die verdeckte Höchstbetragshypothek entwickelt.[269] In ähnlicher Weise funktioniert zudem noch die sog. abstrahierte Hypothek.[270] Hier wird ein abstraktes Schuldversprechen bzw. ein Schuldanerkenntnis gemäß §§ 780, 781 BGB hypothekarisch gesichert, welches seinerseits mehrere Forderungen oder einen Kontokorrent sichert.[271] Die Hypothek ist nur mit dem Schuldanerkenntnis, nicht jedoch mit den jeweils existierenden und abgesicherten Forderungen akzessorisch verknüpft. Auch diese Formen konnten sich bislang nicht gegenüber der Grundschuld behaupten.[272] Dies dürfte letztlich vor allem daran gelegen haben, dass mit der Sicherungsgrundschuld eine rechtlich unbedenkliche Alternative bestand.[273]

cc. Eigentümergrundpfandrechte

Die Hypothek ist durch die Entstehung eines Eigentümergrundpfandrechts bei Erlöschen der Forderung nicht allein auf die hypothekarische Erstforderung begrenzt. Vielmehr wird der Rang erhalten und das Sicherungsrecht lässt sich durch Übertragung zur Sicherung anderer Forderungen nutzen.[274]

---

268 *Felgentraeger*, in: Festschrift v. Gierke, S. 157; *Baur/Stürner*, Sachenrecht 2009, § 42 Rn. 20; *Weingartner*, Die Höchstbetragshypothek, S. 66; *Jauernig*-BGB, § 1190 Rn. 2.

269 Vgl. *Weingartner*, Die Höchstbetragshypothek, S. 67; *Huber*, Die Sicherungsgrundschuld, S. 54; *Felgentraeger*, in: Festschrift v. Gierke, S. 157; *Baur/Stürner*, Sachenrecht 2009, § 42 Rn. 22.

270 OLG Stuttgart NJW 1979, 222; *Kollhosser*, JA 1979, S. 64; *Stöcker*, Die Eurohypothek, S. 43 f.; ausführlich *Böttcher*, Das abstrakte Schuldversprechen in der Kreditsicherung, S. 23, 159 ff.; Bei *Baur/Stürner*, Sachenrecht 2009, § 42 Rn. 23 wird diese Konstruktion als abstrakte Hypothek, bei *Huber*, Die Sicherungsgrundschuld, S. 54 als verdeckte Höchstbetragshypothek bezeichnet.

271 Vgl. *Baur/Stürner*, Sachenrecht 2009, § 36 Rn. 76; hierzu schon Motive bei *Mugdan*, III, S. 340.

272 Zu den Schwächen der verdeckten Höchstbetragshypothek bzw. der abstrahierten Hypothek *Huber*, Die Sicherungsgrundschuld, S. 54 f.

273 *Gärtner*, Die Sicherungsgrundschuld, S. 85.

274 Zu den sich aus der Akzessorietät ergebenden Anforderungen s.u. § 6 D I 2.

dd. Sicherungsgrundschuld

Da die Verbindung mit einer Forderung nur aufgrund einer vertraglichen Vereinbarung, des Sicherungsvertrags bzw. der Sicherungsabrede besteht, kann die Grundschuld allein durch Vertrag, durch die Änderung dieser Sicherungsabrede mit anderen Forderungen verbunden werden.[275] Eine Änderung der Grundschuld und damit eine Kosten verursachende Änderung der Grundbucheintragung ist üblicherweise nicht erforderlich.[276] Da das Gesetz, abgesehen von der Schriftform bei Verbraucherkreditverträgen[277], auch für die Sicherungsabrede keine besondere Form vorsieht, kann auf einfache Art und Weise die durch die Grundschuld gesicherte Forderung ausgewechselt oder die Grundschuld auf weitere Forderungen erstreckt werden.[278] Aufgrund der Gestaltungsfreiheit im Vertragsrecht lässt sich die Sicherungsabrede zudem bereits von Beginn an so formulieren, dass die Grundschuld sämtliche später entstehende Forderungen erfasst und eine Änderung der Sicherungsabrede gar nicht mehr erforderlich ist (sog. weite Sicherungsabrede).[279] Diese Struktur der Grundschuld, die eine Eintragung der gesicherten Forderung nicht erfordert, hat zur Folge, dass sich die Grundschuld flexibel an vielfältige Kreditkonstruktionen[280] anpassen lässt. Dies gilt als einer der zentralen Vorteile, wenn nicht sogar als der entscheidende Vorteil der Grundschuld gegenüber der Hypothek.[281]

ee. Gesetzlicher Löschungsanspruch nach § 1179a BGB

Die deutschen Grundpfandrechte können hiernach an sich ohne weiteres andere Forderungen als die Ausgangsforderung sichern. Eine Einschränkung erfährt die Wiederverwendbarkeit allerdings durch § 1179a Abs. 1 S. 1 BGB. Gläubiger nachrangiger Grundpfandrechte haben bei Vereinigung von Grundpfandrecht und Eigentum einen Löschungsanspruch vorrangiger Grundpfandrechte. Das Ei-

---

275 *Becker-Eberhard*, Die Forderungsgebundenheit der Sicherungsrechte, S. 444, S. 447 f.

276 *Stürner*, in: Festschrift Serick, S. 380; *Becker-Eberhard*, Die Forderungsgebundenheit der Sicherungsrechte, S. 448.

277 *Gaberdiel/Gladenbeck*, Kreditsicherung durch Grundschulden, S. 249 Rn. 572.

278 Nach *Becker-Eberhard*, Die Forderungsgebundenheit der Sicherungsrechte, S. 448, sind im gewerblichen Bereich nachträgliche Erweiterungen des Forderungskreises aufgrund weit formulierter Zweckerklärungen (=Sicherungsabreden) von geringer Bedeutung. Entsprechend auch *Clemente*, Sicherungsgrundschuld, S. 132 Rn. 346.

279 Zu den Grenzen formularmäßiger Erweiterung s.u. § 6 B I 3.

280 *Stöcker*, Die Eurohypothek, S. 77.

281 *Heck*, Grundriss des Sachenrechts, S. S. 346; *Huber*, Die Sicherungsgrundschuld, S. 60; *Stürner*, in: Festschrift Serick, S. 380.

gentümergrundpfandrecht kann dann nicht mehr weiter genutzt werden. Die Folgen dieses Löschungsanspruchs für die eben dargestellten Techniken sind unterschiedlich.

Bei der Grundform der Hypothek entsteht bei Leistungen an den Hypothekar wegen §§ 1163 Abs. 1 S. 2, 1177 BGB stets ein Eigentümergrundpfandrecht in entsprechender Höhe. Der Tatbestand des § 1179a BGB ist damit erfüllt.[282] Der Nutzen des Eigentümers an der Eigentümergrundschuld bzw. Eigentümerhypothek bei gleichrangigen oder nachrangigen Hypotheken entfällt somit in diesen Fällen, es sei denn, dass der Löschungsanspruch nach § 1179a Abs. 5 S. 1 BGB ausgeschlossen wurde.[283] Für die Verwendung der Höchstbetragshypothek gemäß § 1190 BGB bzw. ihrer Ersatzformen hat § 1179a BGB keine Bedeutung, da sie die Entstehung einer Eigentümergrundschuld gerade verhindern.

Bei der Grundschuld sind verschiedene Konstellationen zu unterscheiden. Bei der Bestellung einer Eigentümergrundschuld gemäß § 1196 Abs. 1 BGB gilt § 1179a BGB gemäß § 1196 Abs. 3 BGB zunächst nicht, sondern erst für Vereinigungen, nachdem die Grundschuld an andere übertragen wurde. Wird bei einer Fremdgrundschuld auf diese gezahlt, führt dies zum Übergang der Grundschuld auf den Eigentümer, so dass der Tatbestand des § 1179a Abs. 1 S. 1 BGB sich erfüllt.[284] Dasselbe gilt bei Verzicht oder Rückübertragung der Grundschuld.[285] In diesem Fall ist die Situation somit identisch mit der Hypothek. Wird hingegen nur auf die Forderung gezahlt, bleibt die Grundschuld beim Sicherungsnehmer, eine Vereinigung i.S.v. § 1179a BGB erfolgt nicht. Es besteht lediglich ein sich aus der Sicherungsabrede ergebender Rückübertragungsanspruch zugunsten des Eigentümers[286], nicht aber zugunsten nachrangiger Gläubiger. Der gesetzliche Löschungsanspruch hat keinen Einfluss auf diesen Rückübertragungsanspruch. Der Eigentümer muss daher die Vereinigung gemäß § 1179a Abs. 1 S. 1 BGB nicht herbeiführen und kann stattdessen den Rückübertragungsanspruch und damit die Sicherungsgrundschuld an andere Kreditgeber als Kreditsicherheit

282 Eine Einschränkung des Löschungsanspruchs zugunsten der Hypothek besteht gemäß § 1179a Abs. 2 BGB lediglich in den Fällen der vorläufigen Eigentümergrundschuld gemäß § 1163 Abs. 1 S. 1 und Abs. 2 BGB, vgl. *Baur/Stürner*, Sachenrecht 2009, § 46 Rn. 40.
283 *Kircher*, Grundpfandrechte in Europa, S. 222.
284 *Tiedtke*, Jura 1980, S. 412.
285 *Baur/Stürner*, Sachenrecht 2009, § 46 Rn. 48.
286 *Baur/Stürner*, Sachenrecht 2009, § 45 Rn. 86.

übertragen lassen.[287] Um diese Weiterverwendung zu verhindern, kommt es somit auf diesen Rückübertragungsanspruch an. Nachrangige Gläubiger lassen sich entsprechend den künftig entstehenden Rückübertragungsanspruch abtreten.[288] Auch damit ist die Wiederverwendbarkeit der Grundschuld aber nicht ausgeschlossen. Die Sicherungsabrede kann noch vor der Entstehung des Rückübertragungsanspruchs verändert und der Forderungskreis erweitert werden, wodurch der Rückübertragungsanspruch gar nicht erst entsteht. Dies kann ein nachrangiger Gläubiger allerdings ausschließen, indem er mit dem Eigentümer den Verzicht der Revalutierung vereinbart.[289] Nicht verhindern kann er hingegen die anfängliche Formulierung einer weiten Sicherungsabrede.[290]

ff. Zwischenergebnis

Es ist festzuhalten, dass beide deutschen Grundpfandrechtstypen, Hypothek und Grundschuld, anders als die bisherige französische Hypothek grundsätzlich wiederverwendbar sind. Bei der Hypothek fällt dies aufgrund der Akzessorietät schwerer als bei der forderungsunabhängigen Grundschuld. Es gelingt aber dennoch, indem eine Inhaltsänderung inklusive Grundbucheintragung vorgenommen, die Bestimmtheit der gesicherten Forderung gelockert oder aber der Umweg über die Eigentümergrundschuld genommen wird. Es hat sich jedoch auch gezeigt, dass das deutsche System weniger Wiederverwendbarkeit zulässt als man eigentlich wegen der Grundschuld erwarten würde. Der Grund hierfür ist § 1179a BGB. Mit dieser Norm wurde die Eigentümergrundschuld zwar nicht abgeschafft, sie verhindert jedoch bei nachrangigen Grundpfandrechten weitgehend deren Wiederverwendung.[291] Damit wird eine zentrale, ja fast charakteristische Komponente der Grundschuld, die Grundschuld des Eigentümers, deutlich zurückgedrängt, was sich auf die Verwendung von Fremdgrundschulden wie von Hypotheken auswirkt. Damit ist die gesetzliche Systematik in sich etwas unstimmig, jedenfalls kompliziert.[292] Dabei ist zu betonen, dass § 1179a BGB vor allem

287 Vgl. BGHZ 166, 320, 326; BGH ZIP 1989, 1174, 1176.

288 *Tiedtke*, Jura 1980, S. 421; *Stöcker*, Die Eurohypothek, S. 33 ff.; *Baur/Stürner*, Sachenrecht 2009, § 46 Rn. 48.

289 *Stöcker*, Die Eurohypothek, S. 37; *Kircher*, Grundpfandrechte in Europa, S. 221.

290 *Stöcker*, Die Eurohypothek, S. 36 f.

291 *Clemente*, Sicherungsgrundschuld, S. 14 Rn. 38, S. 15 Rn. 41 spricht von einer vielfach falschen Vorstellung von der Verkehrsfähigkeit der Eigentümergrundschuld.

292 Dies brachte der Reform vor allem zu Beginn auch viel Kritik ein, vgl. vor allem Staudinger/*Wolfsteiner*, § 1179a Rn. 5 ff.; kritisch ebenso *Clemente*, Sicherungsgrundschuld, S. 27 Rn. 79; *Reischl*, in: jurisPK-BGB, § 1179a Rn. 3 f.

für die Wiederverwendbarkeit der Hypothek ein Problem ist, da dort die Umwandlung in eine Eigentümergrundschuld bei Leistungen an den Gläubiger gesetzlich vorgegeben ist. Die Auswirkungen auf die Grundschuld sind dagegen geringer. § 1179a BGB bedeutet nicht, dass die Grundschuld auf eine bestimmte Forderung begrenzt wäre, auch nicht auf eine bestimmte Forderungsreihe. Vielmehr verbleibt eine große Flexibilität der Grundschuld über die Gestaltung der Sicherungsabrede. Dies führt zum letzten, wichtigsten Punkt. Auffallend ist, dass der Umfang der Wiederverwendbarkeit letztlich Sache der beteiligten Personen ist. Das Gesetz bietet einen Spielraum, der genutzt werden kann oder nicht. Vor allem bei der Grundschuld schafft die Verbindung von dinglichem Recht und schuldrechtlicher Abrede einen großen Gestaltungsspielraum und ermöglicht eine entsprechende Anpassung an die individuellen Sicherungsvorstellungen.

IV. Verwertung des Sicherungsrechts

Ins Zentrum des Kreditverhältnisses rückt ein Grundpfandrecht wie jedes Sicherungsmittel im Sicherungsfall, wenn der Schuldner die Kreditrückzahlungen nicht mehr fortführen kann oder will. Hier liegt die Bestimmung jeder Sicherheit, hierfür wurde sie bestellt. In diesem Fall muss sie „funktionieren" und den Gläubiger vor einer Vermögenseinbuße schützen.[293] Auch wenn nicht unmittelbares Hypothekenrecht, soll an dieser Stelle zumindest ein Überblick über die Zwangsvollstreckung der Hypothek gegeben werden.

1. Zwangsvollstreckung

a. Verfahrensüberblick

Das französische Vorgehen im Sicherungsfall vor 2006 ist dem deutschen[294] nicht unähnlich.[295] Wie im deutschen Recht mit der Unterwerfung unter die sofortige Zwangsvollstreckung[296] kann im französischen Recht bereits bei der Bestellung ein Vollstreckungstitel der Hypothek geschaffen werden und so die Vollstreckung vereinfacht werden. Die notarielle Bestellungsurkunde bzw. ihre vollstreckbare Ausfertigung bildet einen Vollstreckungstitel (*titre exécutoire*).[297]

293 *Baur/Stürner*, Sachenrecht 2009, § 40 Rn. 52.
294 *Lent/Jauernig/Berger*, Zwangsvollstreckungs- und Insolvenzrecht, § 22 Rn. 1 ff., S. 81 ff.
295 Vgl. *Kircher*, Grundpfandrechte in Europa, S. 300 ff.
296 *Clemente*, Sicherungsgrundschuld, S. 30 f. Rn. 89 ff.
297 *Simler/Delebecque*, Les sûretés 2004, S. 409 Rn. 477; *Kircher*, Grundpfandrechte in Eu-

Die Durchführung des Vollstreckungsverfahrens[298] obliegt ebenso wie in Deutschland gemäß § 1 ZVG einem Gericht, vgl. Art. L. 311-2 Nr. 10 C. de l'organisation judiciaire aF.[299] Neben der klassischen Zwangsversteigerung[300] ist der freiwillige Verkauf (*vente volontaire)* möglich, der den Eigentümer bei der Veräußerung mehr Einfluss nehmen lässt.[301] Ist der Eigentümer, auf dessen Grundstück die Hypothek lastet, nicht zugleich der persönliche Schuldner, bestehen für diesen verschiedene Möglichkeiten, das übliche Vollstreckungsverfahren durch Zahlungen der Forderungen zu verhindern, insb. die *purge*.[302]

b. *Risiken der Hypothek bei der Erlösverteilung*

Die Erlösverteilung richtet sich nach der Rangfolge der Gläubiger. Gegenüber ungesicherten Forderungen besteht für den hypothekarisch gesicherten Gläubiger ein Vorzugsrecht (*droit de préférence*).[303] Die Rangfolge bei mehreren Hypotheken ergibt sich anhand des Datums ihrer Eintragung im *registre de dépôts*, Art. 2134 Abs. 1, 2150 Abs. 2 CC aF.[304] Bei identischem Eintragungsdatum richtet sich die Rangfolge bei Hypotheken nach dem Datum des Bestellungsvertrages, Art. 2134 Abs. 2, Abs. 4 CC aF. Einfache Legalhypotheken gehen jedoch in diesen Konstellationen vertraglichen Hypotheken vor, Art. 2134 Abs. 3 CC aF.[305] Dies ähnelt bis hierhin weitgehend der Rangfolgeregelung in § 879 BGB. Wie oben bereits angedeutet[306] ändert sich diese Rangfolge, soweit daneben noch Privilegien auf dem Grundstück lasten. Der Rang von Spezialprivilegien richtet sich, soweit sie fristgerecht eingetragen worden sind, nicht nach dem Zeitpunkt der Eintragung, sondern nach dem Entstehungszeitpunkt der gesicherten Forde-

ropa, S. 301.

298 Zum Verfahren vgl. *Simler/Delebecque*, Les sûretés 2004, S. 408 ff. Rn. 477; *Kircher*, Grundpfandrechte in Europa, S. 301.

299 Eine Besonderheit des droit local ist es, dass dort im Grunde der Notar das Verfahren durchführt, vgl. hierzu *Kircher*, Grundpfandrechte in Europa, S. 305.

300 Daneben gibt es im deutschen Recht noch die Zwangshypothek sowie die Zwangsverwaltung, vgl. *Lent/Jauernig/Berger*, Zwangsvollstreckungs- und Insolvenzrecht, § 22 Rn. 11 ff., S. 83.

301 *Kircher*, Grundpfandrechte in Europa, S. 305 f.

302 Vgl. dazu *Kircher*, Grundpfandrechte in Europa, S. 313 ff.

303 *Mazeaud/Mazeaud/Chabas/Picod*, Leçons de droit civil, Sûretés, S. 425 Nr. 443.

304 *Simler/Delebecque*, Les sûretés 2004, S. 427 Rn. 496; *Kircher*, Grundpfandrechte in Europa, S. 309.

305 Ebenda.

306 S.o. § 1 A III 2.

rung.[307] Sie können somit früher eingetragenen Hypotheken vorgehen. An erster Stelle bei der Erlösverteilung stehen jedoch gemäß Art. 2095 CC aF die in Art. 2104 CC aF geregelten Generalprivilegien, die grundsätzlich allen anderen Grundpfandrechten vorgehen.[308] Bei mehreren Generalprivilegien ergibt sich deren Rangfolge aus den Art. 2104 f. CC aF.

c. *Kritik am Zwangsvollstreckungsrecht*

Die Einzelverwertung gilt vor der Reform als für Gläubiger wie für Schuldner wenig zufriedenstellend. Sie wird von vielen Notaren als langatmig, teuer und kompliziert kritisiert.[309] Der Schuldner habe viele Möglichkeiten, den Prozess in die Länge zu ziehen.[310] Der letztlich erzielte Erlös bei der Zwangsversteigerung sei ungewiss und von Zufällen abhängig[311], bliebe oft unter den Erwartungen und ginge so zu Lasten beider Seiten.[312] Wege außerhalb der gerichtlichen Zwangsversteigerung gelten als vorzugswürdig.[313] Diese Schwierigkeiten sind für sich genommen jedoch noch keine französische Besonderheit.[314] Die bisherige Verfahrensdauer der Zwangsvollstreckung ist gegenüber der deutschen Praxis sowie im europäischen Vergleich[315] auch nicht ungewöhnlich hoch.[316] Zwar mögen die Abschläge für die Hypothekengläubiger bei der Zwangsvollstreckung durch die andere Erlösverteilung aufgrund der Privilegien in manchen Fällen noch größer gewesen sein. Die negativen Auswirkungen der Privilegien sollten allerdings auch nicht überschätzt werden. Durch die überschaubaren Eintragungsfristen[317] ist der negative Effekt der Spezialprivilegien begrenzt. Kreditge-

---

307 Ebenda.

308 *Ferid/Sonnenberger*, Das Französische Zivilrecht, S. 761, 3 D 453; *Simler/Delebecque*, Les sûretés 2004, S. 427 Rn. 496; *Kircher*, Grundpfandrechte in Europa, S. 309.

309 Zusammengefasst bei *93e Congrès des notaires de France*, L'investissement immobilier, S. 524; ähnlich *Ohnet*, Dr. & patr. 2005, Nr. 142, S. 74.

310 *93e Congrès des notaires de France*, L'investissement immobilier, S. 524.

311 *Simler/Delebecque*, Les sûretés 2004, S. 9 Rn. 4; S. 429 Rn. 498.

312 *93e Congrès des notaires de France*, L'investissement immobilier, S. 524.

313 *Kircher*, Grundpfandrechte in Europa, S. 342; Vgl. auch *Simler/Delebecque*, Les sûretés 2004, S. 330 Rn. 365.

314 *Kircher*, Grundpfandrechte in Europa, S. 342.

315 Vgl. *Stöcker/Stürner*, Grundpfandrechte in Europa, Band III, S. 82 f.

316 *Hocquard*, Dr. & patr. 2005, Nr. 142, S. 80 hält den gängigen schlechten Ruf der Zwangsvollstreckung für ungerechtfertigt, die Verfahrensdauer gibt er mit „nicht mehr als sechs Monate" an. Auch bei *Cabrillac/Mouly*, Droit des sûretés 2004, S. 645 f. Nr. 775 und bei *Simler/Delebecque*, Les sûretés 2004, S. 411 Rn. 477 wird die gängige Kritik in Frage gestellt.

317 Eine Ausnahme gilt allein für das auf den konkreten Wertzuwachs beschränkte und in der

ber können sich auf diese einstellen, indem sie bei einem neu gekauften Grundstück eine Hypothek erst nach Ablauf dieser Fristen akzeptieren.[318]

Die Reichweite der Generalprivilegien ist zwar ungleich größer. Allerdings gibt es auch im deutschen Recht in § 10 ZVG und § 109 Abs. 1 ZVG Ansprüche, die bei der Erlösverteilung den Grundpfandrechten vorgehen. Die meisten der in Art. 2104 CC aF genannten Privilegien dürften diesen deutschen Vorrechten in Häufigkeit und Umfang nicht unähnlich sein. Als Besonderheit bleibt vor allem das Privileg für Arbeitnehmerforderungen, auf welches ein Großteil des Verwertungserlöses entfallen kann.[319] Dieses betrifft allerdings nur den gewerblichen Bereich. Dort kann dieses für einen Kreditgeber kaum kalkulierbare Privileg schon bei der Einzelverwertung zum Problem werden.[320] Noch größere Bedeutung hat es bei einer Insolvenz des Schuldners.

2. Die Hypothek bei Zahlungsunfähigkeit des Schuldners

a. Probleme der Hypothek in der Insolvenz

Das Insolvenzrecht gilt seit langem als Schwachstelle der französischen Hypothek, und zwar als eine so gravierende, dass es praktisch übereinstimmend als eine wesentliche Ursache für den Niedergang der Hypothek sowie das Aufkommen anderer Sicherheiten wie Eigentumsvorbehalt und Bürgschaft angesehen wird.[321] Die große Bedeutung, die diesem Bereich beigemessen wird, ist verständlich angesichts seiner Bedeutung bei der Bewertung einer Sicherheit. Die Zahlungsunfähigkeit des Schuldners ist schließlich die eigentliche Bewährungsprobe jeder Sicherheit.[322] Kann sie hier keine ausreichende Sicherheit leisten, verliert ihre Bestellung fast ihren Sinn.

Praxis bedeutungslose Spezialprivileg für Architekten und Bauunternehmer gemäß Art. 2103 Nr. 4 CC aF.

318 Vgl. statt vieler *Piedelièvre*, Sûretés 2004, S. 303 Rn. 528; *Mazeaud/Mazeaud/ Chabas/ Picod*, Leçons de droit civil, Sûretés, S. 349 Nr. 324. *Kircher*, Grundpfandrechte in Europa, S. 343.

319 *Simler/Delebecque*, Les sûretés 2004, S. 429 Rn. 498; *Kircher*, Grundpfandrechte in Europa, S. 344.

320 *Kircher*, Grundpfandrechte in Europa, S. 344.

321 Es existiert eine Fülle an Beiträgen hierzu, vgl. nur die Zusammenstellungen bei *Crocq*, Propriété et garantie, S. 307 ff. Nr. 353 ff.; *Städtler*, Grundpfandrechte in der Insolvenz, S. 2; *Ferid/Sonnenberger*, Das Französische Zivilrecht - Ergänzungen, S. 727, 3 D 306 und *Mouly*, in: Études dédiées à René Roblot, S. 529.

322 *Baur/Stürner*, Sachenrecht 2009, § 40 Rn. 52.

Die Probleme lassen sich auf Reformen des Rechtsgebiets aus den Jahren 1967 und 1985 zurückführen, als eine folgenschwere Neujustierung des Insolvenzrechts vorgenommen wird. Die neue Gewichtung bringt Art. 1 Abs. 1 loi Nr. 85-98[323] prägnant zum Ausdruck, indem er als Ziele des reformierten Rechts die Rettung des Unternehmens, die Aufrechterhaltung der Geschäftstätigkeit, die Sicherung der Arbeitsplätze und die Bereinigung der Schulden nennt.[324] Die Rettung von Unternehmen zum Erhalt der Arbeitsplätze[325] haben hiernach absoluten Vorrang, die Befriedigung der Gläubiger taucht explizit gar nicht auf.[326] Der fundamentale Unterschied zum deutschen Insolvenzrecht ist unübersehbar, man vergleiche dies nur mit § 1 S. 1 InsO, wo die Gläubigerbefriedigung an erster Stelle steht.[327] Spätestens die Reform 1985 ist somit eine gesetzgeberische Entscheidung gegen hypothekarisch gesicherte Gläubiger.[328] Aufgrund des geringen Erfolgs[329] und der massiven Kritik[330] kommt es 1994 zwar zu einer gewissen Entschärfung. Dies leitet aber nicht die zum Teil[331] erhoffte Trendwende zugunsten der Hypothek ein.[332] 2005 kommt es erneut zu einer Reform, die mit der Einführung verschiedener Vorverfahren die Möglichkeiten bei in Zahlungsnot geratener Unternehmen erweitert.[333] Die Grundausrichtung des Insolvenzrechts bleibt intakt. Das Vorzugsrecht des hypothekarisch gesicherten Gläubigers gegenüber anderen Gläubigern bleibt im Insolvenzverfahren stark eingeschränkt.[334] Diese Einbindung aller Gläubiger als solche ist dabei noch nicht ungewöhnlich. Zum Wesen des Insolvenzverfahrens gehört es schließlich, die Interessen sämtli-

323 Art. 1 Abs. 1 loi Nr. 85-98, 25.1.1985: „Il est institué une procédure de redressement judiciaire destinée à permettre la saufgarde de l'entreprise, le maintien de l'activité et de l'emploi et l'apurement du passif."

324 *Celestine/Felsner*, WM 1996, S. 425.

325 *Städtler*, Grundpfandrechte in der Insolvenz, S. 22.

326 *Celestine/Felsner*, WM 1996, S. 425.

327 Zu den zeitweilig anders orientierten Überlegungen bei der Einführung der Insolvenzordnung vgl. *Städtler*, Grundpfandrechte in der Insolvenz, S. 13 ff.

328 Vgl. *Celestine/Felsner*, WM 1996, S. 427.

329 *Derrida/Sortais*, Dalloz Sirey 1994, Cahier Chronique, S. 267 f.

330 Mit besonders bissiger Kritik *Frison-Roche*, Dalloz Sirey 1994, Chronique, S. 19, die dem Gesetz eine Aufrichtigkeit und das Vertrauen erträumter Dinge, eine fast infantile Seite zuschreibt. Neutraler *Delebecque*, JCP N 1986, Doct., S. 185 ff.

331 *Cabrillac/Pétel*, Dalloz Sirey 1994, Chronique, S. 243 ff.

332 *Städtler*, Grundpfandrechte in der Insolvenz, S. 404 ff.; vgl. auch *Cabrillac/Mouly*, Droit des sûretés 2004, S. 645 Nr. 775.

333 *Dammann*, RIW 2006, S. 16 ff.

334 *Städtler*, Grundpfandrechte in der Insolvenz, S. 399; *Kircher*, Grundpfandrechte in Europa, S. 372.

cher Gläubiger zu betrachten und Einzelinteressen zumindest vorübergehend zurückzustellen. Als besonders schwerwiegend gilt die Rangfolge im Falle der Liquidation des Schuldnervermögens. Hiernach bestehen für eine Reihe von Forderungen Generalprivilegien, die zu einer vorrangigen Befriedigung auch gegenüber gesicherten Gläubiger berechtigen.[335] Hervorgehoben werden neben einer Reihe von Insolvenzprivilegien vor allem die bereits mehrfach erwähnten Privilegien zugunsten der Arbeitnehmerforderungen.[336] Diese können erhebliche Beträge ausmachen, und, da sie absoluten Vorrang vor allen anderen Forderungen genießen, dazu führen, dass für nachrangige Forderungen nur noch wenig vom Liquidationserlös übrig bleibt.[337] Die Reform 2005 förderte lediglich die Tendenz, dass das eigentliche Insolvenzverfahren vermieden und stattdessen vorab im Rahmen der Vorverfahren eine vergleichsweise Lösung unter Inkaufnahme von Abschlägen gesucht wird.[338]

Beim Vergleich mit dem deutschen Recht fällt auf, dass die Gefahren für die Hypothekengläubiger im Grunde gleichartig sind, die Risiken im französischen Recht aber größer erscheinen.[339] Auch im deutschen Recht stehen durch Grundpfandrechte gesicherte Gläubiger nicht außerhalb des Insolvenzverfahrens. Zwar besteht im deutschen Recht grundsätzlich ein Absonderungsrecht gemäß § 49 InsO, § 10 Abs. 1 Nr. 4 ZVG, wodurch dessen Gläubiger auch in der Insolvenz eine bevorzugte Befriedigung erhalten bleibt.[340] Diese Verwertung kann allerdings durch den Insolvenzverwalter gestoppt werden gemäß §§ 30 d-f, 153 b und c ZVG, um die Fortführung des Unternehmens und die Durchführung des Insolvenzplans zu ermöglichen.[341] Auch wenn die Werthaltigkeit des Grundpfandrechts theoretisch nicht beeinträchtigt wird, werden in diesem Verfahren Risiken für den Gläubiger ausgemacht.[342] Vor allem dürften jedoch die vorrangig

335 *Kircher*, Grundpfandrechte in Europa, S. 372.

336 *Städtler*, Grundpfandrechte in der Insolvenz, S. 397.

337 Zu den Ansätzen, dieses Risiko durch Schaffung einer zusätzlichen Gesellschaft ohne Arbeitnehmer zu umgehen vgl. *Städtler*, Grundpfandrechte in der Insolvenz, S. 402 f.

338 *Dammann*, RIW 2006, S. 23; kritisch zu den Neuerungen von 2005 *Crocq*, D 2006, S. 1307.

339 Zuletzt *Kircher*, Grundpfandrechte in Europa, S. 372 f.

340 *Lent/Jauernig/Berger*, Zwangsvollstreckungs- und Insolvenzrecht, § 45 Rn. 1 ff., S. 168 f.; *Bork*, Einführung in das Insolvenzrecht, S. 146 Rn. 251 f.

341 *Baur/Stürner*, Sachenrecht 2009, § 40 Rn. 54; *Bork*, Einführung in das Insolvenzrecht, S. 146 Rn. 251 f.

342 *Baur/Stürner*, Sachenrecht 2009, § 40 Rn. 54.

zu befriedigenden Forderungen[343] im deutschen Recht nicht dasselbe Gewicht haben, da Arbeitnehmerforderungen über die Zahlung des Insolvenzgeldes gemäß §§ 183 ff. SGB III anders abgesichert sind[344].

b. Überschuldung von Verbrauchern

Im Fall der Überschuldung von Privatleuten gelten seit 1989 besondere Regelungen. Die Grundrichtung ist hierbei zwar mit der des Insolvenzrechts vergleichbar.[345] Auch hier steht weniger die Gläubigerbefriedigung, sondern die Entschuldung des Schuldners im Vordergrund. Lange zinslose Stundungsfristen gelten hierbei als der größte Nachteil.[346] Eine vergleichbare Gefahr durch vorrangige Generalprivilegien besteht hingegen nicht, da im Normalfall eine vorrangige Forderung vom Gewicht der Arbeitnehmerforderungen fehlt.

c. Unvorhersehbarkeit und Zweifel als eigentliche Schwäche

Die Schuldnerinsolvenz gilt nicht zu Unrecht für viele als fatale Schwachstelle der Hypothek. Die politische Entscheidung gegen die Realsicherheiten wird üblicherweise als entscheidender Wendepunkt für diese angesehen.[347] Das Problem ist hierbei offenbar weniger der häufige Totalausfall der Sicherheit.[348] Vor allem im privaten Bereich dürfte dies die Ausnahme sein, so dass dort das Vertrauen höher ist.[349] Die Schwierigkeit der Gläubiger liegt vor allem darin, dass sich die Effektivität ihrer Sicherheit bei Einleitung dieser Verfahren schwer vorhersehen lässt.[350] Wesentliche Faktoren lassen sich kaum kalkulieren wie z.B. die Entscheidung des Gerichts zur Zinsstundung, das Entstehen vorrangiger Forderungen oder die Wahl des Grundstücks, an welchem die vorrangigen Generalprivilegien geltend gemacht werden.[351] Trotz gewisser Veränderungen bleiben über

343 Vgl. *Lent/Jauernig/Berger*, Zwangsvollstreckungs- und Insolvenzrecht, § 45 Rn. 29, S. 173 .

344 *Lent/Jauernig/Berger*, Zwangsvollstreckungs- und Insolvenzrecht, § 54 Rn. 39, S. 212.

345 *Städtler*, Grundpfandrechte in der Insolvenz, S. 397; *Legeais*, Sûretés, S. 18 Nr. 14.

346 Ebenda.

347 Vgl. etwa *Crocq*, Propriété et garantie, S. 4 Nr. 3.

348 *Städtler*, Grundpfandrechte in der Insolvenz, S. 399.

349 Vgl. hierzu *Städtler*, Grundpfandrechte in der Insolvenz, S. 387 ff., S. 397 f.; vgl. auch *Aynès/Crocq*, Les sûretés 2004, S. 7 f. Nr. 11 f., *Simler/Delebecque*, Les sûretés 2004, S. 334 Rn. 369.

350 Vgl. hierzu bereits *Vaissé*, JCP E 1987, Nr. 43, Supplément, S. 20 f.; auf dieser Linie bleibend *Städtler*, Grundpfandrechte in der Insolvenz, S. 399 und *Kircher*, Grundpfandrechte in Europa, S. 372.

351 *Städtler*, Grundpfandrechte in der Insolvenz, S. 399.

Jahrzehnte gewachsene Zweifel an der Sicherheit zusammen mit einer zum Teil schneidenden Kritik am Grundkonzept. Derartige Begleitumstände wären Gift für jede Sicherheit, für ein Grundpfandrecht sind sie besonders schlimm. Als solches ist es nicht nur für vergleichsweise große und langfristige Kredite ausgelegt. Vor allem müsste sich seine vergleichsweise aufwendige Bestellung durch ein hohes Maß an Sicherheit für den Gläubiger rechtfertigen.[352]

B. Die Konkurrenten der Hypothek

Bereits der kurze Blick auf die bisherigen Konkurrenten der vertraglichen Hypothek zeigt, wo deren Vorteile gegenüber der Hypothek liegen.

I. Privilège du prêteur de deniers

1. Kostenvorteil

Die rechtstechnischen Unterschiede zwischen der bisherigen vertraglichen Hypothek und dem *privilège du prêteur de deniers* gemäß Art. 2103 Nr. 2 CC aF sind an sich gering: Entstehung per Gesetz statt durch Parteivereinbarung, Rangstelle entsprechend des Entstehungszeitpunkt der gesicherten Forderung statt des Vermerks im *registre de dépôt*.[353] Letzteres ist jedoch in der Praxis nur wenig von Bedeutung und beeinträchtigt allenfalls die Klarheit des Registers.[354] Die gesetzliche Entstehung ist ebenso weniger bedeutsam als man erwarten könnte. Schließlich muss auch dieses Privileg zu seiner Wirksamkeit notariell beurkundet[355] und ins Grundstücksregister eingetragen werden.[356] Alle übrigen Punkte entsprechen sich[357], so dass dieses Privileg sich sämtliche oben dargestellten Nachteile bei der Verkehrsfähigkeit, der akzessorischen Bindung, sowie den Verwertungsschwierigkeiten mit der Hypothek teilt.[358] Spezialprivilegien und vor allem auch der *privilège du prêteur de deniers* verhalten sich damit im Grunde

352 Vgl. *Baur/Stürner*, Sachenrecht 2009, § 40 Rn. 52.
353 S.o. § 1 A III 2.
354 S.o. § 2 A IV 1 b.
355 *Simler/Delebecque*, Les sûretés 2004, S. 370 Rn. 419; *Ferid/Sonnenberger*, Das Französische Zivilrecht, S. 754, 3 D 416.
356 *Simler/Delebecque*, Les sûretés 2004, S. 372 Rn. 420.
357 *Simler/Delebecque*, Les sûretés 2004, S. 361 Rn. 406.
358 Vgl. § 2 A II, III u. IV.

wie eine Hypothek, und werden demgemäß auch oft als solche bezeichnet und als Einheit angesehen.[359]

Der einzige Vorteil gegenüber der Hypothek ist steuerrechtlicher Natur. Nur bei der vertraglichen Hypothek fällt bei der Registrierung eine Grundstücksregistersteuer an.[360] Diese Steuer beträgt insgesamt 0,715 Prozent des Hypothekenbetrags.[361] Da der Hypothekenbetrag üblicherweise 20 Prozent höher als die gesicherte Forderung festgelegt wird, um Nebenforderungen (*accessoires*) abzudecken[362], macht diese Steuer letztlich sogar 0,858 Prozent vom gesicherten Forderungsbetrag aus und ist damit von großem Gewicht. Allein aufgrund dieses finanziellen Vorteils hat dieses Privileg die vertragliche Hypothek im oben dargestellten Umfang verdrängt.[363] Sie bietet bei praktisch denselben Voraussetzungen dieselbe Sicherung, jedoch zu einem geringeren Preis.[364]

2. Strukturelle Grenzen

Dass dieses Privileg die Hypothek nicht komplett verdrängt hat, liegt vor allem daran, dass es auf Kredite zur Grundstücksfinanzierung beschränkt ist. Beim Erwerb bestehender Immobilienwerte ist dies kein Problem. Hingegen kann ein Kredit, der sowohl zum Erwerb als auch zur Bebauung eines Grundstücks gewährt wird, nicht allein durch dieses Privileg gesichert werden.[365] Für Baumaßnahmen ist daher weiterhin eine vertragliche Hypothek notwendig. Dieser Kre-

---

359 Vgl. *93e Congrès des notaires de France*, L'investissement immobilier, S. 538; *Mouillart/l'Institut CSA/Crédit Logement*, L'Observatoire du Financement de Marchés Résidentiels, S. 26 ff.; *Simler/Delebecque*, Les sûretés 2004, S. 361 Rn. 406; *Ferid/Sonnenberger*, Das Französische Zivilrecht, S. 705, 3 D 205.

360 Vgl. *Jachiet/Bourquard/Champagne/u.a.*, Rapport d'enquête 2004, Resumé S. IV; *Vernet/Ohnet*, L'hypothèque: und bonne sûreté? S. 42.

361 JCl. *Houtcieff*, Art. 2421-2423 CC, hypothèque rechargeable, S. 11 Nr. 53.

362 *Dagot*, JCP N 1986, Doctrine, S. 94; *93e Congrès des notaires de France*, L'investissement immobilier, S. 544; *Cabrillac/Mouly*, Droit des sûretés 2004, S. 684 Nr. 831, die allerdings von lediglich 10 Prozent ausgehen.

363 S.o. § 1 B I 2.

364 *de Ravel d'Esclapon*, L'hypothèque rechargeable, S. 37. Eine Ausnahme gilt für das droit local. Da in seinem Geltungsbereich keine Grundstücksregistersteuer erhoben wird, hat dieses Privileg nie Bedeutung erlangt.

365 Vgl. *93e Congrès des notaires de France*, L'investissement immobilier, S. 544; *Jachiet/Bourquard/Champagne/u.a.*, Rapport d'enquête 2004, Resumé S. IV; *de Ravel d'Esclapon*, L'hypothèque rechargeable, S. 37; *Vernet/Ohnet*, L'hypothèque: und bonne sûreté? S. 42. Nicht zu verwechseln damit, dass sich dieses Privileg auf das Gebäude als Ganzes inklusive späterer Wertsteigerungen erstreckt, vgl. hierzu *Mazeaud/Mazeaud/Chabas/Picod*, Leçons de droit civil, Sûretés, S. 354 Nr. 334.

ditbereich verbleibt ihr somit.[366] Die gesetzliche Entstehung wirkt sich somit auch nachteilig aus.[367] Es fehlt diesem Sicherungsrecht die Gestaltungsfähigkeit, die eine vertragliche Begründung mit sich bringt.

II. Cautionnement mutuel

1. Bürgschaftsmodell zur Sicherung von Immobiliarkrediten

a. Konzept

Auf den ersten Blick mag die Verwendung von Bürgschaften beim Grundstückserwerb wenig einleuchten. Auf diese Weise wird ja das erworbene Grundstück beiseite gelassen und es besteht so das Risiko, dass das Äquivalent des Kredits durch Weiterveräußerung als „Kreditpfand" verloren geht. Ein privater Bürge wäre hierfür offensichtlich kein adäquater Ersatz. Nun handelt es sich bei den verwendeten Bürgschaften aber nicht um gewöhnliche, auf persönlicher Verbundenheit beruhende Bürgschaften. Auch geht es nicht um Bankbürgschaften im klassischen Sinn. Diese wären für den Schuldner keine finanziell sinnvolle Alternative, würden die hier üblichen, jährlich anfallenden Provisionen doch schnell die Bestellungskosten einer Hypothek übersteigen.[368] Vor allem wäre ein solches System, bei der eine Bank allein aufgrund ihrer Liquidität und ohne Gegensicherung für Kredite einsteht, nicht für den massenhaften Gebrauch tauglich.[369]

Vielmehr hat sich im französischen Recht eine bestimmte Form der Bürgschaft durch hierauf spezialisierte kommerzielle Anbieter entwickelt. Diese Bürgschaftsinstitute sind von den Banken geschaffen worden.[370] Beim Anbieter *Crédit Logement* sind so praktisch alle großen Geschäftsbanken vertreten.[371] Ursprünglich nur für kleinere und kurzfristige Kredite entwickelt, hat sie sich nach

366 Zur Kritik an dieser steuerlichen Ungleichbehandlung gleichartig erscheinender Fälle vgl. *93e Congrès des notaires de France*, L'investissement immobilier, S. 543 ff.

367 Als ein anderer Nachteil wird bei *Daublon*, Defrénois 1994, art. 35887, S. 1057 entsprechend aufgeführt, dass beim privilège du prêteur de deniers der (niedrigere) gesetzliche Zinssatz gelte.

368 *Dagot*, JCP N 1986, Doctrine, S. 96 f.

369 Vgl. *Dagot*, JCP N 1986, Doctrine, S. 106.

370 *de Ravel d'Esclapon*, L'hypothèque rechargeable, S. 39.

371 *Jachiet/Bourquard/Champagne/u.a.*, Rapport d'enquête 2004, Annexe 5, 2.2.1.

und nach auch auf klassische Immobiliarkredite ausgeweitet.[372] Bei diesem System ist die Bank formal nur der Kreditgeber und als Dritter kommt der Bürge, das Bürgschaftsinstitut, hinzu. Der Schuldner leistet eine Einmalzahlung an das Bürgschaftsinstitut, die sich an der Sicherungssumme orientiert. Ein Teil, etwa 0,5 Prozent der Sicherungssumme, wird endgültig einbehalten, der andere Teil, zwischen 1,5 und 2,5 Prozent, wird in einen Sicherungsfonds (*fonds de garantie*) eingezahlt.[373] Abgesichert wird dieses Bürgschaftsinstitut nicht durch die dahinter stehenden Banken, sondern allein durch diesen Sicherungsfonds. Die einzahlenden Schuldner sichern sich in Gestalt dieses Sicherungsfonds gegenseitig/genossenschaftlich (=*mutuel*) und tragen gemeinsam die Risiken. Sie sind mithin nicht nur für die Rückzahlung des eigenen Kredits verantwortlich, sondern indirekt auch für alle anderen durch den Sicherungsfonds gesicherten Kredite.[374] Auch bei ordnungsgemäßer Rückzahlung des Kredits und Beendigung des Sicherungsverhältnisses wird diese Einlage nicht vollständig zurückerstattet, sondern um einen Teil, der dem Anteil der Kreditausfälle entspricht (in der Größenordnung 20-25 Prozent), gekürzt.[375]

b. *Vorteile des Sicherungsmodells*

Die Bestellung dieser Sicherheit ist im Vergleich zur Hypothek ungleich einfacher. Der Aufwand ist viel geringer, die Mitwirkung eines Notars sowie die öffentliche Registrierung fallen weg.[376] Spätere Änderungen des Sicherungsverhältnisses, etwa die Grundstücksweiterveräußerung, der Forderungsaustausch oder der Gläubigerwechsel sind auf einfache Art möglich, da sie weitgehend formlos durchgeführt werden können.[377] Auch die Verwertung der Sicherheit gilt

---

372 *Conradt*, L'hypothèque française et la dette foncière, S. 8.

373 Vgl. *93e Congrès des notaires de France*, L'investissement immobilier, S. 539; *Simler/Delebecque*, Les sûretés 2004, S. 330 f. Rn. 365 und *Jachiet/Bourquard/Champagne/u.a.*, Rapport d'enquête 2004, Annexe 5, 2.2.1 am Bsp. von Crédit Logement.

374 *Euzen*, L'Actualité juridique - Droit immobilier 1998, Études, S. 251; *Léost*, L'Actualité juridique 2000, Études, S. 8.

375 Nach *93e Congrès des notaires de France*, L'investissement immobilier, S. 539, werden zunächst 3,0 Prozent eingezahlt und etwa 1 Prozent einbehalten. *Simler/Delebecque*, Les sûretés 2004, S. 331 Rn. 365 gehen von folgenden Zahlenwerten aus: 2,0 Prozent Einzahlung, davon etwa 0,8 Prozent endgültig. *Jachiet/Bourquard/Champagne/u.a.*, Rapport d'enquête 2004, Annexe 5, 2.2.1 geben für den Anbieter Crédit Logement an, dass 1,9-3,0 Prozent eingezahlt und 0,8-1,1 Prozent endgültig einbehalten werden.

376 *Euzen*, L'Actualité juridique - Droit immobilier 1998, Études, S. 252.

377 *Simler/Delebecque*, Les sûretés 2004, S. 330 Rn. 365; *Conradt*, L'hypothèque française et la dette foncière, S. 8.

als günstig, da den Risiken des Insolvenzverfahrens aus dem Weg gegangen werden kann.[378] Für die Banken ist diese Sicherungstechnik somit insgesamt sehr lukrativ. Anders als bei der Hypothek bestehen keine Fixkosten in Form der Notar- und Registrierungskosten, die keiner der Geschäftsparteien zugute kommen. Formal sind sie zwar nur der Kreditgeber. Da die Bürgschaftsinstitute von ihnen geschaffen wurden und sie deren Inhaber sind, fließen ihnen deren Gewinne zu. Wenn einzelne Kredite platzen, sind die Banken nicht auf die oftmals unergiebige Zwangsvollstreckung angewiesen, sondern werden über den Sicherungsfonds befriedigt. Durch die Absicherung der Bürgschaften durch den gemeinschaftlichen Sicherungsfonds und die damit verbundene Bündelung und Verknüpfung der einzelnen Sicherungsrisiken bleibt das Gesamtrisiko gering. Dies wird noch dadurch verstärkt, dass die Kontrolle der Kreditwürdigkeit durch die Bürgschaftsinstitute als recht streng und selektiv gilt.[379] Selbst das mit dem Kredit erworbene Grundstück muss nicht völlig außen vor bleiben. Indem entweder vorab ein (form- und damit kostenloses) Hypothekenversprechen[380] vereinbart wurde oder bei Eintritt des Sicherungsfalls eine richterliche Hypothek[381] bestellt wird, kann selbst das Grundstück recht schnell als zusätzliche Sicherheit (des Bürgschaftsinstituts) erlangt werden.[382] Kurz gesagt erscheint dieses Sicherungsmodell für die Banken geradezu ideal: einfach und flexibel, günstig und gewinnbringend, von hoher Sicherheit und geringem Risiko.

Die Vorteile für den Schuldner fallen dagegen geringer aus. Auf den ersten Blick scheint zwar auch für ihn ein erheblicher finanzieller Vorteil zu bestehen.[383] Es wurde jedoch auch mehrfach darauf hingewiesen, dass neben den oben dargestellten vordergründigen Kosten, die bei etwa 1 Prozent der Sicherungsbetrages liegen (0,5 Prozent des Kreditbetrags plus teilweise Zurückbehaltung der Einlage im Sicherungsfonds) auch die Inflation zu berücksichtigen sei, durch die der Anteil, der am Ende des Sicherungsverhältnisses zurückerstattet würde, entwertet würde und die bei langfristigen Krediten wie beim Grundstückserwerb ein er-

378 *Simler/Delebecque*, Les sûretés 2004, S. 330 Rn. 365; *Jachiet/Bourquard/ Champagne/u.a.*, Rapport d'enquête 2004, Annexe 5, 2.1.

379 Vgl. *Jachiet/Bourquard/Champagne/u.a.*, Rapport d'enquête 2004, Annexe 5, 2.1.

380 *Conradt*, L'hypothèque française et la dette foncière, S. 8; Zu den Risiken des formlosen Hypothekenversprechens als Kreditsicherheit vgl. *Dagot*, JCP N 2007, Nr. 7, 1065, S. 24.

381 *93e Congrès des notaires de France*, L'investissement immobilier, S. 542.

382 *Jachiet/Bourquard/Champagne/u.a.*, Rapport d'enquête 2004, Annexe 5, 2.1.

383 *Euzen*, L'Actualité juridique - Droit immobilier 1998, Études, S. 253 ff.

hebliches Gewicht erlange.[384] Auch wird auf die Belastung durch die Pflicht zur sofortigen Bereitstellung von 2-3 Prozent des Sicherungsbetrages hingewiesen.[385] Rechne man alle diese versteckten Kosten mit ein, sei bei langfristigen Krediten daher der *privilège du prêteur de deniers* durchaus günstiger, auch wenn dies auf den ersten Blick nicht so scheine.[386] Bedeutung wird schließlich der psychologischen Komponente zugemessen, dass der Schuldner bei dieser Sicherheit unbelastetes Eigentum erhalte und sich so als vollwertiger Eigentümer fühle.[387] Hierbei ist allerdings zu fragen, ob dies nicht ein falsches Gefühl der Sicherheit ist. Kommt ein Schuldner den Kreditrückanzahlungen nicht nach und scheitern alle einvernehmlichen Lösungen, so steht am Ende dieses Sicherungsmodells ebenso der Verlust des Grundstücks, da das Bürgschaftsinstitut, das im Außenverhältnis für ihn einspringen muss, im Innenverhältnis gegen ihn vorgeht.[388] Insgesamt zeigt sich, dass es sich bei den *cautionnement mutuel* um ein ausgefeiltes Kreditinstrument handelt, das für Banken viel attraktiver als die Bestellung einer Hypothek ist und dem Schuldner zumindest das Gefühl gibt, eine ihm vorteilhafte Sicherheit zu verwenden.

2. Bedenken

a. Selektivität

Die Auswahlkriterien bei diesem Sicherungsmodell gelten als vergleichsweise streng[389] und orientieren sich vor allem an den Einkommensverhältnissen des Kreditsuchenden.[390] Dies kann man je nach Blickwinkel mehr als Vorteil oder Nachteil ansehen. Die sorgfältige Prüfung der finanziellen Belastbarkeit des Schuldners schützt nicht zuletzt diesen selbst und vermeidet Überschuldung. Außerdem schützt es die anderen Schuldner, wenn riskanten Krediten die Absiche-

---

384 *93e Congrès des notaires de France*, L'investissement immobilier, S. 540.

385 *93e Congrès des notaires de France*, L'investissement immobilier, S. 541 f.

386 *93e Congrès des notaires de France*, L'investissement immobilier, S. 543; Nach *Jachiet/Bourquard/Champagne/u.a.*, Rapport d'enquête 2004, Annexe 5, conclusion; auf die versteckten Kosten bereits hinweisend *Dagot*, JCP N 1986, Doctrine, S. 97 f.

387 *de Ravel d'Esclapon*, L'hypothèque rechargeable, S. 39.

388 Vgl. *Dagot*, JCP N 1986, Doctrine, S. 100, der auf die haftungsbegrenzende Wirkung der Hypothek hinweist. Demgegenüber greife der Bürge auf den Vermögenswert zurück, der für ihn am günstigsten erscheine.

389 *Simler/Delebecque*, Les sûretés 2004, S. 331 Rn. 365.

390 *Jachiet/Bourquard/Champagne/u.a.*, Rapport d'enquête 2004, S. 7 f.

rung durch den Sicherungsfonds vorenthalten wird.[391] Andererseits führt dies zu einer sehr selektiven Kreditvergabe, die gerade sozial Schwächeren den Kreditzugang verschließt.[392] Gewährte Kredite sind aber natürlich nicht nur ein Risiko, sondern immer auch eine Chance, durch Investitionen berufliche wie private Ziele zu verwirklichen. Strenge Kriterien bei der Kreditvergabe können diese Chance vorenthalten.

b. Verquickung der Interessen von Kreditgeber und Bürgen

Bemerkenswert und nicht ohne Auswirkung dürfte die besondere Verbindung zwischen Kreditgeber und Sicherungsgeber sein. Entgegen dem äußeren, rechtlichen Anschein sind diese eben nicht vollständig personenverschieden. Der hier für den Kredit Bürgende ist anders als bei der Bürgschaft typisch nicht dem Lager des Schuldners zuzuordnen, ja er ist nicht einmal neutral, sondern eine Art Ableger des Kreditgebers, der Bank. Beide arbeiten folglich Hand in Hand. Eine neutrale Kontrolle wie bei der Hypothek durch den Notar fehlt völlig. Nicht aus Zufall dürften bei diesem Sicherungsmodell die Vorteile der Banken evident und fast zwangsläufig, die Vorteile des Schuldners bei genauerem Hinsehen hingegen schwer bestimmbar und abhängig von künftigen Ereignissen sein. Allein die Betrachtung der Risikoverteilung spricht Bände.

c. Subjektivierung der Kreditsicherung

Auf der anderen Seite findet bei diesem Sicherungsmodell fast zwangsläufig eine Subjektivierung der Kreditsicherung statt. Wo bei einem Grundpfandrecht der objektive Gegenwert des Grundstücks bei der Bewertung der Sicherheit zählt, beherrscht eine Personalsicherheit ihr subjektives Element, die persönliche Verbindung zwischen Sicherungsgeber und Schuldner.[393] Übertragen auf den *cautionnement mutuel* bedeutet dies, dass natürlich derjenige, der über gute Kontakte zu den Banken verfügt, solche indirekt auch zu den Bürgschaftsinstituten hat und es einfacher haben wird, diese Sicherheit zu erlangen. Trotz aller Objektivierung der Kriterien der Kreditwürdigkeit bleibt bei der Beurteilung von Kreditausfallrisiken immer ein Spielraum. Entscheidend ist letztlich stets das Vertrauen in die Person des Kreditsuchenden. Dass gute Verbindungen zu Ban-

---

391 Vgl. *Dagot*, JCP N 1986, Doctrine, S. 97.

392 *Becqué-Ickowicz*, in: Évolution des sûretés réelles, S. 80.

393 Vgl. *Dagot*, JCP N 1986, Doctrine, S. 101; *Becqué-Ickowicz*, in: Évolution des sûretés réelles, S. 80.

ken bei der Kreditvergabe wichtig sind und Vertrauen zum Kredit gehört ist nun natürlich nichts Neues und nichts, was bürgschaftsspezifisch wäre.[394] Diese weichen Kriterien sind bei dieser Sicherheit jedoch geradezu wesensbestimmend. Das Interesse der Banken an guter Bonität der Kreditnehmer bleibt zwar generell bestehen. Dadurch, dass Kreditausfälle über den Sicherungsfonds auf die anderen Kreditnehmer umgelegt werden, ist die Gewährung von Krediten mit hohem Ausfallrisiko für Kreditsuchende, zu denen ein besonders enges Verhältnis besteht, für die Banken weniger risikoreich und potentiell belastend als bei anderen Sicherheiten. Auch dies ist ein Aspekt der Selektivität dieses Sicherungsmodells.

d. Grenzen der Personalsicherheiten bei der Kreditsicherung

Nicht direkt im Zusammenhang mit dem *cautionnement mutuel* steht ein weiterer Aspekt des französischen Bürgschaftsrechts. Häufig ist von einer Krise der Bürgschaft die Rede, obwohl diese doch gleichzeitig im französischen Kreditrecht besonders beliebt zu sein scheint. Als Kennzeichen der Krise werden eine vergleichsweise hohe Zahl an Rechtsstreitigkeiten, eine teilweise als einseitig verbraucherfreundlich empfundene Rechtsprechung und zahlreiche punktuelle und spezialgesetzliche Eingriffe des Gesetzgebers aufgeführt.[395] Demzufolge gilt dieses Rechtsgebiet als unübersichtlich und der Ausgang von Rechtsstreitigkeiten als schwer vorhersehbar.[396] Um diesen Schwierigkeiten zu entgehen wird daher zunehmend auf für Sicherungsgeber noch gefährlichere Garantieverträge ausgewichen.[397] Es scheint sich an dieser Stelle dann doch negativ auszuwirken, dass im Bereich der Personalsicherheiten im Vergleich zu den dinglichen Sicherheiten weitgehend privatautonome Freiheiten bestehen und keine inhaltliche Kontrolle von unabhängiger Seite stattfindet. Die Bürgschaft als Sicherungsmittel hat eben trotz ihrer unbestreitbaren Vorteile doch ihre strukturbedingten Risiken und Grenzen.

---

394 Schon sprachlich, vgl. credere = lat. vertrauen, glauben.

395 *Piedelièvre*, Sûretés 2008, S. 24 Nr. 34.; *Farge*, Les sûretés, S. 43 Nr. 44; speziell bezogen auf den Immobiliarbereich *Léost*, L'Actualité juridique 2000, Études, S. 8 ff.

396 Vgl. *Legeais*, in: Mélanges en l'honneur de Yves Guyon, S. 657; *Simler*, in: Le Code civil, 1804-2004, S. 373 ff. mit detailliertem Reformvorschlag.

397 *Ancel*, Droit des sûretés, S. 36 Nr. 68; *Piedelièvre*, Sûretés 2008, S. 25 Nr. 34; *Simler*, JCP E 1990, Band 1, Études, 15659, S. 3427.

C. Zwischenergebnis Kap. 1

Blickt man auf die Rechtslage vor der Einführung der wiederaufladbaren Hypothek, zeigen sich im Vergleich zum deutschen Recht deutliche Unterschiede. Ein nicht-akzessorisches Grundpfandrecht wie die Grundschuld kennt das französische Recht nicht. Wo die Grundschuld sich gegenüber anderen, akzessorischen Sicherungsinstrumenten durchgesetzt hat und das dominierende Sicherungsinstrument an Grundstücken geworden ist, hat die französische Hypothek in den letzten Jahren an Bedeutung verloren. Die gegenläufigen Entwicklungen legen den Verdacht nahe, dass die strukturellen Unterschiede von deutscher Grundschuld und französischer vertraglicher Hypothek mitverantwortlich sind. Vor allem die strenge Form der Akzessorietät ist ein Nachteil, da sie die Hypothek unwirtschaftlich macht. Denn indem sie die Hypothek an die Erstforderung bindet, fallen bei jeder neuen hypothekarischen Sicherung erneut Bestellungskosten an.

Zu beachten ist allerdings auch, dass die Defizite der vertraglichen Hypothek nicht allein hypothekenrechtlicher Natur sind. Vielmehr gilt schon seit Langem das Insolvenzrecht als die eigentliche Achillesferse der Hypothek. Die Stellung der vertraglichen Hypothek ist zudem seit jeher weniger gefestigt als die der deutschen vertraglichen Grundpfandrechte. Im französischen Recht ist eine Gewohnheit, ja fast Tradition zu anderen Sicherheiten auszumachen, die mal mehr, mal weniger gut publiziert sind und die natürlich zu Lasten der Hypothek als dem klassischen vertraglichen Grundpfandrecht gehen. Konkret wird der Hypothek in den letzten Jahren das steuerlich begünstigte gesetzliche Grundpfandrecht *privilège du prêteur de deniers* vorgezogen. Zudem hat sich ein Bürgschaftskonzept etabliert, der *cautionnement mutuel,* das vor allem den Banken verschiedenste Vorteile gegenüber der vertraglichen Hypothek bietet, welches massenhaft eingesetzt jedoch nicht unbedenklich erscheint.

Die vorgefundene Entwicklungslinien bleiben nicht ohne Konsequenz für die wiederaufladbare Hypothek. Deren Ausgangsposition ist wenig günstig. Sie steht in der Konkurrenz mit zahlreichen anderen, zum Teil besser positionierten Sicherungsrechten. Dies trübt entsprechend ihre Erfolgsaussichten. Zugleich wird deutlich, dass es einer umfassenden, substanziellen Reform bedarf, um die langjährige und gefestigte Tendenz weg von der vertraglichen Hypothek zu durchbrechen.

Kapitel 2: Die Reform von 2006

§ 3: Die allgemeine Reform der Kreditsicherheiten

A. Das Ziel einer umfassenden Erneuerung des Rechtsgebiets

Die Reform 2006 hatte nicht nur die Einführung der wiederaufladbaren Hypothek zum Inhalt. Diese war im Gegenteil ein eher kleiner Baustein eines umfangreichen Reformwerks zum Kreditsicherungsrecht.[398] Auch der damalige Staatspräsident *Chirac* wies anlässlich des zweihundertjährigen Bestehens des *Code Civil* 2004 auf die Notwendigkeit einer grundlegenden Reform hin.[399] Der eigentliche Anstoß zu dieser Reform ging von einer bekannten Juristenvereinigung aus, der *Association Henri Capitant des Amis de la Culture Juridique Française*.[400] Im September 2003 wurde vom Justizministerium eine Arbeitsgruppe unter der Leitung des Präsidenten dieser Juristenvereinigung, Professor *Michel Grimaldi* eingesetzt,[401] die Reformvorschläge ausarbeiten sollte.[402] Am 26. August 2005 wurde die Regierung durch das Gesetz „für das Vertrauen und die Modernisierung der Wirtschaft" zum Erlass einer Verordnung ermächtigt.[403] Diese Verordnung 2006-346 wurde am 23. März 2006 erlassen und trat am 25. März 2006 in Kraft.[404] Inhaltlich baut diese Verordnung weitgehend auf den Vorschlägen der Arbeitsgruppe *Grimaldi* auf.[405]

---

398 Im Rapport Grimaldi entfällt lediglich eine halbe Seite von insgesamt zwanzig Seiten auf die wiederaufladbare Hypothek, vgl. *Groupe de travail relatif à la réforme du droit des sûretés,* S. 18, siehe auch *Grimaldi*, Dr. & patr. 2005, Nr. 140, S. 1294, der den Schwerpunkt der Reform anderswo ausmacht.

399 Vgl. *Grimaldi*, Dr. & patr. 2005, Nr. 140, S. 51.

400 *Simler*, JCP N 2006, Nr. 19, 1192, S. 932; *Frémeaux/Daublon*, Defrénois 2006, art. 38430, S. 1085.

401 Weitere Besetzung: Laurent Aynès, Annie Bac, Pierre Crocq, Dominique Dos-Reis, Éliane Frémeaux, Alain Gourio, Alain Provansal, Philippe Simler, Hervé Synvet, Sekretariat: Philippe Dupichot, vgl. *Simler*, JCP N 2006, Nr. 19, 1192, S. 932.

402 Sog. Rapport Grimaldi der *Groupe de travail relatif à la réforme du droit des sûretés,* vom 31.5.2005, bestehend aus einem Vorschlag zur Gesetzesänderung (avant-projet de loi) sowie einer Zusammenstellung und Erläuterung der Motive.

403 Art. 24 loi Nr. 2005-842 du 26.7.2005 pour la conviance et la modernisation de l'économie.

404 Ordonnance Nr. 2006-346 du 23.3.2006 relative aux sûretés.

405 So *Simler*, JCP N 2006, Nr. 19, 1192, S. 932; *Dupichot*, D 2006, S. 1291; *Vauvillé*, De-

I. Strukturelle Neuordnung

Die Notwendigkeit einer größeren, möglichst umfassenden Erneuerung des Kreditsicherungsrechts war allgemein bekannt.[406] Dieses Rechtsgebiet war praktisch von Beginn an, seit der Geltung des *Code Civil* 1804, gesetzlich nur wenig strukturiert.[407] Inhaltlich war es nicht an den aufkommenden Bedürfnissen der Wirtschaft ausgerichtet.[408] Das hatte zur Folge, dass es im Laufe der über zweihundertjährigen Geltung des *Code Civil* zu ständigen Zugeständnissen gegenüber der Praxis kam, die aber begrenzt und wenig abgestimmt waren.[409] Die Kreditpraxis hatte sich so zunehmend von den eigentlichen Regelungen des *Code Civil* entfernt.[410] Es galten viele spezielle handelsrechtliche und verbraucherschützende Regelungen (bei der Bürgschaft)[411] oder es entwickelten sich nur unzureichend kodifizierte Praktiken (Eigentumsvorbehalt[412], Garantie autonome[413]).[414] Eine weitere Verringerung der Bedeutung der *Code Civil*-Regelungen erfolgte durch eine rege, tendenziell verbraucherschützende Rechtsprechung.[415]

Mit dieser Reform sollte nun eine überfällige strukturelle Überarbeitung des gesamten Rechtsgebietes erfolgen.[416] Hierzu wurden in der Arbeitsgruppe *Grimaldi* Vertreter von Wissenschaft und Kreditpraxis versammelt.[417] Die wesentlichen Sicherungsinstrumente fanden im neu geschaffenen vierten Buch „Recht der Kreditsicherheiten“ wieder eine Verankerung im *Code Civil*. So wurden etwa im Immobiliarsachenrecht eine gesetzliche Regelung für den Eigentumsvorbehalt,

---

frénois 2007, art. 38655, S. 1327; *Frémeaux/Daublon*, Defrénois 2006, art. 38430, S. 1085.

406 Vgl. *Delebecque*, LPA 1998, Nr. 72, S. 6; *Aynès*, LPA 1998, Nr. 72, S. 80; *Crocq*, in: Mélanges Christian Mouly, S. 317; *Saint-Alary-Houin*, LPA 2000, Nr. 188, S. 46; speziell zu den Mobiliarsicherheiten *Simler*, in: Mobiliarsicherheiten - Vielfalt oder Einheit, S. 123.

407 Vgl. *Ferid/Sonnenberger*, Das Französische Zivilrecht, S. 515, 3 A 6.

408 *Ferid/Sonnenberger*, Das Französische Zivilrecht, S. 585, 3 C 6 f.; ähnlich *Aynès/Crocq*, Les sûretés 2011, S. 283 f. Nr. 631.

409 *Aynès/Crocq*, Les sûretés 2011, S. 12 Nr. 19; *Grimaldi*, Dr. & patr. 2005, Nr. 140, S. 50; *Ferid/Sonnenberger*, Das Französische Zivilrecht, S. 678 f., 3 D 3 f.

410 *Houtcieff*, LPA 2005, Nr. 123, S. 8.

411 *Piedelièvre*, Sûretés 2008, S. 24 Nr. 34; *Farge*, Les sûretés, S. 43 Nr. 44.

412 *Crocq*, Dr. & patr. 2005, Nr. 140, S. 75.

413 *Frémeaux*, Dr. & patr. 2005, Nr. 140, S. 89.

414 *Legeais*, in: Mélanges Michel Cabrillac, S. 373.

415 *Grimaldi*, Dr. & patr. 2005, Nr. 140, S. 50; zur Bürgschaft vgl. auch *Simler*, in: Mobiliarsicherheiten - Vielfalt oder Einheit, S. 123; *Legeais*, Sûretés, S. 18 Nr. 13.

416 *Groupe de travail relatif à la réforme du droit des sûretés,* S. 2 f.

417 Vgl. *Grimaldi*, Dr. & patr. 2005, Nr. 140, S. 51.

Art. 2373 Abs. 2 CC, und für die *antichrèse-bail* mit Zurückbehaltungsrecht, Art. 2390 f. CC, eingefügt.[418] Beabsichtigt war somit in erster Linie eine grundlegende Systematisierung des Rechtsgebietes zur Schaffung einer angemessenen Klarheit und Verständlichkeit für den Rechtsanwender.[419]

II. Inhaltliche Erneuerung

Die Reform sollte und konnte sich jedoch nicht in formalen Anpassungen erschöpfen. Vielmehr war im Zuge der formalen Neuordnung auch eine inhaltliche Modernisierung unter Berücksichtigung der wirtschaftlichen Bedürfnisse beabsichtigt.[420] Bisher kaum oder unvollständig geregelte Sicherungspraktiken wurden kodifiziert und aufgewertet. Daneben wurden auch einige neue Kreditsicherheiten eingeführt. So gelten das besitzlose Registerpfandrecht an beweglichen Sachen, das Pfandrecht an Warenlager[421] und das allgemeine Pfandrecht an Forderungen als wichtige Neuerungen.[422] Die Modernisierung des Hypothekenrechts war ein weiterer wichtiger Bestandteil. Die nachgelassene Bedeutung der Hypothek sollte durch mehr Flexibilität, durch Senkung der Kosten, durch die vereinfachte Durchsetzung des Sicherungsrechts, durch Einführung eines Hypothekendarlehen auf Lebenszeit (*prêt viager hypothécaire*), sowie durch die Einführung der wiederaufladbaren Hypothek gestärkt werden.[423]

---

418 Vgl. zur Kodifizierung weiterer Sicherungspraktiken *Aynès*, D 2006, S. 1289 f.

419 *Grimaldi*, Dr. & patr. 2005, Nr. 140, S. 50.

420 *Grimaldi*, Dr. & patr. 2005, Nr. 140, S. 51.

421 Zum etwas kuriosen Nebeneinander von besitzlosen Registerpfandrecht und Pfandrecht an Warenlager vgl. *Legeais*, RTDcom. 2006, S. 640.

422 *Aynès*, D 2006, S. 1290; *Klein/Tietz*, RIW 2007, S. 102 ff.; *Kühl*, Kreditwesen 2006, S. 776.

423 Vgl. hierzu Art. 24 loi Nr. 2005-842 du 26.7.2005 pour la conviance et la modernisation de l'économie: „... Nr. 2: Modifier les dispositions du Code Civil pour [...] et pour développer le crédit hypothécaire, notamment au profit des particuliers, en permettant le crédit hypothécaire rechargeable et le prêt viager hypothécaire, en simplifiant la mainlevée de l'inscription hypothécaire et en diminuant son coût, et en veillant à protéger les intérêts des personnes qui en bénéficient ; [...]
Nr. 5: Réformer les dispositions du livre III du Code Civil relatives à l'expropriation forcée et à la procédure de distribution du prix de vente des immeubles, pour simplifier les procédures civiles d'exécution immobilières et les rapprocher des procédures civiles d'exécution mobilières, renforcer le contrôle du juge et favoriser la vente amiable."
Vgl. auch *Groupe de travail relatif à la réforme du droit des sûretés,* S. 16 ff., insb. S. 18: „Certaines des réformes proposées participent du double souci, d'une part, de faire de l'hypothèque une garantie plus souple, capable de garantir des relations suivies de crédit et d'offrir une réelle alternative au cautionnement, et, d'autre part, de ne point sacrifier la protection du constituant contre un engagement irréfléchi ou indéfini."

B. Schwachstellen der Reform

I. Gesetzgeberische Unzulänglichkeiten

1. Kritik an der Gesetzgebungstechnik

Die Reform von 2006 gestaltete mit dem Recht der Sicherungsrechte ein wirtschaftlich bedeutsames Rechtsgebiet um. Sie veränderte dabei auch den *Code Civil* und damit das in Frankreich vielleicht angesehenste Gesetzesdokument. Die Entscheidung, diese Reform in Gestalt einer Verordnung umzusetzen, wurde vielerorts kritisiert.[424] Dadurch habe es in der Entstehungsphase der Reform an einer vertieften parlamentarischen Aufarbeitung und damit auch an einer ausreichenden öffentlichen Wahrnehmung und Diskussion der Reform gefehlt.[425] Die Reform hätte eine ihrer Bedeutung entsprechende Form sicherlich verdient gehabt.

2. Gegenständliche Grenzen der Reform

Die eher am tagespolitisch-parlamentarisch Machbaren orientierten Überlegungen wirkten sich jedoch nicht nur durch ein gewisses demokratisches Defizit des Gesetzgebungsverfahrens aus, sondern beeinflussten auch den Inhalt der Reform.

a. Ausschluss wichtiger Rechtsgebiete

Bemerkenswert sind die Bereiche, welche im Laufe des Reformvorhabens auf der Strecke blieben.[426] Der *Rapport Grimaldi* enthielt zunächst ausführliche Vorschläge zur Erneuerung der Bürgschaft.[427] Das Parlament weigerte sich jedoch, die Kompetenz, dieses Rechtsgebiet zu reformieren, an die Regierung zu übertragen, so dass es im Bürgschaftsrecht lediglich zu einer Umstellung von Paragraphen kam.[428] Aus demselben Grund war auch die Regelung des Eigentums-

---

424 Vor allem *Dagot*, L'hypothèque rechargeable, S. 7 ff. Nr. 17 ff.; kritisch auch *Martin, Didier R.*, D 2005, S. 1577; *Piedelièvre*, Defrénois 2006, art. 38393, S. 813; *Legeais*, in: Études offertes au Doyen Philippe Simler, S. 367. Auch *Grimaldi*, Dr. & patr. 2005, Nr. 140, S. 51 äußerte noch während des Gesetzgebungsverfahrens seine Bedenken gegen eine Kodifizierung per Verordnung.

425 *Dagot*, L'hypothèque rechargeable, S. 7 Nr. 18 f.

426 Übersichtlich hierzu *Simler*, JCP N 2006, Nr. 19, 1192, S. 932 f.

427 *Groupe de travail relatif à la réforme du droit des sûretés,* S. 5-7.

428 *Simler*, JCP N 2006, Nr. 19, 1192, S. 933.

vorbehalts auf die bloße Kodifizierung der bisher geltenden Rechtslage begrenzt.[429] Vergleichsweise kleinere, der Übersichtlichkeit und Klarheit dienende Veränderungen scheiterten an der Kontrolle der Verordnung durch den *Conseil d'État*, der der Ansicht war, dass diese nicht von der gesetzlichen Ermächtigung gedeckt seien. So wurden die Immobiliarspezialprivilegien nicht in einfache Legalhypotheken umgewandelt.[430] Auch die Umwandlung der gerichtlichen Hypothek nach Art. 2133 CC in eine ihrem Wesen entsprechende Legalhypothek wurde verweigert.[431] Besonders gravierend erscheint allerdings die Ausklammerung des insolvenzrechtlichen Bereichs. Von Beginn an war dieser nicht Bestandteil der Reform. Eine Reform fand dort zwar bereits 2005 statt[432], beide Reformvorhaben waren jedoch inhaltlich nicht aufeinander abgestimmt.[433] Der durch die Reform 2006 eingeführte Art. 2287 CC macht das Verhältnis beider Reformen deutlich. Hiernach gilt ausdrücklich der Vorrang der bisherigen insolvenzrechtlichen Vorschriften gegenüber den neuen sicherungsrechtlichen Regelungen. Angesichts der Defizite der Hypothek in diesem Bereich[434] erscheint dies besonders misslich.[435]

b. Nachträgliche Einführung der treuhänderischen Sicherungsübereignung

aa. Kontext und Konzept

Ein wichtiger Themenbereich, der bei der Reform 2006 ebenfalls fehlte und auf den es sich gesondert einzugehen lohnt, ist die treuhänderische Sicherungsübereignung (*fiducie-sûreté*). Das französische Recht nahm lange Zeit eine sehr skeptische Haltung gegenüber Eigentum als Sicherheit ein.[436] In den letzten Jahrzehnten gab es dann immer wieder Überlegungen zur Einführung einer Siche-

---

429 *Crocq*, Dr. & patr. 2005, Nr. 140, S. 75.

430 Dies bedauert *Dupichot*, D 2006, S 1291, *Piedelièvre*, Defrénois 2006, art. 38393, S. 802 sieht dies eher positiv.

431 *Simler*, JCP N 2006, Nr. 19, 1192, S. 933.

432 Loi Nr. 2005-845 du 25.7.2005 sur la saufgarde des entreprises.

433 *Crocq*, D 2006, S. 1306.

434 S.o. § 2 A IV 2.

435 *Piedelièvre*, Defrénois 2006, art. 38393, S. 794 bezeichnet die Reform als „déconnecté de la réalité économique".

436 Vgl. *Legeais*, Sûretés, S. 551 ff. Nr. 720 ff.; zu den Hintergründen *Witz*, in: Festschrift Jahr, S. 533 ff. und *Stadler*, Gestaltungsfreiheit und Verkehrsschutz durch Abstraktion, S. 278 ff.; zu den IPR-rechtlichen Problemen *Graham-Siegenthaler*, Kreditsicherungsrechte im internationalen Rechtsverkehr, S. 336 u. S. 355.

rungsübereignung, eine Umsetzung scheiterte jedoch.[437] Auch die Arbeitsgruppe *Grimaldi* beschäftigte sich anfänglich mit der Einführung eines solchen Instruments, was angesichts ihrer Aufgabenstellung auch fast in der Natur der Sache lag. Noch vor der Ausarbeitung des *Rapport Grimaldi* wurde ihr diese Materie jedoch entzogen, an eine andere Reformkommission übergeben und schließlich Anfang 2007[438] kodifiziert.[439]

Die Treuhand[440] scheint am angelsächsischen Recht orientiert zu sein.[441] Bei der treuhänderischen Sicherungsübereignung (*fiducie-sûreté*) werden Vermögenswerte an einen Treuhänder übertragen und damit ein Sondervermögen geschaffen, welches bei Insolvenz des Treuhänders gemäß Art. 2024 CC grundsätzlich nicht in dessen Vermögensmasse fällt.[442] Gegenstand der Sicherungsübereignung können sämtliche Vermögensformen sein, d.h. bewegliche Sachen und Rechte, aber auch Immobilien.[443] Die Sicherungsübereignung unterliegt nach Art. 2019 f. CC einer staatlichen Registrierungspflicht. Bei Übertragung von Immobilien ist zusätzlich die Publizierung im Grundstücksregister erforderlich.[444]

bb. Ständige Weiterentwicklung, insb. die wiederaufladbare Treuhand

Die Verwendung dieses neuen Sicherungsinstruments war zunächst erheblich eingeschränkt. Nur Gesellschaften, die der Körperschaftssteuer unterlagen, konnten gemäß Art. 2014 CC dieses Sicherungsrecht nutzen.[445] Seit 2008 kann es jetzt auch von Verbrauchern verwendet werden.[446] Zudem beträgt die maximale Übertragungsdauer gemäß Art. 2018 Nr. 2 CC nun nicht mehr dreiunddreißig, sondern neunundneunzig Jahre.[447] Eine Absicherung von mehreren, aufeinander folgenden Krediten wurde schon von Beginn an für möglich gehalten und

---

437 Vgl. *Witz*, in: Festschrift Jahr, S. 795 ff.; *Marini*, D 2007, S. 1347; *Crocq*, RLDC 2007, Nr. 40, 2624, S. 61.
438 Loi Nr. 2007-211 du 21.2.2007.
439 *Crocq*, D 2007, S. 1354.
440 Es gibt zwei Formen der Treuhand, eine als Sicherungsinstrument (fiducie-sûreté) sowie eine als Unternehmensorganisation (fiducie-gestion), vgl. *Simler/Delebecque*, Les sûretés 2009, S. 597 Rn. 678.
441 Vgl. *Marini*, D 2007, S. 1347; *Witz*, D 2007, S. 1346; *Germain*, JCP E 2007, Nr. 36, S. 3.
442 S.u. jedoch die Grenzen bei Insolvenz des Sicherungsgebers § 10 B I 1 b aa.
443 *Sonnenberger/Dammann*, Französisches Handels- und Wirtschaftsrecht, S. 489, VII 108.
444 *Sonnenberger/Dammann*, Französisches Handels- und Wirtschaftsrecht, S. 490, VII 110.
445 *Sonnenberger/Dammann*, Französisches Handels- und Wirtschaftsrecht, S. 490, VII 109.
446 *Notté*, JCP E 2009, Nr. 7, Art. 185, Act., S. 5.
447 *Dammann/Podeur*, D 2008, S. 2301.

hierin eine Ähnlichkeit zur wiederaufladbaren Hypothek gesehen.[448] Seit 2009 wurde ein an der wiederaufladbaren Hypothek orientierter Wiederaufladungsmechanismus eingeführt.[449] Die Regelungen zur *fiducie rechargeable* in Art. 2372-5 CC bzw. Art. 2488-5 CC sind weitgehend wie Art. 2422 CC formuliert.[450]

Bereits der kurze Überblick macht deutlich, warum dieses Sicherungsrecht ein so großes Echo ausgelöst hat. Mit ihr wurde ein allgemeines Sicherungsrecht geschaffen, welches zumindest theoretisch für jeden Sicherungsgegenstand und jede Sicherungskonstellation offen ist.[451] Sie ist eine Realsicherheit, die den Gläubigerinteressen sowohl hinsichtlich Flexibilität als auch Wirksamkeit entspricht.[452] Sie steht somit wie keine andere Sicherheit für die Relativität der Einführung der wiederaufladbaren Hypothek. Der Verlust an Exklusivität durch Übertragung der Wiederaufladbarkeit dürfte hierbei noch am wenigsten ins Gewicht fallen. Ob dieses Sicherungsrecht künftig jedoch die großen Erwartungen[453] erfüllen kann, ist schwer zu beurteilen. Die ersten Reaktionen fielen zurückhaltend aus.[454] Geradezu symptomatisch sind ständige gesetzliche Veränderungen[455], was auf gesetzgeberisches Interesse, jedoch auch auf eine wenig ge-

---

448 *Sonnenberger/Dammann*, Französisches Handels- und Wirtschaftsrecht, S. 489, VII 108; *Dammann/Podeur*, D 2007, S. 1360.

449 *Notté*, JCP E 2009, Nr. 7, Art. 185, Act., S. 5.

450 Zu den inhaltlichen Unterschieden *Grimaldi/Dammann*, D 2009, S. 673 f.

451 *Dupichot*, JCP N 2009, Nr. 17, 1138, S. 27 sieht Parallelen zur floating charge im Common Law.

452 *Grimaldi/Dammann*, D 2009, S. 677.

453 Vgl. *Cerles*, in: Mélanges en l'honneur de Michel Vasseur, S. 49: „La loi attendu sur la fiducie sûreté devrait avoir pour effet de mettre fin à une balcanisation du droit en matière pour une plus grande sécurité des opérations de crédit, […] : la propriété, reine de sûretés est-elle pour demain?"

454 Vgl. die Kolloquien zur fiducie in JCP E 2007, Nr. 36 S. 53 ff. und RLDC 2007, Nr. 40, S. 61 ff. D. 2007, S. 1347 ff.; etwa *Blanluet/Le Gall*, JCP E 2007, Nr. 36, 2059, S. 45: „l'œuvre est loin d'être achevée"; *Crocq*, RLDC 2007, Nr. 40, 2624, S. 65: ...vaste cabinet de curiosités..."; *Ancel*, Droit des sûretés, S. 230 Nr. 504: „... les multiples incertitudes de départ vont surtout contribuer à générer un contentieux abondant [...] si toutefois les établissements de crédit s'aventurent à utiliser une technique aussi peu sûre!"; *Larroumet*, D 2007, S. 1353: „Ils ont tué dans l'œuf une réforme souhaitée depuis longtemps en droit français." Optimistischer *Cerles*, JCP E 2007, Nr. 36, dossier, 2054, S. 23: „ ...une avancée considérable." Ausgesprochen positiv *Dammann/Podeur*, D 2007, S. 1362 „Ainsi, grâce à l'introduction de la fiducie, le système juridique français est aujourd'hui devenu plus favorable, pour le créanciers, que les droits anglais, américain ou allemand."

455 Loi de modernisation de l'économie Nr. 2008-776 du 4.8.2008, l'ordonnance Nr. 2008-1345 du 18.12.2008, l'ordonnance Nr. 2009-112 du 30.1.2009, ratifiziert durch loi Nr. 2009-526 du 12.5.2009.

glückte Kodifizierung schließen lässt.[456] Dennoch ist es als bedeutsame, fast spektakuläre Neuerung im französischen Sicherungsrecht anzusehen.

II. Folgen der Defizite der Reform 2006

1. Skepsis aufgrund der gesetzgeberischen Fragmentierung

Die Reform von 2006, die auf die Bürgschaft und auf den insolvenzrechtlichen Bereich überhaupt nicht eingeht sowie eine derart wichtige Neuerung wie die treuhänderische Sicherungsübereignung außen vor lässt, kann kaum mehr als umfassend angesehen werden. Entsprechend gemischt fallen die Urteile darüber aus, ob das zentrale Vorhaben der Reform, die systematische Neuordnung, gelungen ist.[457] Sicher hat das neue vierte Buch im *Code Civil* das Rechtsgebiet neu und besser strukturiert. Die Art und Weise der Reformgesetzgebung zeigt allerdings die Grenzen dieses Vorhabens mehr als deutlich auf. Es wirkt seinerseits fragmentiert. Kohärenz ist nur erreichbar, wenn alle wesentlichen Bereiche einbezogen werden. Die hier fehlenden Bereiche waren aber sogar ganz Entscheidende, von denen jeder für sich genommen ausgereicht hätte, um den Erfolg des Projekts zu gefährden.

2. Schlussfolgerungen für die wiederaufladbare Hypothek

a. Ausklammerung wichtiger Bereiche

Die Betrachtung des Reformprozesses 2006 lässt einige entstehungsgeschichtliche Schwachstellen der wiederaufladbaren Hypothek deutlich werden. Die Reform war zunächst als große und umfassende Erneuerung gedacht. Dies wäre aufgrund der vielfältigen Probleme gerade für die Reform der Hypothek wichtig gewesen. Letztlich blieb jedoch eine im Umfang doch erheblich verkürzte Variante übrig. Eine Wiederbelebung der Hypothek fällt unter diesen Umständen schwerer. Dies dürfte auch die Erfolgschancen der wiederaufladbaren Hypothek schmälern.

---

456 Kritisch hierzu auch *Lucas/Sénéchal*, D 2008, S. 29; *Borga*, RDBF 2009, étude 20, Nr. 3, S. 9; *Barrière*, JCP E 2009, Nr. 36, 1808, S. 26.

457 *Aynès*, D 2006, S. 1289; *Simler*, JCP N 2006, Nr. 19, 1192, S. 933; Besonders skeptisch *Piedelièvre*, Defrénois 2006, art. 38393, S. 791 und *Legeais*, in: Études offertes au Doyen Philippe Simler, S. 367 ff.

b. Nebenrolle der wiederaufladbaren Hypothek

Die allgemeine Betrachtung der Reform zeigt auch noch etwas anderes. Die wiederaufladbare Hypothek stand alles andere als im Mittelpunkt dieser Reform. Die Leitlinie der Reform war die allgemeine Neugliederung des Rechtsgebiets. Eine einseitige Zuwendung des Gesetzgebers zur Hypothek lässt sich schwerlich erkennen. So blieben ja nicht nur Bereiche außen vor, die zur Verbesserung der Rolle der Hypothek wichtig gewesen wären. Es wurden vielmehr auch andere Sicherheiten an Grundstücken gefördert oder, nur ein knappes Jahr später, sogar neu geschaffen (treuhänderische Sicherungsübereignung). Dies zeigt, dass der Gesetzgeber für die Zukunft nicht allein auf die wiederaufladbare Hypothek setzt, sondern auf eine neue Vielfalt. Dies könnte man als unentschlossen und inkonsequent auffassen, und es erleichtert nicht die Übersichtlichkeit dieses Rechtsgebiets. Derartige Tendenzen zur gesetzlichen Typenvielfalt finden sich aber nicht nur im französischen Recht, wie der obige Überblick zum deutschen Recht gezeigt hat. Die Vergrößerung des gesetzlichen Angebots ist eben der vergleichsweise geringste gesetzliche Eingriff in dieses bedeutende wie sensible Rechtsgebiet. Sie vermeidet eine voreilige und einengende gesetzgeberische Festlegung auf ein vermeintlich gutes Sicherungsrecht und überlässt der Kreditpraxis die Entscheidung.

§ 4: Die Zielrichtung der wiederaufladbaren Hypothek

Die Kenntnis der Motive einer Gesetzesänderung sind für deren Verständnis eine wertvolle Hilfe. Der gerade vorgenommene Überblick zur Reform von 2006 lässt die Motive, die zur Einführung der wiederaufladbaren Hypothek geführt haben, jedoch noch nicht erkennen. Hält man sich das zentrale Ziel, die Neuordnung und Systematisierung des Rechts der Kreditsicherheiten vor Auge, dann fällt auf, das die wiederaufladbare Hypothek hierzu nicht so recht zu passen scheint, wenn nicht sogar dazu im Widerspruch steht. Sie trägt gerade nicht dazu bei, das französische Sicherungsrecht übersichtlicher und in sich stimmiger zu machen, sondern schafft im Gegenteil einen zusätzlichen Sonderfall.

A. Die wiederaufladbare Hypothek als wirtschaftspolitisches Instrument

Natürlich steckten hinter der Reform 2006 und der wiederaufladbaren Hypothek auch wirtschaftliche Überlegungen. Dies gibt ja bereits das Gesetz „für das Vertrauen und die Modernisierung der Wirtschaft" vor, welches der Verordnung 2006-346 zugrunde lag.[458] Der Hinweis auf ökonomische Motive ist auch geradezu banal angesichts der wirtschaftlichen Bedeutung des Rechtsgebietes. Bei der wiederaufladbaren Hypothek lohnt sich jedoch ein genauerer Blick auf die Beweggründe des Gesetzgebers, da sich hinter der eher biederen Fassade einer Abwandlung der altehrwürdigen Hypothek politisch durchaus brisante Überlegungen verbergen.

I. Die politische Entscheidung für die wiederaufladbare Hypothek

1. Der politische Ursprung der wiederaufladbaren Hypothek

Anhand der obigen Ausführungen zur Reform 2006 könnte man den Ursprung der wiederaufladbaren Hypothek leicht falsch verorten. Da die Initiative zur Reform von einer angesehenen Juristenvereinigung ausging und die Reform auf den Vorschlägen einer Arbeitsgruppe aus juristischen Fachleuten unter Vorsitz des Vorsitzenden dieser Juristenvereinigung beruhte, läge an sich nahe, dass es zur wiederaufladbaren Hypothek einen wissenschaftlichen Anstoß mit entspre-

458 Loi Nr. 2005-842 du 26.7.2005 pour la conviance et la modernisation de l'économie.

chendem wissenschaftlichem Anspruch gab. Das Vorbild deutsche Grundschuld läge in diesem Falle nahe. Bereits der *Rapport Grimaldi* spricht jedoch gegen diese These. Dort wird ausdrücklich darauf hingewiesen, dass die Einführung der wiederaufladbaren Hypothek sowie des Hypothekendarlehens auf Lebenszeit „*à la demande des Pouvoirs publics*", auf Wunsch/Anordnung des Staates/ der staatlichen Entscheidungsträger, vorgeschlagen werde.[459] Ähnliche Passagen finden sich auch in Beitragen einiger Mitglieder der Arbeitsgruppe *Grimaldi*.[460] Nun ist eine gewisse politische Verbindung einer Reform ja nichts Ungewöhnliches. Die Formulierung des *Rapport Grimaldi,* welche den politischen Ursprung betont, deutet jedoch auf einen besonders ausgeprägten politischen Willen hin. *Aynès*, selbst Mitglied der Arbeitsgruppe *Grimaldi*, stellte klar, dass die Arbeitsgruppe *Grimaldi* im Hypothekenrecht zunächst nur geringe Änderungen beabsichtigt habe.[461] *Dagot*, der sich als einer der ersten eingehender mit der wiederaufladbaren Hypothek beschäftigte, äußerte die Vermutung, dass die Arbeitsgruppe *Grimaldi* aufgrund konkreter politischer Vorgaben nur noch wenig Gestaltungsspielraum gehabt habe.[462] Eine Schlüsselfunktion kam einer vom Justizministerium und dem Ministerium für Wirtschaft, Finanzen und Industrie 2004 gemeinsam in Auftrag gegebenen internen Untersuchung zum Hypothekenkredit[463] zu.[464] Der politische Ursprung lässt sich noch weiter konkretisieren. Treibende Kraft dieser Untersuchung war offenbar nicht das Justizministerium, sondern das Wirtschafts- und Finanzministerium,[465] damals unter der Leitung von *Nicolas Sarkozy.* Diese Untersuchung wurde als eine Form der Einflussnahme des Wirtschaftsministeriums auf die Reformüberlegungen der Arbeitsgruppe *Grimaldi* aufgefasst.[466] Dies erklärt, warum nach Einrichtung der Arbeitsgruppe

459 *Groupe de travail relatif à la réforme du droit des sûretés*, S. 18.

460 *Grimaldi*, D 2006, S. 1294; *Frémeaux*, Dr. & patr. 2005, Nr. 142, S. 56; *Provansal*, Gaz. Pal. 2007, S. 647; *Gourio*, RD bancaire et financier 2006, 14, S. 39.

461 *Aynès*, Dr. & patr. 2007, Nr. 159, S. 41.

462 *Dagot*, L'hypothèque rechargeable, S. 8, Fn. 21. Als Indiz hierzu wertete er den geringen Umfang der Ausführungen zur wiederaufladbaren Hypothek im Rapport Grimaldi (etwa eine halbe Seite, vgl. *Groupe de travail relatif à la réforme du droit des sûretés,* S. 18 f.).

463 *Jachiet/Bourquard/Champagne/u.a.*, Rapport d'enquête 2004.

464 Vgl. *Gourio*, RD bancaire et financier 2006, 14, S. 39; *Provansal*, Dr. & patr. 2005, Nr. 140, S. 80 und *Cerles*, RLDA 2007, Nr. 14, 857, S. 100.

465 Nach *Provansal*, Dr. & patr. 2005, Nr. 140, S. 80 ist diese Untersuchung zunächst allein vom Ministerium für Wirtschaft, Finanzen und Industrie begonnen worden und das Justizministerium hat sich erst später daran angehängt, um beide Projekte, die Grimaldi Kommission und die ministerielle Untersuchung, miteinander zu verbinden.

466 Ebenda.

Grimaldi zusätzlich noch die ministerielle Untersuchung zum Hypothekenrecht in Auftrag gegeben wurde. Die Förderung des Hypothekarkredits, insb. auch durch eine wiederverwendbare Hypothek war über einen längeren Zeitraum hinweg ein fester Bestandteil der Politik *Sarkozys*.[467] Es erscheint daher nicht übertrieben, ihm die wiederaufladbare Hypothek politisch zuzuordnen.[468]

2. Förderung von Konsum und Wirtschaftswachstum

Die wiederaufladbare Hypothek wird allgemein als Instrument zur Förderung des Verbraucherkredits angesehen, als Instrument zur Förderung von Konsum und Wirtschaftswachstum. Der *Rapport Grimaldi*[469], die Beiträge der Teilnehmer

467 Vgl. hierzu:
- bei *Chauvin/Cornilleau/Dupont/u.a.*, Évaluation du plan de relance de l'économie française, zur Politik von *Sarkozy* 2004 als Minister: „Annexe : Les autres mesures et leur impact sur l'économie. […]
3. Autorisation du refinancement hypothécaire et du *crédit hypothécaire pour autre chose que l'immobilier* [...] .
- Rede *Sarkozys* als Präsident der Partei UMP, im März 2005 (http://www.u-m-p.org/sites/default/files/fichiers_joints/dates_cles/intervention_nicolas_sarkozy.pdf, Stand: 25.5.2012): „Il faut *mettre en œuvre rapidement la réforme du crédit hypothécaire.* Ce n'est quand même pas excessivement audacieux de proposer que les crédits immobiliers soient tout simplement et uniquement garantis sur la valeur des biens achetés, ni excessivement anormal de demander aux banques d'*accorder sur la même hypothèque un nouveau crédit*, lorsque le précédent emprunt a été partiellement remboursé."
- *Sarkozy* während des Präsidentschaftswahlkampfs 2007, abgedruckt bei *Trambouze*, RB 2007, Nr. 690, S. 29: „Les ménages français sont aujourd'hui les moins endettés d'Europe. Or, une économie qui ne s'endette pas suffisamment, c'est une économie qui ne croit pas en l'avenir, qui doute de ses atouts, qui a peur de lendemain. C'est pour cette raison que *je souhaite développer le crédit hypothécaire* pour des ménages et que l'État intervienne pour garantir l'accès au crédit des personnes malades."
- *Sarkozy* als frisch gewählter Präsident, Discours de M. le Président de la République, Hôtel de Ville de Vandoeuvre-lès-Nancy, 11.12.2007 (http://www.cnle.gouv.fr/IMG/pdf/Discours_N_Sarkozy_logement_Vandoeuvre-Les-Nancy_111220071.pdf, Stand: 25.5.2012): „Je demande de Mme Lagarde de travailler, avec les acteurs bancaires, sur le développement du crédit hypothécaire qui est pour moi une priorité absolue."

468 Bei *Aynès/Crocq*, RLDC 2006, suppl. au Nr. 25, 1080, S. 93 wird ausdrücklich auf den Einfluss *Sarkozys* auf die Erneuerungen im Immobiliarbereich hingewiesen, ohne dies allerdings näher zu erläutern. Bei *Aynès*, Dr. & patr. 2007, Nr. 159, S. 41 wird angegeben, dass zunächst nur geringe Änderungen im Hypothekenrecht beabsichtigt waren, bis dann Bercy (=Ministerium für Wirtschaft und Finanzen) die Einführung von wiederaufladbarer Hypothek und Hypothekendarlehen auf Lebenszeit verlangt habe. *Provansal*, Dr. & patr. 2005, Nr. 140, S. 85 behauptet, dass Bercy die wiederaufladbare Hypothek „erfunden" habe.

469 *Groupe de travail relatif à la réforme du droit des sûretés,* S. 3, S. 18.

der Arbeitsgruppe[470], das sonstige Schrifttum[471] sowie die allgemeine Berichterstattung[472] stimmen insoweit überein. Daneben gibt es eindeutige Erklärungen des damals amtierenden französischen Staatspräsidenten *Jacques Chirac*[473] sowie des beim Erlass der Verordnung für diese Reform verantwortlichen Ministers für Wirtschaft, Finanzen und Industrie, *Thierry Breton*[474]. Entsprechend beschäftigt sich der Untersuchungsbericht der Ministerien intensiv mit der Frage des hypothekarisch gesicherten Kredits zu anderen Zwecken als der Immobilienfinanzierung, insb. zur Konsumförderung.[475]

II. Die Idee der wiederaufladbaren Hypothek

Die Verbindung von Hypothekenrecht einerseits und Konsum und Wirtschaftswachstum andererseits ist nicht ohne weiteres einleuchtend. Schließlich dient die Hypothek doch klassischerweise dem Grundstückserwerb, was als Investition geradezu das Gegenteil des typischerweise spontanen, kurzfristigen und schnelllebigen Konsums darstellt.

---

470 *Grimaldi*, D 2006, S. 1294; *Gourio*, RD bancaire et financier 2006, 14, S. 39.

471 *Becqué-Ickowicz*, in: Évolution des sûretés réelles, S. 80; *Cerles*, RLDA 2007, Nr. 14, 857, S. 100; *Crône/Ricco*, Defrénois 2008, 38700, S. 49; *Dagot*, L'hypothèque rechargeable, S. 6 f. Nr. 15 f.; *Legeais*, RTDcom. 2006, S. 641; *Piedelièvre*, Defrénois 2006, art. 38393, S. 808; *Théry*, Dr. & patr. 2007, Nr. 159, S. 42.

472 *Le Monde*, 27.12.2005, S. 1, S. 8: Un nouveau prêt pour doper la consommation; *Le Monde*, 23.3.2006, S. 19: La réforme du crédit hypothécaire vise à stimuler la consommation; *Le Figaro*, 7.1.2006, S. 105: Empruntez encore plus: „Pour augmenter le pouvoir d'achat au moment où les salaires ont tendance à marquer le pas, et stimuler la croissance, le gouvernement va lancer dans les semaines qui viennent un nouveau dispositif : le prêt hypothécaire rechargeable."; *Le Figaro*, 23.3.2006: Le lifting du crédit hypothécaire: „L'hypothèque rechargeable permettra à une personne ayant contracté un prêt immobilier de ne pas avoir à attendre son échéance pour souscrire des crédits à la consommation."; *Les Échos*, 23.06.2006, S. 30: L'hypothèque rechargeable, un nouveau segment étroit: „L'hypothèque rechargeable, [...] ouvre un nouveau champ d'exercice aux opérateurs du crédit à la consommation mais elle les place aussi sous la menace d'une offensive des acteurs du crédit immobilier."; *Le Parisien*, 29.12.2006, S. 2: „Les français se ruent sur le crédit et dopent la croissance."

473 *Chirac*, Déclaration de M. Jacques Chirac, Président de la République, sur les priorités de l'action gouvernementale, 4 janvier 2005, http://discours.vie-publique.fr/notices/057000006.html, Stand: 24.4.2012): „Engageons aussi une réforme profonde du crédit hypothécaire en réinjectant massivement dans l'économie une partie de la richesse accumulée dans l'immobilier."

474 *Breton* 22.3.2006 (http://www.minefi.gouv.fr/presse/discours/ministre/tb0603221.php, Stand: 25.5.2012): „La mise en place des hypothèques rechargeables permettra de développer le crédit et donc la consommation et, par conséquent, la croissance."

475 *Jachiet/Bourquard/Champagne/u.a.*, Rapport d'enquête 2004, S. 15-24 und Annexe 1.

1. Die kredit- und konsumfördernde Wirkung

Den eben benannten wirtschaftspolitischen Zweck teilt sich die wiederaufladbare Hypothek mit dem anderen hypothekarischen Sicherungsinstrument, welches 2006 ins französische Recht eingeführt wurde, dem Hypothekendarlehen auf Lebenszeit. Um die diesen Instrumenten zugedachte Rolle besser nachvollziehen zu können, erscheint eine kurze Erläuterung der mit beiden verbundenen Vorstellungen hilfreich.

a. Zum Verhältnis von Grundvermögen und Grundpfandrecht

Grund und Boden nehmen eine besondere Stellung ein im Vermögen von Privatpersonen.[476] Die zur Verfügung stehende Menge ist naturgemäß begrenzt, der Erwerb kostspielig, aufwendig und oftmals einmalig im Leben. Mit dem Erwerb eines Grundstücks erlangt man einen beständigen Vermögenswert, der im Vermögen eine zentrale Stellung einnimmt. Zu seinem materiellen Wert kommt ein hoher ideeller Wert hinzu. Das Haus ist eben auch das zu Hause. Es ist der private Rückzugsraum, der die Lebensgrundlage auch in unmittelbar realer Hinsicht stabilisiert. Dieser Charakter von Grundvermögen ist die Stärke dieser Vermögensform. Zugleich ergeben sich hieraus auch spezifische Schwierigkeiten.[477] So ist viel Kapital zum Erwerb dieses begehrten Vermögenswertes erforderlich. Nach dem erfolgreichen Erwerb ist das investierte Kapital dann im Grundstück gebunden. Es ist nicht mehr verfügbar und fehlt dem Grundstückseigentümer für andere, kurzfristigere, nicht notwendigerweise weniger wichtige Projekte. Volkswirtschaftlich und sozialpolitisch ist beides zu fordern, stabiles Privatvermögen wie ausreichende Kaufkraft. Der Gesetzgeber steht vor dem Problem, wie er beides zusammenführen kann. Die juristische Lösung hierfür ist das Grundpfandrecht.[478] Es fungiert als Sicherheit für den Dritten, der durch seinen Kredit das nötige Kapital für den Grundstückserwerb verschafft und die Investition so erst möglich macht. Das Grundpfandrecht hilft dem Grundstückseigentümer aber auch, das im Grundstück gebundene Kapital später wieder zu „mobilisieren"[479] und neu einzusetzen. Gegen Hingabe dieser Sicherheit erhält er einen

---

476 Vgl. hierzu etwa die Überlegungen von *Aynès*, Dr. & patr. 2005, Nr. 142, S. 87.
477 *de Ravel d'Esclapon*, L'hypothèque rechargeable, S. 21 f.
478 Vgl. hierzu die Überlegungen zum Realkredit bei Motive bei *Mugdan* III, S. 334 und bei *Heck*, Grundriss des Sachenrechts, § 79, S. 335.
479 Staudinger/*Wolfsteiner*, Einl zu §§ 1113 ff. Rn. 15 zählt die Befugnis, Grund und Boden zu mobilisieren, zum Wesensgehalt des Eigentums i.S.v. Art. 14 GG.

neuen Kredit. Auch die bisherige Hypothek bezweckte mithin beides, auch diese letzte Funktion. Die stattgefundene Entwicklung weg von der Hypothek zeigt aber auch, dass sie dieser Rolle immer seltener gerecht wurde.

b. Funktionsweise des Hypothekendarlehens auf Lebenszeit

Das Hypothekendarlehen auf Lebenszeit (*prêt viager hypothécaire*) geht ähnlich wie die wiederaufladbare Hypothek auf einen ministeriellen Untersuchungsbericht zurück.[480] Es stellt eine Art Alterssicherungsmodell dar. Viele ältere Menschen verfügen zwar über beträchtliches Vermögen in Form einer lastenfreien Wohnimmobilie. Zur Lebenshaltung steht mangels Einnahmen und geringer Rente jedoch nur wenig Geld zur Verfügung (*home rich – cash poor*).[481] Das Hypothekendarlehen auf Lebenszeit ermöglicht diesen Menschen, ihre Wohnimmobilie zur Kreditaufnahme zu verwenden. Dadurch verfügen sie über mehr Geld zur Lebenshaltung und können mehr Geld für Konsum ausgeben. Der Mobilisierungsgedanke tritt deutlich hervor. Die Besonderheit bei diesem Instrument im Vergleich zu einer gewöhnlichen Hypothek liegt darin, dass die Kredite auf Lebenszeit gewährt werden, d.h. dass der Sicherungsfall und damit der Verlust der Immobilie zu Lebzeiten des Kreditnehmers nicht droht, da der Kreditnehmer selbst den Kredit gar nicht zurückzahlen muss. Die Rückzahlungspflicht obliegt vielmehr erst dem Nachlass bzw. dem Erben und ist betragsmäßig auf den Wert der Immobilie begrenzt.[482]

c. Funktionsweise der wiederaufladbaren Hypothek

Bei der wiederaufladbaren Hypothek hat man einen anderen Lebensabschnitt im Blick als beim Hypothekendarlehen auf Lebenszeit. Privatpersonen bestellen eine Hypothek in der Regel als Kreditsicherheit beim kreditfinanzierten Erwerb eines Grundstücks. Für andere, kleinere Kredite ist die Bestellung einer Hypothek hingegen aufgrund des (finanziellen) Aufwands wenig sinnvoll. Eine Hypothek, die auf die Sicherung der ersten Forderung beschränkt ist, vermag mithin nur die oben erstgenannte Funktion, den Grundstückserwerb, zu erfüllen. Genau diese Struktur wies die bisherige vertragliche Hypothek aufgrund ihrer streng

---

480 *Jachiet/Friggit/Vorms/u.a.*, Rapport sur le prêt viager hypothécaire, 2004.

481 *Schnabl*, NZM 2007, S. 714.

482 *Théry*, Dr. & patr. 2007, Nr. 159, S. 59; *Kühl*, Kreditwesen 2006, S. 777; *Klein/Tietz*, RIW 2007, S. 107.

akzessorischen Bindung an die gesicherte Forderung auf.[483] Die charakteristische Eigenschaft der wiederaufladbaren Hypothek ist es nun, mit neuen Forderungen „wiederaufladbar" zu sein und damit nicht an den Erstkredit gebunden zu sein, sondern weitere Kredite absichern zu können. Besteht die Möglichkeit, mit der ursprünglich für den Immobilienkredit bestellten Hypothek noch vor der vollständigen Rückzahlung des Erstkredits weitere Kredite zu sichern, erhält der Grundstückseigentümer frühzeitig eine zusätzliche Sicherheit, eine zusätzliche Kreditwürdigkeit und, sofern er will, tatsächlich zusätzliche Kredite in die Hand.

d. *Von der Mobilisierung des Grundvermögens zur Erhöhung des Wirtschaftswachstums*

aa. Erhöhung der Grundeigentümerquote?

An einigen Stellen wird angeführt, dass mit der wiederaufladbaren Hypothek auch der Zugang und die Bildung von Grundvermögen für Privatpersonen erleichtert werden soll.[484] Wie eben gesehen liegt hierin in der Tat eine der beiden Aufgaben eines Grundpfandrechts. Auch war dies eine der beiden zentralen Fragen, mit der sich der ministerielle Untersuchungsbericht zum Hypothekenkredit zu beschäftigen hatte.[485] Wie die eben vorgenommene Darstellung der Funktionsweise der wiederaufladbaren Hypothek zeigen sollte, berührt die Wiederaufladbarkeit von Hypotheken diese Frage jedoch allenfalls am Rande. Beim Erwerb eines Grundstücks wird üblicherweise eine neue Sicherheit am erworbenen Grundstück bestellt. Es wird den Parteien dabei selten darauf ankommen, ob eine Hypothek später wiederverwendet werden kann oder nicht. Die bisher erschwerte Mobilisierbarkeit des Grundvermögens dürfte mithin die Grundeigentümerquote nicht gedrückt haben. Die Absicht, den Erwerb von Grundeigentum

483 S.o. § 2 A III 2 a.

484 *Ministère de l'Économie, des Finances et de l'Industrie,* Dossier de presse, S. 11; vgl. auch die vom Wirtschafts- und Finanzministerium angebotene Informationsbroschüre, abrufbar unter http://www.minefe.gouv.fr/directions_services/sircom/secteur_bancaire_financier/modernisation_hypotheque.pdf (Stand: 25.5.2012). Hiernach dient die Reform der Hypothek „pour consolider la croissance, encourager la consommation, faciliter l'accès à la propriété." Etwas differenzierter *République française,* Rapport de suivi 2006 du programme de réforme, S. 58.

485 *Jachiet/Bourquard/Champagne/u.a.*, Rapport d'enquête 2004, lettre des mission, S. 1: „Il vous appartiendra d'évaluer les conditions dans lesquelles le régime des hypothèques pourrait être adapté afin de faciliter et même d'encourager les opérations d'accession d'une part, et d'élargir le panel des produits hypothécaires offerts aux français d'autre part, notamment en créant les conditions d'émergence du crédit hypothécaire mobilier."

zu fördern, ließe es daher kaum gerechtfertigt erscheinen, diese Ausnahme zu den bisherigen Grundsätzen zuzulassen, diese „unregelmäßige Perle in die Perlenkette der Kreditsicherheiten“[486] aufzunehmen. Dieses Ziel könnte auch auf viel einfachere und direktere Weise verfolgt werden, etwa durch eine Senkung der Bestellungskosten. In diese Richtung führende Schritte schlägt auch der ministerielle Untersuchungsbericht vor.[487] Sie wurden ebenfalls Bestandteile der Reform 2006.[488] Diese betreffen dabei jedoch nicht allein die wiederaufladbare Hypothek, sondern, naheliegenderweise, das gesamte Hypothekenrecht.

bb. Förderung des Wirtschaftswachstums

Auch die wiederaufladbare Hypothek ist konzeptionell vielmehr darauf ausgerichtet, die Mobilisierung von Grundvermögen zu verbessern.[489] Die Einführung der Wiederaufladbarkeit ermöglicht, im Grundstück gebundenes Kapital freizusetzen bzw. dieses als zusätzliche Kreditsicherheit zu nutzen. Der Umfang dieser zusätzlichen Kreditsicherheit ist die Differenz von Hypothekenbetrag und noch gesicherter Forderung. Sie hängt damit von der bislang erfolgten Rückzahlung des Erstkredits ab und wird üblicherweise eher kleinerer Natur sein. Sie eignet sich somit eher für kleinere bis mittlere Investitionen. Diese können wieder das Haus betreffen, etwa durch Instandhaltungs- und Reparaturmaßnahmen. Sie können aber ebenso reine Konsumgüter ohne Wertbeständigkeit finanzieren, etwa den Kauf von Möbeln, Autos oder Urlaubsreisen. Diese reinen Konsumkredite entsprechen gewissermaßen am umfänglichsten der Mobilisierungsidee, da so das freigewordene Kapital nicht mehr ins Grundstück reinvestiert und de-mobilisiert wird. Die wiederaufladbare Hypothek kann selbstverständlich auch in anderen Kreditsituationen, insb. auch für Unternehmer nützlich sein, um zusätzliche Kredite zu erhalten. Ihr Konzept ist aber bewusst auf diesen Sachverhalt des konsumwilligen aber unterfinanzierten privaten Grundstückseigentümers zugeschnitten. Dies belegt vor allem der ministerielle Untersuchungsbericht, dieses Dokument, welches die politischen Vorstellungen zum Ausdruck brachte und festhielt. Sie wird dort allein als Instrument zur Ermöglichung des „crédit hypothécaire mobilier“ gesehen, um zusätzliches Wirtschaftswachstum zu erzeu-

486 *Provansal*, Gaz. Pal. 2007, S. 647.
487 *Jachiet/Bourquard/Champagne/u.a.*, Rapport d'enquête 2004, Résumé S. IV f.
488 *Groupe de travail relatif à la réforme du droit des sûretés,* S. 20, s.u. auch § 5 A I 1.
489 Vgl. *Gourio*, Dr. & patr. 2005, Nr. 140, S. 95: „La possibilité de recharger l'hypothèque par des créances nouvelles constitue un mode innovant de mobilisation du passif.“

gen.[490] Bezeichnenderweise wird in dieser Untersuchung die Einführung einer wiederaufladbaren Hypothek vorgeschlagen, die allein für Verbraucher bestimmt ist,[491] eine Begrenzung, die erst später aufgehoben wurde.[492] Auch die Äußerungen der politisch Verantwortlichen gehen in diese Richtung.[493] Angesichts dessen bleibt kein Raum für andere Interpretationen: Der Antrieb für die wiederaufladbare Hypothek war dieses konjunkturpolitische Motiv, die konsum- und kreditgestützte Förderung des Wirtschaftswachstums.

2. Konzeptionelle Grenzen

a. *Fraglicher konjunktureller Effekt*

Die beiden neuen hypothekarischen Instrumente folgen derselben Logik und lassen sich wie folgt zusammenfassen: Mehr Mobilisierung von Grundvermögen führt zu mehr Sicherheit für Kreditgeber, damit zu mehr Zugang zu Krediten, zu mehr Geld für Konsum und schließlich zu mehr Wirtschaftswachstum.[494] Diese Kette erscheint auch für den volkswirtschaftlichen Laien einleuchtend. Auch etliche wirtschaftswissenschaftliche Studien zu diesem Bereich beschäftigten sich bereits mit dieser Frage. So wurde von der *OECD* ein Zusammenhang zwischen dem Konjunkturzyklus eines Landes einerseits und dem Entwicklungsstand seines Hypothekenrechts andererseits festgestellt.[495] Länder, mit einem stark ausgeprägten und anpassungsfähigen Hypothekenrecht (*mortgage completeness*), welches insbesondere die Mobilisierung von Grundvermögen ermögliche, seien demnach im Vorteil. Gleichzeitig wird dort darauf hingewiesen, dass die obige Folgerung, Mobilisierung von Grundvermögen führe zu Wirtschaftswachstum, in ihrer Einfachheit den komplexen Strukturen der volkswirtschaftlichen Entwicklung nicht gerecht werde.[496] Auch andere Arbeiten bestätigen und relativie-

490 *Jachiet/Bourquard/Champagne/u.a.*, Rapport d'enquête 2004, Resumé S. II f.

491 *Jachiet/Bourquard/Champagne/u.a.*, Rapport d'enquête 2004, S. 31.

492 S.u. § 5 B I 2 a.

493 S.o. unter § 4 A I 1 u. 2 die Aussagen von *Chirac*, *Sarkozy* und *Breton*, sowie *Assemblée nationale,* Rapport Nr. 2342 Art. 6: ... „L'objectif est que ces produits deviennent un vecteur supplémentaire d'injection dans l'économie de liquidités destinées à financer des besoins personnels."

494 *de Ravel d'Esclapon*, L'hypothèque rechargeable, S. 47.

495 *OECD Economic Outlook 2004,* S. 5, S. 14; *Catte/Girouard/Price/u.a.,* OECD Housing markets, wealth and the business cycle, S. 3.

496 Vgl. hierzu auch eine von der Reserve Bank of Australia und der Reserve Bank New Zealand gemeinsam erarbeitete Untersuchung durch *Schwartz/Lewis/Norman/u.a.*, The Economic Record 2008, Vol. 84, No. 267, S. 421, S. 431.

ren zugleich diese Verbindung.[497] Bereits im Untersuchungsbericht der Ministerien wird so die Hoffnung auf signifikante konjunkturelle Effekte der wiederaufladbaren Hypothek gedämpft.[498]

b. Politische Brisanz

Mag eine Immobiliarsicherheit, deren erklärtes Ziel die Förderung von Konsum und die Stärkung des Wirtschaftswachstums ist, aus volkswirtschaftlicher Sicht zweifelhaft erscheinen, so gilt dies erst recht aus der Perspektive des Verbraucherschutzes. Eine solche Sicherheit verschafft dem Verbraucher die Möglichkeit, Geld, das er an sich nicht hat, zu kurzfristigem Konsum auszugeben. Damit *kann* sie nicht nur zur Verschuldung von Privatpersonen führen, zusätzliche Verschuldung ist vielmehr sogar *gewollt*. Durch die Anknüpfung an das Grundvermögen gefährdet sie gerade den Vermögensteil eines Verbrauchers, der als besonders beständig gilt, üblicherweise den Hauptteil seines Vermögens ausmacht und neben dem Beruf der zentrale Bestandteil seiner wirtschaftlichen Lebensgrundlage ist. Noch etwas polemischer ausgedrückt wird mit der wiederaufladbaren Hypothek politisch gefördert, dass Verbraucher Haus und Hof für ein neues Auto oder eine Südseereise aufs Spiel setzen.[499]

Im Hinblick auf die 2008 ausgebrochene Wirtschafts- und Finanzkrise erhält dieses Motiv aber erst richtig politische Sprengkraft.[500] Denn diese nahm bekanntlich ihren Ursprung in den USA als Folge einer geplatzten Immobilienblase aufgrund einer riskanten Kredit- und Verschuldenspraxis von Banken und Verbrauchern. Ins Bild passt, dass der Untersuchungsbericht vor den mikro- und makroökonomischen Risiken dieses Instruments bei Konjunkturabschwüngen

---

497 Vgl. *Mesonnier*, Bull. Banque de France, déc. 2004. 2004, Nr. 132, S. 49 f.; *Davey*, Mortgage Equity withdrawal and consumption, S. 103; *Schwartz/Lewis/Norman/u.a.*, The Economic Record 2008, Vol. 84, No. 267, S. 431, die hervorheben, dass nur ein geringer Teil derart freigewordenen Kapitals in klassische Konsumgüter investiert werde.

498 *Jachiet/Bourquard/Champagne/u.a.*, Rapport d'enquête 2004, S. 19 und Résumé S. II.

499 Ähnliche Bedenken äußert *Théry*, Dr. & patr. 2007, Nr. 159, S. 42.

500 Vgl. *Liberation*, 15.10.2008: Sarkozy était-il partisan des «subprimes à la française»? „Le pompier était-il un pyromane? Très à l'aise dans son nouveau rôle de super-régulateur du capitalisme mondial, Nicolas Sarkozy a-t-il oublié qu'il préconisait hier ce qu'il pourfend aujourd'hui? C'est l'accusation de l'opposition qui rappelle depuis plusieurs semaines que le président de la République avait proposé de réformer à plusieurs reprises le crédit hypothécaire en France. Le député Didier Migaud a rappelé que Sarkozy, dès 2004, proposait l'importation en France du crédit hypothécaire rechargeable, «un des produits responsables de la crise aux USA...».“

gewarnt hat.[501] Auch die französische Zentralbank wies kurz vor der Einführung der wiederaufladbaren Hypothek auf Risiken für Verbraucher hin.[502] Es scheint fast so, als ob die wiederaufladbare Hypothek nicht wie aus deutscher Sicht vielleicht erhofft eine französische Schwester der Grundschuld ist, sondern sich konzeptionell vielmehr an dieser fragwürdig gewordenen angelsächsischen Kreditpraxis orientierte. Inwieweit es eine solche Verbindung tatsächlich gibt, soll im nächsten Abschnitt nachgegangen werden.

B. Internationale Bezugspunkte

I. Vorbilder der wiederaufladbaren Hypothek

Ob bei der wiederaufladbaren Hypothek ein anderes Sicherungsinstrument zum Vorbild genommen wurde, lässt sich in wissenschaftlich korrekter Weise an sich nur durch eine viele Rechtsordnungen einbeziehende, rechtsvergleichende Analyse ermitteln. Eine solche umfassende Analyse kann und soll hier nicht erfolgen. Anhand offizieller Dokumente, politischer Stellungnahmen sowie zahlreicher Hinweise im Schrifttum lassen sich immerhin einige Rückschlüsse ziehen. Zunächst einmal finden sich keinerlei Hinweise, dass die wiederaufladbare Hypothek eine Neuauflage des rechtshistorischen Vorgängers aus den Revolutionsjahren[503] darstellen könnte. Eine allein rechtshistorische Orientierung der Reform wäre auch etwas merkwürdig, denn es ist kaum sinnvoll, zur Modernisierung des Kreditsicherungsrechts ein vor zweihundert Jahren gescheitertes[504] Instrument neu zu beleben. Nahe liegender sind rechtsvergleichende Einflüsse. Hierzu gibt es eine Reihe von Hinweisen, die auffälligerweise in mehrere Richtungen deuten.

501 *Jachiet/Bourquard/Champagne/u.a.*, Rapport d'enquête 2004, Annexe I, S. 11 f.

502 *Le Monde*, 28.12.2005, S. 1: La Banque de France estime que les ménages s'endettent trop – Mise en garde de la Banque de France alors que le gouvernement incite les Français à emprunter, sowie S. 11: La Banque de France s'alarme d'une croissance à crédit; vgl. auch *Cerles*, RLDA 2007, Nr. 14, 857, S. 102; vgl. ebenso *Mesonnier*, Bull. Banque de France, déc. 2004. 2004, Nr. 132, S. 43.

503 S.o. § 1 B I 1.

504 Nach JCl. Annexe *Dagot/Frémont*, Publicité foncière, Généralité, S. 6 Nr. 29 ist diese Hypothekenform erst gar nicht in Kraft getreten. Nach JCl. *Mouly/Jacob*, Art. 2114-2117 CC, Hypothèques Definition. Caractères. Effets, S. 18 Nr. 125 ist sie hingegen lediglich sehr wenig verwendet worden.

1. Inspiration durch die angelsächsischen Rechtsordnungen

Am häufigsten wird auf die angelsächsischen Rechtsordnungen, auf die USA und Großbritannien/UK verwiesen.[505] Bereits ein kurzer Blick auf diese Länder ermöglicht es dies nachzuvollziehen. Die USA und UK standen in den Jahren vor der Reform beispielhaft für eine starke Binnennachfrage. Oben angeführte Untersuchungen beschäftigten sich meist auch mit der Frage, ob ein Zusammenhang zwischen konsumgestütztem Wirtschaftswachstum und einer besonderen Kreditpraxis in diesen Ländern, dem sog. *Mortgage Equity Withdrawal* bestehe.[506] Hierbei wird die Differenz zwischen dem tatsächlichen Wert des Grundstücks und den bereits bestehenden Hypothekenbelastungen als zusätzliche Kreditsicherheit verwendet.[507] Unter den Begriff *Mortgage Equity Withdrawal* fallen eine große Anzahl verschiedener Finanzierungs- und Sicherungsmodelle für Verbraucher.[508] Die Nutzung dieses Vermögenswerts kann insbesondere durch Neukreditierung und neuer Hypothek (*Remortgaging*) oder durch zusätzliche Kreditierung inklusive zusätzlicher Hypothek (*second mortgage*, *refinancing*) erfolgen.[509] Da in beiden Ländern die Immobilienpreise stark stiegen, erhöhten sich auch in entsprechender Weise die Größe dieser Differenz und damit ihre Bedeutung.

Es liegt auf der Hand, dass die wirtschaftliche Überlegung und deren rechtliche Umsetzung bei dieser Sicherungspraxis und bei der wiederaufladbaren Hypothek ein Stück weit übereinstimmen. Der Untersuchungsbericht der Ministerien belegt eindrucksvoll, dass der politische Wille zur Einführung einer wiederaufladbaren Hypothek durch die wirtschaftlichen Erfolge dieser Kreditpraxis in den USA und UK entstand. Der Untersuchungsbericht selbst geht ausdrücklich davon aus, dass das französische Interesse an neuen Sicherungsinstrumenten in starken Maße aufgekommen sei, weil man davon ausging, dass *Mortgage Equity*

---

505 *Gourio*, RD bancaire et financier 2006, 14, S. 39; *Cerles*, RLDA 2007, Nr. 14, 857, S. 100; *Ancel*, Droit des sûretés, S. 180 Nr. 383; *Crône/Ricco*, Defrénois 2008, 38700, S. 50. JCl. *Houtcieff*, Art. 2421-2423 CC, hypothèque rechargeable, S. 4 Nr. 5 betont die Bedeutung der angelsächsischen Rechtsordnungen, spricht aber auch die Ähnlichkeit zu anderen Rechtsordnungen an.

506 Vgl. insb. *OECD Economic Outlook 2004,* S. 5, S.14; *Catte/Girouard/Price/u.a.,* OECD Housing markets, wealth and the business cycle, S. 3.

507 *Davey,* Mortgage Equity withdrawal and consumption, S. 100.

508 *Davey,* Mortgage Equity withdrawal and consumption, S. 101.

509 Ebenda. Vgl. auch Consumer's Guide to Mortgage Refinancing, http://www.federalreserve.gov/pubs/refinancings/default.htm (Stand: 25.5.2012).

Withdrawal eine wichtige Stütze des angelsächsischen Wirtschaftswachstums in den vergangenen Jahren gewesen sei.[510] *Mortgage Equity Withdrawal* bzw. der entsprechende französische Begriff *extraction hypothécaire*[511] ist eine Art Schlüsselbegriff des gesamten Untersuchungsberichts, er taucht dort insgesamt über fünfzig Mal auf.[512] Aus dieser tatsächlich stattgefundenen Inspiration durch die angelsächsische Kreditpraxis kann allein allerdings noch nicht gefolgert werden, dass die wiederaufladbare Hypothek auch rechtstechnisch dieser entspricht und mit ihr ein angelsächsisches Sicherungsinstrument in das französische System eingefügt wurde. Anders als beim Hypothekendarlehen auf Lebenszeit, bei welchem der *Rapport Grimaldi* ausdrücklich einräumt, dass es sich hierbei um eine Kopie der US-amerikanischen *Reverse Mortgage* handle[513], fehlt bei der wiederaufladbaren Hypothek eine entsprechende Klarstellung. Zudem deuten andere Quellen in eine ganz andere juristisch-geographische Richtung.

2. Europäische Vorbilder?

In einigen Beiträgen werden die europäischen Rechtsordnungen als Vorbild für die wiederaufladbare Hypothek genannt.[514] Diese Verweise finden ihre Stütze im Bericht an den Präsidenten zur Verordnung 2006-346. In diesem, immerhin an das höchste französische Staatsorgan adressierten Bericht, wird die wiederaufladbare Hypothek als eine Hypothek „nach Art der europäischen Rechtsordnungen wie etwa die des belgischen Rechts" beschrieben.[515] Dies scheint von den angelsächsischen Rechtsordnungen weg- und auf die kontinentaleuropäischen Rechtsordnungen hinzuweisen.

a. Die hypothèque omnibus: ein belgischer Präzedenzfall

Das ebenfalls auf dem Code Napoleon basierende belgische Zivilrecht hat in den 90er Jahren das Kreditsicherungsrecht reformiert und die sog. *hypothèque omni-*

510 *Jachiet/Bourquard/Champagne/u.a.*, Rapport d'enquête 2004, S. 17.

511 *Jachiet/Bourquard/Champagne/u.a.*, Rapport d'enquête 2004, S.16.

512 Vgl. auch *Jachiet/Bourquard/Champagne/u.a.*, Rapport d'enquête 2004, Annexe 1, L'impact macro-économique du crédit hypothécaire und Annexe 2, L'hypothèque et le crédit hypothécaire au Royaume-Uni.

513 *Groupe de travail relatif à la réforme du droit des sûretés*, S. 16.

514 *Frémeaux/Daublon*, Defrénois 2006, art. 38430, S. 1095; *Piedelièvre*, Defrénois 2006, art. 38393, S. 809; breiter JCl. *Houtcieff*, Art. 2421-2423 CC, hypothèque rechargeable, S. 4 Nr. 5.

515 *Rapport au Président de la République*, S. 7.

bus[516] eingeführt.[517] Diese Hypothek *pour toute somme* ermöglicht die sukzessive Sicherung mehrerer Forderungen[518] und ist somit „wiederaufladbar". Auch diese Reform sollte eine Flexibilisierung des Hypothekenrechts bringen und hatte dabei den Konsumkredit offenbar mit im Blick.[519] Auch wenn die gesetzlichen Regelungen[520] nicht identisch sein mögen, so wirkt die *hypothèque omnibus* konzeptionell ein Stück weit wie ein Vorläufer der wiederaufladbaren Hypothek.[521]

b. Deutschland, die Schweiz und die Eurohypothek

Eine Verbindung zur deutschen Rechtsordnung ist nahe liegend und entspricht ja gewissermaßen der Grundidee dieser Rechtsvergleichung. Die deutsche Rechtsentwicklung kann geradezu als lehrbuchartig für die Vorzüge eines nicht-akzessorischen Grundpfandrechts gelten. Auffällig ist auch, das die Einführung der Grundschuld in Preußen und später im deutschen Reich ebenso von der Idee getragen wurde, Grundvermögen zu mobilisieren.[522] Auf europäischer Ebene ist zudem an den Schweizer Schuldbrief und vor allem an die Rechtsvereinheitlichungsbestrebungen in Gestalt einer europaweit einsetzbaren Eurohypothek zu denken.[523] Gleichwohl nehmen diese Entwicklungen in den Beiträgen der juristischen Literatur zur Reform nur wenig Raum ein.[524] Mit den oben für die wiederaufladbare Hypothek festgestellten Zielen wäre es auch kaum in Einklang zu bringen, wenn die Reform ausschließlich das deutsche Modell zum Vorbild genommen hätte, wo doch Deutschland weder in Sachen Konsumkredit noch bei der nationalen Konsumförderung vorbildlich gewirkt haben dürfte.[525] Die Überlegungen, die im 19. Jahrhundert zur Fortentwicklung überkommener Rechtsfiguren hin zur Grundschuld führten, stammen zudem ganz offensichtlich aus ei-

516 Zu dieser inoffiziellen Bezeichnung vgl. auch den cautionnement omnibus bei *Ancel*, Droit des sûretés, S. 34 Nr. 64.

517 Loi du 4 août 1992 relative au crédit hypothécaire, modifié par la loi du 13 avril 1995.

518 *Jacmin*, Dr. & patr. 2005, Nr. 142, S. 66; *Auger*, RJT 1997, S. 640 sowie *Stöcker/Stürner*, Grundpfandrechte in Europa, Band III, S. 49, 93 ff.

519 Vgl. *Jacmin*, Dr. & patr. 2005, Nr. 142, S. 66, insb. die dort abgedruckten Überlegungen der belgischen Reformkommission.

520 Art. 51 bis loi de 4 août 1992 und Art. 2422 CC.

521 Ähnlich *Martin, Frédéric*, Dr. & patr. 2005, Nr. 142, S. 61.

522 *Buchholz*, Abstraktionsprinzip und Immobiliarrecht, S. 196 ff., S. 345.

523 S.u. § 10 B II 1.

524 Kurze Hinweise finden sich bei JCl. *Houtcieff*, Art. 2421-2423 CC, hypothèque rechargeable, S. 4 Nr. 5 und *Dupichot*, D 2006, S. 1291.

525 Vgl. *Inspection générale des Finances et Inspection générale des Services Judiciaires*, Annexe 1, S. 3, Schaubild 1 und Schaubild 5.

ner anderen, vergangenen Zeit. Damals entwickelte sich im Zuge von Liberalisierung und Industrialisierung ein aufstrebendes Unternehmertum. Diese Entwicklung setzte die Landwirtschaft einem Wettbewerbsdruck aus, dem diese mangels vergleichbarer Rendite wirtschaftlich nicht standhalten konnte.[526] Dies führte zu einer Abwendung des Kapitals und zur „Kreditnot der Landwirtschaft" und damit auch der politisch einflussreichen preußischen Großgrundbesitzer, der sog. Agrarier bzw. Junker.[527] Die Grundschuld galt in den 1870ern als Antwort auf diese Entwicklung.[528] Sie war allerdings weniger als Sicherungsmittel für Kredite[529] sondern als eine Art „Aktie des Grundbesitzes" gedacht.[530] Die Grundschuld diente so zwar ebenfalls der Freisetzung von Kapital. Ein wichtiger Bestandteil dieser Mobilisierung stellte jedoch die Verbriefung der Anteile dar, um so eine aktienähnliche Verkehrsfähigkeit zu erreichen. Die Mobilisierung sollte so noch viel weiter gehen. Im Übrigen ist darauf hinzuweisen, dass die Grundschuld an dieser ihr eigentlich zugedachten Aufgabe scheiterte und sie sich in dieser Hinsicht schnell als ein Fehlschlag entpuppte.[531] Die Agrarier opponierten so bereits bei der Einführung des BGB gegen die Grundschuld.[532] Die Änderung der Rechtstechnik vermochte die wirtschaftlichen Entwicklungen weg von der Landwirtschaft nicht umzukehren. Erst mit der späteren Fortentwicklung als Sicherungsgrundschuld erlangte die Grundschuld ihre heutige Bedeutung.[533]

Auffällig bleibt indes, dass im Untersuchungsbericht der Ministerien dem deutschen Recht neben dem englischen *Common Law* besonders viel Aufmerksamkeit geschenkt wurde.[534] Im Länderbericht zu Deutschland wird festgestellt, dass es mit der Grundschuld über ein Sicherungsrecht verfüge, das den Konsumkredit und *Mortgage Equity Withdrawal/extraction hypothécaire* durchaus ermögliche, dass dies nur in der Praxis kaum geschehe.[535] Grundschuld und Schuldbrief tau-

526 *Buchholz*, Abstraktionsprinzip und Immobiliarrecht, S. 186 ff.
527 *Buchholz*, RabelsZ, 50 (1986), S. 99.
528 *Buchholz*, Abstraktionsprinzip und Immobiliarrecht, S. 345.
529 *Gärtner*, Die Sicherungsgrundschuld, S. 139 f.
530 *Buchholz*, RabelsZ 50 (1986), S. 99 f.
531 *Buchholz*, Abstraktionsprinzip und Immobiliarrecht, S. 389; *Buchholz*, RabelsZ, 50 (1986), S. 100.
532 Vgl. *Buchholz*, Abstraktionsprinzip und Immobiliarrecht, S. 381 ff.; *Baden*, JuS 1977, S. 78.
533 *Gärtner*, Die Sicherungsgrundschuld, S. 139.
534 Vgl. *Jachiet/Bourquard/Champagne/u.a.,* Rapport d'enquête 2004, Annexe 2 und Annexe 3; Annexe 7, Annexe 8. Belgien taucht hingegen nur einmal, in einer Fußnote (S. 32) auf.
535 *Jachiet/Bourquard/Champagne/u.a.,* Rapport d'enquête 2004, Annexe 1, S. 10.

chen auffälligerweise an der Stelle des Untersuchungsberichts auf, an der die rechtliche Konstruktion eines neuen Sicherungsinstruments entwickelt wird.[536] Die Einführung eines Schuldbriefs wird als eine denkbare Form zur Förderung des Konsumkredits aufgeführt, letztlich jedoch verworfen, da die Auswirkungen auf das Kreditsicherungsrecht und verwandte Rechtsgebiete im Rahmen der Untersuchung nicht geprüft werden konnte.[537] Schließlich deuten auch einige Beiträge von Mitgliedern der Arbeitsgruppe *Grimaldi* an, dass Grundschuld und Schuldbrief bei den Reformarbeiten sehr wohl ein Thema waren, auch wenn diese Sicherungsinstrumente dort freilich dazu angeführt werden, um zu verdeutlichen, was die wiederaufladbare Hypothek letztlich nicht geworden sei, nämlich weder eine Grundschuld noch ein Schuldbrief.[538]

3. Mehrere Vorbilder?

Letztlich lässt sich auf diese Weise nicht klären, ob ein einziges und wenn ja welches Rechtssystem tatsächlich Pate stand. Die recht offen kommunizierten Überlegungen der Ministerien im Untersuchungsbericht reichen hierzu alleine nicht aus, da sie letztlich nur erste Vorschläge darstellten, welche zwar die Richtung zur wiederaufladbaren Hypothek, jedoch noch nicht deren endgültige rechtliche Struktur vorgaben. Es spricht vieles dafür, dass es kein einzelnes Vorbild gab, sondern dass die wiederaufladbare Hypothek das Ergebnis einer rechtsvergleichenden Betrachtung in mehrere Richtungen ist. Eine Kopie des angelsächsischen Rechts erscheint trotz der offensichtlichen Vorbildfunktion nicht zwingend erforderlich, da man während der Reformarbeit zur Überzeugung gekommen war, dass neben den USA und UK noch viele andere Länder[539], etwa auch

---

536 *Jachiet/Bourquard/Champagne/u.a.*, Rapport d'enquête 2004, S. 21.

537 *Jachiet/Bourquard/Champagne/u.a.*, Rapport d'enquête 2004, S. 29 f. Als kleinere und einfachere Lösung wird stattdessen vorgeschlagen, dass eine klassische akzessorische Hypothek wiederaufladbar gemacht wird, indem deren Akzessorietät durch vertragliche Vereinbarung derogiert wird.

538 Vgl. *Aynès*, D 2006, S. 1290 und *Dupichot*, D 2006, S. 1291; *Provansal*, Gaz. Pal. 2007, S. 647 wird am deutlichsten, indem er angibt, dass die Verbindung zwischen Forderung und Hypothek die grundlegende Frage gewesen sei, und dass man sich letztlich dazu entschieden habe, weder Grundschuld, Schuldbrief noch die Hypothek aus der Revolutionszeit zu kopieren. *Aynès/Crocq*, Les sûretés 2011, S. 306 Nr. 664 sehen immerhin eine Annäherung an Grundschuld und Schuldbrief.

539 JCl. *Houtcieff*, Art. 2421-2423 CC, hypothèque rechargeable, S. 4 Nr. 5 und *Martin, Frédéric*, Dr. & patr. 2005, Nr. 142, S. 60 verweisen auch noch auf das Recht in der kanadischen Provinz Quebec. Bei *Jachiet/Bourquard/Champagne/u.a.*, Rapport d'enquête 2004, Annexe 1, S. 1 werden die USA, UK, Kanada Australien, Holland und Dänemark

Deutschland, die Schweiz und Belgien, Sicherungsrechte bereithielten, deren Mechanismen ebenso die hypothekarische Sicherung von Nicht-Immobiliarkrediten erleichtern und Konsumkredite so zu fördern vermochten.

II. Verbindungen zu Subprime- und Finanzkrise?

Auch wenn der Vorbildcharakter des angelsächsischen Kreditrechts damit zu relativieren ist, bleibt doch festzuhalten, dass eine Inspiration vorlag. Es wurde ein Ziel gesetzt, was geradezu als deren Markenzeichen galt: Die Förderung von Konsum durch hypothekarisch gesicherte Kredite.[540] Ein bedeutender Anwendungsbereich dieses Kreditsicherungskonzepts war vor allem in den USA auch das *Subprime*-Geschäft, d.h. die Vergabe von Krediten an einkommensschwache Verbraucher. Dass sich die französische Politik auch an dieser Entwicklung orientierte, dürfte kaum abzustreiten sein.[541] Aus alledem folgt aber noch lange nicht, dass mit der wiederaufladbaren Hypothek entsprechende Risiken für den französischen Kreditmarkt sowie für die französischen Verbraucher drohen. Bei aller hier gebotenen Zurückhaltung kann schließlich als gesichert gelten, dass die Ausgestaltung der US-Sicherungsinstrumente allenfalls einer von vielen Gründen für den 2008 konkret drohenden Zusammenbruch des globalen Finanzsystems war. Die *Subprime*-Krise 2007 war offensichtlich lediglich der Auslöser einer Finanzkrise, welche viele systemische Fehler der internationalen, angelsächsisch geprägten Finanzpraxis sowie der falschen politischen Anreizsetzung offenlegte.[542] Ein Kreditsicherungsrecht kann zu einer derartigen Finanzkrise vielleicht beitragen, es vermag sie aber nicht allein zu verursachen. Dies zeigt sich auch darin, dass man im Zuge der Reformüberlegungen ja offenbar zum Schluss kam, dass etliche andere Rechtsordnungen, etwa auch die deutsche mit

---

als Länder aufgezählt, in denen Hypotheken zu anderen Zwecken als zur Sicherung von Grundstückskrediten verwendet werden.

540 S.o. § 4 B I 1.

541 Vgl. Auszug aus einer Rede *Sarkozys* vor dem französischen Parlament, 17.3.2005 (http://discours.vie-publique.fr/notices/053000896.html, Stand 24.4.2012): „Il faut mettre en œuvre rapidement la réforme du crédit hypothécaire. Ce n'est quand même pas excessivement audacieux de proposer que les crédits immobiliers soient tout simplement et uniquement garantis sur la valeur des biens achetés, ni excessivement anormal de demander aux banques d'accorder sur la même hypothèque un nouveau crédit, lorsque le précédent emprunt a été partiellement remboursé. *Il faut inciter les banques à prêter à tous et pas seulement aux plus aisés.*"

542 Kompakt hierzu *Möschel*, ZRP 2009, S. 129 f.; ausführlicher *Sachverständigenrat*, Jahresgutachten 2008/09, S. 3, 118 ff.; *Sommer*, Die Subprime-Krise und ihre Folgen, S. 5 ff.

der Grundschuld[543], Sicherungsinstrumente zur Verfügung stellten, die ebenfalls Konsumkredite zu fördern in der Lage seien, dass dies dort aber keine mit der USA vergleichbare Entwicklung genommen habe. Frankreich zeichnete sich bis dahin zudem durch ein im internationalen Maßstab besonders statisches Hypothekenrecht und eher zurückhaltende Verbraucherverschuldung aus.[544] Eine gewisse Öffnung und Liberalisierung erschien vor diesem Hintergrund durchaus vertretbar.[545]

Die Förderung eines *Subprime*-Marktes ist schließlich auch aus Verbrauchersicht nicht per se verwerflich. Die Vereinfachung des Kreditzugangs für die einkommensschwächere Bevölkerung stellt ein Risiko, aber natürlich zugleich auch eine Chance für diese dar. Die bisherige Praxis hingegen, die vom Kreditsuchenden einen Bürgen verlangt, erschwert in besonderem Maße den Kreditzugang finanziell Schwächerer.[546] Eine große Bedeutung für die Entstehung von Risiken kommt letztlich der Kreditvergabepraxis der Banken zu. Inwieweit von der rechtstechnischen Gestaltung der wiederaufladbaren Hypothek Gefahren für den Sicherungsgeber ausgehen, kann an dieser Stelle noch nicht beurteilt werden, sondern soll durch die folgende Prüfung erst noch untersucht werden.

C. Zwischenergebnis Kap. 2

Die Betrachtung des Reformprozesses 2006 lässt einige entstehungsgeschichtliche Schwachstellen der wiederaufladbaren Hypothek deutlich werden. Obwohl als umfassende Überholung des Kreditsicherungsrechts gedacht, wurde die Reform 2006 letztlich doch erheblich gekürzt und wenig bzw. gar nicht mit anderen Reformprojekten abgestimmt. Das Ziel der Einführung einer wiederaufladbaren Hypothek ist es, die Hypothek als Sicherungsrecht zu stärken und aufzuwerten. Insoweit deckt sich dies mit den Beobachtungen aus Kapitel 1. Auch die Ansatzpunkte der Reform, Kosten, Flexibilität und Verwertung, scheinen richtig gewählt zu sein. Hauptantrieb zur Einführung der wiederaufladbaren Hypothek

543 *Jachiet/Bourquard/Champagne/u.a.*, Rapport d'enquête 2004, S. 17.

544 *OECD Economic Outlook 2004*, S. 14 ff.

545 *Jachiet/Bourquard/Champagne/u.a.*, Rapport d'enquête 2004, Annexe I, S. 12: „Toutefois il s'agit d'offrir une liberté supplémentaire aux ménages, en l'encadrant dans des limites et règles raisonnables, pour protéger l'emprunteur (code de la consommation) et le prêteur (règles prudentielles)."

546 So auch *Becqué-Ickowicz*, in: Évolution des sûretés réelles, S. 80; s.o. § 2 B II 2 a.

sind brisante konjunkturpolitische Überlegungen, nicht rechtswissenschaftliche Erkenntnisse oder gar die Orientierung an der deutschen Grundschuld. Ähnlich wie die Einführung der Grundschuld ist auch die der wiederaufladbaren Hypothek sozialpolitisch nicht unbedenklich. Dem Wandel der Zeit folgend dient sie allerdings nicht mehr der Mobilisierung landwirtschaftlichen Grundvermögens. Sie soll unter Inkaufnahme einer höheren privaten Verschuldung Konsum und Wirtschaftswachstum generieren. Dieses Ziel sollte nicht überbewertet werden, da das Beispiel der Grundschuld lehrt, dass ein Rechtsinstrument sich im Laufe der Zeit vom anfänglichen politischen Ziel lösen kann. Aus heutiger Sicht erscheint es dennoch fatal, dass sich die französische Politik ausgerechnet an einer Sicherungspraxis ein Beispiel genommen hat, welche nur wenige Jahre nach der Reform eine Art Kettenreaktion auslöste und fast zum Einsturz der weltweiten Finanzarchitektur führte. Auch wenn die Verbindung zur wiederaufladbaren Hypothek zu relativieren ist, so belastet dieser Hintergrund den Start der wiederaufladbaren Hypothek. Ihre Grundidee, die Schaffung von Wirtschaftswachstum durch kreditfinanzierten Konsum, stand selten so in Frage. Sie wurde auf einen Kreditmarkt gebracht, dessen Klima noch längere Zeit ungünstig für sie sein dürfte. Denn es muss ja davon ausgegangen werden, dass Kreditgeber in der krisenhaften rezessiven Phase nach 2007 und im Hinblick auf die Erfahrungen der USA mit dem *Subprime*-Geschäft besonders vorsichtig bei der Kreditvergabe handeln werden. Aber auch Kreditnehmer dürften zurückhaltend auf dieses neue Kreditsicherungsinstrument reagieren, welches bei ihnen, wie gesehen nicht zu Unrecht, Assoziationen mit dem *US-Subprime*-Kreditmarkt wecken könnte.

Teil 2
Die Ausgestaltung der wiederaufladbaren Hypothek

Kapitel 3: Erstsicherung und Wiederverwendung

§ 5: Bestellung

A. Beibehaltung der Grundstruktur

Die wiederaufladbare Hypothek ist kein selbstständiges, vom restlichen Hypothekenrecht gelöstes Sicherungsrecht. Ihre gesetzliche Regelung beschränkt sich auf eine Norm, auf Art. 2422 CC. Anhand der systematischen Stellung der wiederaufladbaren Hypothek wird deutlich, dass es sich bei ihr um eine Sonderform der vertraglichen Hypothek handelt.[547] Folglich gibt es nun zwei vertragliche Hypotheken: Eine, die wiederaufladbar ist (= wiederaufladbare Hypothek) und eine, die es nicht ist (im Folgenden als einfache vertragliche Hypothek bezeichnet). Das Verhältnis lässt sich ähnlich wie das zwischen Hypothek und Grundschuld ausdrücken: Die Regelungen für die einfache vertragliche Hypothek gelten auch für die wiederaufladbare Hypothek, soweit sich nicht aufgrund der Wiederaufladbarkeit etwas anderes ergibt. Die wiederaufladbare Hypothek ist als bloße Sonderform inhaltlich jedoch viel stärker mit der einfachen vertraglichen Hypothek verwoben als im deutschen Recht Grundschuld und Hypothek.

I. Bestellungsverfahren

Die Bestellung folgt den bisherigen Grundsätzen bei der vertraglichen Hypothek.[548] Auch die wiederaufladbare Hypothek entsteht nach dem Konsensprinzip bereits durch die Vereinbarung zwischen den Parteien in notarieller Form (Art. 2416 CC). Die Eintragung im Grundstücksregister lässt das Rechtsgeschäft gegenüber Dritten wirksam werden.[549]

---

547 JCl. *Houtcieff*, Art. 2421-2423 CC, hypothèque rechargeable, S. 5 Nr. 6; *Dagot*, L'hypothèque rechargeable, S. 11 Nr. 24 f.

548 S.o. § 2 A I 1.

549 *Picod*, Droit des sûretés, S. 381 Nr. 315; vgl. zum quasi-obligatorischen Charakter der Eintragung auch *Simler/Delebecque*, Les sûretés 2009, S. 732 ff. Rn. 849 f.

1. Änderung der Bestellungskosten

Wie oben bereits angesprochen, galten die hohen Bestellungskosten bislang als ein erheblicher Nachteil der vertraglichen Hypothek im Vergleich zu anderen Sicherheiten.[550] Die Reform 2006 setzte in einem ersten Schritt an dieser Stelle an. Eine allgemeine und dennoch präzise Bezifferung der Kostenänderung ist kaum möglich, da die Kosten stark von den jeweiligen Besonderheiten des Kreditverhältnisses abhängen. Beispielhaft hierfür sind die Regelungen für *prêt à taux zéro* anzuführen.[551] Hiernach gelten beim Immobiliarerwerb durch Geringverdiener besondere Kreditkonditionen inkl. dem Erlass der Grundstücksregistersteuer für die Hypothek. Der Umfang der Förderung ist jedoch abhängig vom Einkommen, von der Art der Immobilie (Altbau oder Neubau), von der Anzahl der die Immobilie bewohnenden Personen und sogar vom *Departement*. Die folgende Darstellung kann sich daher nur auf die Grundtendenzen bei den Kosten der Hypothekenbestellung beschränken. Das gilt besonders auch für die angegebenen Zahlen- und Prozentwerte, die überwiegend auf die Berechnungen anderer zurückgehen.

a. Kostensenkung

aa. Senkung der Notargebühren bei der Bestellung

Bei den Kosten sind drei Posten zu unterscheiden: Die Notarkosten (*rémunération des notaires*), die Gebühren für die Eintragung in das Grundstücksregister, die der Hypothekenbewahrer erhebt, sowie die Grundstücksregistersteuer (*taxe de publicité foncière*). Letztere bleibt unverändert hoch, bei insgesamt 0,715 Prozent des im Register eingetragenen Hypothekenbetrags.[552] Auch die Eintragungsgebühren betragen noch immer 0,05 Prozent des Hypothekenbetrags.[553] Lediglich die Notarkosten wurden gesenkt.[554] Diese setzen sich aus fi-

550 S.o. § 2 B I 1, § 2 B II 1 b.

551 Vgl. http://vosdroits.service-public.fr/F10871.xhtml (Stand: 25.5.2012) oder http://www.pap.fr/argent/aides-financieres/le-pret-a-taux-0-dans-l-ancien/le-pret-a-taux-zero-quels-beneficiaires-a1885 (Stand: 25.5.2012).

552 *Savouré*, JCP N 2007, Nr. 19, 1175, S. 32. Da der Hypothekenbetrag üblicherweise 20 Prozent höher gewählt wird als die gesicherte Forderung, macht dieser Prozentsatz im Verhältnis zur gesicherten Forderung sogar 0,858 Prozent aus, s.o. § 2 B I 1.

553 *Frémeaux*, RLDC 2006, suppl. au Nr. 29, 2170, S. 35; *Savouré*, JCP N 2007, Nr. 19, 1175, S. 32; *Jachiet/Bourquard/Champagne/u.a.*, Rapport d'enquête 2004, Annexe 5, 1.2.2.

554 Durch das Décret 2006-558 du 16.5.2006; vgl. *Frémeaux*, RLDC 2006, suppl. au Nr. 29,

xen und variablen Gebühren (*émoluments)* zusammen. Der variable Teil ist an die Höhe der Hypothek geknüpft, der anzurechnende prozentuale Anteil sinkt mit zunehmender Höhe des Hypothekenbetrags.

Variabler Teil der Notargebühren bei der Bestellung einer Hypothek in Prozent des Hypothekenbetrags

Hypothekenbetrag in Euro	**Neu (Verbraucher)**[555]	**Neu (gewerbliche Kredite)**[556]	**Alt**[557]
0-3050	1,33	2,2	3,99
0-6500	1,33	2,2	2,16
6500-17.000	0,55	0,91	1,3
17.000-30.000	0,366	0,605	0.6578
ab 30.000	0,275	0,45375	0,6578

Man geht davon aus, dass die Notarkosten bei Verbrauchern im Durchschnitt um etwa die Hälfte gefallen sind.[558]

bb. Senkung der Kosten für die mainlevée

Zu den Bestellungskosten der Hypothek kommen oftmals die Kosten für die Löschung der Eintragung (*mainlevée*) hinzu.[559] Diese Kosten setzen sich wiederum

2170, S. 35.

555 Übersichtlich bei *Frémeaux*, RLDC 2006, suppl. au Nr. 29, 2170, S. 35, Bezug nehmend auf Art. 19 ff. Décret 78-262 du 8.3.1978 portant fixation du tarif des notaires modifiée par Décret Nr. 2006-558 du 16.5.2006: Numéro 68, Série de base S 1, Coefficient 0,33.

556 Ebenda: Numéro 68 bis, série de base S 1, Coefficient 0,55. Prêts hypothécaires destinés pour financer une activité professionnelle. Zu den Anforderungen an diese siehe *Thouault*, Rev. fisc. not. 2006, 17, S. 7, die auf die Art. L 312-2 und 312-3 C. Cons. sowie hierzu ergangener Rechtsprechung verweist.

557 *Jachiet/Bourquard/Champagne/u.a.*, Rapport d'enquête 2004, Annexe V, 1.2.3.

558 Vgl. *Frémeaux*, RLDC 2006, suppl. au Nr. 29, 2170, S. 35, zitiert *Les Echos*, 19.5.2006, S. 31: „Nouveaux tarifs des notaires : les emprunteurs vont économiser jusqu'à 40 % sur le coût de leur garantie." In der Tendenz entsprechen diese Zahlen den Berechnungen von *Thouault*, Rev. fisc. not. 2006, 17, S. 7, *Mouraud*, RB 2007, Nr. 688, S. 52 und ANIL (Agence nationale pour l'information sur le logement), http://www.anil.org/fr/analyses-et-commentaires/analyses-juridiques/2006/quel-est-l-impact-de-la-modification-du-decret-portant-fixation-du-tarif-des-notaires-sur-le-cout-de-l-hypotheque-decret-du-16506-jo-du-18506/ (Stand: 25.5.2012).

559 S.o. § 2 A III 2 a bb, § 2 A I 1 b cc.

aus fixen und aus betragsabhängigen Kosten zusammen.[560] Die Kosten ergaben sich bisher vor allem aus den Notarkosten sowie den Gebühren für den Hypothekenbewahrer. Das Verfahren wurde mit der Einführung der *mainlevée simplifiée* (Art. 2441 Abs. 3 CC[561]) vereinfacht.[562] Vor allem wurden jedoch auch diese Kosten gesenkt. Die proportionalen Notargebühren wurden um etwa die Hälfte gesenkt[563] und liegen bei Beträgen über 30.000 Euro bei 0,137 Prozent des Hypothekenbetrages. Die Gebühren des Hypothekenbewahrers wurden auf 0,05 Prozent halbiert.[564] Die nunmehr für die vertragliche Löschung der Eintragung insgesamt zu veranschlagenden Kosten sind somit geringer als bisher, bleiben jedoch noch immer beträchtlich.[565]

cc. Vergleich mit der bisherigen Rechtslage

Die Gesamtkosten, d.h. sämtliche Kosten für Bestellung und *mainlevée*, werden von *Les Echos* im Durchschnitt mit 1,85 Prozent des Hypothekenbetrags angegeben.[566] Dies entspräche einer Senkung von 26 Prozent.[567] In diesem Bereich liegen auch die Zahlen, die andere ausgerechnet haben.[568] Bei höheren Hypothekenbeträgen ist der erste Wert, der Prozentsatz für die Gesamtkosten geringer,[569] dafür fällt dort jedoch auch der zweite Wert, die prozentuale Senkung, geringer aus.[570] Grund hierfür ist, dass der feste Prozentsatz der Grundstücksregistersteuer

560 Vgl. *Nonnenbacher*, JCP N 2009, Nr. 6, 1056, S. 16 f.

561 Durch Art. 10 loi du 20.2.2007 wurde diese Technik nachträglich von der vertraglichen Hypothek auf andere Realsicherheiten, insb. auf den privilège du prêteur de deniers, ausgeweitet, vgl. *Vauvillé*, Defrénois 2007, art. 38655, S. 1338.

562 *Nonnenbacher*, JCP N 2009, Nr. 6, 1056, S. 14.

563 Vgl. http://www.anil.org/fr/analyses-et-commentaires/analyses-juridiques/2006/quel-est-l-impact-de-la-modification-du-decret-portant-fixation-du-tarif-des-notaires-sur-le-cout-de-l-hypotheque-decret-du-16506-jo-du-18506/ (Stand: 25.5.2012).

564 *Nonnenbacher*, JCP N 2009, Nr. 6, 1056, S. 16 f.

565 Vgl. die Online-Berechnung bei http://www.paris.notaires.fr/outil/immobilier/calcul-frais-dachat (Stand: 25.5.2012), wonach für die mainlévée abhängig vom Hypothekenbetrag Werte im Bereich von 0,8 Prozent (840 Euro bei einer Forderung in Höhe von 100.000 Euro) bis 0,4 Prozent (4.780 Euro bei 1.000.000 Euro) zu veranschlagen sind.

566 *Les Echos*, 19.5.06, S. 31: „Crédit immobilier : Les emprunteurs vont économiser 40 % sur leur garantie en 2007."

567 Ebenda. Der Titel des Artikels ist insoweit etwas missverständlich gewählt.

568 Etwa *Mouraud*, RB 2007, Nr. 688, S. 52.

569 http://www.anil.org/fr/outils-de-calcul/cout-d-une-hypotheque/ (Stand: 25.5.2012).

570 Vgl. http://www.anil.org/fr/analyses-et-commentaires/analyses-juridiques/2006/quel-est-l-impact-de-la-modification-du-decret-portant-fixation-du-tarif-des-notaires-sur-le-cout-de-l-hypotheque-decret-du-16506-jo-du-18506/ (Stand: 25.5.2012), wo die Senkung bei 50.000 Euro mit etwa 19,9 Prozent, bei 150.000 Euro mit 16,9 Prozent veranschlagt

gegenüber dem nach oben hin abnehmenden Prozentsatz der Notarkosten dort stärker ins Gewicht fällt.

b. Relativierung der Kostensenkung

aa. Kopplung des privilège du prêteur de deniers

Zu beachten ist hierbei, dass die Senkung der Notargebühren auch für den *privilège du prêteur de deniers* gilt. Da dort weiterhin keine Grundstücksregistersteuer (*taxe de publicité foncière*) anfällt, liegen dessen Bestellungskosten stets um den Anteil dieser Steuer niedriger. Dies macht immerhin 0,715 Prozent des Hypothekenbetrags, bzw. 0,858 Prozent[571] der gesicherten Forderung aus. Im Vergleich zu diesem Privileg hat die vertragliche Hypothek somit keinen Boden gut gemacht, sondern bleibt systematisch teurer.

bb. Vergleich mit dem deutschen Recht

Eindrücklich ist die Gegenüberstellung die Zahlenwerte, die man als Kosten der Bestellung eines Grundpfandrechts[572] im deutschen und im französischen Recht erhält. Es zeigt, dass die französische hypothekarische Sicherung noch immer recht teuer ist, auch vor allem, welch enormes Gewicht die Grundstücksregistersteuer (*taxe de publicité foncière*) hat[573]:

Beispiel 1: Grundpfandrecht für 100.000 Euro

- Buchgrundschuld: 453 Euro, davon 207 Euro Notarkosten,
- Vertragliche Hypothek: 1628 Euro, davon 858 Euro Grundstücksregistersteuer (Vertragliche Hypothek mit *prêt à taux zéro/ PC/PAS/Epargne logt.*: 770 Euro),
- *Privilège du prêteur de deniers*: 770 Euro.

---

wird.

571 Da der Hypothekenbetrag zur Berücksichtigung etwaiger Verwertungskosten 20 Prozent höher als die gesicherte Forderung angesetzt wird, steigt auch dieser prozentuale Anteil entsprechend an und beträgt etwa 0,858 Prozent, s.o. § 2 B I 1.

572 Grundlage der verwendeten Zahlen: für Deutschland: §§ 36 Abs. 1, 62, Abs. 1, 71 Abs. 1, 71 Abs. 1 KostO, sowie Grobberechnungen auf http://www.vergleich.de/index.php?id=4950 (Stand: 25.5.2012) und http://www.grundbuch.de/grundbuch-kosten.html (Stand: 25.5.2012), für Frankreich: Grobberechnungen von http://www.anil.org/fr/outils-de-calcul/cout-d-une-hypotheque/ und http://www.cyberpret.com/calcul-pret-immobilier/calcul-hy potheque.html (Stand: 25.5.2012).

573 Vgl. hierzu auch *Bac*, RLDC 2006, suppl. au Nr. 29, 2171, S. 39.

Beispiel 2: Grundpfandrecht für 1 Mio. Euro

- Buchgrundschuld 3409 Euro, davon 1577 Notarkosten, bei Briefgrundschuld 3799 Euro,
- Vertragliche Hypothek: 12.850 Euro, davon Grundstücksregistersteuer 8.580 Euro),
- *Privilège du prêteur de deniers*: 4270 Euro.

2. Veränderungen bei der Wirksamkeitsdauer der Registereintragung

Die Eintragung ins Grundstücksregister ist noch immer nicht zeitlich unbegrenzt wirksam,[574] sondern wird vom Gläubiger im Rahmen der gesetzlichen Vorgaben festgelegt (Art. 2434 Abs. 1 CC). Soweit die Geltung der Eintragung verlängert werden möchte, muss sie noch immer erneuert werden (Art. 2435 Abs. 1 CC).

a. Verlängerung der Wirksamkeitsdauer

Die für eine Eintragung maximal zulässige Wirksamkeitsdauer wurde allgemein, d.h. auch für die einfache vertragliche Hypothek auf fünfzig Jahre erhöht (Art. 2434 Abs. 2 CC).[575] Nach Art. 2434 Abs. 3 CC ist diese längere Wirksamkeitsdauer auch bei der wiederaufladbaren Hypothek wählbar.[576] Vor allem bei ihr dürfte diese Verlängerung von Nutzen sein, da sie aufgrund der Wiederaufladbarkeit länger genutzt werden kann und bei einer langen Wirksamkeit der Eintragung die Kosten für die Erneuerung[577] seltener anfallen. Nicht geklärt ist dabei die Frage, ob diese fünfzig Jahre bei der wiederaufladbaren Hypothek ein absolutes Maximum darstellen[578] oder ob deren Eintragung durch Erneuerung über fünfzig Jahre hinaus verlängert werden kann. Die Formulierung der Art. 2434 Abs. 3, 2435 Abs. 1 CC lässt für beide Ansichten Raum. Überwiegend wird offenbar davon ausgegangen, dass die Eintragung der wiederaufladbaren

574 S.o. § 2 A I 1 b cc.

575 Vgl. *Aynès/Crocq*, Les sûretés 2011, S. 315 Nr. 674.

576 *Dagot*, L'hypothèque rechargeable, S. 54 f. Nr. 165; *Gourio*, RD bancaire et financier 2006, 14, S. 39.

577 S.o. § 2 A I 1 b cc.

578 Vgl. Dalloz Rép. Dr. civ. *Fournier*, hypothèque conventionnelle, S. 14 f. Nr. 102 f., Nr. 108, der eine obere Grenze favorisiert. Für eine solche Grenze sprach sich im Gespräch mit dem Verfasser auch *Maitre Ohnet* aus. Dieser war als Mitglied des *l'Institut d'études juridiques du Conseil supérieur du notariat* ebenfalls an den Reformarbeiten zur wiederaufladbaren Hypothek beteiligt.

Hypothek auch über fünfzig Jahre hinaus verlängerbar ist.[579] Für dieses Verständnis spricht, dass bei der gegenteiligen Ansicht die zeitliche Höchstgrenze die Wiederverwendbarkeit der wiederaufladbaren Hypothek enorm behindern würde.

b. Konflikt zwischen Erneuerungspflicht und Wiederaufladbarkeit

Trotz der Berücksichtigung der wiederaufladbaren Hypothek[580] bei der Neugestaltung der Eintragungsdauer erscheint zweifelhaft, ob die gewählte Lösung deren Wesen gerecht wird. Die Begrenzung und die Anpassung der Wirksamkeitsdauer der Eintragung an die voraussichtliche Dauer der Rückzahlung der gesicherten Forderung machte bisher deshalb Sinn, weil die Hypothek ohnehin auf eine bestimmte Forderung begrenzt war und der Gebrauch der Hypothek entsprechend vorhersehbar war.[581] Bei einem wiederverwendbaren Sicherungsrecht, das Forderungen zu wechseln vermag, ist dies jedoch nicht mehr der Fall.[582] Ein Eigentümer, der sich für eine wiederaufladbare Hypothek entscheidet und den Wiederaufladungsmechanismus nützt, wird nicht umhin kommen, die Registereintragung anzupassen, indem er sie verlängert oder am Ende löscht. Die Beschränkung der Wirksamkeitsdauer der Eintragung dürfte mithin bei der wiederaufladbaren Hypothek häufiger zusätzliche Kosten verursachen als bisher bei der einfachen vertraglichen Hypothek.[583] Dadurch reduziert sich auch der finanzielle Nutzen der Wiederaufladbarkeit.

Ein Problem entsteht zudem, wenn die wiederaufladbare Hypothek im Laufe der Zeit entsprechend Art. 2422 Abs. 6 CC durch mehrere Gläubiger genutzt wird bzw. genutzt worden ist.[584] Nicht klar ist, welche Gläubiger bei einer etwaigen Erneuerung oder einer rechtsgeschäftlichen Löschung der Eintragung (*mainlevée*) gemäß Art. 2440 ff. CC mitwirken (müssen).[585] Vor allem bei Letzterem

579 *Provansal*, Gaz. Pal. 2007, S. 654, *Théry*, Dr. & patr. 2007, Nr. 159, S. 46 und *Dagot*, L'hypothèque rechargeable, S.128, Fn. 10 aus. Weniger deutlich, aber auch in diesem Sinn JCl. *Houtcieff*, Art. 2421-2423 CC, hypothèque rechargeable, S. 12 Nr. 56.

580 Art. 2434 Abs. 3 und Abs. 5 CC.

581 S.o. § 2 A I 1 b cc.

582 Kritisch auch *Dagot*, L'hypothèque rechargeable, S. 57 Nr. 175.

583 Bei *Nonnenbacher*, JCP N 2009, Nr. 6, 1056, S. 17 wird hingegen ein positiver Effekt erwartet. Dies bezieht sich jedoch offenbar lediglich auf die einfache vertragliche Hypothek.

584 S.u. Co-Inhaberschaft § 6 A II 2 a.

585 Vgl. JCl. *Houtcieff*, Art. 2421-2423 CC, hypothèque rechargeable, S. 12 Nr. 56 ff.; *Dagot*, L'hypothèque rechargeable, S. 56 ff. Nr. 172 ff.

steht man vor einem Dilemma. Einerseits sind sämtliche eingetragene Gläubiger potentiell von der Löschung betroffen (Ihre Hypothek verliert schließlich ihre Drittwirksamkeit!) und müssten daher nach Art. 2440 Abs. 1 CC zustimmen. Andererseits dürfte eine Einbeziehung aller im Laufe von fünfzig oder mehr Jahren gesicherter Gläubiger oftmals nur schwer durchführbar sein.[586] Die Forderungen der länger zurückliegenden Sicherungen werden zudem im Normalfall gar nicht mehr bestehen, da die Hypothek sonst gar nicht wiederaufgeladen worden wäre. Die Berücksichtigung dieser ehemaligen Gläubiger ist so einerseits kaum vermeidbar, um sicherzugehen, dass keine noch bestehende Rechtsposition gelöscht wird. Andererseits wird sich dieser Aufwand im Nachhinein meist als unnötig herausstellen. Möglicherweise kann man sich damit behelfen, das man, wenn eine gesicherte Forderung erfüllt ist, einen geeigneten (notariellen oder registergestützten) Nachweis schafft. Eine noch größere Verantwortung als bisher, insbesondere bei der *mainlevée „simplifiée“*, dürfte den Notaren zukommen.[587] Hierzu passt allerdings nicht, dass die vorgenommene Kostensenkung vor allem zu ihren Lasten geht.[588] Letztlich zeigen sich hier nur erneut die Schwächen dieses Eintragungssystems[589], bei welchem Eintragungen zeitlich begrenzt, aber erneuerbar sind. Dieses ist weniger an den praktischen Bedürfnissen orientiert als eine Konsequenz des überkommenen Grundstücksregisterwesens. Für ein wiederverwendbares Grundpfandrecht, das vielseitig und flexibel verwendet werden soll, ist dieses Eintragungssystem unpassend.[590]

II. Akzessorietät und Bestimmtheitsgrundsatz

1. Die wiederaufladbare Hypothek als akzessorisches Recht

Wie oben schon mehrfach angedeutet hängt die Möglichkeit der Wiederverwendung davon ab, auf welche Weise Sicherungsrecht und gesicherte Forderung miteinander verbunden sind. Bei der wiederaufladbaren Hypothek gelten gleichwohl dieselben Grundsätze wie bei der einfachen vertraglichen Hypothek. Ausgangspunkt ist für beide Art. 2393 Abs. 1 CC. Beide sind akzessorisch zur gesi-

586 *Dagot*, L'hypothèque rechargeable, S. 140 f. Nr. 454 ff. und S. 155 Nr. 507 f.
587 *Provansal*, Gaz. Pal. 2007, S. 654.
588 Kritisch hierzu *Nonnenbacher*, JCP N 2009, Nr. 6, 1056, S. 18.
589 Zur bisherigen Kritik vgl. *Mazeaud/Mazeaud/Chabas/Picod*, Leçons de droit civil, Sûretés, S. 391 Nr. 396, S. 394 Nr. 405.
590 Ähnlich auch *Théry*, Dr. & patr. 2007, Nr. 159, S. 46.

cherten Forderung.[591] Auch die wiederaufladbare Hypothek entsteht nur, wenn die gesicherte Forderung entsteht. Sie gewährt nur insoweit ein Recht, wie die gesicherte Forderung noch besteht. Ohne eine gesicherte Forderung besteht auch kein Anspruch aus der Hypothek. Gemessen am deutschen Recht weist sie daher einen grundlegenden strukturellen Unterschied zur Grundschuld auf. Während die Grundschuld keine Forderung des Sicherungsnehmers voraussetzt, ist die wiederaufladbare Hypothek ein akzessorisches Recht, angelehnt an eine zu sichernde Forderung.

2. Änderungen der Regelungen zur Bestimmtheit

Im Bereich der Bestimmtheit der Hypothek gibt es einige Änderungen. Wie bisher wird beim Bestimmtheitsgrundsatz noch immer die Vertragsebene und die Eintragungsebene sowie inhaltlich die Bestimmung des Sicherungsgegenstands und der gesicherten Forderung unterschieden.[592] Bei der Bestimmtheit der Eintragung hat sich inhaltlich nichts verändert. Sie ist aus Art. 2428 ff. CC i.V.m. Art. 54 ff. décret 55-1350, 14.10.1955 zu entnehmen.[593] Die Regelung zur Bestimmtheit der gesicherten Forderung bei der Bestellung der Hypothek wurde in Art. 2421 CC[594] neu gefasst. Ihr kommt aufgrund des Zusammenspiels mit der Akzessorietät große Bedeutung zu.[595]

a. Bestätigung bisheriger Lockerungen der Bestimmtheit hinsichtlich der gesicherten Forderung

Aus Art. 2421 Abs. 1 S. 1 CC ergibt sich, dass eine Hypothek für gegenwärtige wie für künftige Forderungen bestellt werden kann. Die bestellte Hypothek bleibt wie bisher bei künftigen Forderungen bis zu deren Entstehung unwirksam

591 Vgl. hierzu auch die Mitglieder der Arbeitsgruppe Grimaldi *Gourio*, RD bancaire et financier 2006, 14, S. 40 und *Provansal*, Gaz. Pal. 2007, S. 747.

592 Vgl. *Aynès/Crocq*, Les sûretés 2011, S. 303 Nr. 662; *Ancel*, Droit des sûretés, S. 188 Nr. 408.

593 Für diese Arbeit uninteressant ist die systematische Zusammenfassung der Regelungen der Bestimmtheit des Sicherungsgegenstand in den Art. 2419 f. CC. Zu den inhaltlichen Details vgl. die Darstellung zum alten Recht bei *Ferid/Sonnenberger*, Das Französische Zivilrecht, S. 737 f., 3 D 345 ff.

594 Art. 2421 CC: „L'hypothèque peut être consentie pour sûreté d'une ou plusieurs créances, présentes ou futures. Si elles sont futures, elles doivent être déterminables. La cause en est déterminée dans l'acte."

595 S.o. Einleitung B III.

und wird noch immer rangsichernd in das Register aufgenommen.[596] An einigen Stellen wird diese neue Regelung als eine neue zusätzliche Lockerung der Bestimmtheit eingestuft.[597] Im Ergebnis scheint diese Neuregelung jedoch lediglich zu einer Bestätigung und Kodifizierung der bisherigen Rechtspraxis geführt zu haben.[598] Die Zulässigkeit der Sicherung künftiger Forderungen ist nun eindeutiger geregelt und frühere Rechtsunsicherheiten beseitigt.[599] Aus Art. 2423 Abs. 1 S. 1 CC ergibt sich, dass im Bestellungsvertrag die Hypothekensumme anzugeben ist, die nach Art. 2423 Abs. 2 CC auch Zinsen erfasst.[600] Wertanpassungsklauseln sind nach Art. 2423 Abs. 1 S. 3 CC weiterhin möglich.[601] Die hypothekarische Sicherung von Kontokorrentvereinbarungen (*compte courant*) oder Krediteröffnungsverträgen (*ouverture de crédit*) sind somit grundsätzlich[602] noch immer möglich. Das französische Recht verfügt weiterhin über ein Instrument außerhalb der wiederaufladbaren Hypothek, welches wie eine Höchstbetragshypothek funktioniert, die gleichzeitige Sicherung einer Vielzahl von Forderungen erlaubt und so eine Lockerung der akzessorischen Verbindung zu diesen Forderungen ermöglicht.

b. *Bestätigung alter Grenzen*

Nach Art. 2421 Abs. 2 CC ist erforderlich, dass der Rechtsgrund der Forderung im Bestellungsvertrag festgelegt werden muss. Dies sah wie oben bereits dargelegt bislang lediglich Art. 2148 S. 2 Nr. 3 CC aF für die Registereintragung vor, war von der Rechtsprechung allerdings schon seit langem auch für den Bestellungsvertrag verlangt worden.[603] Mithin wurde die Bestimmtheit nicht weiter gelockert, sondern die bisherige Rechtslage bestätigt. Im Vorfeld geäußerte Vorschläge, die an dieser Stelle eine Lockerung nahelegten, wurden nicht aufge-

596 S.o. § 2 A I 2 a cc.

597 *Aynès/Crocq*, RLDC 2006, suppl. au Nr. 25, 1080, S. 93; *Théry*, Dr. & patr. 2007, Nr. 159, S. 42.

598 So Dalloz Rép. Dr. civ. *Fournier*, hypothèque conventionnelle, S. 9 f. Nr. 72; *Dupichot*, D 2006, S. 1291; *Grimaldi*, Dr. & patr. 2005, Nr. 140, S. 74.

599 *Aynès/Crocq*, Les sûretés 2011, S. 304 Nr. 663; in diesem Sinne auch *Ancel*, Droit des sûretés, S. 177 Nr. 378 und *Jobard-Bachellier/Bourassin/u.a.*, Droit des sûretés, S. 501 Nr. 2029 interpretierbar.

600 *Piedelièvre*, Sûretés 2008, S. 325 Nr. 548; *Aynès/Crocq*, Les sûretés 2011, S. 304 Nr. 662.

601 Vgl. *Aynès/Crocq*, Les sûretés 2011, S. 304 Nr. 662; zur alten Rechtslage *Kircher*, Grundpfandrechte in Europa, S. 156.

602 S.u. jedoch die für die wiederaufladbare Hypothek geltenden Einschränkungen § 5 B I 2.

603 S.o. § 2 A I 2 b dd.

nommen.[604] Eine Hypothek für sämtliche gegenwärtige und künftige Forderungen war nicht möglich[605] und ist auch jetzt nicht möglich. Damit ist die französische Form der Höchstbetragshypothek weiterhin nicht im selben Maße flexibel wie die deutschen Formen.[606]

c. *Unterschied zur belgischen hypothèque omnibus*

Interessanterweise ist Art. 2421 Abs. 1 CC zusammen mit Art. 2423 Abs. 3 CC vom Wortlaut her weitgehend identisch mit der Regelung im belgischen Recht[607], die die *hypothèque omnibus*, die Hypothek *pour toute somme*[608] enthält und welche als eines der Vorbilder der wiederaufladbaren Hypothek ins Spiel gebracht worden ist.[609] Bei diesen Vorschriften handelt es sich jedoch noch nicht um die Regelung der wiederaufladbaren Hypothek. Dies liegt am eben genannten Art. 2421 Abs. 2 CC, der die Angabe des Rechtsgrundes der Forderung im Bestellungsvertrag ausdrücklich vorschreibt. Genau hierin besteht der inhaltliche Unterschied zur belgischen Regelung, und die französische Regelung schafft daher auch keine dem belgischen Recht entsprechende Flexibilität.[610] Auch die neue einfache vertragliche Hypothek ist somit keine *hypothèque omnibus* und vermag nicht, *pour toute somme,* eine unbestimmte Zahl von Forderungen zu sichern oder beliebig zu wechseln.[611]

---

604 *Crocq*, Dr. & patr. 2001, Nr. 92, S. 65 ff.

605 *Stöcker*, Die Eurohypothek, S. 92.

606 S.o. § 2 A I 2 b dd.

607 Art. 51 bis loi du 1.7.1992 relative au crédit hypothécaire:
§ 1er. Une hypothèque peut être constituée pour sûreté de créances futures, à la condition qu'au moment de la constitution de l'hypothèque, les créances garanties soient déterminées ou déterminables, son rang est fixé au jour de son inscription, sans égard aux époques auxquelles les créances garanties prennent naissance.
§ 2. Si une hypothèque est constituée pour sûreté de créances futures pouvant naître pendant une durée indéterminée ou pour sûreté de créances découlant d'un contrat à durée indéterminée, la personne contre laquelle une telle hypothèque est inscrite ou le tiers détenteur du bien affecté de l'hypothèque peut à tout moment résilier l'hypothèque, moyennant un préavis d'au moins trois mois et de maximum six mois, lequel préavis est adressé au créancier par lettre recommandée à la poste avec accusé de réception. Le délai de préavis prend cours à la date de l'accusé de réception.

608 *Jacmin*, Dr. & patr. 2005, Nr. 142, S. 66; *Crocq*, Dr. & patr. 2001, Nr. 92, S. 65; *Martin, Frédéric*, Dr. & patr. 2005, Nr. 142, S. 61.

609 S.o. § 4 B I 2 a.

610 Vgl. hierzu *Crocq*, Dr. & patr. 2001, Nr. 92, S. 66, wonach für eine Angleichung an das belgische Recht gerade dieses Erfordernis hätte abgeschafft werden müssen.

611 *Dupichot*, D 2006, S. 1291; *Aynès/Crocq*, Les sûretés 2011, S. 304 Nr. 662; Dalloz Rép. Dr. civ. *Fournier*, hypothèque conventionnelle, S. 9 f. Nr. 72.

B. Wiederaufladbarkeit durch Wiederaufladbarkeitsklausel

Ihre charakteristische Eigenschaft, die Wiederaufladbarkeit, erhält eine wiederaufladbare Hypothek durch die Wiederaufladbarkeitsklausel (*clause de rechargement*). Durch diesen Zusatz wird eine einfache vertragliche Hypothek zu einer wiederaufladbaren Hypothek. Die wiederaufladbare Hypothek ist somit der Ausnahmefall zum Grundfall einfache vertragliche Hypothek. Es besteht kein Zwang zu ihrer Verwendung.[612]

I. Entstehungsvoraussetzungen

1. Einfügung der Wiederaufladbarkeitsklausel

Bei der Wiederaufladbarkeitsklausel handelt es sich um einen Vermerk im Bestellungsvertrag einer Hypothek gemäß Art. 2422 Abs. 1 CC[613], aus dem hervorgeht, dass diese Hypothek wiederaufladbar sei. Zur Drittwirksamkeit muss dies auch gemäß Art. 55, Abs. 3, Nr. 3 décret 55-1350, 14.10.1955[614] im Grundstücksregister publiziert werden. Im Vergleich mit der einfachen vertraglichen Hypothek entstehen hierdurch keine zusätzlichen Kosten.[615] Auch ohne gesetzliche Regelung wird davon ausgegangen, dass die Wiederaufladbarkeit jederzeit wieder aufgehoben werden kann.[616]

2. Besondere Schutzvorschriften

Grundsätzlich kann die wiederaufladbare Hypothek bei allen Arten von Kreditsicherungsgeschäften verwendet werden. Dies gilt insb. auch für Verbraucherkredite, man rufe sich nur die wirtschaftspolitischen Motive in Erinnerung.[617] Dennoch gelten für Verbraucher sowie für bestimmte Gewerbetreibende strengere Anforderungen.

---

612 *Grimaldi*, D 2006, S. 1295.

613 Zur Gestaltung der clause de rechargement vgl. den Formulierungsvorschlag bei *Frémeaux*, JCP N 2006, Nr. 19, 1196, S. 955.

614 *Aynès/Crocq*, Les sûretés 2011, S. 306 Nr. 664.

615 *Dagot*, L'hypothèque rechargeable, S. 59 Nr. 182.

616 *Grimaldi*, D 2006, S. 1296; *Aynès/Crocq*, Les sûretés 2011, S. 306 Nr. 664.

617 S.o. § 4 A II 1.

a. Vorschriften zum Verbraucherschutz

Die Art. L. 313-14 C. Cons. bis L. 313-14-2 C. Cons. enthalten spezielle Regelungen zur wiederaufladbaren Hypothek. Diese gelten gemäß Art. L. 313-14 Abs. 1 C. Cons. sowohl für Verbraucherkredite i.S.d. Art. L. 311-1 ff. C. Cons. als auch für Immobiliarkredite i.S.d. Art. L. 312-1 ff. C. Cons. Unter diese Regelungen dürfte der überwiegende Teil privater Grundstückskäufe fallen.[618] Die Anwendung dieser Regeln hat zwei Konsequenzen. Bereits vor der Hypothekenbestellung besteht bei der Abgabe eines Kreditangebots gemäß Art. L. 313-14-1 C. Cons. eine umfassende schriftliche Informationspflicht hinsichtlich der Besonderheiten der wiederaufladbaren Hypothek. Diese Belehrung, als *situation hypothécaire* bezeichnet, muss bereits den maximalen Haftungsbetrag, den Betrag der Erstforderung, die Angabe der Kosten der Wiederaufladung und einen Hinweis auf die Verwertungsmöglichkeiten der Hypothek enthalten. Die Nützlichkeit dieser Informationspflicht wird teilweise in Frage gestellt.[619] Bei Nichtbeachtung dieser Formvorschrift droht gemäß Art. L. 314-14-2 C. Cons. ein Bußgeld sowie der Verlust der Zinsansprüche aus dem Darlehensvertrag.[620]

Art. L. 313-14 Abs. 2, 311-9 C. Cons. verbietet die Sicherung von Krediteröffnungsverträgen (*ouverture de crédit*).[621] Derartige Vereinbarungen, bei Verbrauchern oft als *crédit revolving* bezeichnet[622], waren vor der Reform die flexibelste Ausformung der hypothekarischen Sicherung.[623] Offenbar empfand man eine Kombination aus altem und neuem Flexibilisierungsmechanismus als zu gefährlich hinsichtlich des Überschuldungsrisikos.[624] Damit kann gerade diese besonders flexible Kreditart mit der wiederaufladbaren Hypothek nicht verbunden werden. Man könnte eine gewisse Inkonsequenz in dieser Vorkehrung sehen, wenn ausgerechnet für diejenigen Sicherungsgeber besondere Einschränkungen gelten, für welche die wiederaufladbare Hypothek ursprünglich mal gedacht war.[625] Es sind dies offensichtlich Schutzvorkehrungen, die Übertreibungen in

618 Vgl. *Gourio*, RD bancaire et financier 2006, 14, S. 43.

619 JCl. *Houtcieff*, Art. 2421-2423 CC, hypothèque rechargeable, S. 8 Nr. 29.

620 *Gourio*, RD bancaire et financier 2006, 14, S. 43; JCl. *Houtcieff*, Art. 2421-2423 CC, hypothèque rechargeable, S. 8 Nr. 28.

621 *Théry*, Dr. & patr. 2007, Nr. 159, S. 43; *Provansal*, Gaz. Pal. 2007, S. 648.

622 *Grimaldi*, D 2006, S. 1294; zu dieser Kreditform vgl. *Bazin-Beust*, RDBF 2009, Nr. 3, étude 23, S. 33 ff.

623 S.o. § 2 A I 2 b aa.

624 So *Gourio*, RD bancaire et financier 2006, 14, S. 43.

625 Kritisch ebenso *Piedelièvre*, Sûretés 2008, S. 330 Nr. 558.

Form von massiver Verbraucherverschuldung wie in den USA reduzieren sollen. Die ursprüngliche rechtspolitische Idee hinter der wiederaufladbaren Hypothek, die Stimulierung des privaten Konsums, blieb damit bereits bei der gesetzlichen Umsetzung ein Stück weit auf der Strecke.

b. Schutzvorschriften für Kleinunternehmer

Der Anwendungsbereich dieser Verbraucherschutzregeln wird erweitert, indem Art. 526-5 C. Com. eine umfangreiche Auflistung von Gewerbetreibenden enthält, auf die die eben genannten Regeln zum Schutz von Verbraucher ebenfalls Anwendung finden.[626] Diese Auflistung erfasst Kleingewerbetreibende, etwa Landwirte, Freiberufler, aber auch Geschäftsführer von Ein-Mann-Gesellschaften mit beschränkter Haftung.[627] Voraussetzung für die Anwendung der Verbraucherschutzvorschriften ist es, dass der Gewerbetreibende mit der wiederaufladbaren Hypothek seinen Hauptwohnsitz belasten möchte. Der Grund für diese Erweiterung wird darin gesehen, dass diese Gewerbetreibenden Verbrauchern ähneln und so eine ähnliche Gefahrenlage besteht, wenn sie ihr privates Grundeigentum als Sicherheit für berufliche Kredite mobilisieren.[628]

II. Umwandlung statt Neubestellung

Die Neubestellung ist der Normalfall der Entstehung eines Sicherungsrechts. Neben der Neubestellung rückt aber auch ins Blickfeld, wie andere, bereits bestehende Sicherheiten in eine wiederaufladbare Hypothek umgewandelt werden können.[629] Für die praktische Bedeutung eines neu eingeführten Sicherungsinstruments im Grundstücksbereich ist diese Frage von erheblichem Gewicht. Falls die große Masse der bestehenden Sicherungsrechte lediglich weiterbesteht und nicht oder nur umständlich umgewandelt werden kann, wird es lange dauern, bis das neue Sicherungsrecht in der Praxis im Vergleich zu anderen Sicherheiten Bedeutung erlangt. Dies gilt besonders auch für die wiederaufladbare Hypothek, da gerade der Wiederaufladungsmechanismus vor allem bei Hypotheken

---

626 Bedenken hinsichtlich dieser Verschiebung der Grenzen des Verbraucherrechts äußert *Théry*, Dr. & patr. 2007, Nr. 159, S. 43.

627 Siehe *Legeais*, RTDcom. 2006, S. 641; *Leutner/Lehberg*, ZfIR 2006, S. 820 und JCl. *Houtcieff*, Art. 2421-2423 CC, hypothèque rechargeable, S. 5 Nr. 13.

628 *Gourio*, RD bancaire et financier 2006, 14, S. 42 ff.; *Frémeaux*, JCP N 2006, Nr. 19, 1196, S. 954; *Cerles*, RLDA 2007, Nr. 14, 857, S. 100.

629 Vgl. *Grimaldi*, D 2006, S. 1294; *Dagot*, L'hypothèque rechargeable, S. 13 ff. Nr. 32 ff.; JCl. *Houtcieff*, Art. 2421-2423 CC, hypothèque rechargeable, S. 20 ff. Nr. 131 ff.

genutzt werden wird, die bereits seit einiger Zeit bestellt worden sind und deren Erstforderung zumindest zum Teil schon beglichen ist.[630] Es stellt sich somit die Frage, inwieweit bereits bestehende Hypotheken, aber auch andere Grundpfandrechte wie die *privilèges du prêteur de deniers*[631] in eine wiederaufladbare Hypothek umgewandelt werden können.

1. Umwandlung vertraglicher Hypotheken

Im BGB stellt § 1198 S. 1 BGB klar, dass Hypotheken in Grundschulden und Grundschulden in Hypotheken umgewandelt werden können. Im *Code Civil* findet sich dagegen keine allgemeine Regelung zur Umwandlung von einfachen Hypotheken in wiederaufladbare Hypotheken und umgekehrt.

a. Alt-Hypotheken

Für vertragliche Hypotheken, die vor der Reform ins Grundstücksregister eingetragen wurden, trifft Art. 59 der Verordnung 2006-346 eine spezielle Übergangsregelung. Hiernach kann die als letztes eingetragene Hypothek durch einen Zusatzvertrag (*avenant*) in eine wiederaufladbare Hypothek umgewandelt werden.[632] Ob eine Änderung des Hypothekenbetrags möglich ist, lässt die Vorschrift nicht erkennen, dies wird aber allgemein abgelehnt.[633] Die Beschränkung auf die rangniedrigste Hypothek ist erforderlich, da die Umwandlung vorrangiger Hypotheken nachrangige Hypotheken nachträglich entwerten würde.[634] Es hat allerdings zur Folge, dass bei mehreren eingetragenen Hypotheken nur die vom Rang her „schlechteste" Hypothek umwandelbar ist. Wie bei einer Neubestellung ist für die Umwandlung die notarielle Form vorgeschrieben.[635] Sie wird nur wirksam gegenüber Dritten, soweit eine entsprechende Publizierung im Grundstücksregister erfolgt. Die formalen Anforderungen führen zu Kosten, die sich denen einer Neubestellung annähern.[636] Immerhin sind die Notarkosten im

630 S.u. § 6 A II 1 b.
631 *Grimaldi*, D 2006, S. 1294.
632 Vgl. *Dagot*, L'hypothèque rechargeable, S.147 ff. Nr. 479 ff.; *Théry*, Dr. & patr. 2007, Nr. 159, S. 44.
633 *Gourio*, RD bancaire et financier 2006, 14, S. 42; *Frémeaux*, RLDC 2006, suppl. au Nr. 29, 2170, S. 34; *Prigent*, Defrénois 2007, art. 38650, S. 1276.
634 Anders hingegen § 1198 S. 2 BGB.
635 *Dagot*, L'hypothèque rechargeable, S. 150 Nr. 490.
636 *Dagot*, L'hypothèque rechargeable, S. 151 Nr. 494; JCl. *Houtcieff*, Art. 2421-2423 CC, hypothèque rechargeable, S. 20 Nr. 134.

Vergleich deutlich geringer.[637] In einer Übergangszeit befreit Art. 7 Abs. 3 loi de finances 2006-1666 von der Grundstücksregistersteuer (*taxe de publicité foncière*). Jede natürliche Person war von dieser erheblichen Belastung befreit, soweit die Umwandlung vor dem 1. Januar 2009 erfolgte.[638]

b. Neu-Hypotheken

Eine Umwandlung von Hypotheken, die nach der Reform bestellt wurden, wird teilweise ohne Weiteres für möglich gehalten.[639] Es wird darauf verwiesen, dass Zusatzeintragungen im Grundstücksregister generell zulässig seien.[640] Die Vereinbarung der Hypothekenbestellung könne wie jede vertragliche Vereinbarung durch die Vertragsparteien abgeändert werden.[641] Aus Art. 59 der Verordnung 2006-346 könne gefolgert werden, dass wenn schon die Umwandlung von Hypotheken, die vor der Reform eingetragen wurden, zulässig sei, es dann erst recht kein überzeugendes Argument gebe, dass Hypotheken, die nach der Reform bestellt wurden, nicht auch umgewandelt werden könnten.[642] Es gibt jedoch auch ablehnende Stimmen. Sie verweisen zum einen auf Art. 2422 Abs. 1 CC, dessen Wortlaut eindeutig vorsehe, dass bereits der Bestellungsakt die Wiederaufladbarkeitsklausel enthalten müsse.[643] Auch Art. 59 der Verordnung 2006-346 wird angeführt, argumentiert wird jedoch gerade umgekehrt. Die Existenz dieser speziellen Übergangsnorm wird als Beleg gewertet, dass eine generelle Umwandlungsfähigkeit von Hypotheken vom Gesetzgeber nicht gewollt sei.[644] Fest-

---

637 Beim Zahlenbeispiel von *Thouault*, Rev. fisc. not. 2006, 17, S. 7 liegen diese etwa um die Hälfte niedriger. Vgl. hierzu auch die Tarifliste der Notare, abgedruckt bei *Frémeaux*, RLDC 2006, suppl. au Nr. 29, 2170, S. 35 f.

638 *Crocq*, RLDC 2008, suppl. au Nr. 46, 2880, S. 10; JCl. *Houtcieff*, Art. 2421-2423 CC, hypothèque rechargeable, S. 20 Nr. 133. Gemäß http://www.senat.fr/rap/l06-078-21-1/l06-078-21-13.html (Stand: 25.5.2012) sanken in diesem Zeitraum die Kosten bei einem Hypothekenbetrag von 100.000 von 1173 auf 333 Euro.

639 Befürwortend *Grimaldi*, JCP G 2006, suppl. au Nr. 20, Études I, 9, S. 35 f.; *Frémeaux/Daublon*, Defrénois 2006, art. 38430, S. 1096; *Dagot*, L'hypothèque rechargeable, S. 43 ff. Rn. 126 ff.; *Provansal*, Gaz. Pal. 2007, S. 648; *Crône/Ricco*, Defrénois 2008, 38700, S. 54; Dalloz Rép. Dr. civ. *Fournier*, hypothèque conventionnelle, S. 10 Rn. 77.

640 *Dagot*, L'hypothèque rechargeable, S. 44 Nr. 131.

641 *Grimaldi*, JCP G 2006, suppl. au Nr. 20, Études I, 9, S. 35.

642 *Dagot*, L'hypothèque rechargeable, S. 45 Nr. 132.

643 *Crocq*, RLDC 2008, suppl. au Nr. 46, 2880, S. 10; *Gourio*, RD bancaire et financier 2006, 14, S. 40; JCl. *Houtcieff*, Art. 2421-2423 CC, hypothèque rechargeable, S. 20 Nr. 132.

644 *Crocq*, RLDC 2008, suppl. au Nr. 46, 2880, S. 10; JCl. *Houtcieff*, Art. 2421-2423 CC, hypothèque rechargeable, S. 20 Nr. 132.

zuhalten ist, dass die Rechtslage derzeit nicht eindeutig ist. In der Sache wäre es sicherlich wünschenswert, dass Hypotheken für die Zukunft und unter Berücksichtigung der Rechte Dritter umgewandelt werden können. Bis zu einer gerichtlichen Klärung bleibt als sicherer Weg nur die Neubestellung.[645]

2. Umwandlung nicht-vertraglicher Sicherungsrechte

a. Begrenzte Einbeziehung des privilège du prêteur de deniers

Die Verordnung 2006-346 enthält auch keine Regelung zur Umwandlung dieses Privilegs. Dies war allerdings schon aus formalen Gründen gar nicht möglich aufgrund der begrenzten gesetzlichen Ermächtigung.[646] Wortlaut, Systematik und Entstehungsgeschichte sprachen mithin eindeutig dagegen. Das teleologische Argument, dass das zentrale Ziel der Reform, die Erhöhung der Attraktivität des Hypothekenrechts, gefährdet wäre, wenn dieses so häufig verwendete Privileg von der Wiederaufladung ausgeschlossen wäre, konnte dies nicht aufwiegen.[647] Dies änderte sich im Februar 2007.[648] Art. 10 Abs. 3 S. 1 loi 2007-212 sieht vor, dass *privilèges du prêteur de deniers*, die vor dem Verkündungsdatum dieses Gesetzes, also vor dem 20. Februar 2007 ins Grundstücksregister eingetragen wurden, innerhalb einer Frist von zwei Jahren ab Verkündigung dieses Gesetzes in eine wiederaufladbare Hypothek umgewandelt werden können.[649] Die Befreiung von der Grundstücksregistersteuer (*taxe de publicité foncière*) bei der Umwandlung einfacher vertraglicher Hypotheken gilt nach Art. 10 Abs. 3 S. 5 loi 2007-212 auch für diese Umwandlung, soweit ein *privilège du prêteur de deniers* vor der Einführung der wiederaufladbaren Hypothek am 23. März 2006 bereits ins Grundstücksregister eingetragen worden war. Art. 10 Abs. 3 loi 2007-212 ermöglicht damit aber keinesfalls die generelle Umwandlung dieser Sicherungsrechte. Der festgelegte Zeitraum von zwei Jahren ist sogar ausgesprochen

---

645 So JCl. *Houtcieff*, Art. 2421-2423 CC, hypothèque rechargeable, S. 20 Nr. 132.

646 S.o. § 3 B I 2 a.

647 So auch *Frémeaux*, RLDC 2006, suppl. au Nr. 29, 2170, S. 33; skeptisch auch *Grimaldi*, JCP G 2006, suppl. au Nr. 20, Études I, 9, S. 34; befürwortende Begründungsansätze finden sich hingegen bei *Dagot*, L'hypothèque rechargeable, S. 15 Nr. 38 ff.

648 Vgl. JCl. *Houtcieff*, Art. 2421-2423 CC, hypothèque rechargeable, S. 24 Nr. 135; ebenso *Crocq*, RLDC 2008, suppl. au Nr. 46, 2880, S. 10; *Théry*, Dr. & patr. 2007, Nr. 159, S. 44 und *Prigent*, Defrénois 2007, art. 38650, S. 1277.

649 *Prigent*, Defrénois 2007, art. 38650, S. 1277.

gering. Im Umkehrschluss bedeutet diese Regelung nichts anderes, als dass die Umwandlung grundsätzlich nicht möglich ist und die Ausnahme bleiben soll.

b. Keine Umwandlung anderer dinglicher Sicherungsrechte

Für andere dingliche Sicherungsrechte (Privilegien, Legalhypotheken und gerichtliche Hypotheken, gilt dieser Umkehrschluss ebenso. Eine Umwandlung in eine wiederaufladbare Hypothek ist vom Gesetzgeber nicht vorgesehen.[650]

III. Auswirkungen der Wiederaufladbarkeit auf die Verbindung von wiederaufladbarer Hypothek und Erstforderung

Wie oben gesehen ist auch die wiederaufladbare Hypothek ein akzessorisches Recht. Mangels spezieller Regelungen in Art. 2422 CC gelten die Art. 2393, Art. 2421 CC, so dass auch die wiederaufladbare Hypothek bezüglich der Entstehung der Erstforderung im Grundsatz akzessorisch ist. Ein formal forderungsunabhängiges Grundpfandrecht wie die deutsche Grundschuld wurde mit der wiederaufladbaren Hypothek damit nicht eingeführt.[651] Viele bewerten die wiederaufladbare Hypothek dennoch als eine neuartige Ausnahme vom Akzessorietätsprinzip.[652] Auch bei der Bestellung finden sich hierzu bereits Anhaltspunkte.

1. Betragsmäßige Verknüpfung von wiederaufladbarer Hypothek und Erstforderung

a. Bedeutung der Fragestellung

Eine der ersten Fragen, die sich bei der wiederaufladbaren Hypothek stellte, betrifft das Verhältnis zwischen dem Betrag der wiederaufladbaren Hypothek und dem der Forderung, für die sie bestellt wurde: Muss der Betrag der Hypothek mit dem der Forderung identisch sein? Dass eine Hypothek generell nur einen Teil einer Forderung sichern kann und daher betragsmäßig kleiner sein kann, ist hierbei noch nicht das Problem. Vielmehr wird dies als zulässiger privatautonomer Spielraum angesehen.[653] Umstritten ist vielmehr der umgekehrte Fall: Kann

650 Anders hierzu *Dagot*, L'hypothèque rechargeable, S. 15 ff. Nr. 36 ff., allerdings konnte dieser auch noch nicht Art. 10 loi 2007-212 berücksichtigen.

651 Dies betonen Mitglieder der Arbeitsgruppe Grimaldi wie *Gourio*, RD bancaire et financier 2006, 14, S. 40 oder *Provansal*, Gaz. Pal. 2007, S. 747.

652 *Théry*, Dr. & patr. 2007, Nr. 159, S. 42; *Piedelièvre*, Sûretés 2008, S. 328 Nr. 532.

653 *Dagot*, L'hypothèque rechargeable, S. 23 f. Nr. 63; *Lepeltier*, Dr. & patr. 2007, Nr. 158, S. 61; zwar widerspricht diesem Verständnis die Instruction 1.12.2006, BOI (Bulletin Offi-

eine wiederaufladbare Hypothek für 200.000 Euro eingetragen werden, obwohl die Forderung, für die sie bestellt wird, lediglich 100.000 Euro beträgt? Dies hätte den Vorteil, dass die wiederaufladbare Hypothek an den Wert der Immobilie angepasst und der Grundstückswert voll zur Kreditsicherung ausgeschöpft werden könnte.[654] Dies bliebe jedoch nicht ohne Folgen für deren Akzessorietät. Ein betragsmäßig von der Forderung unabhängiger Hypothekenbetrag würde der wiederaufladbaren Hypothek in nicht unerheblichen Maße Unabhängigkeit und Selbstständigkeit gegenüber der gesicherten Forderung verleihen.[655] Der überschüssige Teil einer solchen wiederaufladbaren Hypothek würde nicht mehr die Sicherung einer zum Bestellungszeitpunkt irgendwie bestimmbaren Forderung bezwecken. Ohne ein führendes Recht würde es sich mithin von der charakteristischen Funktion eines akzessorischen Rechts lösen.[656] Zwar stünde dieser überschüssige Teil nicht dem Sicherungsnehmer i.S.e. isolierten Grundschuld zu, sondern wäre entsprechend der Rechtslage bei künftigen Forderungen zunächst unwirksam und würde erst dann wirksam, wenn die wiederaufladbare Hypothek vollständig aufgeladen würde. Ein von einer Forderung völlig unabhängiges Grundpfandrecht entstünde daher nicht. Eine entscheidende Konsequenz dieser Erweiterung wäre es jedoch, dass indirekt die Bestellung einer Art Eigentümergrundschuld ermöglicht würde. Denkbar wäre es, dass ein Sicherungsgeber eine wiederaufladbare Hypothek für eine lediglich symbolische Forderung bestellt, diese dann begleicht und dann über eine Hypothek auf Vorrat ähnlich einer Eigentümergrundschuld verfügt.

b. *Argumente für eine Kopplung*

Als Argumente für eine Kopplung des Hypothekenbetrags an den der gesicherten Forderung lassen sich die mit der Reform 2006 geschaffenen neuen Regelungen im CC anführen. Hätte der Reformgesetzgeber die wiederaufladbare Hypothek betragsmäßig verselbstständigen wollen, müsste dies dort seine Stütze finden. In Art. 2422 CC, der Regelung zur wiederaufladbaren Hypothek, fehlt je-

---

ciel des impôts) 10 D-2-06, Nr. 40, abgedruckt in JCP N 2006 Nr. 49, 1377, S. 2145 ff., dieser Widerspruch wird jedoch als ein Missverständnis der Verfasser der Instruction angesehen, vgl. etwa *Crocq*, RLDC 2008, suppl. au Nr. 46, 2880, S. 11 f.

654 *Gourio*, RD bancaire et financier 2006, 14, S. 40.

655 *Dagot*, L'hypothèque rechargeable, S. 25 Nr. 67 bezeichnet es als „tournure abstraite evidente", eine offensichtlich abstrakte Gestalt/Wendung der wiederaufladbaren Hypothek. *Provansal*, Gaz. Pal. 2007, S. 650 sieht darin eine Annäherung an die Grundschuld.

656 S.o. Einleitung B II.

doch jeglicher Hinweis, dass sich diese in dieser Frage von der einfachen vertraglichen Hypothek unterscheiden könnte. Die liberale Lösung müsste sich daher auf eine andere, eine allgemeinere Norm stützen lassen. In Betracht kommt vor allem Art. 2423 CC. Dieser verlangt, dass die Parteien den Hypothekenbetrag auf einen bestimmten Betrag festlegen müssen, notfalls auch durch Schätzung. Dadurch fehlt es scheinbar gerade an einer Bindung an den Betrag der gesicherten Forderung. Dieser Argumentation hält *Dagot*[657] entgegen, dass sich die Norm hierin nicht von der Vorgängernorm, Art. 2132 CC aF unterscheide und dass hiermit lediglich die Sicherung künftiger Forderungen bezweckt wurde. Seiner Ansicht nach ergibt sich die Kopplung aus Art. 2421 CC. Hiernach gelte für die wiederaufladbare Hypothek wie für alle Hypotheken, dass sie für eine bestimmbare Forderung bestellt werden müsse.[658] Die Norm erlaube zwar auch die Sicherung künftiger Forderungen, aber eben nur dann, wenn diese hinsichtlich ihres Rechtsgrundes (*cause*) bestimmbar seien. Bei einer Hypothek, deren Betrag den der Forderung übersteige, fehle es für diesen überlappenden Teil an einer bestimmbaren Forderung i.S.v. Art. 2421 CC. Der liberalen Lösung könne zudem Art. 2428 Abs. 3 Nr. 7 CC entgegengehalten werden, die Norm, die die Eintragungsvoraussetzungen regle, da sich aus dieser die Bindung an die Forderung herauslesen lasse.[659]

Als weiteres Argument wird eine ansonsten drohende Betrugsgefahr angeführt. Der Hypothekenbetrag könne durch den Eigentümer künstlich überhöht festgelegt werden, da es an Vorschriften zur neutralen Wertbestimmung des Grundstücks anders als in den Nachbarländern fehle.[660] Aus dem Umstand, dass derartige Schutzmechanismen fehlten, sei zu schließen, dass eine derartige Autonomie der Hypothek vom Gesetzgeber nicht gewollt war.[661]

---

657 *Dagot*, L'hypothèque rechargeable, S. 26 Nr. 71.

658 *Dagot*, L'hypothèque rechargeable, S. 26 Nr. 74.

659 *Dagot*, L'hypothèque rechargeable, S. 29 Nr. 82. Vgl. Art. 2428 Nr. 7 CC (aufgehoben durch décret 2007-201, 12.2.2007): „... La certification que le montant du capital de la créance garantie figurant dans le bordereau n'est pas supérieur à celui figurant dans le titre générateur de la sûreté ou de la créance."

660 *Dagot*, L'hypothèque rechargeable, S. 28 Nr. 79; vgl. zu den Beleihungsgrenzen im deutschen Recht *Baur/Stürner*, Sachenrecht 2009, § 36 Rn. 41 ff.

661 *Dagot*, L'hypothèque rechargeable, S. 28 Nr. 78; Auch bei *Provansal*, Gaz. Pal. 2007, S. 650 wird diese Argumentation aufgegriffen und ausdrücklich auf Schutzmechanismen in Deutschland und der Schweiz verwiesen.

Bei *Provansal* werden zusätzlich entstehungsgeschichtliche Argumente angeführt, die seiner Ansicht nach gegen die Erweiterung sprechen. Er verweist auf den der Einführung der wiederaufladbaren Hypothek zugrunde liegenden Untersuchungsbericht der Ministerien.[662] Dort sei lediglich beabsichtigt gewesen, mit einer wiederaufladbaren Hypothek die *reconstitution de crédit*, die *Wieder*auszahlung von Forderungen, zuzulassen.[663] In der Arbeitsgruppe *Grimaldi* habe zudem eine allgemeine Ansicht geherrscht, die eine weitgehende Beibehaltung der Akzessorietät bevorzugte und eine zu starke Annäherung an die deutschen und Schweizer Regelungen aufgrund des befürchteten Betrugsrisikos ablehnte.[664]

c. *Die liberale Lösung*

Auf den Vorsitzenden der Arbeitsgruppe *Grimaldi* geht die Ansicht zurück, wonach der Betrag der wiederaufladbaren Hypothek von dem der Erstforderung unabhängig bestimmt werden könne.[665] Er räumt zwar ein, dass die Art. 2421 ff. inkl. Art. 2428 Abs. 3 Nr. 7 CC gegen die Erweiterung sprächen. Er verweist dann jedoch zum einen auf Art. L. 313-14-1 C. Cons.[666] Hiernach gehört zum erforderlichen Inhalt der *situation hypothécaire*, dass sowohl der Maximalbetrag der Hypothek als auch der Betrag der Erstforderung anzugeben ist, ein doppeltes Erfordernis, das nur so zu erklären sei, dass beide verschieden sein könnten. Seiner Ansicht nach entspreche es dem Sinn der wiederaufladbaren Hypothek, dass, wenn das Sicherungsrecht von der Forderung ablösbar (détachable) sei, auch eine Übereinstimmung der Beträge nicht mehr erforderlich sei.[667] Gestützt wurde dieses Verständnis durch nach der Reform erlassene Rechtsakte. Eine *Instruction* fiscale zur wiederaufladbaren Hypothek[668] nimmt eine vergleichbare Differenzierung wie eben genannter Art. L. 313-14-1 C. Cons. vor. Art. 2428 Abs. 3 Nr. 7 CC, dessen Wortlaut dieser Lösung entgegenstand, wurde gestri-

---

662 S.o. § 4 A I 1 a.

663 *Provansal*, Gaz. Pal. 2007, S. 650 vgl. *Jachiet/Bourquard/Champagne/u.a.*, Rapport d'enquête 2004, S. 32: „Pendant toute la durée de la garantie, l'emprunteur peut, dans la limite du plafond maximum de celle-ci, solliciter la *re*constitution du crédit qui lui a été accordé." Vgl. zudem hypothèque *re*chargeable = *wieder*aufladbare Hypothek.

664 Vgl. *Provansal*, Gaz. Pal. 2007, S. 647, S. 650.

665 *Grimaldi*, D 2006, S. 1295.

666 Ebenda. Anders hingegen *Théry*, Dr. & patr. 2007, Nr. 159, S. 44 an.

667 *Grimaldi*, D 2006, S. 1295.

668 Vgl. Instruction 1.12.2006, BOI (Bulletin Officiel des impôts) 10 D-2-06, abgedruckt in JCP N 2006 Nr. 49, 1377, S. 2145 ff., Nr. 16 und Nr. 18.

chen.[669] Ein Gesetz von 2007 gibt schließlich indirekt die liberale Auslegung vor.[670] Nicht zuletzt aufgrund dieser Positionierung von Legislative und Exekutive hat sich ganz überwiegend diese liberale Ansicht durchgesetzt.[671]

d. Bewertung

Es liegt nahe, die genannten Rechtsakte von Legislative und Exekutive als Bestätigung der liberalen Auslegung zu interpretieren. Entscheidungen der Rechtsprechung zu dieser Frage, die letztlich Klarheit für die Praxis bringen könnten, stehen derzeit noch aus. Auch wenn sich die liberale Auslegung im Schrifttum durchgesetzt zu haben scheint, bleibt auffällig, dass es sich hierbei mehr um eine Rechtsfortbildung als um eine Auslegung der unmittelbaren Vorschriften zur wiederaufladbaren Hypothek handelt. Es ist schwer in Einklang zu bringen, dass die wiederaufladbare Hypothek einerseits eine akzessorische Hypothek sein soll und andererseits nun diesen erheblichen Unterschied zum bisherigen Verständnis der Entstehungsakzessorietät aufweist, ohne dass dies durch die im Zuge der Reform geschaffenen CC-Regelungen ausreichend klar zur Geltung kommt. So entsteht der Eindruck, als ob bei der Reform selbst eine Festlegung in dieser Frage vermieden wurde und diese Erweiterung dann später durch die Hintertüren weiter Auslegung sowie punktueller gesetzlicher Änderungen nachgeholt wur-

---

669 Durch das décret 201-2007, 15. 02.07, vgl. JCl. *Houtcieff*, Art. 2421-2423 CC, hypothèque rechargeable, S. 10 Nr. 42.

670 Art. 10 Abs. 3 S. 3 loi 2007-212, 20.2.07:
„ […] III. - Pendant un délai de deux ans à compter de la date de promulgation de la présente loi, le prêteur de deniers dont le privilège a été inscrit avant cette date peut renoncer à la sûreté qu'il tient du 2° de l'article 2374 du Code Civil en contrepartie de la constitution par le débiteur d'une hypothèque rechargeable régie par l'article 2422 du même code en garantie de la créance initialement privilégiée. Ces renonciation et constitution sont consenties dans un même acte notarié qui est inscrit dans les formes prévues à l'article 2428 du même code.
Par dérogation à l'article 2423 du même code, la somme garantie ne peut être supérieure au montant en capital de la créance privilégiée."

671 *Grimaldi*, D 2006, S. 1295 sowie weitere Mitglieder der Arbeitsgruppe Grimaldi wie *Frémeaux/Daublon*, Defrénois 2006, art. 38430, S. 1095; *Aynès/Crocq*, Les sûretés 2011, S. 306 Nr. 664; *Crocq*, RLDC 2008, suppl. au Nr. 46, 2880, S. 11 und *Gourio*, RD bancaire et financier 2006, 14, S. 41. Zustimmend auch JCl. *Houtcieff*, Art. 2421-2423 CC, hypothèque rechargeable, S. 10 Nr. 43; *Legeais*, Sûretés, S. 463 Nr. 560; *Piedelièvre*, Sûretés 2008, S. 329 Nr. 556; *Vauvillé*, Defrénois 2007, art. 38655, S. 1331 und *Théry*, Dr. & patr. 2007, Nr. 159, S. 44; *La Magueresse*, JCP N 2008, Nr. 15, 1175, S. 28.

de.[672] Dass man hierbei die zentralen Normen, die Art. 2421-2423 CC unverändert ließ, diente weder der Transparenz noch der dogmatischen Geschlossenheit.

Auch wenn diese Öffnung in dogmatischer Sicht bedeutsam ist, dürfte die praktische Auswirkung gering bleiben. Da sich bei der Bestellung einer wiederaufladbaren Hypothek die Bestellungskosten nach dem Hypothekenbetrag richten und eine spätere (Wieder-)Aufladung auch Kosten verursacht[673], wird diese Lockerung finanziell uninteressant. Eigentümer werden wahrscheinlich ungern eine Hypothek auf Vorrat bestellen und bezahlen wollen.[674] Lediglich bei bereits konkret anstehendem Kreditbedarf dürfte dies genutzt werden.[675] In klassischen Kreditsituationen von Verbrauchern wird dies kaum der Fall sein.[676]

Beispiel: Ein junges Ehepaar erwirbt ein Eigenheim im Wert von 350.000 Euro. Aufgrund von vorhandenem Eigenkapital genügt ihnen hierfür ein Kredit in Höhe von 300.000 Euro, der durch eine Hypothek gesichert wird.

Die eben geschilderte Öffnung gibt diesem Ehepaar die Möglichkeit, einen Hypothekenbetrag von z.B. 340.000 Euro zu wählen, um künftig noch zusätzliche Kredite aufnehmen und sichern zu können, z.B. für ein Auto oder eine größere Reise. Welches vernünftige junge Ehepaar wird angesichts der ohnehin schon hohen Schuldenlast wegen des Hauskaufs daran interessiert sein, zusätzliches Geld für eine größere Hypothek aufzuwenden, um noch weitere Kredite sichern zu können, mit denen die Schuldenlast noch höher wird? Abzuwarten bleibt zudem, ob ein Kreditgeber den zusätzlichen Spielraum einer solchen wiederaufladbaren Hypothek überhaupt nutzen will. Er kann sich ja nicht sicher sein, ob das Grundstück bspw. in unsrem Fall vielleicht ohnehin nur 300.000 Euro wert ist. Mangels Erstgläubiger wird er darauf drängen, dass von unabhängiger Seite der aktuelle Wert des Grundstücks eigens geschätzt wird.

e. Ausstrahlung auf die einfache vertragliche Hypothek

Bemerkenswert ist schließlich noch eine andere Folge dieser liberalen Auslegung. Sie wirkt sich auch auf die einfache vertragliche Hypothek aus. Der ge-

672 Kritisch hierzu auch *Théry*, Dr. & patr. 2007, Nr. 159, S. 44 und diesem zustimmend JCl. *Houtcieff*, Art. 2421-2423 CC, hypothèque rechargeable, S. 10 Nr. 43.

673 S.u. § 6 B II 2.

674 *Dagot*, L'hypothèque rechargeable, S. 31 f. Nr. 87 ff.

675 *Vauvillé*, Defrénois 2007, art. 38655, S. 1331.

676 *Dagot*, L'hypothèque rechargeable, S. 32 Nr. 91.

setzliche Anknüpfungspunkt ist ja nicht der spezielle Art. 2422 CC, sondern der für sämtliche vertragliche Hypotheken geltende Art. 2423 Abs. 1 S. 1 CC.[677] Dieser sieht vor, dass bei jeder vertraglichen Hypothek der Betrag, den die Hypothek sichern soll, im Hypothekenbestellungsvertrag anzugeben ist. Die Norm geht somit nicht davon aus, dass die Beträge von Forderung und Hypothek stets identisch sind.[678] Dies lässt eine gewisse, zumindest formale Emanzipierung auch der einfachen vertraglichen Hypothek gegenüber der Forderung erkennen.[679] Dem Sicherungsnehmer steht die Hypothek unabhängig vom gewählten Hypothekenbetrag jedoch stets nur in der Höhe zu, wie die Forderung, die gesichert werden soll, tatsächlich entstanden ist.

Weiter kann Art. 2423 Abs. 1 S. 1 CC dahingehend interpretiert werden, dass die gesicherte Forderung hinsichtlich der Höhe nicht mehr bestimmt sein muss, sondern dass es ausreicht, wenn ein Hypothekenbetrag festgelegt wird.[680] Wirklich bedeutsam wird dies jedoch erst dann, wenn sich auch die Auslegung von Art. 2421 CC ändert. Wie oben gesehen verlangt diese Vorschrift ausdrücklich eine Bestimmung der Forderung. Hinzu kommt bei der Eintragung über Art. 2428 ff. CC i.V.m. Art. 55 Nr. 7 décret 55-1350, 14.10.1955 die zwingende Festlegung des Forderungsbetrags. Die Lösung der Forderung vom Bestimmtheitsgebot bleibt daher unvollständig. Die Flexibilisierung der wiederaufladbaren Hypothek strahlt so ein Stück weit auf die einfache vertragliche Hypothek aus, ohne dass es dabei bei dieser zum wirklichen Bruch der bisherigen Grundsätze und zu praktischen Auswirkungen gekommen ist. Auch dies kann als Schwäche der liberalen Lösung gewertet werden. Indem sie an Art. 2423 CC anknüpft, fehlt ihr die nötige gesetzliche Stringenz hinsichtlich der wiederaufladbaren Hypothek, und sie stiftet unnötig Verwirrung bei der einfachen vertraglichen Hypothek.

677 Vgl. *Albiges/Dumont-Lefrand*, Droit des sûretés, S. 312 Nr. 562; *Frémeaux/Daublon*, Defrénois 2006, art. 38430, S. 1093; *Lepeltier*, Dr. & patr. 2007, Nr. 158, S. 61.

678 *Aynès/Crocq*, Les sûretés 2011, S. 304 Nr. 662; *Frémeaux/Daublon*, Defrénois 2006, art. 38430, S. 1093; *Gourio*, RD bancaire et financier 2006, 14, S. 40; Dalloz Rép. Dr. civ. *Fournier*, hypothèque conventionnelle, S. 10 Nr. 73.

679 Vgl. *Frémeaux/Daublon*, Defrénois 2006, art. 38430, S. 1093; *Becqué-Ickowicz*, in: Évolution des sûretés réelles, S. 82.

680 Vgl. *Aynès/Crocq*, Les sûretés 2011, S. 304 Nr. 662; *Simler/Delebecque*, Les sûretés 2009, S. 378 Rn. 406.

2. Folgen der Unwirksamkeit der Erstforderung

a. Akzessorische Bindung an die Erstforderung?

Eine andere, bisher kaum gestellte Frage ist, welche Folgen die Unwirksamkeit der Erstforderung für die wiederaufladbare Hypothek hat. Verhält sich die wiederaufladbare Hypothek wie ein typisch akzessorisches Recht, müsste sie ebenfalls unwirksam sein, und zwar endgültig. Denkbar wäre es allerdings auch, dass sie zunächst unwirksam ist, dass sie jedoch durch die Aufladung mit einer anderen Forderung wirksam wird. Dies entspräche der Lösung beim Wiederaufladungsvorgang oder bei einer Hypothek, die künftige Forderungen sichert. Dies wäre im Sinne des Eigentümers, da so die bestellte Hypothek von ihm doch noch genutzt werden könnte. Vor allem aber aus Gründen des Verkehrsschutzes, zum Schutz späterer Gläubiger, wäre diese Lösung vorzuziehen.

b. Wiederverwendbarkeit sticht Akzessorietät?

Auch zur Lösung dieses Problems finden sich keine Anhaltspunkte im Gesetz. Im Rahmen einer Podiumsdiskussion auf dieses Problem angesprochen, waren die Mitglieder der Arbeitsgruppe *Grimaldi*, die Professoren *Aynès* und *Crocq* der Ansicht, dass die Hypothek auch in diesem Fall weiterhin spätere Forderungen sichern könne.[681] *Aynès* begründet dies damit, dass eine später erfolgende Wiederaufladung der Hypothek die causa, der notwendige Rechtsgrund, sei und dass der Sicherungsgeber sein Einverständnis hinsichtlich der zweiten Forderung gegeben habe. Dies sei jedenfalls die „politisch korrekte" Lösung. Ähnlich argumentiert *Crocq*, wenn er darauf verweist, dass sowohl der erste Vertrag als auch spätere Wiederaufladungsvereinbarungen den erforderlichen Rechtsgrund beinhalten würden.

Auch wenn es sich hierbei um dem Rahmen entsprechende eher spontane Aussagen gehandelt haben mag, sind diese doch einigermaßen verblüffend. Sie gehen noch einen Schritt weiter als die eben dargelegte, überwiegende Ansicht zu der Frage der betragsmäßigen Bindung. Es könnte eine wiederaufladbare Hypothek auch ganz ohne Forderung entstehen. Sie näherte sich damit noch viel weiter der Eigentümergrundschuld an. Im Hinblick auf die Beantwortung der vorigen Frage erscheint dies allerdings nur folgerichtig. Wenn die Hypothek betragsmäßig nicht an die Erstforderung gebunden ist, dann wäre es rein formalistisch, ihre

681 Vgl. Auszug der Diskussion bei *Crocq*, RLDC 2008, suppl. au Nr. 46, 2880, S. 12.

Entstehung und Wiederverwendbarkeit von dieser Erstforderung abhängen zu lassen. Dies wird besonders in zwei Konstellationen deutlich: Bei der Sicherung einer deutlich geringeren, lediglich symbolischen Forderung sowie der Sicherung einer bedingten Forderung. Wenn die Sicherung derartiger Forderungen zulässig ist (und warum sollte sie es nicht sein), müsste im ersten Fall bei Unwirksamkeit der Forderung die gesamte Hypothek allein aufgrund dieses unbedeutenden „Anhängsels" untergehen. Dies ist genauso wenig sinnvoll, wie dass es für die Wiederverwendbarkeit einer wiederaufladbaren Hypothek, deren erste Forderung eine bedingte war, darauf ankommen kann, ob diese erste Forderung zumindest teilweise, und sei es nur in unbedeutendem Umfang, tatsächlich entstanden ist oder gar nicht. Konsequent die obige Auslegung zu Ende gedacht ist es sachgerechter, dass eine forderungslose wiederaufladbare Hypothek wie eine Eigentümergrundschuld bestellt werden kann, die ähnlich wie diese lediglich als Platzhalter existiert und die Sicherung späterer Forderungen ermöglicht. Ohnehin würde diese Lösung der Idee eines wiederverwendbaren Sicherungsrecht am meisten entsprechen. Zu betonen ist freilich, dass es abgesehen von den eher spontanen Stellungsnahmen von *Aynès* und *Crocq* bislang der allgemeinen Ansicht entspricht, dass zur Bestellung einer wiederaufladbaren Hypothek eine zu sichernde Forderung zwingend erforderlich ist.[682]

c. Übertragung der Argumentation bei nichtigen, aber valutierten Forderungen?

Es scheint hierbei auch sinnvoll, die bisherige Lösung bei nichtigen Forderungen mit einzubeziehen.[683] Eine Hypothek, ob wiederaufladbar oder nicht, entsteht auch bei einer nichtigen Darlehensforderung, wenn diese valutiert wurde. Statt der nicht entstandenen Darlehensforderung sichert sie dann den entstandenen Bereicherungsanspruch. Dies wurde durch den Kassationshof 2008 noch einmal für die vertragliche Hypothek bestätigt.[684] Diese Rechtsprechung dürfte so zu interpretieren sein, dass im Fall des nichtigen, aber in Vollzug gesetzten Rechtsgeschäfts der angemessene Schutz der Parteiinteressen der dogmatisch

682 Vgl. *Dagot*, L'hypothèque rechargeable, S. 12 Nr. 27; Dalloz Rép. Dr. civ. *Fournier*, hypothèque conventionnelle, S. 13 Nr. 93; JCl. *Houtcieff*, Art. 2421-2423 CC, hypothèque rechargeable, S. 6 Nr. 18.

683 S.o. § 2 A I 2 a bb.

684 Cass. 3e civ., 5.11.2008, pourvoi Nr. 07-17357, Bull. civ. III, Nr. 167.

sauberen Lösung vorgezogen wird und die Hypothek bis zur Rückabwicklung aufrechterhalten wird. Übertragen auf die wiederaufladbare Hypothek könnte dies heißen, dass die Forderungen, die im Vertrauen auf die Sicherung durch die Hypothek bereits valutiert worden sind, bis zur Rückabwicklung gesichert sind, aber eben nur diese. Im Übrigen wäre die Hypothek unwirksam. Die Forderungsunabhängigkeit wäre nach dieser Lösung deutlicher eingeschränkt.

d. Drohender Konflikt mit dem Konsensprinzip

Die Auswirkungen der Unwirksamkeit der Forderung auf die Hypothek sind auch hinsichtlich der Einhaltung des Konsensprinzips bedeutsam und zu durchdenken. Darlehensvertrag und Hypothekenbestellung kann man zwar als zwei verschiedene Verträge ansehen. Rechtsmängel müssen daher nicht zwingend beide betreffen, selbst wenn sie gemeinsam vereinbart werden. Wenn die gesicherte Forderung nicht entsteht, weil Ersterer unwirksam ist, etwa aufgrund einer Täuschung durch den Darlehensgeber, dann ist, weil Letztere nur zum Zweck des Ersteren stattfand, üblicherweise die komplette vertragliche Ebene betroffen und somit auch die Vereinbarung der Hypothekenbestellung samt Wiederaufladbarkeitsklausel unwirksam. Diese Lösung entspräche jedenfalls der bisherigen Rechtsprechung und Lehrmeinung bei nicht valutierten Hypotheken.[685] Sollte sich eine über den Schutz valutierter Forderungen hinausgehende Lösung durchsetzen, ist die wiederaufladbare Hypothek in diesen Fällen zwar ebenfalls nicht wirksam, sie ist aber auch nicht endgültig unwirksam und nichtig, da sie ja weiterhin wiederaufgeladen werden könnte. Fraglich ist dann jedoch, was der Rechtsgrund für diese „schwebend unwirksame" Hypothek ist und durch welchen Rechtsakt sie eigentlich entsteht.[686] Die Vereinbarung der Hypothekenbestellung kommt jedenfalls als rechtsbegründendes Rechtsgeschäft nicht mehr in Betracht. Man könnte daran denken, in der abgegebenen Willenserklärung des Eigentümers die Rechtsbegründung zu sehen wie bei der Bestellung einer Eigentümergrundschuld im deutschen Recht gemäß § 1196 BGB. Eine entsprechende Regelung fehlt jedoch im Gesetz. Art. 2422 Abs. 1 CC verlangt, dass der Bestellungsakt die Wiederaufladbarkeit ausdrücklich vorsieht.[687] Die Wiederaufladbar-

685 S.o. § 2 A I 2 a aa.

686 Die Causa ist hingegen kein Problem, da eine Zuwendung zunächst gar nicht erfolgt, da die wiederaufladbare Hypothek beim Eigentümer bleibt.

687 Art. 2422 Abs. 1 CC: „L'hypothèque peut être ultérieurement affectée à la garantie de créances autres que celles mentionnées par l'acte constitutif pourvu que celui-ci le

keitsklausel ist daher als Teil des Bestellungsvertrages, als eine darin enthaltene zusätzliche Vereinbarung zwischen Sicherungsgeber und Sicherungsnehmer, zu werten.[688] Eine einseitige Aufnahme dieser Klausel durch den Eigentümer ist nicht möglich. Die Willenserklärung des Eigentümers allein als Rechtsgrund für eine wiederaufladbare Hypothek ausreichen zu lassen, ist vor diesem Hintergrund schwer zu vermitteln.[689] Sie hätte ohnehin einen völlig abstrakten Charakter, genauso wie im Übrigen eine von Darlehensforderung und Darlehensvertrag unabhängige Hypothekenbestellung. Beides ähnelte dann sehr dem deutschen Recht.

Um das Konsensprinzip zu erhalten, bleibt im Grunde nur die von *Aynès* und *Crocq* vertretene Lösung[690], wonach eine spätere Vereinbarung zur Aufladung der Hypothek den Rechtsgrund bildet. Indessen ist es in dogmatischer Hinsicht kaum zu begründen, dass bereits vor dieser späteren Vereinbarung „etwas da ist", das aufgeladen und wirksam werden kann. Die von *Aynès* und *Crocq* vertretene These mag sachgerecht erscheinen. Sie stellt einem jedoch auf der dogmatischen Ebene, bei der Einhaltung des Konsensprinzips, vor erhebliche Probleme.

IV. Zusammenfassung

Bei der Bestellung wird deutlich, dass die wiederaufladbare Hypothek die Grundstrukturen der vertraglichen Hypothek beibehält. Die wiederaufladbare Hypothek ist als Sonderform der vertraglichen Hypothek in deren Regelungen eingebettet. Die beiden Eckpfeiler bilden mithin noch immer das Konsensprinzip und die Akzessorietät. Gemessen am deutschen Recht weist die wiederaufladbare Hypothek daher einen grundlegenden strukturellen Unterschied zur Grundschuld auf, welche eine Forderung des Sicherungsnehmers nicht voraussetzt. Die wiederaufladbare Hypothek steht dem Sicherungsnehmer hingegen nur insoweit zu, wie die im Bestellungsvertrag festgelegte Forderung tatsächlich entstanden ist. Gleichwohl ist bereits erkennbar, dass im Übrigen von einer für ein akzessorisches Recht untypischen Selbstständigkeit gegenüber dem führenden Recht auszugehen ist. Es scheint sich die Ansicht durchgesetzt zu haben,

prévoie expressément."

688 *Dagot*, L'hypothèque rechargeable, S. 41 Nr. 122 f.; JCl. *Houtcieff*, Art. 2421-2423 CC, hypothèque rechargeable, S. 8 Nr. 30; *Prigent*, Defrénois 2007, art. 38650, S. 1276.

689 So aber offenbar Dalloz Rép. Dr. civ. *Fournier*, hypothèque conventionnelle, S. 10 Nr. 76 und *Simler/Delebecque*, Les sûretés 2009, S. 380 Rn. 407.

690 Vgl. *Crocq*, RLDC 2008, suppl. au Nr. 46, 2880, S. 12.

dass der Hypothekenbetrag von dem der Forderung unabhängig ist. Dies hat zumindest theoretisch erhebliche Auswirkungen, da sich die wiederaufladbare Hypothek von der zu sichernden Forderung löst und in viel größerem Maße als bisher rangreservierende Maßnahmen ähnlich einer Eigentümergrundschuld erlaubt. Dies führt zur Frage, ob dann nicht eine komplette Lösung von der Wirksamkeit der Erstforderung konsequent wäre. In praktischer Hinsicht mag dies bei einem wiederverwendbaren Recht sinnvoll erscheinen. Auf der theoretischen Ebene führt dies jedoch zu Schwierigkeiten. Eine derartige Ablösung von der vertraglichen Ebene verleiht der wiederaufladbaren Hypothek fast zwangsläufig einen nicht-akzessorischen und abstrakten Charakter. Die gesetzliche Regelung ist an dieser wichtigen Stelle allerdings wenig ausgeprägt und lässt eine ausreichende Klarheit vermissen, so dass es die weitere Entwicklung in Lehre und Rechtsprechung abzuwarten gilt.

Gesetzlich (zu) wenig geregelt sind ebenso die Möglichkeiten der Umwandlung anderer Sicherheiten in eine wiederaufladbare Hypothek. Dies dürfte sich nicht positiv auf die Verwendung der wiederaufladbaren Hypothek auswirken. Im Hinblick auf die bisher hohen Bestellungskosten ist mit der Reformgesetzgebung eine Verbesserung eingetreten, wobei dies einseitig zu Lasten der Notare ging und den fragwürdigsten Posten, die Grundstücksregistersteuer, unangetastet ließ.

§ 6: Wiederverwendung durch Wiederaufladung

Die Kosten für die Bestellung eines Grundpfandrechts sind wie gesehen erheblich.[691] Diese Kosten fallen umso stärker ins Gewicht, soweit das Grundpfandrecht auf die Forderung, für die sie bestellt wurde, festgelegt ist und für die grundpfandrechtliche Sicherung späterer Forderungen ein neues Grundpfandrecht bestellt werden muss. Zudem erschwert die starre Verknüpfung an die Erstforderung die Sicherung besonderer Kreditvereinbarungen.

A. Flexibilisierung durch Wiederaufladung

I. Aufgabe der Erlöschensakzessorietät

1. Erlöschensakzessorietät bei der einfachen vertraglichen Hypothek

Die vertragliche Hypothek erlischt vorbehaltlich der Regelung zur wiederaufladbaren Hypothek mit der gesicherten Forderung (Art. 2488 Nr. 1 CC).[692] Aufgrund der Unteilbarkeit der Hypothek erlischt sie erst dann, wenn die komplette gesicherte Forderung erloschen ist.[693] Dem Gläubiger steht dabei aus der Hypothek nie mehr zu als aufgrund der durch sie gesicherten Forderung. Sie kann zudem wiederaufleben, soweit die Erfüllung der Forderung rückgängig gemacht wird.[694] Auch nach neuem Recht stehen die oben genannten bisherigen Modifikationen der Erlöschensakzessorietät zur Verfügung.[695] Durch Novation und Subrogation sowie durch die Sicherung von Kontokorrent- und Krediteröffnungsverträgen ist die einfache vertragliche Hypothek nicht völlig an die Erstforderung gebunden. Wie nach der bisherigen Rechtslage ist somit die *Weiter*verwendung der einfachen vertraglichen Hypothek nicht ausgeschlossen.[696] Eine *Wieder*verwendung der Hypothek nach Erlöschen der gesicherten Forderung ist mit diesen Instrumenten jedoch nicht möglich.[697]

---

691 S.o. § 5 A I 1 a.

692 Weitere Erlöschensgründe sind hiernach Verzicht (renonciation), Hypothekenbereinigungsverfahren, (purge), Verjährung (prescription) sowie Kündigung (résiliation) gemäß Art. 2423 Abs. 3 CC.

693 *Simler/Delebecque*, Les sûretés 2009, S. 485 Rn. 550.

694 Ebenda.

695 S.o. § 2 A III 1 a.

696 *Stöcker*, Die Eurohypothek, S. 142; *Kircher*, Grundpfandrechte in Europa, S. 262 ff.

697 *Stöcker*, Die Eurohypothek, S. 121.

2. Keine Erlöschensakzessorietät bei der wiederaufladbaren Hypothek

a. Abkopplung beim Erlöschen, Bindung im Umfang

Art. 2488 Nr. 1 CC sieht vor, dass das Erlöschen der hypothekarisch gesicherten Forderung bei der wiederaufladbaren Hypothek anders als bei der einfachen vertraglichen Hypothek nicht zum Erlöschen der Hypothek führt. Dies gilt logischerweise nicht nur für die Forderung, für die die wiederaufladbare Hypothek bestellt wurde, sondern auch für spätere Forderungen.[698] Dies zeigt, dass die wiederaufladbare Hypothek vom Fortbestand der gesicherten Forderung abgekoppelt ist. Die wiederaufladbare Hypothek gewährt dem bisherigen Gläubiger jedoch anders als die Grundschuld keinen von einer Forderung unabhängigen Anspruch auf Befriedigung am Grundstück.[699] Es gilt insoweit nach wie vor Art. 2393 Abs. 1 CC. Auch dem Gläubiger einer wiederaufladbaren Hypothek steht ein Anspruch nur in dem Umfang zu, wie die dazu gehörige Forderung besteht.

b. Die forderungslose wiederaufladbare Hypothek als eine Art Eigentümergrundpfandrecht

Möglich ist mithin eine gänzlich forderungslose wiederaufladbare Hypothek. Deren Inhaber ist dann nicht mehr der bisherige Hypothekengläubiger, sondern der Eigentümer. Die Ähnlichkeit zu den Eigentümergrundpfandrechten im deutschen Recht[700] ist offenkundig[701], selbst wenn vergleichbare Regelungen im CC fehlen. Die wiederaufladbare Hypothek erinnert nicht an die Fremdgrundschuld, sondern an die Hypothek und deren Zusammenspiel mit der Eigentümergrundschuld. Anders als bei der Fremdgrundschuld verbleibt die wiederaufladbare Hypothek bei Erfüllung der gesicherten Forderung nicht beim Sicherungsnehmer. Eine Zahlung auf die wiederaufladbare Hypothek selbst ist ebenso nicht möglich. Wie bei der deutschen Hypothek hängt auch bei der wiederaufladbaren Hypothek der Umfang der Haftung von der gesicherten Forderung ab. Wie bei der gesetzlichen Umwandlung der deutschen Hypothek in die Eigentümergrundschuld geht auch die wiederaufladbare Hypothek mit der Erfüllung der gesicherten Forderung nicht unter, sondern erhält eine Rangstelle.

---

698 *Dagot*, L'hypothèque rechargeable, S. 130 Nr. 415.

699 Vgl. *Simler/Delebecque*, Les sûretés 2009, S. 357 Rn. 362.

700 S.o. § 2 A III 1 b c.

701 JCl. *Houtcieff*, Art. 2421-2423 CC, hypothèque rechargeable, S. 23 Nr. 128 bezeichnet sie als Quasi-Eigentümerhypothek (quasi-hypothèque sur soi-même).

Lassen sich in praktischer Hinsicht große Ähnlichkeiten mit der Eigentümergrundschuld erkennen, bleiben die dogmatischen Unterschiede doch erheblich. Die wiederaufladbare Hypothek wird nicht zum formal forderungsunabhängigen Recht, sondern bleibt Hypothek, die ohne Forderung in ihrer Wirksamkeit gehemmt ist. Genutzt werden kann diese nur durch Wiederaufladung. Eine selbstständige Übertragung ist daher nicht möglich. Wie bei einer Eigentümergrundschuld gemäß § 1197 Abs. 1 BGB kann der Eigentümer über die wiederaufladbare Hypothek nicht in sein eigenes Grundstück vollstrecken und nachrangige Belastungen abschütteln.[702] Anders als bei einer Eigentümergrundschuld wird eine forderungslose wiederaufladbare Hypothek jedoch bei der Zwangsvollstreckung durch einen anderen Gläubiger bei der Erlösverteilung nicht berücksichtigt.

Die wiederaufladbare Hypothek hat die eigentümliche Eigenschaft, dass sie einerseits vom Umfang her an die Forderung gebunden ist, andererseits jedoch nicht mit der gesicherten Forderung erlischt. Sie besteht forderungslos als „leere Hypothekenhülle" weiter. Die forderungslose wiederaufladbare Hypothek ist in dieser Phase nicht akzessorisch, sie dient nicht der Sicherung einer konkreten Forderung.[703] Die wiederaufladbare Hypothek ist damit teilweise akzessorisch und teilweise nicht. Diese Struktur ist dogmatisch nicht ganz stimmig. Offenbar ist sie vor allem an praktischen Gesichtspunkten orientiert. Man wollte einerseits die bewährte, akzessorisch unmittelbare Begrenzung auf den Forderungsumfang beibehalten und kein formal von der Forderung gelöstes Recht einführen. Andererseits wollte man das Recht für die Wiederverwendung öffnen, wodurch eine Lösung von der Forderung unumgänglich ist. Diese im französischen Recht bislang unbekannte Struktur der wiederaufladbaren Hypothek gilt als zentraler Beleg für den Rückgang der Akzessorietät.[704] Durch den in gewisser Weise abstrakt (nicht im Sinne des deutschen Abstraktionsprinzips) gehaltenen Zweck der Sicherung späterer Forderungen wird die charakteristische Eigenschaft, die Wiederaufladbarkeit, möglich.

---

702 Westermann/*Eickmann*, Sachenrecht, § 119 Nr. 2, S. 828.

703 *Théry*, Dr. & patr. 2007, Nr. 159, S. 46.

704 *Grimaldi*, D 2006, S. 1296; *Dagot*, L'hypothèque rechargeable, S. 153 Nr. 501; JCl. *Houtcieff*, Art. 2421-2423 CC, hypothèque rechargeable, S. 23 Nr. 128; *Becqué-Ickowicz*, in: Évolution des sûretés réelles, S. 86.

II. Die Wiederaufladung der Hypothek mit neuen Forderungen

1. Gegenständliche Wiederverwendung

a. Neuvalutierung und Sicherung zusätzlicher Forderungen

Art. 2422 Abs. 1 CC sieht vor, dass eine wiederaufladbare Hypothek mit anderen Forderungen als den im Bestellungsvertrag genannten verbunden werden kann. Die Wiederaufladung erfolgt durch eine vertragliche Vereinbarung,[705] durch die *convention de rechargement*, vgl. Art. 2422 Abs. 3 CC. Dies erinnert zunächst an die Sicherungsgrundschuld, wo ja auch durch Vertrag, durch den Sicherungsvertrag, neue Forderungen gesichert werden können. Möglich wird so die Verwendung einer bereits bestehenden Hypothek zur Sicherung von Forderungen, die zum Zeitpunkt der Bestellung unbekannt und nicht bestimmt waren.[706] Art. 2422 CC geht über die bisherige Rechtslage hinaus und erlaubt anders als Novation oder Subrogation die Wiederverwendung von Hypotheken, deren gesicherte Forderung bereits vollständig erfüllt wurde. Nach Art. 2422 Abs. 2 CC kann eine Wiederaufladung aber auch erfolgen, wenn die Forderung, für welche die Hypothek bestellt wurde, noch nicht oder nicht vollständig erfüllt wurde.

b. Zulässiger Wiederaufladungsbetrag

Die sich hieraus ergebenden Sicherungsmöglichkeiten hängen in starkem Maße davon ab, wie groß der Wiederaufladungsbetrag im Verhältnis zum Betrag der wiederaufladbaren Hypothek sowie zur bereits durch die Hypothek gesicherten Forderung sein kann.

Beispiel: Eine wiederaufladbare Hypothek wurde mit einem Hypothekenbetrag von 100 bestellt. Die ursprüngliche Forderung betrug 90, sie ist durch Rückzahlungen des Schuldners auf 70 gesunken. Kann die wiederaufladbare Hypothek maximal mit 30 aufgeladen werden, oder, ungeachtet der noch bestehenden Belastung, mit einem höheren Betrag, z.B. mit 50?

---

705 *Dagot*, L'hypothèque rechargeable, S. 65 Nr. 93.
706 *Grimaldi*, D 2006, S. 1294.

aa. Problembestimmung

Bereits oben geklärt[707] und nicht unmittelbar zur an dieser Stelle aufgeworfenen Frage gehört, ob der Hypothekenbetrag nach der überwiegenden Ansicht den der ersten Forderung übersteigen kann, im Fall also 100 statt 90 betragen kann. Es geht vielmehr darum, wie groß der Betrag der zusätzlichen, durch Wiederaufladung erfolgten Sicherung maximal sein kann: 30, 100 oder über 100? Oben[708] wurde zudem bereits darauf hingewiesen, dass der Betrag der Wiederaufladung, den ein Gläubiger mit dem Eigentümer vereinbaren will, nicht zwingend mit dem der Forderung identisch sein muss. Der Wiederaufladungsbetrag ist somit nicht zwangsläufig der Betrag der Forderung, sondern zumindest theoretisch ein hiervon unabhängiger Betrag, der angibt, wie viel dem hierdurch gesicherten Gläubiger maximal bei der Vollstreckung aus der Hypothek zusteht. Die neu gesicherte Forderung könnte somit auch über 100 liegen. Umstritten ist allein die maximal zulässige Höhe des Wiederaufladungsbetrages. Eine erste, mehr auf praktischen denn auf rechtlichen Erwägungen beruhende Beschränkung ergibt sich in Bezug auf die durch die Wiederaufladung gesicherte Forderung. Der Wiederaufladungsbetrag sollte nicht höher gewählt werden als die zu sichernde Forderung. Aus Gründen der Akzessorietät kann der jeweilige Gläubiger nur in Höhe seiner Forderung aus der Hypothek vorgehen.[709] Er könnte diesen Betrag auch nicht später mit einer zusätzlichen Forderung wiederaufladen. Ein höherer Aufladungsbetrag wäre für ihn daher vollkommen nutzlos.

Art. 2422 Abs. 2 CC gibt weiter vor, dass der Wiederaufladungsbetrag nicht den Hypothekenbetrag insgesamt übersteigen darf.[710] Im Beispiel könnte daher, wenn die Erstforderung komplett erfüllt und erloschen wäre, nach keiner Ansicht eine Wiederaufladung von z.B. 110 erfolgen. Das Maximum ist der Hypothekenbetrag, d.h. 100. Hierin dürfte auch ein wichtiger Unterschied zur angelsächsischen Kreditpraxis des *Mortgage Equity Withdrawal* bestehen.[711] Die wiederaufladbare Hypothek bleibt stets auf den anfänglichen Betrag begrenzt. Wertsteigerungen des belasteten Grundstücks können ohne die Bestellung einer neuen Hypothek nicht als Kreditsicherheit genutzt werden. Die wiederaufladbare Hypothek ist somit kein Instrument, mit welchem die positive Preisentwicklung

---

707 S.o. § 5 B III 1.

708 Ebenda.

709 *Dagot*, L'hypothèque rechargeable, S. 77 Nr. 240.

710 Statt vieler *Dagot*, L'hypothèque rechargeable, S. 77 f. Nr. 242.

711 Vgl. *OECD Economic Outlook 2004*, S. 5, S. 13, S. 16 f.

bei Immobilien zu mehr Krediten und zu höherer Verschuldung führt.[712] Uneinig ist man vielmehr allein in der Frage, ob eine Wiederaufladung die Differenz von bereits gesicherter Forderung und Hypothekensumme übersteigen kann.

bb. Meinungsbild und praktische Folgen

Im Bericht an den Präsidenten wird davon ausgegangen, dass der Aufladungsbetrag nicht größer sein kann als dieser Differenzbetrag.[713] Im obigen Beispiel wäre das somit 30. Ebenfalls in diesem Sinne sieht die *Instruction fiscale* vom 1.12.2006 vor, dass der Notar beim Wiederaufladungsvorgang bestätigen muss, dass die Wiederaufladung diesen Differenzbetrag nicht übersteigt, und dass der Hypothekenbewahrer (*conservateur des hypothèques*) die Eintragung der *mention en marge* ansonsten zu verweigern hat.[714] Dennoch wird im Schrifttum fast einhellig davon ausgegangen, dass es eine solche Begrenzung nicht gebe.[715] Begründet wird dies mit dem Wortlaut von Art. 2422 Abs. 2 CC. Dieser erlaube ausdrücklich die Wiederaufladung, wenn die erste Forderung noch nicht erfüllt sei und nenne als einziges Limit den Hypothekenbetrag.[716] Hiernach könnte im Beispiel eine Wiederaufladung in Höhe von 100 erfolgen. Zwar wird eingeräumt, dass eine solche Wiederaufladung über den Differenzbetrag hinaus für den Gläubiger wirtschaftlich wenig sinnvoll erscheinen könnte, da er zunächst nur teilweise, eben nur in Höhe des Differenzbetrages, gesichert sei und riskiere, dass dies auch im Sicherungsfall bei der Zwangsvollstreckung noch so ist.[717] Gerade diese Risikoverteilung gilt jedoch bei den Befürwortern als zentrales

---

712 Vgl. *Crocq*, D 2009, S. 716, der an der fiducie rechargeable kritisiert, dass bei dieser eine anfängliche Festlegung des Maximalbetrags der Sicherheit anders als bei der wiederaufladbaren Hypothek fehle und diese daher eine besondere Gefahr berge.

713 Vgl. *Rapport au Président de la République*, Art. 20: „... Le rechargement peut avoir lieu au bénéfice du créancier originaire ou de tout autre créancier mais dans la limite maximale des remboursements effectués.“

714 Instruction 1.12.2006, BOI (Bulletin Officiel des impôts) 10 D-2-06, abgedruckt in JCP N 2006 Nr. 49, 1377, S. 2146 Nr. 40; vgl. auch *Prigent*, Defrénois 2007, art. 38650, S. 1280; *Savouré*, JCP N 2007, Nr. 19, 1175, S. 31.

715 *Grimaldi*, D 2006, S. 1296; *Dagot*, L'hypothèque rechargeable, S. 64 f. Nr. 195, S. 68 Nr. 208; *Gourio*, RD bancaire et financier 2006, 14, S. 41; JCl. *Houtcieff*, Art. 2421-2423 CC, hypothèque rechargeable, S. 16 Nr. 84; *Prigent*, Defrénois 2007, art. 38650, S. 1281; *Théry*, Dr. & patr. 2007, Nr. 159, S. 45; *Crocq*, RLDC 2008, suppl. au Nr. 46, 2880, S. 11 f.; abweichend *Cuif*, RLDC 2007, Nr. 34, 2361, S. 28; *Frémeaux*, Dr. & patr. 2005, Nr. 140, S. 92.

716 *Grimaldi*, D 2006, S. 1296; JCl. *Houtcieff*, Art. 2421-2423 CC, hypothèque rechargeable, S. 16 Nr. 84 geht insoweit vom Vorrang des Gesetzes aus.

717 *Théry*, Dr. & patr. 2007, Nr. 159, S. 45; *Grimaldi*, D 2006, S. 1296.

Argument. Eine Wiederaufladung mit einem höheren Betrag sei letztlich nur für den jeweiligen Gläubiger selbst ein Risiko, nicht aber für andere Beteiligte.[718] Es spreche nichts dagegen, dass dieser für sich dieses Risiko eingehe und sich so die Chance erhalte, dass sein Anteil am Sicherungsrecht durch Abzahlung vorangehender Forderungen noch anwachse. Vor ihm eingetragene Gläubiger würden hingegen vor ihm befriedigt und seien daher nicht beeinträchtigt.[719] Nachrangige Gläubiger könnten anhand der Eintragung im Register erkennen, wie hoch der noch freie Betrag der Hypothek sei. Soweit sie Inhaber einer nachrangiger Hypothek seien, sei für sie ohnehin allein der Hypothekenbetrag maßgeblich.

Ob sich diese fast einhellige Ansicht auch in der Praxis durchsetzt, bleibt indes abzuwarten. Aus Haftungsgesichtspunkten könnten sich stattdessen die in dieser Frage zentralen Akteure[720], die Notare und Hypothekenbewahrer, an die Vorgaben der *Instruction fiscale* halten.[721] Dies hätte den Vorteil, dass die Rechtslage bei der Hypothek übersichtlicher wäre und weniger Konfliktpotential zwischen den Gläubigern bestünde.[722]

2. Personelle Flexibilisierung

a. Keine Sicherungsreserve für den Gläubiger, sondern für den Eigentümer

Nach Art. 2422 Abs. 2 CC kann der Besteller der Hypothek, d.h. der Eigentümer, die Wiederaufladungsvereinbarung mit dem Gläubiger treffen, für den er die Hypothek ursprünglich bestellt hat. Er kann dafür aber auch jeden beliebigen anderen Gläubiger wählen. Die wiederaufladbare Hypothek ist damit nicht für den Erstgläubiger reserviert. Hierdurch soll verhindert werden, dass der Eigentümer bei späteren Krediten dessen Konditionen akzeptieren muss.[723] Dadurch sind Umschuldungen einfacher als bisher durchführbar.[724] Auch könnte die wiederaufladbare Hypothek die bisherige Praxis bei der Veräußerung eines hypothekarisch belasteten Grundstücks ändern. Wurden bisher die bestehenden

718 Ausführlich hierzu *Théry*, Dr. & patr. 2007, Nr. 159, S. 45.
719 Vgl. *Grimaldi*, D 2006, S. 1296.
720 Zu deren Rolle bei der Wiederaufladung s.u. § 6 B II.
721 So offenbar *Savouré*, JCP N 2007, Nr. 19, 1175, S. 33.
722 Ähnlich auch *Cuif*, RLDC 2007, Nr. 34, 2361, S. 28.
723 *Groupe de travail relatif à la réforme du droit des sûretés*, S. 19: „… éviter que l'emprunteur ne fût « prisonnier » de son banquier… ."
724 S.o. § 2 A II 1, § 2 A II 2 c.

Belastungen aufgehoben und die Hypothekeneintragung gelöscht, um ein Grundstück lastenfrei zu erwerben, könnte auf die Löschung der Eintragung nun verzichtet werden, da die wiederaufladbare Hypothek ja auch vom neuen Eigentümer genutzt werden kann.[725]

Die Aufladung kann gemäß Art. 2422 Abs. 2 CC bereits vor der Tilgung der Erstforderung erfolgen. Daher kann es dazu kommen, dass mit einer wiederaufladbaren Hypothek gleichzeitig Forderungen verschiedener Gläubiger gesichert werden, zwischen denen ansonsten überhaupt keine Verbindung besteht. In dieser Konstellation gibt es somit mehrere „Co-Inhaber" der wiederaufladbaren Hypothek.[726] Zugleich verbleibt ein wesentlicher Teil der Verfügungsgewalt über die wiederaufladbare Hypothek beim Eigentümer, da nur er die Wiederaufladungsvereinbarung schließen und nur er damit die Wiederverwendungsfunktion nutzen kann.[727] Für ein Recht, zumal ein Sicherungsrecht, ist diese Vervielfältigung der Rechtsinhaberschaft eine eigenartige, zumindest aber in dieser Form, eine sehr untypische Situation. Etwas Vergleichbares findet sich bei den deutschen Grundpfandrechten nicht.

b. Praktische Notwendigkeit der Mitwirkung vorrangiger Gläubiger

Hinsichtlich des Rangs dieser Gläubiger gilt gemäß Art. 2422 Abs. 5 CC das Prioritätsprinzip. Forderungen, die mit der wiederaufladbaren Hypothek gesichert sind, gehen im Umfang des eingetragenen (Wiederaufladungs-) Betrages späteren Wiederaufladungen bei der Verwertung vor. Der Gläubiger einer nachrangigen Forderung wird im Falle der Zwangsversteigerung erst dann befriedigt, wenn sämtliche vorrangige Gläubiger befriedigt wurden.[728]

Beispiel: Eine wiederaufladbare Hypothek ist zwischen E und G1 mit einem Betrag von 100 eingetragen worden, die Forderung von G 1 betrug ursprünglich ebenfalls 100, wurde aber bereits von E teilweise erfüllt, so dass sie nur noch 40 beträgt. Für G2 wurde die Hypothek in Höhe von 60 wiederaufgeladen, Zahlungen auf die Forderungen sind noch keine erfolgt. Bei einer Verwertung des

725 Vgl. hierzu *Dagot*, L'hypothèque rechargeable, S.139 Nr. 450; *Simler/Delebecque*, Les sûretés 2009, S. 380 Rn. 407.

726 *Dagot*, L'hypothèque rechargeable, S. 71 Nr. 217, S. 97 Nr. 301 f. bezeichnet die Konstellation mehrerer gesicherter Gläubiger als „cotitularité", als Co-Inhaberschaft.

727 Vgl. *Dagot*, L'hypothèque rechargeable, S. 5 f. Nr. 10 f., S. 154 f. Nr. 506 f.; *Frémeaux/Daublon*, Defrénois 2006, art. 38430, S. 1096.

728 *Grimaldi*, D 2006, S. 1296.

Grundstücks des E wird ein Erlös von 90 erzielt. Davon wird zunächst die noch ausstehende Forderung des G1, d.h. 40, erfüllt. Erst dann kommt G2 an die Reihe und erhält 50. Im Übrigen geht G2 leer aus.

Für Dritte, denen eine bereits bestehende wiederaufladbare Hypothek als Sicherheit angeboten wird, kommt es entscheidend darauf an, in welchem Umfang bereits gesicherte Forderungen noch bestehen. Die Zusicherung des Sicherungsgebers reicht hierfür naturgemäß nicht. Die Kontaktaufnahme mit vorrangigen Gläubigern wird unausweichlich sein.[729] Im Laufe der Existenz einer wiederaufladbaren Hypothek kann die Anzahl der eingetragenen Gläubiger und damit der Nachforschungsaufwand recht groß werden.[730]

B. Einschränkungen der Wiederaufladung

I. Inhaltlicher Gestaltungsrahmen

1. Geltung des Bestimmtheitsgrundsatzes

Für eine Forderung, welche mit der wiederaufladbaren Hypothek gesichert werden soll, gilt wie für die Erstforderung Art. 2421 CC. Sie kann gegenwärtig bestehend oder künftig entstehend sein, sie muss jedoch bestimmt oder zumindest bestimmbar sein.[731] Hier ist ein deutlicher Unterschied zur Sicherungsgrundschuld erkennbar, bei welcher die Flexibilität auch durch die anfängliche oder nachträgliche weite Formulierung des Sicherungsvertrages erreicht wird.[732]

2. Ausschluss „wiederaufladbarer" Kreditformen

Die oben genannten Verbraucherschutzregeln[733] gelten auch für die Wiederaufladung. Die wiederaufladbare Hypothek kann, soweit deren Voraussetzungen vorliegen, keine *crédit revolving*, d.h. keine Kreditlinien oder Kontokorrentforderungen sichern. Auch insoweit ist ihr Anwendungsbereich enger als derjenige

729 *Dagot*, L'hypothèque rechargeable, S. 70 Nr. 214 ff.

730 *Dagot*, L'hypothèque rechargeable, S. 73 Nr. 225 ff.; zu den sich stellenden Problemen ausführlich unten § 6 C III 1; § 8 A II 2.

731 S.o. § 5 A II 2.

732 *Becker-Eberhard*, Die Forderungsgebundenheit der Sicherungsrechte, S. 447 f.; s.o. § 2 A III 2 b dd.

733 S.o. § 5 B I 2 a.

der Sicherungsgrundschuld[734], aber auch derjenige der einfachen vertraglichen Hypothek.

3. *Ordre public*-Regelung

Art. 2422 Abs. 6 CC sieht vor, dass von den in Art. 2422 CC vorangehenden Regelungen nicht abgewichen werden kann. Die Auslegung, die davon ausgeht, dass bei einem Verstoß die gesamte Wiederaufladungsklausel nichtig sei und lediglich eine einfache vertragliche Hypothek erhalten bleibe, dürfte zwar unzutreffend sein.[735] Dies würde zu einer zu großen Rechtsunsicherheit führen und das Rechtsinstrument in sachlich nicht notwendiger, fast unsinniger Weise destabilisieren. Zweifel an der Sinnhaftigkeit der weiten Formulierung scheinen dennoch angebracht.[736] Die vertraglichen Möglichkeiten und damit die Anpassungsfähigkeit an die individuellen Wünsche und Bedürfnisse werden dadurch eingegrenzt. Dies unterscheidet die wiederaufladbare Hypothek gravierend von der Sicherungsgrundschuld. Gestaltungsfreiheit und Anpassungsfähigkeit sind gerade die Qualitätsmerkmale, die der *Segré*-Bericht 1966 bei der Sicherungsgrundschuld so schätzte[737] und seither immer wieder zuvorderst genannt wurden[738]. Der Sicherungsvertrag, der das Bindeglied zwischen Sicherungsgrundschuld und Forderung ist, war bislang gesetzlich überhaupt nicht geregelt. Auch der gesetzgeberische Eingriff durch das Risikobegrenzungsgesetz 2008 ließ diese Flexibilität bestehen.[739] Judikative Vorgaben setzen zwar Grenzen, blieben jedoch bislang behutsam.[740] Wo im deutschen Recht über weitgehende Gestaltungsfreiheit die flexible Handhabung zu wechselnden Zwecken erleichtert werden sollte, bezweckt der französische Gesetzgeber mit Art. 2422 Abs. 6 CC eine andere Freiheit, nämlich die des Eigentümers, des Kreditnehmers.

---

734 S.o. § 2 A III 2 b dd.

735 So aber offenbar JCl. *Houtcieff*, Art. 2421-2423 CC, hypothèque rechargeable, S. 10 Nr. 45 f.; anders hingegen *Grimaldi*, D 2006, S. 1296 und *Dagot*, L'hypothèque rechargeable, S. 38 Nr. 115 ff.

736 *Grimaldi*, D 2006, S. 1296.

737 S.o. Einleitung A I.

738 *Stürner*, in: Festschrift Serick, S. 380; *Stadler*, Gestaltungsfreiheit und Verkehrsschutz durch Abstraktion, S. 606 ff.; *Clemente*, Sicherungsgrundschuld, S. 4 Rn. 10.

739 Dass diese Zurückhaltung des Gesetzgebers durchaus auch zu hinterfragen ist verdeutlicht *Clemente*, ZfIR 2008, S. 598.

740 Beispielhaft erwähnt sei BGH ZIP 1990, S. 298, BGH ZIP 1982, S. 1035 und BGH ZIP 2001, S. 408. Diese Rechtsprechung blieb nicht ohne Kritik, vgl. *Clemente*, ZIP 1990, S. 969 ff.; *Stürner*, in: Festschrift Serick, S. 382 ff.; *Knops*, ZIP 2006, 1965 ff.

4. Kein Ausschluss der Co-Inhaberschaft möglich

Bedeutung erlangt Art. 2422 Abs. 6 CC vor allem hinsichtlich der Co-Inhaberschaft.[741] Er sorgt dafür, dass diese in Art. 2422 Abs. 2 CC geregelte Besonderheit der wiederaufladbaren Hypothek durch den Erstgläubiger nicht vertraglich abbedungen werden kann. Der gesetzgeberische Wille, den Eigentümer nicht auf den Erstgläubiger festzulegen, mag respektabel, da verbraucherfreundlich sein. Offensichtlich birgt diese Lösung jedoch eine andere Gefahr. Das Interesse der Gläubiger an diesem Sicherungsrecht könnte stark nachlassen. Sie sind es aber, die bei der Auswahl der Sicherheit letztlich entscheiden, die sich bereit erklären müssen, eine Wiederaufladbarkeitsklausel in die Hypothekenbestellung mit aufzunehmen. Ein Gläubiger, der dies tut, hat keine Gewissheit, ob er von dieser Klausel in der Zukunft je profitieren wird. Stattdessen riskiert er, dass, noch bevor seine Forderung beglichen ist, andere Gläubiger die wiederaufladbare Hypothek auch nutzen. Eine Co-Inhaberschaft birgt zwangsläufig Konfliktpotential und dürfte eine Verwertung des Sicherungsrecht zumindest nicht vereinfachen. Der Nutzen des Erstgläubigers an einer wiederaufladbaren Hypothek ist ungewiss, was zur Folge haben dürfte, dass auch sein Verlangen zur Vereinbarung einer solchen gering ist.[742]

II. Förmlicher Gestaltungsrahmen

Für die Wiederaufladungsvereinbarung (*convention de rechargement)* gelten im Prinzip dieselben Regeln wie für die Neubestellung. Soweit die Voraussetzungen von Art. L. 313-14 ff. C. Cons. vorliegen, sind bei der Wiederaufladung die Belehrungs- und Hinweispflichten in Form einer *situation hypothécaire* zu beachten.[743]

1. Form der Wiederaufladung

a. Notarielle Mitwirkung

Art. 2422 Abs. 3 CC schreibt für die Wiederaufladungsvereinbarung die notarielle Form vor.[744] Bei Nichtbeachtung dieser Form dürfte die Vereinbarung nich-

741 *Grimaldi*, D 2006, S. 1296.

742 Vgl. *Dagot*, L'hypothèque rechargeable, S. 158 Nr. 519.

743 *Prigent*, Defrénois 2007, art. 38650, S. 1279; s.o. § 5 B I 2 a.

744 Der Darlehensvertrag muss dieser Form hingegen nicht genügen, vgl. *Gourio*, RD bancaire et financier 2006, 14, S. 41.

tig sein.[745] Wie bei der Neubestellung muss der Notar auch hierzu umfassend beraten.[746] Zu seinen Pflichten gehört auch die wirtschaftliche Bewertung der angebotenen Sicherheit.[747] Er muss prüfen, inwieweit die durch die wiederaufladbare Hypothek bereits gesicherten Forderungen noch bestehen und wie groß der dem neuen Sicherungsnehmer zur Verfügung stehende Sicherungsbetrag ist.[748] Die hierzu erforderliche Nachforschung dürfte ihm oftmals Mühe bereiten.[749] Von der notariellen Form dürfte dagegen speziell der Sicherungsnehmer profitieren, dem die Nachprüfung abgenommen wird und der so buchstäblich an Sicherheit gewinnt.

b. Publizierung

Schließlich muss die Wiederaufladungsvereinbarung für ihre Drittwirksamkeit im Grundstücksregister publiziert werden gemäß Art. 2422 Abs. 4 CC. Ausreichend hierfür ist eine *mention en marge* (wörtlich: Randbemerkung), ein Zusatzvermerk gemäß Art. 2430 Abs. 3 CC. Der Eintragungszeitpunkt legt die Rangfolge bei mehreren durch eine wiederaufladbare Hypothek gesicherten Gläubigern fest gemäß Art. 2422 Abs. 5 CC. Obwohl diese Registrierungsform an sich, d.h. in anderen Fällen, keine Bedeutung für die Drittwirksamkeit hat,[750] dient sie hier genau diesem Zweck. Hintergrund ist, dass so die Kosten der Wiederaufladung reduziert werden.[751]

2. Kosten der Wiederaufladung

Auch wenn die formalen Anforderungen bei der Wiederaufladung denen der Neubestellung ähneln, sind deren Kosten nicht identisch.

---

745 JCl. *Houtcieff*, Art. 2421-2423 CC, hypothèque rechargeable, S. 15 Nr. 79.

746 Zu den Pflichten des Notars im Hypothekenrecht ausführlich *Albiges*, in: Évolution des sûretés réelles, S. 15 ff.; *Piedelièvre*, RLDC 2005, Art. 644, Nr. 16, S. 15 ff.

747 *Dagot*, L'hypothèque rechargeable, S. 96 Nr. 299 f., S. 120 f. Nr. 386 f.; *Albiges*, in: Évolution des sûretés réelles, S. 17.

748 Nach *Savouré*, JCP N 2007, Nr. 19, 1175, S. 33 könnte dies durch entsprechende Nachweise der bisherigen Gläubigerbanken erfolgen.

749 *Dagot*, L'hypothèque rechargeable, S. 97 Nr. 300.

750 *Théry*, Dr. & patr. 2007, Nr. 159, S. 48; *Grimaldi*, D 2006, S. 1295.

751 *Aynès/Crocq*, Les sûretés 2011, S. 306 f. Nr. 664.

a. Notarkosten

So gelten bei der Berechnung der betragsabhängigen Notargebühren andere Parameter.[752]

Variabler Teil der Notargebühren bei Bestellung und Wiederaufladung in Prozent des Hypothekenbetrags

Hypothekenbetrag in Euro	Bestellung (Verbraucher)	Bestellung (gewerbliche Kredite)	Wiederaufladung
0-6500	1,33	2,2	0,8
6500-17.000	0,55	0,91	0,44
17.000-30.000	0,366	0,605	0,3
ab 30.000	0,275	0,45375	0,22

Der Anteil der Notarkosten[753] ist hiernach bei der Wiederaufladung mit sehr kleinen Beträgen deutlich geringer als bei einer Neubestellung. Allerdings kommt bei derartig niedrigen Kreditbeträgen eine Neubestellung ohnehin nicht in Betracht, da Aufwand und Kosten absolut gesehen zu hoch sind. Bei höheren Beträgen wirken sich die unterschiedlichen Berechnungsgrundlagen bei gewerblichen Krediten noch immer, bei Verbraucherkrediten hingegen kaum mehr aus.

Niedrige Wiederaufladungskosten mögen hinsichtlich der finanziellen Attraktivität der wiederaufladbaren Hypothek absolut richtig und notwendig sein. Auffällig ist indessen, dass der Senkung der Notargebühren erheblicher Aufwand des Notars gegenübersteht.[754] Wie eben[755] darauf hingewiesen, kommt ihm eine ganz wichtige Rolle zu, indem er die Parteien bei der Wahl eines Sicherungsinstruments über die Risiken aufklärt und die für die Wiederverwendung erforderlichen Nachforschungen vornimmt. Er ist es, der zur Erst- oder Wiederverwen-

752 Vgl. *Frémeaux*, RLDC 2006, suppl. au Nr. 29, 2170, S. 35, bezugnehmend auf Décret Nr. 78-262 du 8.3.1978, portant fixation du tarif des notaires modifiée par Décret Nr. 2006-558 du 16.5.2006, S. 35 f.: série de base S 2 und Coefficient 0,4 statt S 1 und 1/3 (für Verbraucher) bzw. 0,55 (für gewerbliche Kredite).

753 Vgl. Beispielsrechnung bei *Thouault*, Rev. fisc. not. 2006, 17, S. 7, wonach die Notarkosten bei einer Wiederaufladung in Höhe von 70.000 Euro 225,20 (70.000×0,22 Prozent + 71,20) Euro (≈ 0,32 Prozent) betragen.

754 Vgl. *Dagot*, L'hypothèque rechargeable, S. 121 f. Nr. 387 ff.

755 S.o. § 6 B II 2 a.

dung einer wiederaufladbaren Hypothek rät (und bei Beratungsfehlern haftet!) oder eben nicht. Arbeitsaufwand und Entlohnung korrespondieren nicht. Der Enthusiasmus der Notare für dieses für sie wenig lukrative Sicherungsinstrument dürfte sich in Grenzen halten.

b. Gebühren des Hypothekenbewahrers

Der dem Hypothekenbewahrer zustehende Betrag beträgt wie bei der Bestellung[756] 0,05 Prozent des Hypothekenbetrags.[757]

c. Keine Registrierungssteuern

Die Besonderheit der Registrierung als *mention en marge* ist es, dass die Grundstücksregistersteuer (*taxe de publicité foncière*)[758] nicht anfällt. Auf diese Weise fällt somit der bei der Bestellung so gewichtige Teil der Kosten, immerhin 0,715 Prozent des Hypothekenbetrags, nicht an. Die Kosten der Wiederaufladung ergeben sich somit im Wesentlichen aus den Notarkosten. Die formalen Anforderungen an die Wiederaufladung führen zwar zu gewissen Kosten, diese sind jedoch deutlich geringer als bei der Neubestellung einer Hypothek.

C. Vergleich mit dem deutschen Recht

I. Kaum Übereinstimmungen mit der Grundschuld

Die Gemeinsamkeiten von wiederaufladbarer Hypothek und Grundschuld beschränken sich im Wesentlichen darauf, dass beide Sicherungsrechte nicht an eine Forderung gebunden sind, sondern wiederverwendet werden können. Nach Betrachtung des Wiederaufladungsmechanismus ist hingegen klar, dass diese Wiederverwendbarkeit bei der wiederaufladbaren Hypothek auf eine ganz andere Weise erfolgt als bei einer Sicherungsgrundschuld. Die Verbindung mit einer neuen Forderung erfolgt nicht durch eine formlose, schuldrechtliche Vereinbarung, bei der das Grundpfandrecht unverändert bleibt, sondern durch die inhaltliche Änderung des Sicherungsrechts inklusive einer Eintragung ins Grundstücksregister. Anders als bei der Sicherungsgrundschuld besteht zu keiner Zeit ein Si-

756 S.o. § 5 A I 1 a aa.

757 Der Prozentsatz wurde durch das Décret 2006-729 du 22.06.2006 von 0,1 auf 0,05 Prozent gesenkt, vgl. *Thouault*, Rev. fisc. not. 2006, 17, S. 7.

758 S.o. § 5 A I 1 b.

cherungsüberschuss beim Sicherungsnehmer, vertragliche Anpassungen sind wegen Art. 2422 Abs. 6 CC nur eingeschränkt möglich. Die sich dadurch ergebende Formalität der Wiederaufladung hat mithin wenig bis gar nichts zu tun mit der Sicherungsgrundschuld und der ihr innewohnenden Gestaltungsfreiheit. Der Unterschied wirkt sich auch finanziell aus, da nur die Wiederverwendung der Sicherungsgrundschuld keine besonderen Kosten verursacht.

II. Einordnung innerhalb des Hypothekenrechts

Da Sicherungsgrundschuld und wiederaufladbare Hypothek bereits im Ansatz unterschiedlich funktionieren, kommen umso mehr Übereinstimmungen mit der Hypothek in Betracht. Wie oben bereits angedeutet, sind bei der deutschen Hypothek verschiedene Varianten zu unterscheiden, die durch unterschiedlich ausgeprägte Flexibilität gekennzeichnet sind.

1. Mehr als bloße Forderungsauswechslung

Der Wiederaufladungsmechanismus ist dabei nicht lediglich ein französisches Pendant zu § 1180 BGB.[759] Bei der Wiederaufladung muss keine Rücksicht auf nachrangig gesicherte Gläubiger genommen werden.[760]

2. Keine Ähnlichkeit mit der Höchstbetragshypothek

Die wiederaufladbare Hypothek ist auch keine Abwandlung der Höchstbetragshypothek gemäß § 1190 BGB. Für die Höchstbetragshypothek ist charakteristisch, dass die Flexibilität dadurch erreicht wird, dass die Bestimmtheit der gesicherten Forderung eingeschränkt ist und lediglich der maximale Betrag feststeht.[761] Zwar gibt es auch bei der wiederaufladbaren Hypothek einen maximalen Sicherungsbetrag. Auch können die von der Wiederaufladung profitierenden Forderungen bei der Bestellung der wiederaufladbaren Hypothek noch unbekannt sein. Bei jeder Wiederaufladung gilt dann aber Art. 2421 Abs. 1 S. 2 CC. Jede gesicherte Forderung muss hinreichend genau bestimmt sein.

759 S.o. § 2 A III 2 b aa.
760 Eine Ausnahme hiervon gilt für einige nicht-vertragliche Hypotheken, s.u. § 7 B III.
761 S.o. § 2 A III 2 b bb.

3. Keine Übereinstimmung mit verdeckter Höchstbetragshypothek und abstrahierter Hypothek

Diese Instrumente sind im Grunde nur geschmeidigere Weiterentwicklungen der Höchstbetragshypothek nach § 1190 BGB.[762] Da auch hier dem strengen Bestimmtheitsgebot ausgewichen wird, können sie strukturell nicht der wiederaufladbaren Hypothek entsprechen.

4. Übereinstimmungen mit der (Buch-)Hypothek

Die größten Übereinstimmungen bei der Wiederverwendbarkeit weist die wiederaufladbare Hypothek dagegen mit der einfachen Hypothek nach § 1113 BGB auf. Der Wiederaufladungsmechanismus erinnert an das Zusammenspiel von Hypothek und Eigentümergrundschuld nach §§ 1163 Abs. 1 S. 2, 1177 Abs. 1 S. 1 BGB.[763] Wie die deutsche Hypothek erlischt auch die wiederaufladbare Hypothek nicht mit der gesicherten Forderung, sondern besteht wie eine Eigentümergrundschuld weiter. Insoweit stimmen beide Instrumente im Ergebnis überein. Bei der Wiederverwendung jedoch auch gewisse Unterschiede erkennbar.

Eine § 1179a BGB vergleichbare Beschränkung existiert bei der wiederaufladbaren Hypothek nicht. Sie könnte wegen Art. 2422 Abs. 6 CC auch nicht vertraglich geschaffen werden. Besteht diese Einschränkung nicht und will der Eigentümer die Eigentümergrundschuld wiederverwenden, muss er sie an den (neuen) Sicherungsnehmer übertragen, gemäß den Voraussetzungen von § 1154 BGB. Ein spezieller, eigens geschaffener Wiederaufladungsmechanismus wie bei der wiederaufladbaren Hypothek fehlt. Bei der Buchhypothek erfordert die Übertragung grundsätzlich eine Änderung der Grundbucheintragung gemäß §§ 1154 Abs. 3, 873 Abs. 1 BGB. Dies entspricht annähernd der Registrierung der Wiederaufladung. Im Zweipersonenverhältnis könnte man sich bei der Buchhypothek an dieser Stelle die Frage stellen, ob diese Eintragung notwendig ist oder ob die bisherige Eintragung, die ja eine Forderung zwischen den Parteien bereits ausweist, nicht ausreicht. Dann wäre die Wiederverwendung ohne Grundbucheintragung möglich.[764] Eine Neuvalutierung ohne Grundbuchänderung wird

762 Ebenda.

763 S.o. § 2 A III 1 b.

764 In diese Richtung geht BGHZ 36, 84, 88. Hier hat der BGH entschieden, dass eine Hypothek zunächst für eine bloße Scheinforderung (für geleistete Arbeiten) bestellt werden konnte und als Eigentümergrundschuld entstand, dass sie jedoch später *ohne* rechtsgeschäftliche Umwandlung eine andere Forderung (der Baugläubiger) sichern konnte. Da

jedoch als Verstoß gegen Bestimmtheitsgrundsatz und Akzessorietät[765], teilweise aber auch wegen des Typenzwangs[766] abgelehnt. Im Grunde geht es hierbei um die Frage, ob man eine verdeckte Höchstbetragshypothek als zulässig erachtet oder nicht. Außerhalb dieser dogmatisch fragwürdigen Konstruktion ist bei der Wiederverwendung der Buchhypothek eine Grundbuchänderung notwendig.[767]

Im Fall einer Briefgrundhypothek genügt für die Übertragung hingegen bereits die Übergabe des Hypothekenbriefes gemäß § 1154 Abs. 1 S. 1 BGB.[768] Eine Briefhypothek, die sich mit Erlöschen der gesicherten Forderung in eine Eigentümergrundschuld umgewandelt hat, kann daher ohne Änderung der Eintragung zurück- oder weiterübertragen und so als Sicherheit wiederverwendet werden. Unklar, für die Praxis zumindest bisher[769] aber im Grunde bedeutungslos, ist, ob diese dann als (Fremd-)Grundschuld weiterbesteht oder sich in eine Hypothek zurückverwandelt.[770] Festzuhalten bleibt, dass die Wiederaufladung einer wiederaufladbaren Hypothek am ehesten mit der Wiederverwendung einer Buchhypothek übereinstimmt.

III. Schwierigkeiten bei der Wiederaufladung

1. Rechtsunsicherheit bei bereits bestehenden Sicherungen Dritter

Die wiederaufladbare Hypothek vermeidet eine Festlegung des Eigentümers auf einen bestimmten Gläubiger. Diese Offenheit der Sicherheit gegenüber Dritten hat als Kehrseite, dass deren Handhabung in der Praxis erschwert wird. Die Sicherung durch eine wiederaufladbare Hypothek, die bereits von anderen genutzt

---

hier aber der BGH offenbar angenommen hat, dass von Anfang an vereinbart war, dass die Hypothek diese zweite Forderung sichern sollte und die Hypothek nie eine andere Forderung gesichert hat, war dies kein Fall der Neuvalutierung/Wiederverwendung. Kritisch hierzu *Wilhelm*, Sachenrecht, S. 646 f. Rn. 1591.

765 *Westermann*, JZ 1962, S. 303; *Baur/Stürner*, Sachenrecht 2009, § 37 Rn. 20.

766 *Büdenbender*, JuS 1996, S. 667; zustimmend Palandt/*Bassenge*, § 1113 Rn. 9 und Soergel/*Kontzen*, § 1113 Rn. 26; noch enger *Becker-Eberhard*, Die Forderungsgebundenheit der Sicherungsrechte, S. 498 f.

767 *Huber*, Die Sicherungsgrundschuld, S. 57; *Lwowski*, Kreditsicherung, S. 679 Rn. 863; *Stöcker*, Die Eurohypothek, S. 38.

768 *Huber*, Die Sicherungsgrundschuld, S. 56 f.

769 Mit den Veränderungen, die das Risikobegrenzungsgesetz brachte, erlangt diese Frage eine andere Bedeutung als bisher, vgl. § 8 B II 2 b aa.

770 Vgl. RG LZ 1917, 402 f.; *Huber*, Die Sicherungsgrundschuld, S. 58. Bei BGH WM 1964, S. 678 wird die eintragungsfreie Umwandlung abgelehnt, allerdings geht dort nicht eindeutig hervor, ob es sich um eine Buch- oder um eine Briefhypothek handelte.

wird, ist nur dann in Erwägung zu ziehen, wenn der aktuelle Bestand der vorangegangenen Sicherungen zuverlässig ermittelt werden kann. Bei älteren, bereits mehrfach genutzten wiederaufladbaren Hypotheken kann sich diese Nachprüfung schwierig gestalten. Eine Rücksprache mit den bisherigen Gläubigern ist erforderlich. Sind von diesen zuverlässige und verbindliche Informationen nicht erhältlich, ist eine wiederaufladbare Hypothek für neue Gläubiger nicht mehr wiederverwendbar. Als nützlich dürfte sich hierbei erweisen, dass bei der Wiederaufladung zwingend ein Notar mitwirkt. Eine Abhängigkeit von der Redlichkeit und Zuverlässigkeit Dritter bleibt dennoch. Zur Schaffung von mehr Rechtssicherheit wird zum Teil eine begrenzte Geltung der Wiederaufladung oder die Eintragung des Erlöschens gesicherter Forderungen ins Grundstücksregister per *mention en marge* angeregt.[771] Diese Maßnahmen könnten sicherlich zu höherer Transparenz führen. Sie hätten jedoch auch den Nachteil, dass die bisher schon wenig zufriedenstellende Technik der begrenzten Geltung der Eintragung, Erneuerung und Löschung auch innerhalb der wiederaufladbaren Hypothek gelten würde. Zudem würde das Prozedere bei der wiederaufladbaren Hypothek noch aufwendiger und teurer.

Das deutsche Recht ist diesbezüglich übersichtlicher und klarer. Das Grundpfandrecht wird stets von lediglich einem Gläubiger genutzt. Bei Veräußerung erwirbt der Zessionar die Grundschuld ganz, ein Recht des Zedenten besteht nicht mehr. Eine klare vertragliche Beziehung verbunden mit einem entsprechenden Informationsfluss sind die Folge.[772]

2. Schwerfälligkeit durch formale Anforderungen

Mit den Formvorschriften besteht bei der wiederaufladbaren Hypothek ohnehin ein gravierender Unterschied zur Sicherungsgrundschuld. Forderungswechsel und Forderungserweiterung werden aufwendig und schwerfällig. Die Voraussetzungen (nicht die Kosten) der Wiederaufladung entsprechen im Prinzip denen einer Neubestellung eines Grundpfandrechts. Angesicht dessen und in Verbindung mit der Co-Inhaberschaft scheint auch die Einschätzung, wonach es sich bei der Wiederaufladungsvereinbarung um eine Quasi-Hypothek handle, nicht

771 Siehe *Dagot*, L'hypothèque rechargeable, S. 106 Nr. 337; *Théry*, Dr. & patr. 2007, Nr. 159, S. 47.

772 Vgl. unten zur deutschen Rechtslage § 8 B I 2 b aa.

völlig verfehlt.[773] Verglichen mit der Sicherungsgrundschuld, bei welcher ja gerade der flexiblen, rein schuldrechtlichen Bindung zwischen Sicherungsrecht und gesicherter Forderung so große Bedeutung für ihren Erfolg beigemessen wird,[774] verwundern und enttäuschen diese Formvorschriften der wiederaufladbaren Hypothek. Diese strenge und unflexible Struktur lässt Zweifel am Nutzen der wiederaufladbaren Hypothek aufkommen. Die im deutschen Recht gemachten Erfahrungen scheinen bei der wiederaufladbaren Hypothek nicht oder nicht in ausreichender Weise berücksichtigt worden zu sein.

D. Hintergrund der unterschiedlichen Formerfordernisse

Es stellt sich die Frage, warum in beiden Rechtsordnungen so gegensätzliche Anforderungen einzuhalten sind. Es ist ja auffallend, dass einerseits die Wiederverwendbarkeit der Grundschuld prinzipiell vollkommen formlos, allein durch eine vertragliche Vereinbarung, einer Sicherungs*abrede* möglich ist, und andererseits im Prinzip dieselben Formvorschriften wie bei der Bestellung eines Grundpfandrechts, Notarzwang kombiniert mit einem Eintrag in ein öffentliches Register, gelten. Einige Autoren verweisen darauf, dass es sich bei der Wiederaufladung um eine Art Neubestellung einer Hypothek handle.[775] Der Schluss, dieselben Regeln anzuwenden, liegt dann nahe. Eine tiefer gehende Erklärung lässt sich finden, wenn man Funktion und Bedeutung von notarieller Form und Registereintragung etwas genauer betrachtet.

I. Registereintragung

1. Co-Inhaberschaft erfordert Transparenz

Recht einfach lässt sich eine Erklärung für die Registereintragung finden. Sie dient in beiden Rechtsordnungen dem Schutz des Rechtsverkehrs, indem sie die Rechte an Grundstücken offen legt.[776] Bei der Sicherungsgrundschuld ist hierfür bereits die einmalige Grundbucheintragung ausreichend. Hieraus können Dritte den Rang, die Höhe und bei einer Buchgrundschuld auch den aktuellen Inhaber

773 *Cuif*, RLDC 2007, Nr. 34, 2361, S. 27 f.

774 S.o. § 6 B I 3.

775 *Grimaldi*, D 2006, S. 1295; *Théry*, Dr. & patr. 2007, Nr. 159, S. 45; *Cuif*, RLDC 2007, Nr. 34, 2361, S. 27; *Aynès/Crocq*, Les sûretés 2011, S. 306 Nr. 664.

776 S.o. § 2 A I 1 b bb.

des Sicherungsrechts entnehmen. Zur Übertragung an einen Dritten ist bei der Buchgrundschuld eine Änderung dieser Eintragung erforderlich. Bei der Briefgrundschuld kennzeichnet der Besitz des Briefs die Rechtsinhaberschaft, so dass es bei einer Übertragung nicht einmal einer Eintragung bedarf.[777] Die Verbindung von Verbriefung und Verselbstständigung von der Forderung reduziert so die Notwendigkeit späterer Änderungen der Grundbucheintragung der Grundschuld.

Bei der wiederaufladbaren Hypothek stellt sich die Situation ganz anders dar. Im Laufe der Zeit können auch ohne formale Übertragung andere als der ursprünglich gesicherte Gläubiger durch die wiederaufladbare Hypothek gesichert werden. Ohne eine Eintragung der späteren Wiederaufladungen gäbe es für den Rechtsverkehr überhaupt keine zuverlässige Methode zu prüfen, wer in welcher Höhe Inhaber der wiederaufladbaren Hypothek ist.[778] Schützenswert sind hierbei nicht so sehr die Gläubiger nachrangiger Hypotheken. Diesen muss klar sein, dass das vorrangige Recht auch später jederzeit von einem anderen wiederverwendet werden und im Verwertungsfall dann voll valutiert sein kann.[779] Es sind vielmehr die Gläubiger, die sich für die Wiederaufladung der wiederaufladbaren Hypothek entscheiden, die hierdurch geschützt werden. Ihr Recht hängt entscheidend davon ab, welchen Rang sie im Vergleich zu anderen Co-Inhabern inne haben.[780] Der wiederaufladbaren Hypothek würde jegliche Transparenz und Kalkulierbarkeit abgehen, wenn dem Grundstücksregister eine so grundlegende Information wie die Rechtsinhaberschaft nicht mehr entnommen werden könnte. Werden mehrere Forderungen verschiedener Gläubiger gleichzeitig gesichert, muss zudem deren Rangfolge festgelegt werden. Nur eine Registereintragung kann dies in einer für den Rechtsverkehr akzeptablen Weise leisten. Art. 2422 Abs. 5 CC sieht entsprechend genau dies vor. Es ist somit die Co-Inhaberschaft, die zum Schutz des Rechtsverkehrs in der Konsequenz eine Eintragung der Wiederaufladung ins Grundstücksregister erforderlich macht. Die Regelung scheint in dieser Hinsicht gleichwohl nicht völlig gelungen. Sie geht einerseits zu weit, da sie nicht danach differenziert, ob der alte oder ein neuer Gläubiger das Sicherungsrecht wiederverwendet. Daher ist die Registereintragung selbst

777 S.o. § 2 A II 3.

778 Vgl. hierzu *Théry*, Dr. & patr. 2007, Nr. 159, S. 48.

779 Vgl. hierzu bereits § 6 A II 1 b bb.

780 Zu den Problemen dieser Rangfolge s.u. § 7 B IV.

ohne Co-Inhaberschaft, bei der Verwendung durch immer ein und denselben Gläubiger, zwingend. Andererseits ist die Regelung nicht ausreichend, da sie letztlich nicht hinreichend Klarheit zu schaffen vermag. Für neue Sicherungsnehmer ist schließlich nicht der ursprüngliche Betrag vorrangiger Forderungen maßgeblich, sondern der Forderungsstand zum Zeitpunkt der Wiederaufladung.[781] Zusätzliche Recherchen bleiben somit stets erforderlich. Schließlich ist daran zu erinnern, dass das Vertrauen der Gläubiger in die Richtigkeit der Eintragungen ja gar nicht geschützt wird.

2. Folge der Akzessorietät

Die eben genannten Erwägungen betrafen die Praktikabilität der Wiederaufladung. Daneben lässt sich auch eine dogmatische Erklärung für die Registereintragung finden. Ein weiterer Grund für die Registereintragung dürfte darin zu sehen sein, dass die wiederaufladbare Hypothek trotz der Lockerung und Einschränkung der Akzessorietät noch immer als akzessorisches Recht funktioniert. Bei der Grundschuld ist die gesicherte Forderung kein inhaltlicher Bestandteil. Der Inhalt des dingliche Rechts ändert sich beim Wechsel der Forderung gar nicht. Eine Änderung der Grundbucheintragung bei einer Änderung der Forderung ist daher nicht erforderlich. Bei einem akzessorischen Recht gehört das führende Recht dagegen zum Inhalt des geführten Rechts. Entsprechendes gilt wegen Art. 2421 CC auch für die wiederaufladbare Hypothek. Jede Wiederaufladung führt zu einer wichtigen Änderung des Inhalts des akzessorischen Rechts. Mit der inhaltlichen Änderung wird auch die im öffentlichen Register bestehende Eintragung unrichtig. Ohne zusätzliche Eintragung wäre dessen Funktion, die transparente Darstellung der tatsächlichen Rechtsverhältnisse, in Gefahr.

Diese Konsequenz der Akzessorietät zeigt sich auch in der deutschen Rechtsordnung. Die Grundschuld kann die Forderung ohne Grundbuchänderung wechseln oder erweitern, da die gesicherte Forderung kein inhaltlicher Bestandteil von ihr ist.[782] Bei der Hypothek mussten dagegen dogmatisch zweifelhafte Konstruktionen wie die verdeckte Höchstbetragshypothek und die abstrahierte Hypothek entwickelt werden. Erst über die Abstrahierung der gesicherten Forderung wurde eine allgemeine, formfreie Wiederverwendung der Hypothek erreicht. Gerade

781 Vgl. die oben dargestellten Schwierigkeiten für Dritte bei der Bestimmung des wiederaufladbaren Betrags, § 6 A II 1 b bb.

782 S.o. § 2 A III 2 b dd.

derartige Aushöhlungen wurden in Frankreich mit Art. 2421 Abs. 2 CC jedoch blockiert.[783] Bei einer Buchhypothek ist im deutschen Recht nach §§ 1154 Abs. 3, 873 Abs. 1 BGB eine Grundbuchänderung unumgänglich.[784] Lediglich die Briefhypothek lässt sich ohne Registereintragung gemäß § 1154 Abs. 1 S. 1 BGB übertragen.[785] Eine vergleichbare Technik fehlt jedoch bei der wiederaufladbaren Hypothek. An der Registereintragung der Wiederaufladung führt daher dogmatisch kein überzeugender Weg vorbei.

II. Begründungslinien für den Notarzwang

Um nachvollziehen zu können, warum bei der Wiederaufladung die notarielle Form verlangt wird, ist es hilfreich, von der Bestellung einer Hypothek auszugehen und sich die dortigen Gründe zu vergegenwärtigen.

1. Höherer Schuldnerschutz?

Die notarielle Mitwirkung bei der Bestellung wird klassischerweise dadurch begründet, dass sie dem Schutz der Parteien, vor allem des Sicherungsgebers, diene.[786] Entsprechend kann man auch bei der Wiederaufladung argumentieren.[787] Selbst die Banken haben offenbar auf diesen Schutz gedrängt.[788] In der Tat zeigt sich das deutsche System in dieser Frage erstaunlich liberal. Eine einmal bestellte Grundschuld kann grundsätzlich immer wieder wiederverwendet werden. Bei älteren Grundschulden ist so gut möglich, dass der aktuelle Grundstückseigentümer sie selbst gar nicht bestellt hat und damit nie über ihre Technik von unabhängiger Seite aufgeklärt wurde. Bei jeder Wiederverwendung riskiert der Sicherungsgeber dabei den Verlust des beliehenen Grundstücks. Dies erstaunt, auch weil § 311b Abs. 1 BGB ja deutlich macht, dass der Gesetzgeber Grundvermögen besonders schützen wollte. Die Zurückhaltung zur Aufstellung besonderer Formvorschriften schützt die Privatautonomie, die Verkehrsfähigkeit und

783 S.o. § 5 A II 2 b.

784 *Huber*, Die Sicherungsgrundschuld, S. 57; ebenso *Stöcker*, Die Eurohypothek, S. 38.

785 S.o. § 2 A II 3.

786 Vgl. Dalloz Rép. Dr. civ. *Fournier*, hypothèque conventionnelle, S. 2 Nr. 6 f.; *Picod*, Droit des sûretés, S. 379 Nr. 312; *Legeais*, Sûretés, S. 469 Nr. 571; *Simler/Delebecque*, Les sûretés 2009, S. 366 Rn. 392.

787 *Grimaldi*, D 2006, S. 1295; *Dagot*, L'hypothèque rechargeable, S. 92 Nr. 286.

788 Vgl. Auszug einer Erklärung der *Fédération bancaire française* in JCP N 2006, Nr. 7, Art. 187, S. 388: „...pour prévenir le risque de surendettement [...] le recours à un notaire devrait être requis, à chaque nouveau crédit.“

damit letztlich auch die Interessen der Wirtschaft. Dies zeigt auch der Vergleich mit der Bürgschaft, bei der gemäß § 766 S. 1 BGB bereits die Schriftform ausreicht, obwohl dort das Haftungsrisiko des Sicherungsgebers dessen gesamtes Vermögen erfasst und damit sogar noch größer ist. Vor diesem Hintergrund vermag auch die Begründung der notariellen Form allein mit dem Schutz der Parteien nur wenig zu überzeugen. Die starren Strukturen der vertraglichen Hypothek haben schließlich in Frankreich bislang dazu geführt, dass stattdessen im großen Stil auf die Personalsicherheiten ausgewichen wurde, die ebenfalls nur geringeren Formvorschriften unterliegen.[789] Handelt es sich um einen privaten Bürgen, so steht dieser mit seinem ganzen Vermögen inkl. Grundeigentum ein. Sichert das Kreditgeschäft hingegen wie üblich ein institutioneller Bürge, so wird der Kreditnehmer bei Zahlungsschwierigkeiten sogar von zwei Seiten unter Druck gesetzt, und vorhandenes, zunächst unbelastetes Grundeigentum ist ebenfalls nicht sicher.

2. Zusammenhang zwischen notarieller Form und Registereintragung

Der Schutz des Schuldners war sicher ein politisch wesentliches Argument bei der Entscheidung für die notarielle Form. Im Hinblick auf die „notarfreie“ Bürgschaft ist dennoch eine genauere Betrachtung der Begründungsansätze der notariellen Form der Hypothek vorzunehmen. So wird bei der Begründung der notariellen Form der Hypothekenbestellung zum Teil auch auf die Bedeutung der notariellen Mitwirkung für die Sicherheit im Rechtsverkehr verwiesen.[790] Wie bei der Bestellung gesehen, vermag die Eintragung ins Grundstücksregister kaum materielle Rechtssicherheit zu schaffen.[791] Diese Schwäche des Grundstücksregisters wird stattdessen dadurch ausgeglichen, dass den Notaren bei der Bestellung weitreichende Aufgaben zukommen.[792] Bei der Wiederaufladung vergrößern sich diese Defizite der Eintragung durch die Möglichkeit der Co-Inhaberschaft. Die Notwendigkeit der Registrierung der Wiederaufladung führt daher letztlich auch dazu, dass die notarielle Form nötig ist. Sicher nicht als unmittel-

789 So auch *Piedelièvre*, Sûretés 2008, S. 326 Nr. 550.

790 Ganz hierauf abstellend JCl. Annexe *Dagot/Frémont*, Publicité foncière, Généralité, S. 5 Nr. 10 ff.; ebenfalls darauf hinweisend *Mazeaud/Mazeaud/Chabas/Picod*, Leçons de droit civil, Sûretés, S. 301 Nr. 250; *Ferid/Sonnenberger*, Das Französische Zivilrecht, S. 587, 3 C 15; vgl. auch die Darstellung der rechtshistorischen Entwicklung von Hypothek, Publizität und notarieller Form bei *Jallamion*, in: Évolution des sûretés réelles, S. 12 f.

791 S.o. § 2 A I 1 b dd.

792 *Ferid/Sonnenberger*, Das Französische Zivilrecht, S. 600, 3 C 100.

bare Folge, der sich der Gesetzgeber fügen *musste*, aber der inneren Logik des französischen Registerwesens folgend.

3. Notarielle Mitwirkung als Auswirkung des Konsensprinzips?

Schließlich ist noch zu überlegen, inwieweit sich das Konsensprinzip auswirkt. Zwar ist die notarielle Form keine zwingende Folge des Konsensprinzips. Unzweifelhaft ist jedoch die Mitwirkung des Notars im französischen Liegenschaftsrecht aufgrund der begrenzten Funktion des Grundstücksregisters von großer Bedeutung und für eine funktionierende Praxis kaum wegzudenken. Zwar wird auch in der deutschen Rechtsordnung für die Eintragungsbewilligung die notarielle Form verlangt. Auch dort soll diese neben der Schutz der Parteien die inhaltliche Richtigkeit und Rechtmäßigkeit erhöhen.[793] Die Bedeutung dieser Formvorschrift ist in Frankreich aber als noch größer zu erachten. Es fehlt ja eine weitere neutrale Kontrolle, ein zusätzlicher staatlicher Akt, auf dessen Richtigkeit der Rechtsverkehr vertrauen kann.[794]

Die unterschiedlichen Wesensmerkmale der beiden Grundstücksregister sind zudem eng verknüpft mit Konsens- bzw. Abstraktionsprinzip. Abstraktion von Verfügungen, Grundbuchsystem und nicht-akzessorisches Grundpfandrecht stehen sich gedanklich nahe.[795] Die konstitutive Eintragung führt zu einer Form der Abstraktion, auch wenn sie mit dem Abstraktionsprinzip als solches noch nichts zu tun hat. Beide bewirken auch den Schutz des Rechtsverkehrs. Wird die Verkehrsfähigkeit durch Schutz des gutgläubig auf die Registereintragung vertrauenden Erwerbers über das Akzessorietätsprinzip gestellt, lässt man eine Ablösung des Sicherungsrechts von der Forderung zu und das gänzlich forderungsunabhängige Sicherungsrecht ist nicht mehr weit.[796] Auch das schwach ausgeprägte französische Grundstücksregister ist eine nicht zwingende, aber zumindest logische Folge des Konsensprinzips. Der vertragliche Konsens als Ursprung der Rechtsbegründung wird betont,[797] die Verselbstständigung des dinglichen Rechts von der vertraglichen Ebene verhindert. Daher kann durchaus auch eine (indi-

793 *Bauer*/von Oefele, GBO-Kommentar AT Rz. I 1.
794 S.o. § 2 A I 1 b dd.
795 S.o. Einleitung I.
796 Entsprechend auch *Johow*, in: *Schubert (Hrsg.)*, Die Vorlagen der Redaktoren, Sachenrecht Teil 2, S. 459.
797 Vgl. hierzu *Simler/Delebecque*, Les sûretés 2009, S. 732 Rn. 845.

rekte) Verbindung zwischen dem Konsensprinzip und der gesetzgeberischen Entscheidung für die notarielle Form gesehen werden.

E. Zusammenfassung

Die wiederaufladbare Hypothek ist im Vergleich zur bisherigen Rechtslage in Frankreich etwas völlig Neues. Ihre Erlöschensakzessorietät ist aufgehoben, sie kann anders als die bisherige vertragliche Hypothek tatsächlich wiederverwendet werden. Es gelten jedoch Formvorschriften ähnlich einer Neubestellung, und es bleibt nur ein geringer Spielraum für individuelle Vereinbarungen und Anpassungen. Dadurch unterscheidet sie sich in einem für die Praxis zentralen Punkt von der Sicherungsgrundschuld. Diese ist trotz § 1179a BGB durch eine große Anpassungsfähigkeit an die zu sichernde Forderung gekennzeichnet. Durch die obligatorische notarielle Form sowie der Publizierung im Grundstücksregister ist die Wiederaufladung mit finanziellem und zeitlichem Aufwand verbunden, der bei der Sicherungsgrundschuld fehlt. Der französische Gesetzgeber traf damit eine sehr vorsichtige, fast misstrauische Regelung. Große Bedeutung kommt der sog. *Cotitularité* zu. Dabei handelt es sich um ein dogmatisch ungewöhnliches Konzept, wonach die wiederaufladbare Hypothek gleichzeitig Forderungen verschiedener Gläubiger sichern kann und damit eine „Co-Inhaberschaft" dieser Gläubiger entsteht. Dadurch gewinnt die Wiederaufladungsvereinbarung den Charakter einer Unterhypothek. Es erscheint jedoch als ein rechtspolitisch fragwürdiger Versuch, dem Sicherungsgeber eine Wahlmöglichkeit zwischen Kreditgebern zu geben, stört sie doch empfindlich die Nutzbarkeit und Flexibilität der wiederaufladbaren Hypothek. Die wiederaufladbare Hypothek und insbesondere die Co-Inhaberschaft werden den Interessen der Kreditgeber nicht gerecht. Auch Notaren dürfte das Konzept wenig entgegenkommen. Deren Aufwand bei der Beratung hinsichtlich der Qualität der Sicherheit steigt. Gleichzeitig müssen sie jedoch Abstriche bei den Notargebühren hinnehmen.

Insgesamt können auf dieser Ebene einige Ähnlichkeiten mit den deutschen Grundpfandrechten ausgemacht werden. Diese Ähnlichkeiten bestehen allerdings nicht zur Sicherungsgrundschuld, sondern zur (Buch-)Hypothek im Zusammenspiel mit der Eigentümergrundschuld. Die Anpassungsfähigkeit an die individuellen Sicherungsbedürfnisse, die eigentliche Stärke der Grundschuld, fehlt der wiederaufladbaren Hypothek hingegen.

Kapitel 4: Mehrpersonenkonstellationen bei der Wiederaufladung

§ 7: Rangerhalt

Werden Forderungen verschiedener Gläubiger durch ein Grundstück gesichert, stellt sich die Frage ihrer Rangfolge.[798] Die Wiederverwendung eines Grundpfandrechts ist erst dann sinnvoll, wenn hierbei der bisherige Rang beibehalten wird. Zur Wiederaufladung einer Hypothek mit neuen Forderungen gehört daher zwingend auch die Wiederverwendung des bisherigen Ranges.

A. Rangerhalt durch die wiederaufladbare Hypothek

I. Grundregeln bei der Rangordnung

Im Grundsatz gilt im französischen Hypothekenrecht weiterhin das Prioritätsprinzip (Art. 2425 CC). Bei identischem Eintragungsdatum richtet sich die Rangfolge grundsätzlich nach dem Datum des Bestellungsvertrags gemäß Art. 2425 Abs. 2 CC. Eine Ausnahme hiervon gilt für Legalhypotheken nach Art. 2400 CC sowie Eintragungen nach Art. 2386 CC. Diese gehen bei identischem Eintragungsdatum gemäß Art. 2425 Abs. 3 CC vor. Sind zwei vertragliche Hypotheken auch am selben Tag bestellt worden, haben sie nach Art. 2425 Abs. 4 CC denselben Rang.[799] Diese sich aus dem Grundstücksregister ergebende Rangfolge kann sich schließlich wie nach dem alten Recht noch durch Privilegien ändern.[800]

Die Rangreservierung außerhalb der wiederaufladbaren Hypothek ist wie bisher[801] auf die Möglichkeit der Sicherung künftiger Forderungen begrenzt. Rangeintritt und Rangwechsel können über die in Art. 2424 CC geregelten Instrumente, durch Forderungswechsel (*subrogation)* und Rangabtretung (*cession de*

798 *Stadler*, AcP 189 (1989), S. 427.

799 *Simler/Delebecque*, Les sûretés 2009, S. 456 Rn. 510; *Picod*, Droit des sûretés, S. 394 Nr. 324.

800 *Simler/Delebecque*, Les sûretés 2009, S. 457 Rn. 511; vgl. hierzu oben § 2 A IV 1 b.

801 *Stöcker*, Die Eurohypothek, S. 133 f.

rang) erreicht werden. Ein Instrument zum Rangerhalt ähnlich der Eigentümergrundschuld besteht außerhalb der wiederaufladbaren Hypothek dagegen weiterhin nicht.

II. Rangerhalt bei Wiederaufladung

Für den Rang der wiederaufladbaren Hypothek gilt ebenso Art. 2425 CC. Für die Rangstelle der wiederaufladbaren Hypothek gegenüber anderen Grundpfandrechten ist das Eintragungsdatum der Bestellung maßgeblich. Dieser Rang bleibt für jede Wiederaufladung erhalten.[802] Der Zeitpunkt der Registrierung der Wiederaufladungsvereinbarung ist allein für die Rangstelle innerhalb der wiederaufladbaren Hypothek von Bedeutung. Werden mehrere Forderungen durch die wiederaufladbare Hypothek gesichert, geht die ursprüngliche Forderung vor und die übrige Reihenfolge bestimmt sich gemäß Art. 2422 Abs. 5 CC nach dem Zeitpunkt der Eintragung der Wiederaufladung.[803]

Beispiel 1: Im Grundstücksregister sind Belastungen zeitlich in dieser Reihenfolge eingetragen:

1. Wiederaufladbare Hypothek mit noch nicht erloschener Erstforderung
2. Einfache vertragliche Hypothek
3. Wiederaufladungsvereinbarung

Für die Erlösverteilung in der Zwangsvollstreckung ergibt sich diese Reihenfolge:

1. Erstforderung der wiederaufladbaren Hypothek
2. Forderung der Wiederaufladungsvereinbarung
3. Forderung der einfachen vertraglichen Hypothek

Für die Konstellationen, dass zwei Wiederaufladungen am selben Tag eingetragen bzw. vereinbart werden, existiert keine spezielle Regelung. Eine entsprechende Anwendung von Art. 2425 Abs. 2 bzw. Abs. 4 CC liegt nahe.[804]

---

802 *Dagot*, L'hypothèque rechargeable, S. 113 ff. Nr. 362 ff.; *Prigent*, Defrénois 2007, art. 38650, S. 1279.

803 *Dagot*, L'hypothèque rechargeable, S. 110 ff. Nr. 349 ff.; JCl. *Houtcieff*, Art. 2421-2423 CC, hypothèque rechargeable, S. 18 Nr. 94 ff.

804 *Dagot*, L'hypothèque rechargeable, S. 112 Nr. 357 ff.

Der Nutzen einer zweitrangigen Hypothek, die nach einer wiederaufladbaren Hypothek eingetragen wurde, ist im Vergleich zur bisherigen Rechtslage erheblich eingeschränkt.[805] Sie rückt bei Erfüllung der durch die wiederaufladbare Hypothek gesicherten Forderung zwar auf. Bei einer Wiederaufladung schiebt sich diese neue Forderung jedoch in der Rangfolge vor die einfache vertragliche Hypothek. Die zweitrangige Hypothek ist damit viel stärker als bislang auf den Differenzbetrag von Grundstückswert und vorrangiger (wiederaufladbarer) Hypothek begrenzt und bietet nur dann zuverlässig Sicherheit, wenn dieser Differenzbetrag hinreichend groß ist.[806]

III. Vergleich mit dem deutschen Recht

1. Rangfolge

Bei mehreren auf einem Grundstück lastenden Grundpfandrechten gilt für die Rangfolge untereinander das Prioritätsprinzip gemäß § 879 Abs. 1 BGB i.V.m. §§ 109, 114 ZVG.[807] Zeitlich früher entstandene Rechte gehen später entstandenen Rechten vor.[808] § 879 BGB setzt dies durch eine Kombination von Locus- und Tempusprinzip um.[809]

2. Rangreservierung

Vom Prioritätsprinzip abweichend kann durch die Eintragung einer Rangvereinbarung gemäß § 879 Abs. 3 BGB, einer Rangänderung gemäß § 880 BGB sowie eines Rangvorbehalts gemäß § 881 BGB die Rangordnung an die individuellen Wünsche angepasst werden.[810] Die Reservierung einer günstigen Rangstelle kann zudem durch die Bestellung einer Eigentümergrundschuld gemäß § 1196 BGB erfolgen.[811]

---

805 Vgl. Dalloz Rép. Dr. civ. *Fournier*, hypothèque conventionnelle, S. 15 Nr. 108.
806 *Gourio*, RD bancaire et financier 2006, 14, S. 41.
807 *Baur/Stürner*, Sachenrecht 2009, § 17 Rn. 7.
808 Zur Diskussion bei falschen Eintragungen vgl. *Stadler*, AcP 189 (1989), S. 439 ff.
809 *Baur/Stürner*, Sachenrecht 2009, § 17 Rn. 13 ff., zum Aufbau des Grundbuchs vgl. *Baur/Stürner*, Sachenrecht 2009, § 15 Rn. 47 ff.
810 *Stadler*, AcP 189 (1989), S. 450 f.
811 Westermann/*Eickmann*, Sachenrecht, § 119 I 3, S. 827.

3. Rangerhalt

Die Rangstellen der eingetragenen Rechte sind nicht starr, sondern beweglich.[812] Erlöscht ein vorrangiges Recht, so rücken nachrangige Rechte in der Rangordnung auf. Gleichwohl bleibt bei Hypothek wie Grundschuld der Rang grundsätzlich erhalten, da das Erlöschen der gesicherten Forderung nicht zum Erlöschen des Grundpfandrechts führt. Dies wird wiederum durch den bereits angesprochenen, nachträglich eingeführten § 1179a BGB eingeschränkt.[813] Man kann von einem "dreistufigen System“ sprechen[814]: Grundsätzlich gilt die gleitende Rangfolge. Diese wird durch die Eigentümergrundpfandrechte durchbrochen, indem diese den jeweiligen Rang erhalten. Auf einer letzten Stufe wird mit dem Löschungsanspruch dieser Rangerhalt wiederum eingeschränkt, indem er das Aufrücken nachrangiger Grundpfandrechte ermöglicht.

Das Instrument der Eigentümergrundschuld ist durch § 1179a BGB als Kreditsicherungsrecht nur noch eingeschränkt nutzbar.[815] Es ist damit aber keineswegs bedeutungslos, erhält es doch die Rangstelle in den Fällen der vorläufigen Eigentümergrundschuld gemäß §§ 1163 Abs. 1 S. 1, Abs. 2, 1179a Abs. 2 sowie in den Fällen, bei denen kein nachrangiges Grundpfandrecht besteht.[816] Für den Rangerhalt der Hypothek ist § 1179a BGB folgenreicher.[817] Bei der Fremdgrundschuld kann diese Norm durch die Vereinbarung eines weiten Sicherungszwecks wirksam umgangen werden.[818]

---

812 *Baur/Stürner*, Sachenrecht 2009, § 17 Rn. 8.

813 S.o. § 2 A III 2 b ee.

814 So *Schapp*, JuS 1979, S. 544 f.

815 *Clemente*, Sicherungsgrundschuld, S. 14 Rn. 38, S. 15 Rn. 41; *Baur/Stürner*, Sachenrecht 2009, § 17 Rn. 11.

816 *Schapp*, JuS 1979, S. 548; zu den dogmatischen Auswirkungen einer Abschaffung der Eigentümergrundschuld siehe auch *Westermann*, in: Festgabe für Johannes Sontis, S. 259 f.

817 S.o. § 2 A III 2 b ee.

818 Ebenda.

B. Problemfelder

I. Okkulte Wiederaufladung?

1. Fehlende Transparenz mangels Registrierungspflicht

Da keine Frist zur Eintragung der Wiederaufladung besteht, kann ein Gläubiger prinzipiell zeitlich unbegrenzt mit der Eintragung warten, da sein Rang in Bezug auf andere Hypotheken unabhängig vom Zeitpunkt dieser Eintragung ist. Wegen der Möglichkeit der Co-Inhaberschaft können mithin überraschend neue hypothekarisch gesicherte Gläubiger auftauchen. Teilweise wird die wiederaufladbare Hypothek daher als „okkult" charakterisiert und insoweit als Rückschritt bei der historisch mühsam erreichten Publizität angesehen.[819]

2. Fragwürdige Gefährdungslage

Ob dieser gewährte Spielraum bei der Eintragung zu Problemen führen könnte, bleibt jedoch fraglich. Die Co-Inhaberschaft führt zwar zu einer gewissen Unübersichtlichkeit, wer als Gläubigern durch die wiederaufladbare Hypothek gesichert ist. Der formal fehlende Zeitdruck könnte zu einer bewussten Verzögerung von Registereintragungen verleiten und erinnert so zunächst an nicht eintragungspflichtige „okkulte" Hypotheken aus den historischen Anfängen der Publizität.[820] Verschleppt ein Gläubiger jedoch die Eintragung seines Rechts, gefährdet er aufgrund der Co-Inhaberschaft nur sein eigenes Sicherungsinteresse. Er riskiert, dass andere Gläubiger sich ebenfalls durch die wiederaufladbare Hypothek sichern, sich vor ihm eintragen lassen und ihm in der Rangfolge vorgehen. Zudem hat er ohne Eintragung seiner Wiederaufladung keinen Einfluss auf den Fortbestand der wiederaufladbaren Hypothek. Er riskiert, dass deren Eintragung nicht erneuert oder gar gelöscht wird.[821] Schutzwürdige Interessen von Gläubigern zweitrangiger Hypotheken sind hingegen durch die Verschleppung der Eintragung von Wiederaufladungen kaum berührt, da diese aufgrund der vorrangigen wiederaufladbaren Hypothek wissen müssen, dass spätere Wiederaufladungen jederzeit erfolgen und eingetragen werden können.[822] Da eine rasche Registrierung somit vor allem im Interesse desjenigen ist, für den die Wiederaufla-

---

819 JCl. *Houtcieff*, Art. 2421-2423 CC, hypothèque rechargeable, S. 18 Nr. 99.
820 S.o. § 1 B I 1.
821 *Dagot*, L'hypothèque rechargeable, S. 100 Nr. 312 ff.
822 *Vauvillé*, Defrénois 2007, art. 38655, S. 1331 u. S. 1333.

dung erfolgt, dürfte dies zu einer entsprechenden Disziplinierung führen und okkulte Sicherungen die Ausnahme bleiben.

3. „Okkulte" Rechtspositionen im deutschen Hypothekenrecht

Auch im deutschen Recht ist eingeschränkte Transparenz keinesfalls fremd. Viele Rechtsänderungen müssen nicht ins Grundbuch eingetragen werden. So ist bei Briefgrundpfandrechten für die Übertragung des Rechts keine Eintragung im Grundbuch erforderlich. Bei der Sicherungsgrundschuld geht aus dem Grundbuch nicht hervor, ob und in welchem Umfang Forderungen gesichert werden. Die gesetzliche Umwandlung Fremd-/Eigentümergrundpfandrecht[823] erfordert keine Grundbucheintragung, und ist insoweit verdeckt.[824] Ein relevante Beeinträchtigung nachrangiger Gläubiger ist indes ähnlich wie bei der wiederaufladbaren Hypothek nicht zu sehen.

II. Unklare Regelungen zur nachträglichen Rangänderung

1. Einschränkung der Rangabtretung durch Art. 2422 Abs. 6 CC?

Eine Änderung der Rangfolge ist im französischen Recht durch Rangabtretung (*cession de rang*) möglich gemäß Art. 2424 Abs. 2 CC.[825] Unklar ist, inwieweit dies auch bei einer wiederaufladbaren Hypothek möglich ist. Einer Änderung der Rangfolge innerhalb der wiederaufladbaren Hypothek steht Art. 2422 Abs. 6 CC entgegen, der sämtliche Abweichungen von Art. 2422 CC und damit auch die von Art. 2422 Abs. 5 CC verbietet.[826] Es liegt nahe, dass es sich hierbei nicht um eine bewusste Einschränkung der bisher existierenden Flexibilität, sondern um eine redaktionelle Ungenauigkeit handelt.[827] Die Rangabtretung zugunsten eines Hypothekengläubigers, der nicht von der wiederaufladbaren Hypothek gesichert wird, sondern eine nachrangige Hypothek inne hat, ist schließlich nach Art. 2424 Abs. 2 CC auch weiterhin möglich.[828]

---

823 S.o. § 2 A III 1 b, c.

824 *Baur/Stürner*, Sachenrecht 2009, § 18 Rn. 4.

825 *Simler/Delebecque*, Les sûretés 2009, S. 483 Rn. 546.

826 *Dagot*, L'hypothèque rechargeable, S. 131f. Nr. 422 f.; JCl. *Houtcieff*, Art. 2421-2423 CC, hypothèque rechargeable, S. 19 Nr. 104.

827 Vgl. *Grimaldi*, D 2006, S. 1296.

828 *Dagot*, L'hypothèque rechargeable, S. 132 f. Nr. 425 ff.; JCl. *Houtcieff*, Art. 2421-2423 CC, hypothèque rechargeable, S. 19 f. Nr. 105 ff.

2. Erschwerung der Abtretung durch die Co-Inhaberschaft

Probleme ergeben sich auch, wenn eine wiederaufladbare Hypothek mehrere Co-Inhaber hat und der Rang getauscht bzw. abgetreten werden soll. Auch dieser Fall ist in Art. 2424 Abs. 2 CC nicht eindeutig geregelt. Es stellt sich die Frage, ob alle Co-Inhaber der wiederaufladbaren Hypothek der Rangänderung zustimmen müssen, was sehr umständlich wäre,[829] oder ob es ausreicht, dies mit einem der Co-Inhaber zu vereinbaren.[830] Dies wird von der Frage abhängen, ob im Fall der Rangabtretung nur der Austausch eines Inhabers der wiederaufladbaren Hypothek oder aber der Platztausch der wiederaufladbaren Hypothek insgesamt mit einer nachrangigen Hypothek angenommen wird. Negativ wirkt sich an dieser Stelle die knappe gesetzliche Regelung aus, die zumindest anfänglich zu einer Rechtsunsicherheit, im schlechtesten Fall sogar zu einem Rückschritt bei der Rangänderung im Vergleich zur Rechtslage bei gewöhnlichen Hypotheken führt.

III. Ausnahmen vom Rangerhalt

1. Kein Rangerhalt bei bestimmten nachfolgenden Hypotheken

Der Erhalt des Rangs bei der wiederaufladbaren Hypothek erfährt in Art. 2425 Abs. 5 und Abs. 6 CC eine wichtige Einschränkung. Hiernach bleiben die vorläufige Hypothek (*hypothèque judiciaire conservatoire*) sowie zwei Legalhypotheken (*hypothèque légale de Trésor* und *hypothèque légale des organismes gestionnaires d'un régime obligatoire de protection sociale*) in der Rangfolge vor zeitlich nachfolgenden Wiederaufladungen.

Beispiel 2: Im Grundstücksregister sind Belastungen zeitlich in dieser Reihenfolge eingetragen:

1. Wiederaufladbare Hypothek
2. vorläufige Hypothek
3. Wiederaufladungsvereinbarung

Im Verwertungsfall bleibt es für die Erlösverteilung gemäß Art. 2425 Abs. 5 Alt. 2 CC bei dieser Reihenfolge. Die Forderung, zu deren Gunsten die wiederaufladbare Hypothek aufgeladen wurde, rückt anders als im oben[831] dargestellten

829 *Dagot*, L'hypothèque rechargeable, S. 133 Nr. 427 ff.
830 JCl. *Houtcieff*, Art. 2421-2423 CC, hypothèque rechargeable, S. 19 f. Nr. 106 ff.
831 S.o. § 7 A II.

Normalfall nicht an der vorläufigen Hypothek vorbei. Ihre Rangstelle ergibt sich vielmehr anhand des Zeitpunkts der Eintragung der Wiederaufladung.[832]

2. Hintergrund der Ausnahmeregelung

a. Erhalt der Wirksamkeit der vorläufigen Hypothek

Zunächst, in der Verordnung 346-2006, galt diese Ausnahmeregelung lediglich für die vorläufige Hypothek. Diese Ausnahme wurde dadurch begründet, dass die vorläufige Hypothek bei einer vorrangigen wiederaufladbaren Hypothek ansonsten praktisch wirkungslos würde.[833] Der Zweck der vorläufigen Hypothek ist es, vorläufigen Rechtsschutz zugunsten von Klägern zu gewähren, die gerichtlich einen Anspruch gegen den Grundstückseigentümer geltend machen.[834] Die vorläufige Hypothek soll verhindern, dass der beklagte Grundstückseigentümer durch Vermögensverschiebungen die Anspruchsdurchsetzung vereiteln kann und so eine Klage aussichtslos wird. Vorrangige Hypotheken stellten bisher kein Problem dar, da sie eben Bestandteil der bei der Klage vorgefundenen Vermögensverhältnisse des Beklagten waren. Bei einer bereits eingetragenen, jedoch nicht voll valutierten wiederaufladbaren Hypothek, die weiterhin mit dem sich aus der Hypothekenbestellung ergebenden Rang wiederaufgeladen werden könnte, bliebe es dem Beklagten überlassen, durch die maximale Belastung der wiederaufladbaren Hypothek den verbleibenden Teil zu schmälern. Eine den Wert eines Grundstücks ausschöpfende wiederaufladbare Hypothek könnte die vorläufige Hypothek als Instrument sogar komplett aushebeln.

b. Prinzipielle Unvereinbarkeit nicht-vertraglicher Hypotheken mit der wiederaufladbaren Hypothek

Die Sonderstellung der vorläufigen Hypothek mag isoliert betrachtet einleuchten. Inkonsequent wird sie, wenn man an all die anderen nicht-vertraglichen Grundpfandrechte denkt. Einige Autoren weisen mit Recht darauf hin, dass die Argumentation, die bei der vorläufigen Hypothek zutreffe, genauso für diese gelte[835]. All diesen nicht-vertraglichen Sicherungsrechten liegt eine vergleichba-

832 JCl. *Houtcieff*, Art. 2421-2423 CC, hypothèque rechargeable, S. 19 Nr. 101.

833 *Grimaldi*, D 2006, S. 1295 f.

834 S.o. § 1 A IV.

835 Vgl. *Théry*, Dr. & patr. 2007, Nr. 159, S. 49; *Vauvillé*, Defrénois 2007, art. 38655, S. 1334; kritisch zur neuen Stellung der Legalhypotheken auch Dalloz Rép. Dr. civ. *Fournier*, hypothèque conventionnelle, S. 15 Nr. 110.

re gesetzgeberische Wertung zugrunde. Bestimmte Ansprüche sollen aufgrund ihrer sozialen oder wirtschaftlichen Bedeutung besonders geschützt werden.[836] All diese Sicherungsrechte werden aber bei einer ohne Einschränkung verwendbaren wiederaufladbaren Hypothek im eben beschriebenen Maße nutzlos. Grundstückseigentümer könnten diese, wenn die Entstehung eines solchen Rechts für sie absehbar ist, durch die rechtzeitige Bestellung einer wiederaufladbaren Hypothek entwerten. Die unterschiedliche Behandlung erstaunt, da mit der Ausnahmeregelung bei der vorläufigen Hypothek ein Gläubiger besonders geschützt wird, der bislang ungesichert war. Legalhypotheken sichern hingegen dauerhaft Ansprüche, um besonderen sozialpolitischen Sachlagen Rechnung zu tragen und schützen etwa den Ehegatten nach Art. 2400 Nr. 1 CC oder den Bevormundeten nach Art. 2400 Nr. 2 CC. Dass gerade diese Ansprüche zweitklassig behandelt werden, ist schwer nachvollziehbar.[837] Der Gesetzgeber reagierte, indem er die Ausnahmeregelung zur vorläufigen Hypothek Ende 2006 auf oben genannte Legalhypotheken erweiterte.[838] Überzeugend ist diese weitere Differenzierung (natürlich) nicht.[839] Letztlich zeigt sich darin ein grundsätzliches Dilemma, nämlich dass die Idee der nicht-vertraglichen Sicherheit und die der wiederverwendbaren vertraglichen Hypothek konzeptionell nicht zusammenpassen. Im deutschen Recht stellt sich diese Frage so nicht. Das Bewusstsein für dieses Problem ist keinesfalls neu, es wurde auch schon 1997 vom 93. Notarkongress gesehen.[840] Mit der Einführung der wiederaufladbaren Hypothek ist die gesetzgeberische Wertung verbunden, nicht-vertragliche Grundpfandrechte ein Stück weit zu entwerten. Die Ausnahmeregelung und ihre Erweiterung schränken dagegen die Funktion der wiederaufladbaren Hypothek ein. Es bleibt abzuwarten, in welche Richtung man sich in dieser Frage weiterbewegen wird.[841]

---

836 S.o. § 1 A III.

837 *Théry*, Dr. & patr. 2007, Nr. 159, S. 49; zustimmend *Prigent*, Defrénois 2007, art. 38650, S. 1279.

838 Art. 7 loi Nr. 2006-1666 du 21.12.2006 de finances pour 2007 bzw. Art. 39 I loi Nr. 2006-1640 du 21.1.22006 de financement de la sécurité sociale pour 2007.

839 Vgl. *Théry*, Dr. & patr. 2007, Nr. 159, S. 49; *Vauvillé*, Defrénois 2007, art. 38655, S. 1333; *La Magueresse*, JCP N 2008, Nr. 15, 1175, S. 29.

840 *93e Congrès des notaires de France*, L'investissement immobilier, S. 558 Nr. 2509.

841 *Provansal*, Dr. & patr. 2005 Nr. 140, S. 87 forderte bereits vor der Einführung der wiederaufladbaren Hypothek eine zusätzliche Regelung, die die Wiederaufladbarkeit bei Entstehen entsprechender gesetzlicher Sicherungsrechte generell blockiert.

3. Gesetzlich nicht geregelte Konstellation

Schwierigkeiten bereitet die Konstellation, in der zwischen der wiederaufladbaren Hypothek und einer durch Art. 2425 Abs. 5 und 6 CC bevorzugten Hypothek auch noch eine andere Hypothek rangiert.[842]

Beispiel 3: Auf ein Grundstück sind Belastungen zeitlich wie folgt eingetragen:

1. Wiederaufladbare Hypothek in Höhe von 300.000, die Erstforderung beträgt noch 100.000.

2. Einfache vertragliche Hypothek in Höhe von 200.000

3. Vorläufige Hypothek in Höhe von 180.000

4. Aufladung der wiederaufladbaren Hypothek in Höhe von 150.000

In der Zwangsversteigerung des Grundstücks werden 400.000 erzielt. Bis auf die Erstforderung entsprechen die Forderungen noch den eingetragenen Hypothekenbeträgen. Wie ist die Erlösverteilung?

Da der erzielte Erlös nicht zur Befriedigung aller Forderungen ausreicht, kommt es auf die Rangfolge der Sicherungsrechte an. Aus Art. 2425 Abs. 1 CC ergibt sich, dass an erster Stelle die noch Erstforderung der wiederaufladbaren Hypothek steht. Für die weitere Rangfolge gibt Art. 2425 CC wenig her. Folgende Lösungsmöglichkeiten für die Erlösverteilung sind denkbar:

Lösung 1

1. Erstforderung der wiederaufladbaren Hypothek: 100.000

2. Wiederaufladung: 150.000

3. Einfache vertragliche Hypothek: 150.000

4. Vorläufige Hypothek: 0

Diese Lösung ignoriert völlig Art. 2425 Abs. 5 CC, die Ausnahmeregelung für die vorläufige Hypothek. Sie kommt daher nicht ernstlich in Betracht.

---

842 *Provansal*, Gaz. Pal. 2007, S. 653; *Gourio*, RD bancaire et financier 2006, 14, S. 41.

Lösung 2

1. Erstforderung: 100.000

1. Einfache Hypothek: 200.000

2. Vorläufige Hypothek: 100.000

3. Wiederaufladung: 0

Bei dieser Lösung sperrt die vorläufige Hypothek die wiederaufladbare Hypothek. Es wird sowohl Art. 2425 Abs. 1 CC als auch Art. 2425 Abs. 5 CC eingehalten. Das Ergebnis erscheint vertretbar. Dies hätte jedoch zur Folge, dass die wiederaufladbare Hypothek in dieser Konstellation ihre charakteristische Eigenschaft, die Wiederaufladbarkeit, verlöre. Wenig überzeugend ist außerdem, dass die einfache Hypothek von der späteren Eintragung der vorläufigen Hypothek profitiert, denn ohne diese würde sie nicht vor der Wiederaufladung bleiben.

Lösung 3

1. Erstforderung: 100.000

2. Vorläufige Hypothek: 180.000

3. Wiederaufladung: 120.000

4. Vertragliche Hypothek: 0

Bei dieser Lösung überspringen sowohl die vorläufige Hypothek als auch die Wiederaufladung die einfache vertragliche Hypothek, und zwar in vollem Umfang. Diese Lösung ist jedoch ebenso abzulehnen. Nicht nur besteht wie bei Lösung 2 wiederum eine kaum hinnehmbare Abhängigkeit der Rangfolge von vertraglicher Hypothek und vorläufiger Hypothek von der Wiederaufladung. Vor allem gerät die einfache vertragliche Hypothek zu weit ins Hintertreffen, wenn ihr nicht nur Wiederaufladungen, sondern sämtliche Hypotheken, für die Art. 2425 Abs. 5 CC gilt, vorgehen. Dies hätte zur Folge, dass Sicherungsrechte, die hinter einer wiederaufladbaren Hypothek eingetragen würden, nicht mehr kalkulierbar wären. Ein Sicherungsrecht diesen Rangs könnte damit sinnvollerweise nicht mehr akzeptiert werden. Ein gewisser Bedeutungsverlust nachrangiger Hypotheken liegt zwar in der Natur der wiederaufladbaren Hypothek und der gesetzgeberischen Entscheidung zur Einführung einer solchen.[843] Dieser muss sich je-

---

843 Vgl. *Gourio*, RD bancaire et financier 2006, 14, S. 41.

doch im Rahmen des Hypothekenbetrages halten, da die wiederaufladbare Hypothek zweitrangige Hypotheken ja nicht generell vereiteln soll.

Geht man hiervon aus, bietet sich eine weitere Lösung an. Die vorläufige Hypothek überspringt die vertragliche Hypothek nur in den Grenzen des Hypothekenbetrages der wiederaufladbaren Hypothek.[844] Eine ähnlicher Vorschlag wurde beim bereits erwähnten 93. Kongress der französischen Notare 1997 formuliert.[845] Dort wurde überlegt, wie sich eine wiederverwendbare Hypothek (*hypothèque reutilisable*),[846] im französischen Recht verwirklichen ließe. Hierbei wurde auch eine Lösung für den Konflikt zwischen Legalhypotheken und dem neuen Hypothekentyp entwickelt. Übertragen auf die wiederaufladbare Hypothek ist hiernach die Gewährung einer vorläufigen Hypothek einerseits wie eine Wiederaufladung der wiederaufladbaren Hypothek zu werten. Spätere Wiederaufladungen sind in Anwendung von Art. 2422 Abs. 5 CC ihr gegenüber nachrangig, zweitrangige Hypotheken aber vorrangig. Grenze der Nutzung der wiederaufladbaren Hypothek bleibt stets deren Hypothekenbetrag gemäß Art. 2422 Abs. 2 CC, so dass die Interessen des Gläubigers der zweitrangigen Hypothek gewahrt sind. Reicht der freie Betrag der wiederaufladbaren Hypothek zur Sicherung der vorläufigen Hypothek nicht aus, so wird der überlappende Teil wie eine gewöhnliche vorläufige Hypothek im Rang nach der zweitrangigen vertraglichen Hypothek gesichert. Die Lösung stellt sich schematisch wie folgt dar:

Lösung 4

1. Wiederaufladbare Hypothek
    - a.) Erstforderung 100.000
    - b.) Vorläufige Hypothek 180.000
    - c.) Wiederaufladung 20.000
2. Vertragliche Hypothek: 100.000

Diese Lösung erscheint sachgerecht und den einzelnen Interessen angemessen. Auch der zweitrangig gesicherte Hypothekengläubiger wird nicht über Gebühr

844 Dieses Verständnis der Norm ist auch angedeutet bei *Deblecker-Wittemberg*, Vers un renouveau de l'hypothèque, S. 40 f.

845 *93e Congrès des notaires de France*, L'investissement immobilier, S. 558 ff. Nr. 2509.

846 Bei diesem Vorschlag orientierte man sich an der deutschen Grundschuld, vgl. *93e Congrès des notaires de France*, L'investissement immobilier, S. 548 ff. Nr. 2485 ff.

belastet, da er nach den neuen Regeln eben weiß oder wissen muss, dass die vorrangige wiederaufladbare Hypothek jederzeit wiederaufgeladen werden kann.

Lösung 5

Noch etwas anders ist folgender Lösungsansatz, der offenbar unter Notaren diskutiert wird[847]:

1. Erstforderung: 100.000
2. Vorläufige Hypothek: 150.000
3. Vertragliche Hypothek: 150.000
4. Wiederaufladung: 0

Bei dieser Lösung überspringt die vorläufige Hypothek die ihr an sich vorgehende einfache vertragliche Hypothek nur um den Betrag der Wiederaufladung, d.h. nicht um 180.000, sondern lediglich um 150.000. Dadurch wird allen drei Hypothekenformen Rechnung getragen: 1.) Wiederaufladungen bleiben möglich, 2.) Vorläufige Hypotheken gehen diesen vor, 3.) Zweitrangige Hypotheken verschlechtern sich lediglich im Umfang der Wiederaufladung. Wiederaufladungen werden bei dieser Lösung stärker behindert als bei Lösung 4. Von einer Wiederaufladung, die nach der Eintragung einer vorläufigen Hypothek erfolgt, profitiert nicht der Gläubiger, der tatsächlich wiederauflädt. Zwar könnte dieser Gläubiger einen höheren Wiederaufladungsbetrag wählen, von welchem er dann auch profitiert (Im Bsp. könnte so in Höhe von 200.000 wiederaufgeladen werden, so dass ihm ebenfalls 50.000 verbleiben). Soweit der Betrag der vorläufigen Hypothek umfangreich ist oder gar die Wiederaufladung betragsmäßig übersteigt, wird eine Wiederaufladung, die ja Geld kostet ist, für deren Besteller jedoch sinnlos. Beide schlüssigen Lösungen 4 und 5 kennzeichnet die Einschränkung der Wiederaufladbarkeit. Dadurch tragen sie dem gesetzgeberischen Willen, wie er in Art. 2425 Abs. 5 und 6 CC zum Ausdruck kommt, Rechnung. Beide basieren letztlich allein auf Billigkeitserwägungen. Eine klare gesetzliche Regelung wäre dem vorzuziehen.

847 So Maître *Ohnet* im Gespräch mit dem Verfasser am 30.10.2009 in Straßburg.

IV. Rangfolge innerhalb der wiederaufladbaren Hypothek

1. Kein Rangerhalt

Innerhalb der wiederaufladbaren Hypothek gilt Art. 2422 Abs. 5 CC. Erlöschen vorrangige Forderungen, rücken nachrangige Forderungen nach. Möchten sich spätere Gläubiger nicht mit einer durch die wiederaufladbare Hypothek in ihrer wirtschaftlichen Bedeutung gesunkenen zweitrangigen Hypothek begnügen, sondern sich für eine Wiederaufladung und Co-Inhaberschaft im Rahmen der wiederaufladbaren Hypothek entscheiden, müssen sie sich in deren interne Rangfolge „einreihen". Würde es jedoch zum Normalfall, dass sich alle Gläubiger hierfür entscheiden, hätte dies eine eigenartige Konsequenz: Der Rangerhalt gegenüber anderen Hypotheken wäre ohne Bedeutung, da es solche nachrangigen Hypotheken nicht gäbe. Maßgeblich für die Beteiligten wäre allein die Rangfolgenregelung innerhalb der wiederaufladbaren Hypothek. Dort kann der Rang jedoch nicht gesichert werden, das dortige Prioritätsprinzip ist, wie oben an Art. 2422 Abs. 6 CC gesehen, unter Umständen sogar noch starrer als zwischen verschiedenen Hypotheken.[848]

2. Die negativen Folgen der Co-Inhaberschaft

Die Möglichkeit der Co-Inhaberschaft bei der wiederaufladbaren Hypothek könnte so dazu führen, dass deren zentrale Eigenschaft, die rangwahrende Wiederaufladung zwar prinzipiell gilt, jedoch praktisch verloren geht. Die Rechtslage könnte stattdessen bis auf die reduzierten Sicherungskosten im Ergebnis derjenigen vor der Reform entsprechen oder sogar hinter dieser zurückbleiben. Nun mag die Konstellation einer größeren Zahl von Co-Inhabern vielleicht nur in der Theorie vorkommen. Auch sind gewisse Widersprüche in besonderen Sachlagen bei keinem Sicherungskonzept vollkommen auszuschließen. Es ist aber doch ungewöhnlich, dass die rangwahrende Wiederaufladung im Fall, dass die Co-Inhaberschaft voll angenommen wird, in zentralen Wirkungen verpufft und sich sozusagen totläuft. Die Co-Inhaberschaft stört mithin auch in dieser Hinsicht die Wiederverwendbarkeit der wiederaufladbaren Hypothek.[849]

---

848 S.o. Rangabtretung bei einer wiederaufladbaren Hypothek § 7 B II 1.

849 Dalloz Rép. Dr. civ. *Fournier*, hypothèque conventionnelle, S. 13 Nr. 90, bezeichnet es als „coup d'epée dans l'eau".

C. Zusammenfassung

Den Rangerhalt von Grundpfandrechten im deutschen Recht kennzeichnet eine komplexe Struktur von sich überlagernden Prinzipien. Mit der Eigentümergrundschuld wird vom Grundsatz her die rangerhaltende Wiederverwendung bei allen Grundpfandrechten ermöglicht. Gerade hierin liegt letztlich der Zweck dieser Technik. Von diesem Grundsatz wurde durch Einführung des § 1179a BGB abgewichen, so dass der Rangerhalt im deutschen Recht eingeschränkt wird, wobei dies mehr ein Problem der Hypothek als eines der Grundschuld ist. Da die wiederaufladbare Hypothek mehrere Gläubiger gleichzeitig sichern kann, stellt sich die Frage nach der Rangfolge im französischen Recht in doppelter Hinsicht. Die neue Rechtslage ist hierbei nur scheinbar einfach und klar. Anders als im deutschen Recht behält die wiederaufladbare Hypothek zwar dauerhaft ihren Rang. Im Detail weist das französische Recht jedoch einige Ungereimtheiten auf, vor allem im Verhältnis zu den nicht-vertraglichen Hypotheken sowie wegen der fehlenden Rangsicherung innerhalb der wiederaufladbaren Hypothek.

§ 8: Übertragung

A. Anwendung der Regelungen der einfachen vertraglichen Hypothek

Die Reform 2006 behält die bisherigen Mechanismen zur Übertragung von Hypotheken bei. Nach Art. 2424 Abs. 1 S. 1 CC wird die Hypothek übertragen, wenn die gesicherte Forderung übertragen wird. Diese Norm verankert so die akzessorische Übertragung der Hypothek. Art. 2424 Abs. 1 S. 2 CC regelt die selbstständige Hypothekenübertragung unter Austausch der Forderung (*subrogation dans l'hypothèque*)[850], Art. 2424 Abs. 2 CC die Rangabtretung. Novation und *subrogation dans le paiement* sind unverändert in den Art. 1271 ff. bzw. Art. 1249 ff. CC geregelt. Ein gutgläubiger Erwerb der Hypothek ist noch immer nicht möglich, da das Grundstücksregister noch immer keinen entsprechenden Rechtsschein erzeugt.[851] Der Schutz des Schuldners geht somit weiter über das Verkehrsinteresse. Die Veränderungen, die die wiederaufladbare Hypothek brachte, bleiben dennoch nicht völlig ohne Auswirkung auf die Übertragung.

I. Dogmatische Probleme aufgrund der Akzessorietätslockerung

1. Akzessorische Übertragung eines halb-akzessorischen Rechts

Trotz der Unterscheidung in selbstständige und unselbstständige Übertragung ist sämtlichen Übertragungsformen gemeinsam, dass die Akzessorietät eine begrenzende Funktion einnimmt und so die Übertragung wesentlich prägt.[852] Mit der Lösung der wiederaufladbaren Hypothek von der Erstforderung unterscheidet sich diese an einem zentralen Punkt von der bisherigen Hypothek. Die Anwendung der überkommenen Übertragungsmechanismen auch auf die wiederaufladbare Hypothek ist mithin nicht ohne weiteres einleuchtend.[853] Für diese Übertragungsmechanismen ist prägend, in ihnen kommt zum Ausdruck, dass die Hypothek auf die erste Forderung unwiderruflich festgelegt und begrenzt ist. Gerade

850 *Simler/Delebecque*, Les sûretés 2009, S. 484 Rn. 547.
851 S.o. § 2 A I 1 b dd.
852 S.o. § 2 A II 2.
853 Houtcieff, auf http://leblogdedimitrihoutcieff.blogspirit.com/archive/2007/06/07/hypoth%C3%A8que-rechargeable-quelques-observations-sur-les-cons%C3%A9q.html (Stand: 25.5.2012).

diese Begrenzung wurde mit der wiederaufladbaren Hypothek jetzt aber aufgegeben, indem sie nicht mit der ursprünglichen Forderung erlischt. Entsprechend wird als wenig stimmig angesehen, dass diese Hypothek der jeweils gesicherten Forderung akzessorisch folgen soll, wenn sie an einen Dritten übertragen wird, dass sie sich jedoch beim Erlöschen dieser Forderung von dieser löst und fortbesteht.[854]

2. Rein theoretische Relevanz des Problems

Hierbei wird nicht bezweifelt, ob eine wiederaufladbare Hypothek noch immer durch Abtretung der Forderung mit übertragen wird. Art. 2424 Abs. 1 S. 1 CC gilt aufgrund der Systematik auch für diese Hypothekenform. Ebenso besteht ein entsprechendes Bedürfnis der Praxis.[855] Es geht um die dogmatische Begründung, warum ein Sicherungsrecht bei der Übertragung der gesicherten Forderung dieser akzessorisch folgen soll, von deren Erlöschen hingegen nicht betroffen ist. Dieses Problem ist eine Folge davon, dass bei der wiederaufladbaren Hypothek die Akzessorietät lediglich gelockert wurde. Es zeigte sich ähnlich schon auf den vorangegangenen Ebenen, dass eine solche Mischform kaum widerspruchsfrei bleiben kann. Es ist jedoch darauf hinzuweisen, dass die wiederaufladbare Hypothek beim Erlöschen der gesicherten Forderung nicht unverändert bleibt, sondern die Inhaberschaft des bisherigen Gläubigers unmittelbar endet und die „leere Hülle“ der forderungslosen wiederaufladbaren Hypothek dem Eigentümer zusteht. Von einer vollkommenen Unabhängigkeit kann so auch beim Erlöschen der Forderung keine Rede sein. Entsprechend gilt auch bei der Übertragung einer wiederaufladbaren Hypothek, dass der Erwerber sie nur solange innehat, wie die konkret übertragene Forderung fortbesteht. An die bestehende Forderung bleibt die wiederaufladbare Hypothek ausnahmslos akzessorisch gebunden.

Zu erinnern ist auch daran, dass ein in allen Bereichen kohärentes Instrument noch kein Wert als solcher ist. Durch Rechtssetzung werden staatliche Entscheidungen des Gesetzgebers umgesetzt, mit denen dieser seiner Ansicht nach gerechte Lösungen von Lebenssachverhalten schafft.[856] Gerechtigkeit oder zumindest das Streben danach geht über Dogmatik. In sich stimmige Regelungen sind

854 Ebenda.
855 Ebenda.
856 Vgl. *Rüthers*, Rechtstheorie, S. 50 ff. Rn. 72 ff.

zwar hilfreich, machen sie Rechtsnormen klarer und dienen sie damit der Rechtssicherheit. Im konkreten Fall soll ein adäquater Schuldnerschutz durch die Begrenzung der Sicherheit geschaffen werden. Dieser Schutz wird durch eine reduzierte Form der Akzessorietät angestrebt. Rechtsunsicherheiten ergeben sich für die beteiligten Rechtsanwender insoweit[857] keine.

3. Vergleich mit den deutschen Grundpfandrechten

Bei der Grundschuld entstehen vergleichbare dogmatische Komplikationen nicht. Als forderungsunabhängiges Grundpfandrecht wird die Grundschuld unabhängig von der gesicherten Forderung übertragen, Widersprüche ergeben sich keine.[858] Die Hypothek wird als akzessorisches Recht hingegen allein akzessorisch übertragen. Auch hier führt jedoch das Erlöschen der Forderung nicht zu einem Erlöschen des akzessorischen Rechts.[859] Die forderungslose Hypothek bleibt nicht beim bisherigen Gläubiger und gewährt ihm keine Rechte mehr, sondern geht auf den Eigentümer über. Insoweit sind wiederaufladbare Hypothek und deutsche Hypothek vergleichbar. Immerhin hat bei der deutschen Hypothek das Erlöschen der Forderung eine klarere materiell-rechtliche Folge. Die forderungslose Hypothek gibt es nicht, das geführte Recht existiert formal nicht ohne das führende Recht weiter, sondern wandelt sich in die Eigentümergrundschuld um. Auch dieser Weg fällt jedoch dogmatisch nicht unbedingt leichter, wie die langjährige Beschäftigung der deutschen Rechtswissenschaft mit der richtigen dogmatischen Einordnung dieses Rechtstyps belegt.[860]

II. Verkappte Übertragung durch Wiederaufladung

1. Übertragungswirkung der Wiederaufladung durch Dritte

Der Eigentümer kann die Wiederaufladung nicht nur mit dem bisherigen Gläubiger vereinbaren, sondern auch mit Dritten bis hin zur Co-Inhaberschaft.[861] Die neuen Gläubiger werden ebenfalls Inhaber. Die Idee der wiederaufladbaren Hypothek als Sicherungsreserve des Eigentümers ermöglicht damit indirekt die Übertragung der wiederaufladbaren Hypothek mittels Wiederaufladung.

857 Zu den Risiken, die durch die Co-Inhaberschaft entstehen siehe sogleich § 8 A II 2.
858 S.o. § 2 A II 4.
859 S.o. § 2 A III 1 b.
860 Vgl. MünchKomm/*Eickmann*, § 1177 Rn. 3.
861 S.o. § 6 A II 2 a bb.

2. Risiken für neue Gläubiger mangels gutgläubigen Erwerbs

Dieses Konzept der Sicherungsreserve hat wie oben dargestellt den Zweck, dem Eigentümer bei neuen Krediten die Wahlmöglichkeit zwischen Kreditgebern zu erhalten.[862] Auf den ersten Blick scheint dies auch für neue Kreditgeber interessant, die so eine alte, fremde Hypothek weiterverwenden können. Bei genauerem Hinsehen birgt diese Vorgehensweise jedoch erhebliche Gefahren. Ein gutgläubiger Erwerb der wiederaufladbaren Hypothek ist ausgeschlossen. Die Sicherung durch Wiederaufladung einer bereits bestehenden wiederaufladbaren Hypothek schließt alle Risiken mit ein, die im Rahmen der bisherigen Verwendung der wiederaufladbaren Hypothek entstanden sind.

a. Abhängigkeit von vorangegangenen Sicherungsgeschäften

Mit der Wiederaufladung vertraut ein neuer Gläubiger darauf, dass die Hypothek wirksam entstanden ist. Sein Vertrauen wird jedoch nur eingeschränkt geschützt. Er nimmt stets in Kauf, dass seine Sicherung aufgrund eines Fehlers bei der Bestellung oder aber einer nichtigen ersten Forderung[863] nicht wirksam ist. Eine Kontrolle der Vorgänge bei der Bestellung wird oft nicht möglich sein, jedenfalls umso schwieriger, je länger die Bestellung zurückliegt. Zwar besteht auch bei einer Hypothekenübertragung mangels gutgläubigen Erwerbs ein gewisses Risiko. Der Unterschied liegt jedoch darin, dass dort das Rechtsgeschäft mit dem Vorinhaber abgeschlossen wird, bei der Wiederaufladung jedoch mit dem Eigentümer. Das Rechtsverhältnis zum Schuldner/Eigentümer ist kein adäquater Ersatz. Der Kontakt mit bereits gesicherten Gläubigern muss eigens hergestellt werden. Welche rechtliche wie inhaltliche Qualität die Auskunft dieser Gläubiger dann hat, muss sich erst noch zeigen. Bei Fehlinformationen hat der Kreditgeber, der eine bereits bestehende wiederaufladbare Hypothek akzeptiert, dann auch dieses Prozess- und Insolvenzrisiko zu tragen.

Der schlimmste anzunehmende Fall, die Nichtexistenz der Sicherheit, mag vielleicht in der Praxis eher selten auftreten. Die Abhängigkeit von vorangegangenen Sicherungsgeschäften ist jedoch strukturimmanent und besteht bei jeder Wiederaufladung einer wirksamen wiederaufladbaren Hypothek durch Dritte. Der Nutzen einer Wiederaufladung hängt stets davon ab, in welchem Umfang bereits gesicherte Forderungen noch bestehen. Sind solche Forderungen letztlich

---

862 Ebenda.
863 S.o. § 5 B III 2 a.

doch größer als bei der Wiederaufladung angenommen, ist der freigewordene Betrag der wiederaufladbaren Hypothek entsprechend kleiner. Jede Wiederaufladung hat so den Charakter einer Zweithypothek, die von vorrangig gesicherten Forderungen abhängig ist. Auch hier ist der Gläubiger auf Informationen bisheriger Gläubiger angewiesen.[864] Bei einer älteren wiederaufladbaren Hypothek, die bereits mehrfach, durch verschiedene Gläubiger wiederaufgeladen worden ist, dürfte dies aufwendig und zuweilen unmöglich sein.[865] Der Umfang der eigenen Sicherung hängt davon ab, ob die Informationen, die neue Gläubiger über den Bestand bereits gesicherter Forderungen erhalten, wahr sind. Bei falscher Auskunft droht hingegen, dass sich die scheinbare Sicherheit in Luft auflöst. Der Gläubiger muss in jedem Fall auf die Redlichkeit Dritter vertrauen, mit denen er an sich gar kein Geschäftsverhältnis eingehen wollte. Mit dem Einstieg in ein bislang fremdes Sicherungsrecht macht er sich viel abhängiger von vorrangigen Gläubigern und den Rechtsunsicherheiten des vorangegangenen Kredit- und Sicherungsgeschäfts. Die wiederaufladbare Hypothek birgt für ihn ein schwer überschaubares Gefahren- und Konfliktpotential, das es bei einer eigenen, selbst bestellten, einfachen vertraglichen Hypothek nicht oder zumindest nicht in diesem Maße gibt. Die immanente Unsicherheit dieses Rechts, dass dem Begünstigen eigentlich die nötige Sicherheit verschaffen soll, ist mehr als misslich.

b. Schutz durch notarielle Mitwirkung?

Wie oben bereits angesprochen ist es für neue Gläubiger von Vorteil, dass bei jeder Wiederaufladung die notarielle Form erforderlich ist und so auch eine notarielle Beratung, Prüfung, Haftung und mithin eine ungleich höhere Gewähr für die Wirksamkeit bisheriger Rechtsgeschäfte besteht.[866] Ob dies für den Erfolg dieses Konzepts ausreicht, ist jedoch fraglich. Auch der notariellen Nachforschung und Haftung sind Grenzen gesetzt. Bei einer älteren wiederaufladbaren Hypothek und mehreren Gläubigern dürfte die seriöse Kontrolle oft nicht mehr möglich sein. Notare könnten, auch aufgrund der geringen finanziellen Gegenleistung, häufig den für sie sicheren und einfacheren Weg nehmen und ohne vertiefte Prüfung einfach von der Wiederverwendung der wiederaufladbaren Hypothek abraten. So steht zu befürchten, dass das Ziel, die Festlegung auf den Erstgläubiger

---

864 S.o. § 6 A II 2 b.
865 *Dagot*, L'hypothèque rechargeable, S. 155 Nr. 508.
866 S.o. § 6 B II a.

zu vermeiden, in der Praxis nicht erreicht wird, da neue Gläubiger das mit der Wiederaufladung verbundene Risiko scheuen.

B. Deutsche Annäherung durch das Risikobegrenzungsgesetz

Die französische Reform von 2006 hat die Regeln zur Übertragung unverändert gelassen. Vom weitgehenden Ausschluss des gutgläubigen Erwerbs ist man nicht abgerückt. 2008 gab es dagegen mit dem Risikobegrenzungsgesetz eine Änderung auf der anderen, der deutscher Seite.

I. Risiken der Schuldner bei der Übertragung von Grundschulden nach dem alten Recht

Die Veräußerung von gesicherten Immobiliarkrediten geriet in Deutschland in den Jahren vor der Reform von 2008 in den Fokus der öffentlichen Wahrnehmung. In den Medien wurde wiederholt von Fällen berichtet, in denen private Eigentümer ihr Haus zu verlieren drohten bzw. bereits verloren hatten.[867] Der ursprüngliche Kreditgeber, nicht selten kleinere regionale Banken, hatten Forderungen zuvor an Finanzinvestoren veräußert. Verbraucher und Politiker waren empört, da der Eindruck entstand, dass diese Geschäfte massiv zu Lasten der Verbraucher gehen und diese den Finanzinvestoren weitgehend schutzlos ausgeliefert seien.

1. Bisherige Entwicklungslinien im Gläubiger-Schuldnerverhältnis

a. Sicherungsausbau in der Praxis

Die Entwicklung der deutschen Kreditpraxis ist dadurch gekennzeichnet, dass den Interessen der Kreditwirtschaft in vielerlei Hinsicht Rechnung getragen wird.[868] Das übliche Sicherungskonzept bei Grundstückskrediten kennzeichnet seit Langem ein systematischer Sicherungsüberschuss des Gläubigers.[869] Der Vorzug der Sicherungsgrundschuld gegenüber der Hypothek und der damit ver-

867 Vgl. etwa *Süddeutsche Zeitung*, 4.12.2006: Die Banken sagen einfach servus; *FAZ*, 17.1.2008: Zwangsversteigerung trotz pünktlicher Tilgung; *Spiegel*, 29.1.2008: Wenn das Haus weg ist.

868 *Stürner*, in: Festschrift Serick, S. 380.

869 *Dieckmann*, NZM 2008, S. 866; vgl. auch *Stürner*, in: Festschrift Serick, S. 384 f.

bundene Treuhandcharakter der Sicherung ist nur ein Bestandteil.[870] Der von der Forderung formal unabhängige Anspruch aus der Grundschuld kann nach alter Rechtslage gemäß § 1193 Abs. 2 BGB aF sofort fällig gestellt werden.[871] Zum Standard gehört weiter die gleichzeitige Vereinbarung eines abstrakten Schuldversprechens/Schuldanerkenntnisses gemäß §§ 780 f. BGB, wodurch der Sicherungsnehmer nicht nur Zugriff auf das grundpfandrechtlich belastete Grundstück, sondern auf das gesamte Vermögen des Sicherungsgebers hat.[872] Aufgebläht wird der Sicherungsüberschuss zudem dadurch, dass Grundschuldzinsen vereinbart werden, die deutlich über den Forderungszinsen liegen, um den Gläubiger gegen das Risiko einer für ihn ungünstigen Zinsentwicklung abzusichern.[873] Üblich geworden ist schließlich die Unterwerfung des Schuldners unter die sofortige Zwangsvollstreckung gemäß § 794 Abs. 1 Nr. 5 ZPO.[874] Der Gläubiger hat so insgesamt mehrere Ansprüche gegen den Schuldner, die aufgrund der Vollstreckungsunterwerfung bereits tituliert sind und damit ohne die übliche gerichtliche Prüfung im Erkenntnisverfahren vollstreckt werden können.[875] Im Zweipersonenverhältnis ist die in diesem Sicherungsüberschuss liegende Gefahr der übermäßigen Inanspruchnahme dadurch gebannt, dass das rechtliche Können durch das rechtliche Dürfen in Gestalt des Sicherungsvertrags begrenzt wird.[876] Problematisch wird es jedoch bei Übertragung der Sicherheit.

b. Bedeutung der Übertragung von Grundschulden

aa. Refinanzierung und Verwertung

Für Banken hat die Übertragung grundpfandrechtlich gesicherter Forderungen in den letzten Jahren eine erhebliche Bedeutung erlangt.[877] Die damit verbundenen

---

870 Ausführlich bei *Clemente*, Sicherungsgrundschuld, S. 4 ff. Rn. 11 ff.

871 *Habersack*, NJW 2008, S. 3176; *Volmer*, MittBayNot 2009, S. 1; vgl. zur Fälligstellung auch *Clemente*, Sicherungsgrundschuld, 17 f. Rn. 52 f.

872 *Stürner*, in: Festschrift Serick, S. 381 sieht in der Kombination von dinglicher und persönlicher Haftung ein faktisch neues Rechtsinstitut.

873 Kritisch *Clemente*, Sicherungsgrundschuld, S. 20 ff. Rn. 62 ff.

874 Kritisch hierzu *Schimansky*, WM 2008, S. 1050 und *Clemente*, ZfIR 2008, S. 590.

875 *Clemente*, ZfIR 2008, S. 790.

876 *Huber*, Die Sicherungsgrundschuld, S. 110; *Döring*, Risiko und Risikobegrenzung für den Sicherungsgeber bei der Sicherungsgrundschuld, S. 116; *Dieckmann*, BWNotZ 2008, S. 174; skeptisch bereits *Stürner*, in: Festschrift Serick, S. 384.

877 Bei *Baur/Stürner*, Sachenrecht 1999, § 38 Rn. 2 wird dieser Bereich noch als wenig bedeutend angesehen. Ähnlich auch *Huber*, Die Sicherungsgrundschuld, S. 61, der die Rolle der Verkehrsfähigkeit der Grundschuld für ihre praktische Verwendung als gering ein-

Überlegungen sind sehr vielfältig. Eine wichtige Rolle spielt die Refinanzierung der Banken. Es soll Kapital für die weitere Vergabe von Krediten beschafft werden, indem bestehende Kredite veräußert werden. Oft fließen auch strategische Überlegungen mit ein (z.B. Risikodiversifizierung, Kosteneinsparung, Verminderung der Anforderungen an die Eigenkapitaldeckung oder Änderung der Geschäftsstruktur).[878] Neben dem klassischen Vorgehen, der Forderungsabtretung, erfolgt dies auch durch neuartige Transaktionstypen bis hin zur Schaffung von Kreditderivaten (z.B. *credit default swaps*) und ABS (*asset backed securities*).[879] Diese Auslagerung betrifft grundsätzlich auch ordnungsgemäß bediente Forderungen.[880] Betroffen sind jedoch vor allem sog. notleidende Kredite (engl. *non performing loans*).[881] Hierunter werden Kredite verstanden, die wegen einer wesentlichen Vertragsverletzung des Darlehensnehmers, d.h. vor allem wegen Zahlungsverzugs, bereits gekündigt wurden oder jederzeit nach § 490 Abs. 1 oder Abs. 3 BGB, Nr. 19 Abs. 3 AGB Banken oder Nr. 26 Abs. 2 AGB Sparkassen außerordentlich gekündigt werden können.[882] Durch die Übertragung erhält die Bank zumindest einen Teil der Forderung zurück, ohne die Risiken der Zwangsvollstreckung eingehen zu müssen. Die eigentliche Verwertung erfolgt dann durch hierauf spezialisierte Gesellschaften. Diese können den säumigen Schuldner aufgrund größerer Kompetenz, vor allem aber weil sie weniger Rücksicht

---

stuft. Bei *Baur/Stürner*, Sachenrecht 2009, § 38 Rn. 2 wird nun eine „dramatische Veränderung“ in den letzten Jahrzehnten ausgemacht. In der BR-Drucksache 152/08 ist von einer „massiven Zunahme“, in BT-Drucksache 16/9821 von 20 Mrd. Euro an Kreditverkäufen in den letzten Jahren, in BR-Drucksache 152/08 von Ausplatzierungen in Höhe von 35-40 Mrd. Euro seit 2002 die Rede.

878 Anschaulich *Langenbucher*, NJW 2008, S. 3169 f.; vgl. hierzu auch *Höche*, in: Festschrift Nobbe, S. 319.

879 *Nobbe*, ZIP 2007, S. 98 f.

880 Statt vieler *Langenbucher*, NJW 2008, S. 3169.
Vgl. hierzu auch *Hypo Real Estate Holding AG,* Ad Hoc Mitteilung zu Portfolioverkauf: „... Es umfasst 0,66 Mrd. Euro gesunde Finanzierungen, die ordnungsgemäß bedient wurden, die aber zu einem großen Teil unter Beobachtung standen („sog. Watchlist“). Zudem umfasst es 0,46 Mrd. Euro problembehaftete Kredite (sub-performing loans) und 2,48 Mrd. Euro leistungsgestörte Finanzierungen (non-performing loans). [...] Die Übertragung der Forderungen im Wege der Ausgliederung nach dem Umwandlungsgesetz, die bis Ende des Jahres 2004 abgeschlossen werden soll, ist nach Kenntnis des Vorstands die weltweit größte jemals durchgeführte Transaktion dieser Art.“

881 *Habersack*, NJW 2008, S. 3173.

882 *Nobbe*, ZIP 2007, S. 97.

auf ihren Ruf in der Öffentlichkeit nehmen müssen, intensiver bearbeiten und höhere Erträge erwirtschaften.[883]

bb. Umschuldung

Die Übertragung der Grundschuld kann auch im Interesse des Schuldners erfolgen. Bei einer Umschuldung werden die bisherigen Forderungen durch Aufnahme eines neuen Kredits getilgt.[884] Die neue Forderung wird wiederum von der Grundschuld gesichert. Ist der Schuldner bei der Wahl des neuen Kreditgebers frei, kann er im Wege eines Gläubigerwechsels denjenigen Kreditgeber wählen, welcher ihm die besten Zinskonditionen bietet.

2. Verkehrsschutz sticht Schuldnerschutz

a. (Potentielle) Gefahr durch gutgläubigen Erwerb

aa. Gutgläubiger Erwerb bei der Sicherungsgrundschuld

Für die Übertragung der Sicherungsgrundschuld gelten die §§ 1154 ff. BGB. Der Erwerber kann hierbei auch in den Sicherungsvertrag eintreten, über § 328 oder § 414 BGB, er muss es aber nicht.[885] Aufgrund der Relativität der Schuldverhältnisse werden die Konditionen des Sicherungsvertrages grundsätzlich nicht mit übertragen. Die Übertragung führt so prinzipiell dazu, dass die für die Bestimmung der Rechte und Pflichten zentrale Vereinbarung zwischen Neugläubiger und Schuldner-Eigentümer nicht weiter gilt. Vor 2008[886] wird dies durch die Anwendung des § 1157 S. 1 BGB auf Grundschuld und Sicherungsvertrag überlagert.[887] Bereits nach altem Recht kann sich der Eigentümer hiernach auch gegenüber dem Neugläubiger auf die sich aus dem Sicherungsvertrag ergebenden Einreden berufen.[888] Der Anwendung dieser Norm auf die Grundschuld kommt eine zentrale Rolle beim Schuldnerschutz zu, führt sie doch zu einer gewissen Bindung der Grundschuld an den Sicherungsvertrag und damit mittelbar

883 Vgl. *Nobbe*, ZIP 2007, S. 98; *Langenbucher*, NJW 2008, S. 3169.
884 *Stöcker*, Die Eurohypothek, S. 39.
885 Vgl. *Dieckmann*, BWNotZ 2008, S. 175; *Frigden*, WM 2008, S. 1866, zur neuen Rspr. des BGH unten § 8 B III.
886 Auch nach Inkrafttreten des Risikobegrenzungsgesetzes gilt die im Folgenden dargestellte alte Rechtslage gemäß Art. 229 § 18 Abs. 2 EGBGB für Altfälle, d.h. für die Grundschulden, die vor 2008 übertragen wurden.
887 *Huber*, Die Sicherungsgrundschuld, S. 135 f.
888 *Clemente*, ZfIR 2008, S. 795.

auch an die gesicherte Forderung.[889] Die Auslegung von § 1157 S. 1 BGB prägt entscheidend den Charakter der Sicherungsgrundschuld, da je nach Umfang des Schuldnerschutzes entweder die Sicherungsfunktion oder die Verkehrsfähigkeit betont wird.[890] Aufgrund dieser Bedeutung ist es nicht überraschend, dass die Diskussion über die richtige Auslegung dieser Norm die Grundschuld lange begleitet hat.[891] Die Lösung, die sich schließlich durchgesetzt hat, sieht eine Auslegung vor, die den Schutz durch § 1157 S. 1 BGB eng fasst. So muss der Einredetatbestand bei der Abtretung bereits erfüllt sein, später entstehende Einreden reichen nicht aus.[892]

Beispiel 1: Entstehungszeitpunkt der Einrede

E bestellt G1 zur Sicherung einer Forderung in Höhe von 100.000 Euro eine Grundschuld in entsprechender Höhe.

a) E zahlt an G1 20.000 Euro, anschließend tritt G1 Forderung und Grundschuld an G2 ab.

b) Die Zahlung von E an G1 erfolgt erst nach der Abtretung an G2.

Nur in der Variante a) ist der Einredetatbestand des teilweise erfüllten Vertrags zum Zeitpunkt der Abtretung bereits entstanden. Daher kann sich E nur in Variante a) auf § 1157 S. 1 BGB berufen, nicht jedoch in Variante b).

Der Schutz des Schuldners wird nach der alten Rechtslage jedoch vor allem durch §§ 1157 S. 2, 892, 1192 Abs. 1 BGB eingeschränkt. Hiernach kann der Erwerber die Grundschuld einredefrei erwerben, soweit er gutgläubig ist. Es hat sich eine Auslegung durchgesetzt, die die Erfüllung dieser Voraussetzung stark vereinfacht. So entfällt die Gutgläubigkeit des Erwerbers nur dann, wenn dieser positive Kenntnis vom Sicherungscharakter und der konkret erhobenen Einrede hatte.[893]

889 *Baden*, JuS 1977, S. 77 f. sieht darin eine „zweifach verdinglichende Wirkung“ der sicherungsvertraglichen Einreden, was bei der nicht-akzessorisch gestalteten Grundschuld problematisch sei.

890 *Gärtner*, Die Sicherungsgrundschuld, S. 10.

891 Vgl. *Buchholz*, AcP 187 (1987), S. 110 ff.; *Huber*, in: Festschrift Serick, S. 195 ff. Eine wichtige, eigentümerfreundliche Entscheidung erfolgte 1917 durch das Reichsgericht mit RGZ 91, 218.

892 BGHZ 85, 388, 390; Erman/*Wenzel*, § 1157 Rn. 1.

893 BGHZ 59, 1; *Buchholz*, AcP 187 (1987), S. 123 bezeichnet dies als „und-Doktrin“; vgl. auch BGHZ 103, 72, 82 f., wonach ein bewusstes Verschließen des Erwerbers gegenüber der Erkenntnis der Anstößigkeit des Verhaltens des Veräußerers als vorsätzliche, sitten-

Beispiel 2: Doppelte Inanspruchnahme

E schuldet G1 100.000 Euro. Diese Forderung ist durch eine Grundschuld in derselben Höhe abgesichert. E zahlt 100.000 Euro an G1. G1 veräußert dennoch Forderung und Grundschuld an den G2, der von der Zahlung des E nichts weiß.

Die ursprünglich bestehende Forderung des G1 gegen E ist wegen Erfüllung gemäß § 362 Abs. 1 BGB erloschen. Diese Forderung kann G2 somit nicht nach § 398 BGB erwerben, ein gutgläubiger Erwerb von Forderungen ist nicht möglich, vgl. § 404 BGB. Hat E wie normalerweise üblich nur auf die Forderung geleistet,[894] hat dies keinen Einfluss am Bestand der Grundschuld. G1 bleibt Inhaber der Grundschuld und kann diese als Berechtigter an G2 übertragen gemäß §§ 1154, 1192 Abs. 1 BGB. Mangels Eintritt des G2 in den Sicherungsvertrag zwischen E und G1 kann sich E gegenüber G2 nur auf §§ 1157 S. 1, 1192 Abs. 1 BGB berufen. Da G2 allerdings nicht wusste, dass an G1 bereits geleistet worden ist, erwirbt er die Grundschuld hinsichtlich dieser Einrede gutgläubig gemäß §§ 1192 Abs. 1, 1157 S. 2, 892 BGB. G2 hat somit den Anspruch aus §§ 1192 Abs. 1, 1147 BGB in voller Höhe einredefrei erworben.

Durch die Abtretung der Grundschuld droht dem Schuldner nach alter Rechtslage wegen § 1157 S. 2 BGB nicht nur eine zu frühe, sondern sogar eine doppelte Inanspruchnahme.[895] Er riskiert, dass er trotz nicht (mehr) bestehender Forderung über die Grundschuld voll in Anspruch genommen wird. Der gutgläubige Neugläubiger kann vollkommen rechtmäßig in das Grundstück vollstrecken. Durch den gutgläubigen Erwerb ist bei treuwidrigem Verhalten des Gläubigers der Verlust des Grundstücks möglich. Zwar werden nicht wenige Schutzvorkehrungen vorgeschlagen wie die Eintragung einer Vormerkung[896] oder eines Widerspruchs.[897] All diesen Vorschlägen hängt jedoch der Makel an, dass sie in der Praxis keine Bedeutung erlangt haben, sei es aufgrund fehlender Kenntnis der Schuldner oder aufgrund des Widerstands der Gläubiger.[898]

---

widrige Schädigung gewertet werden könne.

894 *Clemente*, Sicherungsgrundschuld, S. 284 Rn. 697; s.o. § 2 A III 1 c.

895 *Döring*, Risiko und Risikobegrenzung für den Sicherungsgeber bei der Sicherungsgrundschuld, S. 118.

896 *Huber*, in: Festschrift Serick, S. 221.

897 Vgl. Palandt/*Bassenge*, § 1191 Rn. 28; *Tiedtke*, Jura 1980, S. 420 sowie die Zusammenstellung bei *Gärtner*, Die Sicherungsgrundschuld, S. 45 ff.

898 *Gärtner*, Die Sicherungsgrundschuld, S. 70 f.; kritisch hierzu bereits *Wilhelm*, JZ 1980, S. 627. Auch *Huber*, in: Festschrift Serick, S. 223 räumt dies letztlich ein.

bb. Parallelen zur Verkehrshypothek

Das gerade dargestellte Risiko könnte man als eine Konsequenz der Nicht-Akzessorietät und des Treuhandcharakters der Grundschuld interpretieren. Vergleicht man die damalige Sicherungsgrundschuld in dieser Frage jedoch mit der Verkehrshypothek, so zeigen sich weitgehende Parallelen. Bei Mängeln des dinglichen Rechts richtet sich der Erwerb von Grundpfandrechten einheitlich nach den §§ 892, 893 BGB. § 1157 S. 2 BGB gilt für Sicherungsgrundschuld wie Verkehrshypothek gleichermaßen. Die Rechtsprechung zur Sicherungsgrundschuld orientierte sich in der Vergangenheit zum Teil auch an der Verkehrshypothek.[899] Wie bei der Sicherungsgrundschuld kann gutgläubiger Erwerb auch bei der Verkehrshypothek dazu führen, dass der Eigentümer vor Fälligkeit der gesicherten Forderung in Anspruch genommen wird. Auch kann es zur hypothekarischen Verwertung kommen, obwohl die Forderung nie bestanden hat oder nicht mehr besteht.[900]

Beispiel 3: Übertragung nach Erlöschen der Forderung

G1 verfügt über eine Forderung gegen S, die durch eine Verkehrshypothek gesichert ist. Auch nachdem S an G1 geleistet hat, bleibt dieser als Inhaber der Hypothek im Grundbuch eingetragen. G1 veräußert Forderung samt Hypothek an den G2, der von alledem nichts weiß. Er wird als Inhaber der Hypothek ins Grundbuch eingetragen.

Die Hypothek ist gemäß §§ 1163, 1177 BGB zwar auf S übergegangen, G2 erwirbt die Hypothek jedoch gutgläubig und kann von S erneut die Zahlung ver-

899 Vgl. BGHZ 59, 2 f.: „Entscheidend gegen die Rechtsprechung des Reichsgerichts, das die nicht-akzessorische Sicherungsgrundschuld der streng akzessorischen Sicherungshypothek zu stark annähert, spricht der Vergleich mit § 1156 BGB. Die Rechtsprechung des Reichsgerichts stellt nämlich den Erwerber einer Grundschuld schlechter als den Erwerber einer Hypothek. Diesen sichert [...] § 1153 Abs. 2 BGB in Verbindung mit § 1156 BGB vor nachträglicher Zahlung an den Zedenten, während die Grundschuld durch die Rechtsprechung des Reichsgerichts mit Rücksicht darauf, dass der Erwerber den Sicherungscharakter oft erkennt, praktisch ihrer Eigenschaft als Verkehrsgegenstand entkleidet wird."
Kritisch hierzu *Wilhelm*, JZ 1980, S. 632, der darauf hinweist, dass die Sicherungsgrundschuld bei der Sicherung wechselnder Forderungen die Höchstbetragshypothek als Sicherungshypothek verdrängt habe und damit ersetze, so dass zumindest dort die Orientierung an der Sicherungshypothek und nicht an der Verkehrshypothek einleuchte.

900 *Kircher*, Grundpfandrechte in Europa, S. 235.

langen. Nach überwiegender Ansicht führt dies nicht zum Erwerb der gesicherten Forderung, die Hypothek bleibt „forderungsentkleidet“.[901]

Akzessorietät führt bei Erlöschen der gesicherten Forderung zwar zu automatisch eintretenden Rechtsänderungen, wohingegen bei der nicht-akzessorischen Grundschuld entsprechende Rechtsänderungen eigens vorgenommen werden müssen. Der Schutz des Schuldners unterscheidet sich gleichwohl in beiden Fällen nicht, solange jeweils bis zur Zerstörung des Rechtsscheins im Ergebnis identisch das Recht gutgläubig erworben werden kann.

Beispiel 4: Mehrfache Übertragung

a) Dem unerkannt geisteskranken G steht gegen E eine durch eine Verkehrshypothek gesicherte Forderung zu. G vereinbart mit Z1 die Übertragung von Forderung und Hypothek, Z1, als Inhaber der Hypothek im Grundbuch eingetragen, veräußert diese an Z2.

b) Statt einer Hypothek wird die Forderung durch eine Grundschuld gesichert.

Z1 erwirbt in beiden Fällen weder die Forderung noch das Grundpfandrecht, da die Vereinbarung nach § 105 Abs. 1 BGB unwirksam ist. In a) erwirbt Z2 von Z1 jedoch die Hypothek gutgläubig wegen §§ 1154, 1138, 892 BGB. Umstritten ist allein, ob in dieser Konstellation Z2 auch die Forderung erwirbt („Mitreißtheorie“)[902] oder wiederum lediglich eine „forderungsentkleidete“ Hypothek.[903] In b) erwirbt Z2 nur die Grundschuld gutgläubig gemäß §§ 1154, 892 BGB, die Forderung verbleibt bei G. Bei b) fällt die Inhaberschaft auseinander, bei a) nur nach einer Ansicht. Gegen die Inanspruchnahme durch G kann sich E jedoch jeweils auf dieselbe Weise schützen. E muss auf die Forderung nur dann zahlen, wenn ihm das Grundpfandrecht zurückgegeben wird.[904] Diese Einrede wird aus dem Sicherungsvertrag gefolgert. Der Schuldner kann sich nach der Abtretung der Forderung wegen § 404 BGB auch gegenüber dem Zessionar auf diese berufen.[905] Berücksichtigt E dies, ist diese Gefahr gebannt. Zahlt E hingegen zu-

901 *Wolf/Wellenhofer*, Sachenrecht, § 28 Rn. 48, S. 440; *Baur/Stürner*, Sachenrecht 2009, § 38 Rn. 22; Westermann/*Eickmann*, Sachenrecht, § 105 III 3, S. 749.

902 Etwa *Baur/Stürner*, Sachenrecht 2009, § 38 Rn. 28; *Wolf/Wellenhofer*, Sachenrecht, § 28 Rn. 50, S. 443.

903 Westermann/*Eickmann*, Sachenrecht, § 105 III 4, S. 751.

904 BGH WM 1982, 839, 841.

905 *Huber*, in: Festschrift Serick, S. 208; Westermann/*Eickmann*, Sachenrecht, § 105 III 4, S. 750; *Weirich*, JuS 1980, S. 191.

nächst an den G und tritt dann der gutgläubige Z2 an ihn heran, ist E nicht nur bei Auseinanderfallen von Forderung und Grundpfandrecht, sondern auch nach der Mitreißtheorie aufgrund des gutgläubigen Erwerbs zur nochmaligen Zahlung verpflichtet. Im Ergebnis zeigt sich somit auch hier kein Unterschied.

cc. Unterschiede beim Schuldnerschutz

Döring[906] stellt beim Vergleich der Risiken von Grundschuld und Verkehrshypothek darauf ab, dass das Schutzdefizit bei der nicht-akzessorischen Grundschuld schon in ihrem Wesen begründet sei, wohingegen es bei der Verkehrshypothek erst durch das Zulassen des gutgläubigen Erwerbs entstehe. In der Tat entspricht der Erhalt der Einrede bei der Grundschuld über § 1157 S. 1 BGB gerade nicht dem Charakter eines forderungsunabhängigen Rechts. Mit § 1157 S. 2 BGB wird die Grundschuld in gewisser Weise lediglich an ihr Ausgangsniveau angenähert. Bei der Verkehrshypothek ist demgegenüber die akzessorische Bindung an die Forderung der Regelfall und die Möglichkeit des gutgläubigen Erwerbs die Ausnahme von diesem Schutz. *Döring* räumt jedoch auch ein, dass sich im Ergebnis wenig ändere, wenn am Ende der Kette jeweils der gutgläubige einredefreie Erwerb stehe.[907] *Wilhelm* sieht besondere Risiken, wenn eine Grundschuld Forderungen aus einem laufenden Geschäftsverhältnis sichert.[908] Die Schutzvorkehrungen, die der Gesetzgeber für diese Kreditsituation ursprünglich bei der Hypothek in Gestalt der Höchstbetragshypothek als Sicherungshypothek vorgesehen habe, würden hier fehlen.[909] Nach *Kircher* bestehen zudem besondere Risiken für den Erwerber eines belasteten Grundstücks, wenn dieser nicht Partei der Sicherungsabrede werde, da § 1137 BGB für die Grundschuld nicht gelte.[910]

Die geäußerte Kritik hat einen gemeinsamen Kern. Letztlich knüpft sie doch an der Nicht-Akzessorietät der Grundschuld an. Mit der Grundschuld als Sicherungsmittel zog die Sicherungstreuhand als Sicherungskonstruktion in den Immobiliarkredit ein. Für dieses Treuhandverhältnis ist charakteristisch, dass dem Sicherungsnehmer mehr an Sicherheit zur Verfügung steht als für die konkret

---

906 *Döring*, Risiko und Risikobegrenzung für den Sicherungsgeber bei der Sicherungsgrundschuld, S. 119.
907 Ebenda.
908 *Wilhelm*, JZ 1980, S. 626 f.
909 *Kircher*, Grundpfandrechte in Europa, S. 236 f.
910 *Kircher*, Grundpfandrechte in Europa, S. 237.

bestehenden Verbindlichkeiten erforderlich ist.[911] Die Struktur der Grundschuld ist damit symptomatisch für eine Rechtslage, die dem Sicherungsnehmer systematisch ein „zu viel" an Sicherheit bietet,[912] über das er im Außenverhältnis wirksam verfügen kann. Sicherungsmaßnahmen des Eigentümers gegen diese latente Gefahr, sei es durch entsprechende Vermerke im Grundbuch oder auf dem Grundschuldbrief, widersprechen der Treuhandidee und damit der Grundidee dieser etablierten Sicherungskonstruktion. Zu einer Treuhand gehört eben auch das Risiko des Missbrauchs dieser besonderen Rechtsposition zu Lasten des betreuten Rechtsguts.

Bei der Verkehrshypothek besteht hingegen materiell-rechtlich nie ein Sicherungsüberschuss. Lediglich grundbuchrechtlich entsteht durch die Eintragung im Grundbuch und den Hypothekenbrief eine Art Rechtsmachtüberschuss, da bei (teilweisem) Erlöschen der gesicherten Forderung der gutgläubige Erwerb durch Dritte möglich ist. Sie ist in ihrer klassischen Form als Verkehrshypothek aufgrund der Akzessorietät jedoch nicht entsprechend flexibel und nicht auf wechselnde Forderungsbestände ausgelegt. Eine Beschränkung der Hypothek durch eine entsprechende Publizierung im Grundbuch oder durch Hypothekenbriefvermerke würde zu dieser eher passen als zu einer Grundschuld. Zur umfassenden Wiederverwendbarkeit, wie sie bei der Grundschuld durch die Begründung eines Treuhandverhältnisses ermöglicht wird, gehört somit durchaus ein spezifisches Missbrauchsrisiko, wogegen zuverlässige Schutzmaßnahmen gefunden werden müssen. Zugleich ist nochmals zu betonen, dass die praktischen Auswirkungen der strukturellen Unterschiede von Sicherungsgrundschuld und Verkehrshypothek für den Schuldnerschutz gering ausgefallen sind.[913] Sie wurden von den Regeln zum gutgläubigen Erwerb überlagert.

---

911 S.o. § 8 B I 1 a.

912 *Dieckmann*, NZM 2008, S. 866.

913 Vgl. etwa *Baur/Stürner*, Sachenrecht 2009, § 45 Rn. 671; *Kircher*, Grundpfandrechte in Europa, S. 235; *Stadler*, Gestaltungsfreiheit und Verkehrsschutz durch Abstraktion, S. 610.

b. Kritik an der Veräußerung von Sicherungsgrundschulden

Auch in der juristischen Fachpresse wird im Vorfeld der Reform 2008 auf Schutzlücken hingewiesen.[914]

aa. Relativierung der Gefahr des gutgläubigen Erwerbs

Auffällig ist, dass die Kritiker die Gefahren nicht so sehr in den eben genannten Konstellationen sehen. Zwar belegt ja nicht zuletzt die Rechtsprechung des BGH[915], dass es in der Vergangenheit durchaus Fälle gegeben hat, in denen sich für den Eigentümer die Gefahr des gutgläubigen Erwerbs realisiert hat. Gutgläubiger Erwerb hat in der Praxis jedoch anscheinend nur eine geringe Bedeutung. Es wird darauf hingewiesen, dass sich keine aktuellen Missbrauchsfälle bei nicht notleidenden Krediten hätten finden lassen, die in der von den Medien angedeuteten Form tatsächlich zum Verlust des Grundstücks geführt hätten.[916] Ein Grund hierfür wird darin gesehen, dass auch unter dem alten Recht Neugläubiger vor dem Kauf eingehend den Inhalt der übertragenen Forderungen und Sicherungsrechte geprüft hätten. Damit sei nur noch wenig Raum für gutgläubigen Erwerb geblieben.[917] Vor allem jedoch sei es der Altgläubiger, der kein Interesse am gutgläubigen Erwerb des Neugläubigers habe.[918] Im Normalfall handelt es sich beim Altgläubiger um ein solventes und auf seinen guten Ruf bedachtes inländisches Kreditinstitut. Überträgt ein solcher Altgläubiger Forderungen ohne auf bestehende Einreden hinzuweisen und ginge der Neugläubiger dann erfolgreich gegen den Eigentümer vor, ist er aus dem für ihn noch immer geltenden Sicherungsvertrag regresspflichtig.[919] Um diesen Rückgriff zu vermeiden, hätten daher Altgläubiger regelmäßig auf den Vertragseintritt des Neugläubigers hingewirkt, zumindest aber einen seinen Pflichten im Innenverhältnis entsprechende Informationsfluss sicherstellt.[920] Der Schutz des Grundeigentums folgt hiernach nicht

914 Vgl. *Schimansky*, WM 2008, S. 1049 ff.; *Nobbe*, ZIP 2007, S. 97; *Clemente*, ZfIR 2008, S. 790; *Grziwotz*, AnwBl 2008, S. 501.

915 Vgl. BGHZ 59, 1 ff.; BGH WM 1973, S. 840; BGHZ 66, 165 ff.; BGHZ 85, 388 ff.

916 Vgl. BT-Drucksache 16/9821, S. 9; *Schalast*, BB 2008, S. 2190; *Redeker*, ZIP 2009, S. 209, 212; *Volmer*, MittBayNot 2009, S. 1.

917 *Eickmann*, in: Festschrift Harm Peter Westermann, S. 180; *Freitag*, WM 2008, S. 1814; Dieckmann, BWNotZ 2008, S. 176; ebenso auch der Artikel von *Markus Lange* und *Hauke Hintze* in der Börsenzeitung, 5.3.2008, S. 2: „Verkäufe von Immobilienkrediten – Viel Lärm um nichts?“

918 *Nobbe*, ZIP 2007, S. 98.

919 Vgl. etwa *Nobbe*, ZIP 2007, S. 98; *Habersack*, NJW 2008, S. 3175.

920 Ebenda.

so sehr aus der Redlichkeit der Marktteilnehmer[921] denn aus ureigenem Interesse. Materiell-rechtlich verschlechtert die Veräußerung die Rechtsposition des Grundstückseigentümers in der Regel nicht.

bb. Risikogeschäft Grundpfandrechtsverkauf

Die Gefahren, auf welche in der Rechtspraxis hingewiesen wird, entstehen ganz ohne gutgläubigen Erwerb einfach dadurch, dass die etablierten Sicherungskonstruktionen dem (Neu-)Gläubiger eine starke Rechtsstellung gewähren. Sie geben ihm Möglichkeiten zur Hand, den Schuldner auf rechtlich nur schwer beanstandbare Weise unter Druck zu setzen und die Verwertungsreife einer gesicherten Forderung herbeizuführen.[922] Beispiele werden aufgeführt, wo bei Umschuldungen Zinsen intransparent und marktunüblich hoch festlegt oder Kreditprolongationen ganz verweigert worden seien.[923] Als besonders drastisch gilt ein vom OLG München 2008 entschiedener Fall.[924] In den Entscheidungsgründen heißt es da:

> „Es drängt sich (…) der Eindruck geradezu auf, dass der Beklagten ohne jede Rücksicht auf den aktuellen Forderungsstand (…) und die mit der Vollstreckung einhergehenden wirtschaftlich nachteiligen Folgen für die Kläger allein an der Verwertung der Sicherheiten und Erzielung hoher und intransparenter Erlöse gelegen ist."

Als große Schwierigkeit für den Eigentümer wird entsprechend das Prozessrisiko ausgemacht.[925] Aufgrund der Vollstreckungsunterwerfung müsse der Eigentümer gegen die Vollstreckung aktiv werden und eine gerichtliche Prüfung einleiten, in der er als Kläger die Beweislast trage.[926] Dieses Risiko sei erst in den letzten Jahren zum Problem geworden, da aufgrund der Internationalität viele Neugläubiger selbst gar nicht als Kreditinstitut in Deutschland tätig seien. Die gerichtliche Durchsetzung von Ansprüchen sei ein dornenreicher Weg.[927] Häufig handle es sich bei den Beklagten entweder um wirtschaftlich dem Verbraucher weit überlegene Finanzinvestoren,[928] oder um als *Limited* registrierte Unterneh-

---

921 So noch *Weirich*, JuS 1980, S. 191.
922 Vgl. hierzu *Clemente*, ZfIR 2008, S. 790 f.
923 *Clemente*, ZfIR 2008, S. 791; ähnlich *Fest*, ZfIR 2008, S. 658.
924 OLG München WM 2008, S. 688.
925 *Schimansky*, WM 2008, S. 1051; *Grziwotz*, AnwBl 2008, S. 503.
926 Ebenda.
927 *Schimansky*, WM 2008, S. 1051.
928 Ebenda.

men, gegen welche mangels Kapitalausstattung nur geringe Realisierungschancen bestehen.[929]

Dies macht deutlich, dass das bisherige System angesichts des internationalen Handels mit Forderungen durchaus als nicht mehr zeitgemäß angesehen werden konnte. Erst Recht nicht, nachdem nun in den letzten Jahren deutlich wurde, wie erschreckend wenig risiko- und verantwortungsbewusst viele Akteure an diesem Handel teilnehmen. Kern des Problems sind damit jedoch weniger die konkreten Rechtskonstruktionen, sondern die stark veränderten Marktusancen sowie das Selbstverständnis der Gläubiger im Kreditwesen.[930] Das Bild der Hausbank, die den Kunden in Krisenzeiten unterstützend begleitet, solange es finanziell noch irgendwie vertretbar ist, hat selbst bei kleinen regionalen Banken in der Vergangenheit Kratzer abbekommen.[931] Gewinnmaximierung und Wettbewerbsdruck prägen es heute, auch nach der Finanzkrise. Dabei muss ehrlicherweise eingeräumt werden, dass an der „Jagd nach Rendite" nicht allein die Banken, sondern auch die Kunden und Verbraucher teilnehmen. Angesichts dieser Entwicklungen heute noch von einem Vertrauens- und Treueverhältnis zwischen Bank und Kunden zu sprechen, erscheint naiv, an einen Bankiers-Ethos zu appellieren beinahe lächerlich. (Rechts-)Schutz für den einzelnen Verbraucher ist in diesem System schwierig sicherzustellen. Internationale Rechtsdurchsetzung wird für klagende Verbraucher stets beschwerlich bleiben. Der Rückgriff gegen den ursprünglichen Sicherungsnehmer ist häufig keine ausreichende Alternative. Der Verlust des Grundstücks kann dadurch nicht vermieden werden. Auch wird der Rückgriff mangels nachweisbarer Pflichtverletzung oft nicht gelingen.[932] Dies gilt insbesondere dann, wenn Forderungen mehrfach weiterveräußert werden. Dies alles zeigt, wie schwierig es für den nationalen Gesetzgeber ist, hier signifikante Verbesserungen herbeizuführen.

929 *Grziwotz*, AnwBl 2008, S. 503; *Clemente*, ZfIR 2008, S. 791.
930 *Stadler*, in: Festschrift Strätz, S. 522, 524; Staudinger/*Wolfsteiner*, Einl. zu §§ 1113 ff. Rn. 32.
931 Ähnlich Staudinger/*Wolfsteiner*, Einl. zu §§ 1113 ff. Rn. 32.
932 *Fest*, ZfIR 2008, S. 660.

II. Änderungen durch das Risikobegrenzungsgesetz

Im August 2008 wurde das „Gesetz zur Begrenzung der mit Finanzinvestitionen verbundenen Risiken“ (Risikobegrenzungsgesetz) verabschiedet.[933]

1. Begrenzung des Schuldnerrisikos

a. *Schutzmaßnahmen*

Das Risikobegrenzungsgesetz bestand aus einem vielfältigen Maßnahmenpaket. Für den Immobiliarkredit waren mehrere Änderungen bedeutsam.[934] Sie bezogen sich insbesondere auf die Kündbarkeit und die Gesamtfälligstellung von Krediten. Daneben wurden auch bestimmte Verbraucherinformationspflichten hinsichtlich der Abtretbarkeit eingeführt.[935] Mit dem Gesetz zur Umsetzung der Verbraucherkreditrichtlinie[936] wurden 2009 die vom Risikobegrenzungsgesetz eingeführten Schutzmechanismen erneut überarbeitet.

Das Risikobegrenzungsgesetz enthielt auch eine Reihe von Maßnahmen, die unmittelbar die Grundpfandrechte sowie deren Vollstreckung betrafen. So kann etwa die Sicherungsgrundschuld aufgrund § 1193 Abs. 1, Abs. 2 S. 2 BGB nicht mehr wie bisher sofort fällig gestellt werden, sondern muss mit sechsmonatiger Frist gekündigt werden. Dem Eigentümer wird bei unrechtmäßiger Vollstreckung aus einem Grundpfandrecht gemäß § 799a ZPO ein verschuldensunabhängiger Schadenersatz gegen den neuen Gläubiger gewährt. Die Anordnung einer einstweiligen Einstellung der Zwangsvollstreckung wurde erleichtert (§ 769 Abs. 1 S. 2 ZPO).[937]

b. *Ausschluss des gutgläubigen einredefreien Erwerbs*

Im Rahmen dieser Arbeit ist vor allem auf die Einführung des Art. 1192 Abs. 1a BGB einzugehen. Die Regelung gilt gemäß Art. 229 § 18 Abs. 2 EGBGB für solche Grundschulden, die nach Inkrafttreten des Risikobegrenzungsgesetzes er-

---

933 Gesetz zur Begrenzung der mit Finanzinvestitionen verbundenen Risiken (Risikobegrenzungsgesetz) vom 12.8.2008, BGBl. I S. 1666, Geltung ab 19.8.2008.

934 Vgl. *Clemente*, ZfIR 2008, S. 792.

935 §§ 492 Abs. 1a, 492a, 496 Abs. 2 BGB, BGBl. I S. 1666, 19.8.2008, vgl. hierzu auch *Schalast*, BB 2008, S. 2192.

936 Gesetz zur Umsetzung der Verbraucherkreditrichtlinie, des zivilrechtlichen Teils der Zahlungsdiensterichtlinie sowie zur Neuordnung der Vorschriften über das Widerrufs- und Rückgaberecht vom 29.7.2009, BGBl. I S. 2355.

937 *Schmid/Voss*, DNotZ 2008, S. 740.

worben werden.[938] Die Regelung ergänzt § 1157 BGB und gestaltet damit den Schuldnerschutz im Fall der Abtretung neu.[939] Es genügt nun wie bei § 404 BGB, dass sich der Tatbestand einer Einrede erst nach der Abtretung verwirklicht.[940] Wichtig ist vor allem § 1192 Abs. 1a S. 1 BGB. § 1157 S. 2 BGB findet auf diese Einreden keine Anwendung mehr. Ein gutgläubiger einredefreier Erwerb bezüglich dieser Einreden scheidet damit aus.

c. Grenzen des Schuldnerschutzes

aa. Kompromiss zwischen Gläubiger- und Schuldnerinteressen

Diese Maßnahmen wurden von vielen Autoren kritisch aufgenommen. Bezweifelt wird zum einen, ob die vorgenommenen Schutzvorkehrungen ausreichend sein werden.[941] Schon im Vorfeld war die Frage aufgekommen, ob für die Abtretbarkeit grundpfandrechtlich gesicherter Forderungen nicht viel engere Grenzen gezogen werden müssten.[942] Der Ansatz, wonach das Bankgeheimnis bzw. das Recht auf informationelle Selbstbestimmung der generellen Abtretbarkeit entgegen stehe, fand vor dem BGH[943] und dem BVerfG[944] jedoch keine Zustimmung.[945] Auch die Forderung, dass die Verbindung von freier Abtretbarkeit und sofortiger Zwangsvollstreckungsunterwerfung nicht mehr zuzulassen sei,[946] wurden vom BGH eine Absage erteilt.[947] Gegenüber derart weitreichenden Forderungen nimmt sich die Gesetzesänderung bescheiden aus. Die generelle Abtretbarkeit bleibt zulässig.[948] Auch die Kombination der Unterwerfung unter die sofortige Zwangsvollstreckung mit der freien Abtretbarkeit an Dritte wird indirekt

---

938 Zu beachten sind die unterschiedlichen Übergangsvorschriften in Art. 229 § 18 Abs. 2 u. Abs. 3 EGBGB zu § 1192 Abs. 1a BGB und zu § 1193 BGB.

939 *Fest*, ZfIR 2008, S. 663.

940 *Clemente*, ZfIR 2008, S. 597.

941 *Clemente*, ZfIR 2008, S. 597; *Knops*, VuR 2009, S. 294; *Grziwotz*, AnwBl 2008, S. 503; *Dieckmann*, NZM 2008, S. 873; gelassener *Höche*, in: Festschrift Nobbe, S. 332 f.

942 Vgl. OLG Frankfurt WM 2004, S. 1386.

943 BGH NJW 2007, S. 2106; *Schintowsky/Schantz*, NJW 2008, S. 472 ff.

944 BVerfG WM 2007, S. 1694.

945 Zur anderen Frage, ob dies bei ordnungsgemäß bedienten Krediten zu Schadenersatzansprüchen führen kann vgl. *Nobbe*, ZIP 2007, S. 105; *Knops*, WM 2008, S. 2188.

946 Zurückgehend auf *Schimansky*, WM 2008, S. 1049 sowie ein in diese Richtung gehender Beschluss des LG Hamburg, siehe NJW 2008, S. 2784.

947 Die Entscheidung des LG Hamburg wurde vom BGH aufgehoben, BGH, Beschluss v. 16.4.2009, VII ZB 62/08, NJW 2009, S. 1887. Mit dem Urteil v. 30.3.2010, XI ZR 200/09 hat der BGH seine Position freilich ein Stück weit korrigiert, s.u. § 8 B III.

948 *Langenbucher*, NJW 2008, S. 3173.

bestätigt.[949] Die Schwierigkeit der Reform bestand letztlich darin, dass die massenhafte Veräußerung von Forderungen als solche die Gefahrenquelle ist. Refinanzierung ist volkswirtschaftlich jedoch so wichtig geworden, dass sowohl hinsichtlich der Wettbewerbsfähigkeit der Banken als auch hinsichtlich der Kreditverfügbarkeit für die Wirtschaft ein zu beherzter Eingriff zu riskant erschienen haben mag.[950] Sämtliche vorgenommenen Maßnahmen versuchen so, die Risiken für den Schuldner ein Stück weit einzudämmen, ohne dabei die Refinanzierungspraxis empfindlich zu stören. Hierzu passt auch die Einführung des § 1192 Abs. 1a BGB. Angesichts der Internationalität sowie der Ausmaße der Forderungstransaktionen mag der bisherige Schutz des Eigentümers, der vor allem auf Vertrauen und Regressansprüchen beruhte, nicht mehr zeitgemäß gewesen sein.[951] Aufgrund der eher geringen Bedeutung des gutgläubigen Erwerbs in der Vergangenheit dürfte dessen Einschränkung den Eigentümerschutz nicht spürbar erhöhen,[952] aber eben auch die Kreditpraxis nicht behindern. Es eignet sich vor allem als beruhigende, vertrauensbildende Maßnahme.[953]

bb. Lückenhafte Regelungen

Hingewiesen wird auf die Lückenhaftigkeit der vorgenommenen Maßnahmen.[954] So wird die Formulierung von § 799a S. 1 ZPO kritisiert. Es geht aus der Vorschrift nicht eindeutig hervor, dass sie keinen Anspruch gegen den Altgläubiger sondern gegen den Neugläubiger gewähren soll.[955] Missglückt erscheint auch § 1192 Abs. 1a S. 1 BGB. Die Norm schließt den gutgläubigen Erwerb einer Grundschuld keineswegs generell aus. Hält man sich an die enge Formulierung, führt diese vielmehr zu einer diffusen, sachlich nicht begründeten Differenzierung beim Schuldnerschutz.[956] Erfasst sind nur Sicherungsgrundschulden und nur Einreden aus einem Sicherungsvertrag. Nicht unter § 1192 Abs. 1a BGB fal-

949 So *Habersack*, NJW 2008, S. 3176 f.; *Schalast*, BB 2008, S. 2194.

950 *Baur/Stürner*, Sachenrecht 2009, § 45 Rn. 671; *Bachner*, DNotZ 2008, S. 644.

951 Anders die Ansicht von *Lehmann*, ZGS 2009, S. 219, der von einer extremen Verschiebung der Lösung des Interessenkonflikts zu Lasten der Erwerber ausgeht, da sich der Eigentümer besser als der Erwerber der Grundschuld vor einer treuwidrigen Abtretung schützen könne, und daher im Vergleich mit dem Erwerber „im Sinne der Law and Economics-Lehre als cheapest cost avoider" anzusehen sei.

952 *Habersack*, NJW 2008, S. 3176; ähnlich *Knops*, WM 2008, S. 2188 f.

953 *Schalast*, BB 2008, S. 2193.

954 Vgl. etwa zu § 1193 Abs. 2 S. 2 BGB *Volmer*, MittBayNot 2009, S. 8.

955 Vgl. hierzu und zu weiteren Defiziten der Norm *Vollkommer*, ZIP 2008, S. 2060 ff., *Dieckmann*, BWNotZ 2008, S. 166 ff.

956 Besonders kritisch Staudinger/*Wolfsteiner*, Vorbem. §§ 1191 ff. Rn. 3; § 1192 Rn. 31 f.

len somit Grundschulden ohne (wirksamen) Sicherungsvertrag und die dann bestehenden bereicherungsrechtlichen Einreden. Ebenso ausgenommen sind auch Einreden und Einwendungen direkt gegen die Grundschuld.[957] Damit kann eine Grundschuld, bei der auf die Grundschuld selbst geleistet wurde und die sich so zu einer Eigentümergrundschuld umgewandelt hat[958], weiterhin direkt über § 892 BGB gutgläubig erworben werden.[959] Auch ist unklar, ob im Dreipersonenverhältnis, d.h. bei einem Eigentümer, der selbst nicht Schuldner der Forderung und Vertragspartei des Sicherungsvertrages ist, dieser Eigentümer dann durch § 1192 Abs. 1a BGB geschützt sein wird.[960] Vor allem gilt § 1192 Abs. 1a BGB nicht für die Verkehrshypothek.[961] Ein gegenteiliges Verständnis des Anwendungsbereichs der Norm, direkt oder analog, wäre nur möglich, wenn man dies gegen Wortlaut und Systematik der Vorschrift teleologisch zu begründen vermag. Überzeugender ist, dass eine solche Erweiterung dem Gesetzgeber vorbehalten bleibt.[962] Insgesamt führt § 1192 Abs. 1a BGB zu widersprüchlichen Lösungen.

2. Folgen für das Verhältnis Hypothek-Grundschuld

Ein Eingriff, wie es § 1192 Abs. 1a BGB vorgenommen hat, kann nicht ohne Auswirkung auf den Charakter der Grundschuld bleiben.[963] Die Stellung der Grundschuld im Gefüge der Grundpfandrechte hat sich verschoben.

a. Annäherung der Grundschuld an die Hypothek

aa. Sicherungsgrundschuld und Sicherungshypothek

Für die neue Rechtslage ist kennzeichnend, dass die Verkehrshypothek im bisherigen Umfang gutgläubig erwerbbar bleibt und wie bisher eine hohe Verkehrsfähigkeit kennzeichnet, wohingegen der gutgläubige Erwerb der Sicherungsgrundschuld zwar nicht generell, aber in wichtigen Teilen ausgeschlossen ist. Die Sicherungsgrundschuld ähnelt damit künftig nicht nur sprachlich, sondern hinsichtlich der Verkehrsfähigkeit auch inhaltlich der Sicherungshypothek gemäß §

---

957 *Baur/Stürner*, Sachenrecht 2009, § 45 Rn. 67h ff.
958 S.o. § 2 A III 1 c.
959 *Habersack*, NJW 2008, S. 3176.
960 *Clemente*, ZfIR 2008, S. 595.
961 *Baur/Stürner*, Sachenrecht 2009, § 45 Rn. 67l; *Habersack*, NJW 2008, S. 3176.
962 Zutreffend ablehnend *Redeker*, ZIP 2009, S. 210 ff.
963 Besonders kritisch Staudinger/*Wolfsteiner*, Vorbem. §§ 1191 ff. Rn. 3; § 1192 Rn. 31 f.

1184 BGB[964] und damit auch der französischen Hypothek. Dies ist nichts anderes als ein Bruch mit der bisherigen Systematik.[965] Die nicht-akzessorische Grundschuld ist nicht mehr eine Art „Speerspitze" hinsichtlich Forderungsunabhängigkeit und Verkehrsfähigkeit.[966] Der bisherige weitgehende Gleichlauf mit der Verkehrshypothek bei der Übertragung fehlt jetzt.[967]

bb. Teil-Akzessorietät der Grundschuld?

Es wird überlegt, ob die Sicherungsgrundschuld durch § 1192 Abs. 1a S. 1 BGB akzessorisch wurde.[968] Dafür spricht, dass die neue Konstruktion die Sicherungsgrundschuld stärker als bisher an die Forderung bindet. Die Durchsetzung der Sicherungsgrundschuld wird gesetzlich auf den Sicherungsvertrag und damit mittelbar auf die gesicherte Forderung reduziert. Diese zwingende gesetzliche Forderungsbindung entspricht nicht mehr dem Charakter eines nicht-akzessorischen Rechts.[969] Dagegen kann eingewandt werden, dass die zweifellos bestehende Forderungsbindung allein noch wenig bedeutet. Sie ist schließlich kein Alleinstellungsmerkmal der Akzessorietät.[970] Eine akzessorische Bindung der Grundschuld nach dem klassischen Verständnis des Begriffs[971] muss weiterhin verneint werden.[972] Eine direkte gesetzliche Bindung an ein führendes Recht fehlt. Noch immer ergibt sich aus den §§ 1191, 1192 BGB im Vergleich zu den §§ 1113 ff. BGB, dass der Unterschied zwischen Hypothek und Grundschuld der ist, dass Erstere akzessorisch ist und Letztere nicht. § 1192 Abs. 1a S. 1 BGB ändert nichts daran, dass die Grundschuld von der Forderung hinsichtlich Entstehen, Übertragung sowie Erlöschen unabhängig ist. Noch immer ist der Ausgangspunkt bei der Grundschuld die Nicht-Akzessorietät und nicht wie bei der (wiederaufladbaren) Hypothek die Akzessorietät. Zwar besteht nun eine stärkere Bindung bei der Durchsetzung. Dies erfolgt rechtstechnisch jedoch nicht durch Akzessorietät, sondern weiterhin allein durch den parallel vereinbarten Sicherungsvertrag. § 1192 Abs. 1a S. 1 BGB schafft zwar von Gesetzes wegen eine

964 *Redeker*, ZIP 2009, S. 211.
965 Staudinger/*Wolfsteiner*, § 1192 Rn. 31 f.
966 Vgl. Staudinger/*Wolfsteiner*, §§ 1113 ff. Rn. 8 ff.
967 S.o. § 8 B 2 a bb.
968 Siehe Staudinger/*Wolfsteiner*, Vorbem. §§ 1191 ff. Rn. 3 ff.; MünchKomm/*Eickmann*, § 1191 Rn. 11.
969 So auch schon zu § 1157 BGB *Baden*, JuS 1977, S. 78.
970 Vgl. *Becker-Eberhard*, Die Forderungsgebundenheit der Sicherungsrechte, S. 49 ff.
971 S.o. Einleitung B II.
972 So auch *Fest*, ZfIR 2008, S. 661.

Begrenzung des Rechts, jedoch knüpft diese Norm nicht an die Forderung, sondern eben an den Sicherungsvertrag an. Dies stellt eine Ausnahme von der Relativität der Schuldverhältnisse sowie ein Durchbrechen des Abstraktionsprinzips dar. Dies ist in dogmatischer Hinsicht nicht weniger ungewöhnlich und bedenklich. Rein technisch bleibt es jedoch etwas anderes als eine akzessorische Bindung eines Nebenrechts an ein Hauptrecht.

Mit dieser Argumentation rettet man die Nicht-Akzessorietät immerhin begrifflich.[973] Nicht bestreitbar ist, dass mit diesem Umweg über den Sicherungsvertrag bei der Durchsetzung einer übertragenen Sicherungsgrundschuld eine gesetzliche Bindung an die gesicherte Forderung erreicht wird, wie es an sich für ein akzessorisches Recht typisch ist. Die Sicherungsgrundschuld ist in diesem Bereich enger an die Forderung gebunden als die akzessorische Verkehrshypothek.[974] Die Grundschuld wurde zu einem Recht gemacht, das als nicht-akzessorisches Recht im Normalfall (und das ist auch aufgrund der Lückenhaftigkeit des § 1192 Abs. 1a BGB immer noch recht häufig) auch den Regeln eines solchen Rechts folgt. Die flexible Wiederverwendbarkeit aufgrund der Nicht-Akzessorietät ist durch die Änderung nicht berührt. Bei der Übertragung als Sicherungsgrundschuld verhält es sich jedoch praktisch *wie* ein akzessorisches Recht. Dogmatisch betrachtet besteht insoweit jedoch kein qualitativer Unterschied zur alten Rechtslage. § 1157 S. 1 BGB durchbricht dieselben Grundsätze.[975] Anders als bisher wird diese Ausnahme nicht von einer Gegenausnahme überlagert, da es bei § 1192 Abs. 1a BGB keine Regelung wie § 1157 S. 2 BGB gibt. § 1192 Abs. 1a BGB ist insofern in dogmatischer Hinsicht gar kein Novum.

cc. Aufgabe der Treuhand?

Ein prägendes Merkmal der Grundschuld war bislang auch ihr Treuhandcharakter.[976] Die überschießende Rechtsmacht im Außenverhältnis wurde bisher jedoch vor allem darin gesehen, dass die Einreden aus dem Sicherungsvertrag, aus dem „Innenverhältnis“, gegenüber Erwerbern, „nach außen“, nur bedingt geltend ge-

973 Vgl. MünchKomm/*Eickmann*, § 1191 Rn. 11.

974 *Stadler*, in: Festschrift Strätz, S. 530.

975 Vgl. *Huber*, Die Sicherungsgrundschuld, S. 135 f.; *Baden*, JuS 1977, S. 78; *Stadler*, Gestaltungsfreiheit und Verkehrsschutz durch Abstraktion, S. 567 f.

976 Sie wurde als Fall der eigennützigen Treuhand qualifiziert, zur Terminologie vgl. *Bülow*, Recht der Kreditsicherheiten, S. 312 Rn. 936 und ausführlich *Coing*, Die Treuhand kraft privaten Rechtsgeschäfts, S. 85 ff.

macht werden konnten. Diesbezüglich besteht nun nach neuem Recht keine überschießende Rechtsmacht mehr[977] und es ist durchaus zu fragen, was vom Treuhandcharakter überhaupt noch bleibt.[978] Zu denken ist an die Konstellationen, in denen § 1192 Abs. 1a BGB nicht gilt, aber auch daran, dass der Sicherungsnehmer bei bestehendem vertraglichen Abtretungsverbot weiterhin im Außenverhältnis die Sicherungsgrundschuld wirksam übertragen kann.[979] Wie gesehen, resultieren gerade aus dieser Abtretbarkeit ein Großteil der Gefahren.[980]

b. Tendenz zur Verkehrshypothek?

Die ohnehin nicht einfache Struktur der Sicherungsgrundschuld ist durch die neue Regelung zusätzlich verkompliziert worden. Aufgrund der Schlechterstellung der Sicherungsgrundschuld gegenüber der Verkehrshypothek ist nicht auszuschließen, dass sich die Kreditwirtschaft von nun an wieder häufiger für die Verkehrshypothek statt für die Sicherungsgrundschuld entscheidet.[981] So könnte auf lange Sicht sogar die bisher eindeutige Entwicklung zur Sicherungsgrundschuld[982] umgedreht werden. Prognosen sind bekanntlich vor allem dann schwierig, wenn sie in die Zukunft gerichtet sind. Die langfristige Entwicklung wird davon abhängen, bei welchem Grundpfandrecht die Vorteile gesehen werden. Die strukturellen Unterschiede betreffen zwei Felder, auf die es auch für die Banken entscheidend ankommen dürfte: Wiederverwendbarkeit und Verkehrsfähigkeit.

aa. Wiederverwendbarkeit

Wie oben gesehen, fallen die Unterschiede bei der Wiederverwendung von Hypotheken und Grundschulden geringer aus als man annehmen könnte. Die Sicherungsgrundschuld wird weiterhin erst durch den Sicherungsvertrag mit einer

---

977 *Zetsche*, AcP 209 (2009), S. 574.

978 Staudinger/*Wolfsteiner*, Vorbem. §§ 1191 ff. Rn. 28.

979 Nicht so *Zetsche*, AcP 209 (2009), S. 575, da Letzteres nichts mit der Treuhand zu tun habe.

980 S.o. § 8 B I 2 b bb.

981 Übertrieben erscheint, wenn bei Staudinger/*Wolfsteiner*, § 1192 Rn. 31 die Ansicht vertreten wird, dass man jedem Kreditgeber nur noch abraten könne, sich der Grundschuld als Sicherungsmittel zu bedienen. Bei Staudinger/*Wolfsteiner*, Vorbem. zu §§ 1191 ff. Rn. 23 klingt das dann auch wesentlich zurückhaltender. Bei *Hinrichs/Jaeger*, ZfIR 2008, S. 752 und *Volmer*, MittBayNot 2009, S. 3 wird überlegt, ob wegen der geänderten Kündigungsregelung in § 1193 Abs. 2 S. 2 BGB auf die Hypothek ausgewichen werden sollte.

982 S.o. § 1 B II 2.

Forderung verbunden. Sie eignet sich weiterhin für Forderungen jedweder Art. Diese Flexibilität galt vor der Reform für viele als ihr zentraler Vorteil gegenüber der Verkehrshypothek.[983]

Die Verkehrshypothek kann im Grundsatz zwar ebenfalls wiederverwendet werden. Ein erstes Problem taucht mit § 1179a BGB auf, soweit nachrangige Grundpfandrechte existieren. Wichtiger als die generelle Wiederverwendbarkeit ist die Frage, ob diese Wiederverwendung so kostengünstig wie bei der Sicherungsgrundschuld erfolgen kann. Ein Rückgriff auf die Höchstbetragshypothek gemäß § 1190 BGB erscheint ausgeschlossen.[984] Eine in praktischer Hinsicht identische Lösung wie bei der Sicherungsgrundschuld könnte aber dann erreicht werden, wenn Konstruktionen wie die abstrahierte Hypothek oder die verdeckte Höchstbetragshypothek wiederbelebt würden. Diese weisen eine vergleichbare Flexibilität wie die Sicherungsgrundschuld auf. Auch sie eignen sich zur Sicherung von Kontokorrentforderungen bis hin zu sämtlichen gegenwärtigen und künftigen Forderungen.[985] Außerhalb dieser Sonderkonstruktionen ist die Verkehrshypothek hierzu nicht in der Lage. Bei der Buchhypothek ist für die Wiederverwendung als Hypothek unweigerlich eine Änderung der Eintragung im Grundbuch erforderlich.[986] Bei der Briefhypothek erscheint dies nicht zwingend. Lässt man hier die Sicherung beliebig oft wechselnder Forderungen zu, ist man im Ergebnis wieder bei der verdeckten Höchstbetragshypothek.

Gegen diese flexiblen Hypothekenkonstruktionen ohne Änderung der Eintragung spricht, dass ihnen der Makel anhaften wird, lediglich die neu eingeführten Schutznormen bei der Sicherungsgrundschuld zu umgehen. Das zentrale Argument für ihre bisherige Akzeptanz war stets die Sicherungsgrundschuld. Die hypothekarische Sicherung eines abstrakten Schuldversprechens, welche einer Hypothek die Wirkungen einer Sicherungsgrundschuld verlieh, war zwar etwas umständlich, aber nicht gefährlicher als die Grundschuld, so dass für ihr Verbot kein sachlich gebotener Anlass bestand. Genauso war es bisher im Prinzip unerheblich, ob die Neuvalutierung einer Briefhypothek ohne Änderung der Eintragung die Briefhypothek wiederaufleben ließ oder nicht, da im Zweifel stattdes-

---

983 Vgl. *Stürner*, in: Festschrift Serick, S. 381; *Stöcker*, Die Eurohypothek, S. 77; *Huber*, Die Sicherungsgrundschuld, S. 60.

984 S.o. § 2 A III 2 b bb.

985 S.o. § 2 A I 2 b cc, § 2 A III 2 b bb.

986 *Huber*, Die Sicherungsgrundschuld, S. 57; ebenso *Stöcker*, Die Eurohypothek, S. 38.

sen die Eigentümergrundschuld als Sicherungsgrundschuld übertragen wurde.[987] Mit der einseitigen Änderung des Schuldnerschutzes bei der Sicherungsgrundschuld müsste dies nun erneut geklärt werden. Das bisher wichtige Argument in Gestalt der Sicherungsgrundschuld könnte sich hierbei umkehren.

bb. Verkehrsfähigkeit

Die Übertragung von Grundpfandrechten ist für Gläubiger wie Schuldner gleichermaßen von großer Bedeutung. Wie oben gesehen ist die Verkehrshypothek nunmehr deutlich verkehrsfähiger. Gleichwohl ist die Bedeutung dieses Vorteils zu relativieren. Auch nach neuem Recht sind Sicherungsgrundschulden schließlich übertragbar. Der Vorteil der Verkehrshypothek wirkt sich erst dann aus, wenn auf Kosten des Eigentümers gehandelt wird. Für den oben angenommenen (oder zumindest vielfach behaupteten) Regelfall des seriösen Geschäftsgebarens von Zessionar und Zedent ändert sich durch § 1192 Abs. 1a BGB praktisch gar nichts.[988] Der mehr psychologische Effekt für den Neugläubiger, im Ernstfall gutgläubig zu erwerben, sollte nicht überbewertet werden. Entsprechend gab es seitens der Kreditwirtschaft in der Vergangenheit durchaus Anzeichen, dass der gutgläubige Erwerb nicht mehr als sakrosankt angesehen wurde.[989] Wenn künftig dennoch systematisch auf die Verkehrshypothek ausgewichen würde, könnte man dies nur so deuten, dass den Kreditgebern die Möglichkeit, Grundpfandrechte zu Lasten des Eigentümers weiterveräußern zu können, besonders wichtig ist und sie den Schutz des Kreditnehmers möglichst gering halten wollen. Einen anderen Grund, zur Hypothek zu wechseln, gibt es schließlich nicht. Die Annahme eines treuwidrigen Verhaltens der Kreditgeber wäre nicht mehr weit. Zudem müsste bei einer solchen Änderung der Kreditpraxis von einem halbwegs konsistent handelnden Gesetzgeber zu erwarten sein, dass er dieses gelassene Schlupfloch ebenfalls schließt.

cc. Folgerung: Kein klarer Vorteil

Die Betrachtung anhand dieser beiden Vergleichskriterien führt zu keinem klaren Ergebnis. Die jeweiligen Vorteile auf einem der beiden Gebiete sind längst

987 Vgl. RG LZ 1917, 402; *Huber*, Die Sicherungsgrundschuld, S. 58; vgl. auch § 6 D I 2.

988 S.o. § 8 B I 2 b aa.

989 Vgl. hierzu den Vorschlag des Verbands deutscher Hypothekenbanken eV (VDH), abgedruckt bei ZBB 1998, S. 264 ff., der 1998 ein nicht-akzessorisches Grundpfandrecht für Mitteleuropa vorschlug, bei welchem der gutgläubige Erwerb weitgehend ausgeschlossen war; siehe auch *Kircher*, Grundpfandrechte in Europa, S. 537 f., S. 547.

nicht so deutlich, wie man annehmen könnte und dürften sich kaum auswirken. Gutgläubiger Erwerb hat einerseits für den Erfolg der Grundschuld nicht die entscheidende Rolle gespielt, andererseits ist auch die Hypothek wiederverwendbar. Eine Prognose zur künftigen Entwicklung erscheint vor diesem Hintergrund nicht möglich. Nahe liegend ist jedoch, dass, da sich in praktischer Hinsicht nichts Entscheidendes geändert hat, sich auch die Praxis nicht ändern wird und am vertrauten Sicherungsinstrument, an der Sicherungsgrundschuld festgehalten wird. Der Wechsel zur Verkehrshypothek erscheint jedoch auch nicht unsinnig. Sie ist ja längst nicht so unflexibel, wie die bisherige Dominanz der Sicherungsgrundschuld in der Praxis glauben machen könnte. Ebenso wenig ist die noch größere Flexibilität der Sicherungsgrundschuld für das Gros der Kreditgeschäfte zwingend von Nöten.

III. Neuere Rechtsprechung

Neben der Einführung des § 1192 Abs. 1a BGB sorgte eine Entscheidung des BGH vom 30. März 2010[990] zur Abtretung von Grundschulden für Aufsehen. Diese Entscheidung war ursprünglich nicht Teil dieser Untersuchung. Aufgrund ihrer Relevanz soll an dieser Stelle dennoch auf sie eingegangen werden.

1. Das Urteil des BGH vom 30. März 2010

Die Klägerin bestellte 1989 einer Bank zur Sicherung eines Kredits eine Briefgrundschuld an einem ihr gehörenden Grundstück. Sie unterwarf sich "wegen aller Ansprüche an Kapital, Zinsen und Nebenleistung, welche der Gläubigerin aus der Grundschuld zustehen" der sofortigen Zwangsvollstreckung in ihr belastetes Grundeigentum und ihr gesamtes Vermögen. Die Urkunde enthielt ferner eine Bezugnahme auf ihr beigefügte "Weitere Erklärungen", nach denen unter der Überschrift "Zweckerklärung" die Grundschuld zur Sicherung aller bestehenden und künftigen Ansprüche aus der Geschäftsverbindung dienen sollte und die Grundschuld freihändig nur zusammen mit den gesicherten Forderungen verkauft werden durfte. Im Zeitraum von 2004 bis 2007 wurden die gesicherten Forderungen zusammen mit der Sicherungsgrundschuld mehrfach veräußert und abgetreten, zuletzt an die Beklagte. Diese wurde als Inhaberin der Grundschuld auf dem Grundschuldbrief vermerkt. Im Mai 2008 leitete die Beklagte Zwangsvollstreckungsmaßnahmen ein. Mit ihrer Klage begehrte die Klägerin, die

990 BGH, Urt. v. 30.3.2010, XI ZR 200/09, BB 2010, S. 1495.

Zwangsvollstreckung aus der notariellen Urkunde für unzulässig zu erklären. Sie machte insbesondere geltend, dass die Unterwerfungserklärung unwirksam sei, weil die freie Abtretbarkeit der Darlehensforderung in Kombination mit der formularmäßigen Unterwerfung unter die sofortige Zwangsvollstreckung sie gemäß § 9 Abs. 1 AGBG (jetzt § 307 Abs. 1 Satz 1 BGB) unangemessen benachteilige.

Der BGH[991] stellte fest, dass die formularmäßige Vollstreckungsunterwerfung AGB-rechtlich zulässig sei und keine unangemessene Benachteiligung der Klägerin im Sinne von § 307 Abs. 1 S. 1 BGB darstelle. Allerdings sei die formularmäßig erfolgte Erklärung der Klägerin gemäß § 5 AGBG (jetzt § 305c Abs. 2 BGB) zu ihren Gunsten dahin auszulegen, dass sich die Vollstreckungsunterwerfung nur auf Ansprüche aus einer treuhänderisch gebundenen Sicherungsgrundschuld erstreckt. Eine solche Rechtsposition habe ein Grundschuldgläubiger, der - wie die Beklagte - den Verpflichtungen aus dem Sicherungsvertrag nicht beigetreten sei, nicht erworben, so dass er nicht Rechtsnachfolger hinsichtlich des titulierten Anspruchs im Sinne des § 727 Abs. 1 ZPO geworden sei.

2. Einschränkung der bisherigen Rechtsprechung

Der BGH hat mit dieser Entscheidung die bisherige Rechtsprechung zur Veräußerung von Forderungen fortentwickelt. Er bestätigte die bisherige Praxis, welche die formularmäßige Vereinbarung der freien Abtretbarkeit grundpfandrechtlich gesicherter Forderungen mit der Unterwerfung unter die sofortige Zwangsvollstreckung gemäß § 794 Abs. 1 Nr. 5 ZPO kombinierte.[992] Neu ist dagegen die Auslegung hinsichtlich der Vollstreckungsunterwerfung. Der Zessionar kann diesen Vollstreckungstitel nur dann erwerben, wenn er in den Sicherungsvertrag eintritt. Dies muss mittels einer öffentlichen oder öffentlich beglaubigten Urkunde nachgewiesen werden, da dies Voraussetzung für die Erteilung einer vollstreckbaren Ausfertigung für den Rechtsnachfolger ist (§§ 795 S. 1, 794 Abs. 1 Nr. 5, 727 ZPO).

Es handelt sich auf den ersten Blick um die einschränkende Auslegung von Willenserklärungen, die lediglich das Verfahrensrecht betreffen. Grundschulden, die vor dem 18. August 2008 erworben wurden sind weiterhin gutgläubig erwerbbar. § 1192 Abs. 1a BGB gilt wegen Art. 229 § 18 Abs. 2 EGBGB nicht. Diese

991 BGH, Urt. v. 30.3.2010, XI ZR 200/09, BB 2010, S. 1496.
992 Zuletzt BGH, Beschluss v. 16.4.2009, VII ZB 62/08, NJW 2009, S. 1887, s.o. § 8 B II 1 c aa.

verfahrensrechtliche Entscheidung hat jedoch materiell-rechtliche Konsequenzen. Will der Zessionar von der Vollstreckungsunterwerfung profitieren, muss er in die bestehenden Verpflichtungen aus dem Sicherungsvertrag eintreten. Er verzichtet damit indirekt auf den gutgläubigen einredefreien Erwerb nach § 1157 S. 2 BGB.[993] Gutgläubiger Erwerb ist bei Altfällen zwar weiterhin möglich. Statt einer Vollstreckung unmittelbar aus der Vollstreckungsunterwerfung muss der Zessionar dann den klassischen Vollstreckungstitel, ein stattgebendes Urteil im Erkenntnisverfahren, erlangen. Dies ist für die Praxis keine wünschenswerte Alternative. Es kann zu einem erheblichen Zeitverlust führen und birgt das Risiko, dass das Gericht die Gutgläubigkeit des Zessionars ablehnt. Die Praxis wird auf die Vollstreckungsunterwerfung nicht verzichten wollen. Sie wird sich vielmehr entsprechend anpassen, und Zessionare werden in den Sicherungsvertrag eintreten. Über das Verfahrensrecht wird so der gutgläubige einredefreie Erwerb nach § 1157 S. 2 BGB in der Praxis ausgeschlossen und der Schutz des Schuldners entsprechend erhöht.

3. Verhältnis zu § 1192 Abs. 1a BGB

Es fällt auf, dass die Entscheidung des BGH keinerlei Bezug auf § 1192 Abs. 1a BGB nimmt. Dies erklärt sich dadurch, dass die Norm gemäß Art. 229 § 18 Abs. 2 EGBGB nicht anwendbar ist, da die Forderungen vor dem 18. August 2008 abgetreten wurden. Der BGH schließt damit diese Schutzlücke. Die Entscheidung des BGH geht im Ergebnis in dieselbe Richtung wie § 1192 Abs. 1a BGB. Der BGH will wie zuvor der Gesetzgeber den Schutz des Schuldners erhöhen, ohne die Veräußerung von grundpfandrechtlich gesicherten Forderungen zu verbieten. Es handelt sich um eine moderate Erhöhung des Schutzes. Die Verkehrsfähigkeit soll nicht zu stark eingeschränkt werden. Der BGH schlägt allerdings einen anderen Weg ein als § 1192 Abs. 1a BGB. Somit bestehen für denselben Sachverhalt zwei verschiedene Lösungswege.

Tritt der Zessionar wie vom BGH vorgegeben in den bisherigen Sicherungsvertrag ein, ist eine Regelung wie § 1192 Abs. 1a BGB nicht nötig. Derzeit ist noch nicht geklärt, ob daher § 1192 Abs. 1a BGB durch die Entscheidung des BGB für die Praxis bedeutungslos wird. Dies wäre der Fall, wenn die neue Rechtsprechung auch für Neufälle gilt, d.h. für Grundschulden, die nach dem 18. August 2008 abgetreten wurden. Vorherrschend scheint die Meinung zu sein, dass die

993 *Bolkart*, DNotZ 2010, S. 485.

vom BGH vorgegebenen Grundsätze nur für Altfälle außerhalb des Anwendungsbereichs des § 1192 Abs. 1a BGB gelten.[994] Sobald § 1192 Abs. 1a BGB gelte, sei der Einritt in den Sicherungsvertrag nicht mehr nötig und von den Parteien nicht mehr gewollt. Der BGH habe die einschränkende Auslegung der Willenserklärungen zur Vollstreckungsunterwerfung mit dem Schutzbedürfnis des Schuldners begründet. Nach der neuen Rechtslage bewirke nun § 1192 Abs. 1a BGB eine Bindung an die Verpflichtungen aus dem Sicherungsvertrag. Der prozessual vermittelte Schutz und die damit verbundenen zusätzlichen formalen Anforderungen seien daher entbehrlich.

Das Nebeneinander der beiden Lösungswege ist nicht völlig konfliktfrei. Der Entscheidung des Gesetzgebers liegt die Vorstellung zugrunde, dass ein Eintritt in den Sicherungsvertrag, wie es nun der BGH verlangt, üblicherweise nicht vereinbart wurde und daher eine gesetzliche Regelung wie § 1192 Abs. 1a BGB notwendig machte. Grundschulden, die vor dem Inkrafttreten des Risikobegrenzungsgesetzes abgetreten worden sind, blieben von der Gesetzesänderung ausgenommen, da der Gesetzgeber hier eine Rückwirkungsproblematik sah. Vor diesem Hintergrund mutet es etwas seltsam an, dass der BGH mit seiner Entscheidung im Ergebnis ein Schutzniveau für Altfälle schafft, die der Gesetzgeber nur für Neufälle vorsah bzw. vorsehen konnte.[995] Der BGH geht diesem Problem dadurch aus dem Weg, dass er über eine Auslegung der Willenserklärungen zu seiner Lösung kommt. Maßgeblicher Zeitpunkt ist hierbei der des Vertragsschlusses.[996] Nachträgliche gesetzliche Änderungen waren nicht zu berücksichtigen. Die Lösung ist damit nicht zu beanstanden. Ohnehin wäre es etwas bizarr, würde man § 1192 Abs. 1a BGB so verstehen, dass dieser der Auslegung des BGH entgegensteht. Mit § 1192 Abs. 1a BGB hat der Gesetzgeber den Willen zum Ausdruck gebracht, den Schutz des Schuldners zu erhöhen. Der BGH geht mit seiner Lösung in genau diese Richtung. Er handelt insoweit im Sinne des Gesetzgebers.

994 Etwa *Herrler*, BB 2010, S. 1935; *Hinrichs/Jaeger*, NJW 2010, S. 2018; *Bolkart*, DNotZ 2010, S. 491 f.

995 *Herrler*, BB 2010, S. 1933, nennt es eine Quasi-Rückwirkung von § 1192 Abs. 1a BGB kraft privatautonomer Entscheidung.

996 BGH, Urt. v. 30.3.2010, XI ZR 200/09, BB 2010, S. 1497, 1498.

4. Reichweite der Entscheidung

Offen ist derzeit nicht allein, ob die vom BGH aufgestellten Grundsätze nur bei Abtretungen von Grundschulden vor dem 18. August 2008 anwendbar sind. Auch der sachliche Anwendungsbereich muss erst noch bestimmt werden, etwa bei Umschuldungen, bei zusammen mit der Grundschuld vereinbarten abstrakten Schuldversprechen (§ 780 BGB) oder bei Hypotheken.[997] Es spricht einiges dafür, dass die Grundsätze insoweit gelten, wie vergleichbare Risiken bestehen. Die Auslegung der Willenserklärungen dürfte dann zum selben Ergebnis kommen. Dieselbe Lösung wird man daher bei einer (vom Schuldner veranlassten) Umschuldung ablehnen müssen. Ohnehin wird hier üblicherweise ein neuer Sicherungsvertrag geschlossen werden. Für die Verkehrshypothek sollte man es dagegen bejahen. Dadurch würde auch die oben aufgeworfene Frage, ob wegen § 1192 Abs. 1a BGB künftig wieder mehr auf die Verkehrshypothek als Sicherungsinstrument zurückgegriffen werden könnte,[998] hinfällig.

Es sind somit noch einige Fragen offen, und die künftige Praxis wird zeigen, ob der Schuldnerschutz bei Forderungsverkäufen tatsächlich erhöht wurde. Die Entscheidung des BGH ist jedenfalls ein wichtiger und in der Sache begrüßenswerter Schritt. Anders als das Risikobegrenzungsgesetz vermeidet der BGH einen Eingriff ins dogmatische Gefüge der Grundpfandrechte. Der Weg über das Verfahrensrecht wirkt gleichwohl ebenfalls etwas umständlich. Statt der Abtretbarkeit wird nur die sofortige Vollstreckbarkeit eingeschränkt.[999] Statt § 307 BGB greift die Auslegungsregel des § 305c Abs. 2 BGB. Schuldnerschutz, wie er hier geschaffen wird, durch punktuelle und wenig aufeinander abgestimmte Eingriffe von Gesetzgeber und Rechtsprechung sollten die Ausnahme bleiben, denn sie gefährden die Kohärenz eines Rechtsgebietes.

997 *Herrler*, BB 2010, S. 1936 ff.
998 S.o. § 8 B II b.
999 *Bolkart*, DNotZ 2010, S. 489.

Teil 3

Folgerungen: Merkmale des Wiederaufladungskonzepts

§ 9: Strukturelle Besonderheiten

In den bisherigen Abschnitten traten bestimmte Fragestellungen wiederholt auf. Dies lässt einige Besonderheiten der wiederaufladbaren Hypothek erkennen, die ihren Charakter als Sicherungsinstrument prägen.

A. Wiederaufladbarkeit und Akzessorietät

Akzessorietät und Wiederverwendbarkeit eines Sicherungsrechts stehen in einem Spannungsverhältnis. Ersteres bindet das Recht an die Erstforderung. Letzteres geht nur über eine Verselbstständigung von derselben. Das Wiederaufladungskonzept, das Wiederverwendbarkeit erreichen will, setzt daher an der bisherigen, streng durchgeführten Akzessorietät der französischen Hypothek an.[1000]

I. Teilaufhebung der Akzessorietät

1. Anknüpfungspunkt Erlöschensakzessorietät

Mit der wiederaufladbaren Hypothek wurde kein formal forderungsunabhängiges Grundpfandrecht wie die Grundschuld geschaffen. Die Idee ist vielmehr, dass die akzessorische Bindung grundsätzlich beibehalten wird und nur insoweit außer Kraft gesetzt werden soll, wie sie die Wiederverwendbarkeit behindert. Hierbei steht naheliegenderweise die Erlöschensakzessorietät im Fokus. Die wiederaufladbare Hypothek erlischt nicht gemeinsam mit der gesicherten Forderung, sondern ist hinsichtlich des Erlöschens unabhängig.[1001] Auf allen anderen Ebenen bleibt die Akzessorietät hingegen grundsätzlich unverändert erhalten. Die wiederaufladbare Hypothek entsteht erst mit der gesicherten Forderung. Sie gewährt dem Gläubiger stets nur so viel, wie ihm aufgrund der gesicherten Forderung zusteht. Die akzessorische Bindung endet mit dem Erlöschen einer Forderung, lebt jedoch mit der Sicherung der nächsten Forderung wieder auf.[1002] Dieser neue französische Hypothekentypus ist damit zwar noch immer akzesso-

---

1000 Anschaulich beschreibt dies *Provansal*, Gaz. Pal. 2007, S. 747: „La Commission de réforme des sûretés avait *abordé avec des pinzettes* la question fondamentale de la conservation du lien obligatoire entre la créance et la sûreté préférant finalement, ne pas copier la dette foncière allemande ou la cédule suisse ou le droit révolutionnaire français, ..."

1001 S.o. § 6 A I 2 a.

1002 *Pellier*, LPA 2008, Nr. 13, S. 6.

risch, aber nicht mehr durchgehend oder „streng“.[1003] Damit ist eine forderungslose Hypothek möglich.[1004] Mit dem Erlöschen der Forderung verliert der hypothekarisch gesicherte Gläubiger die Hypothek. Nur der Eigentümer kann die Hypothek wiederaufladen. Er nimmt in diesem Stadium eine Stellung ein, die einem Rechtsinhaber nahe kommt. Diese Technik erinnert nicht etwa an die Sicherungsgrundschuld, sondern vielmehr an die deutsche Hypothek und ihr Zusammenspiel mit der Eigentümergrundschuld.

2. Problempunkt Entstehungsakzessorietät

Die Erlöschensakzessorietät war zwar die Komponente der Akzessorietät, die die Wiederverwendbarkeit blockierte. Dennoch sollte diese Untersuchung auch gezeigt haben, dass auch ein anderes klassisches Merkmal der Akzessorietät die Wiederverwendbarkeit behindert. Es ist dies die Entstehungsakzessorietät.[1005] Wenn ein Sicherungsrecht wiederverwendbar und damit nicht allein auf die erste Forderung begrenzt sein soll, macht es wenig Sinn, dieses Sicherungsrecht hinsichtlich des Sicherungsbetrags, aber auch hinsichtlich seiner Entstehung als solcher von der ersten gesicherten Forderung abhängig zu machen. Ersteres behindert unnötig den Umfang der Wiederverwendbarkeit. Letzteres schafft aufgrund des eingeschränkten gutgläubigen Erwerbs ein erhebliches Sicherungsrisiko durch eine sachlich nicht erforderliche Abhängigkeit einer späteren Kreditsicherung von einer Forderung, die mit dieser ansonsten in keinerlei Verbindung steht.

Klare Hinweise auf eine entsprechende Lockerung oder gar Abkehr von der Entstehungsakzessorietät lassen sich der gesetzlichen Regelung zur wiederaufladbaren Hypothek nicht entnehmen. Demgemäß wird allgemein angenommen, dass die wiederaufladbare Hypothek nur dann entstehen soll, wenn die erste gesicherte Forderung entsteht. Vordergründig aufgrund einer weiten Auslegung scheint sich dennoch durchgesetzt zu haben, dass der Hypothekenbetrag den der ersten Forderung übersteigen kann. Damit wird die Entstehungsakzessorietät doch eingeschränkt und eine Bindung an die Forderungshöhe aufgegeben. Da dieser überlappende Teil zunächst nicht zur Sicherung einer bestimmbaren Forderung

---

1003 Vgl. auch *Legeais*, Sûretés, S. 453 Nr. 543: „L'ordonnance du 23 mars 2006 apporte un tempérament au principe de l'accessoire, … .“

1004 S.o. § 6 A I 2 b.

1005 S.o. § 5 B III 1 a, § 5 B III 2 a.

dient, wird so indirekt die Bestellung einer Art Eigentümergrundschuld zugelassen. Der konsequente zweite Schritt, die völlige Ablösung von der Forderung, wurde hingegen bislang nicht vollzogen und allenfalls vorsichtig angedacht. Dies führt zu folgender konzeptioneller Unstimmigkeit: Auch der Teil der wiederaufladbaren Hypothek, der über die erste Forderung hinausgeht und diese niemals sichern sollte, bleibt an deren Schicksal gebunden. Die wiederaufladbare Hypothek insgesamt und damit sämtliche späteren Wiederaufladungen hängen in ihrer Wirksamkeit davon ab, dass die erste Forderung einmal entstanden ist. Die wiederaufladbare Hypothek wurde geschaffen, indem die Hypothek vom Erlöschen der ersten Forderung abgekoppelt wurde. Diese bleibt jedoch gleichzeitig streng akzessorisch hinsichtlich der Frage, ob genau diese Forderung einmal entstanden ist.

Die vertragliche Bindung eines formal unabhängigen Rechts wie bei der Grundschuld ist einfacher, klarer und interessengerechter als das Konzept einer Teilaufhebung der Akzessorietät, bei der unnötige, wenn nicht sogar unsinnige Bindungen an die Erstforderung fortbestehen. Immerhin lassen sich erste Ansätze einer Rechtsentwicklung hin zu einem forderungslosen Sicherungsrecht erkennen. Solang dies jedoch nicht konsequent vollzogen wird, bleibt es beim eben genannten Widerspruch.

II. Erhalt des akzessorisch vermittelten Schuldnerschutzes

Strukturell ist die wiederaufladbare Hypothek durch den teilweisen Erhalt der Akzessorietät wenig konsequent oder gar elegant. Mit dem Zweck der Akzessorietät, dem Schuldnerschutz, ist die vorgenommene Lockerung hingegen ohne weiteres vereinbar. Das Fehlen der Erlöschensakzessorietät führt nicht zu einem erhöhten Schuldnerrisiko. Mit dem Erlöschen der gesicherten Forderung verliert der Gläubiger auch unweigerlich die Hypothek, sie fällt an den Eigentümer zurück. Im Übrigen gelten die bisherigen Charakteristika der französischen Hypothek weiter. Der Umfang der hypothekarischen Sicherung ist stets, auch im Falle ihrer Übertragung, auf die gesicherte Forderung begrenzt. Der Vergleich mit dem deutschen Recht zeigt so eine große Ähnlichkeit mit der Hypothek, und zwar noch immer wie bisher, mit der Sicherungshypothek.

Auch die systematisch-dogmatischen Bedenken sind beim Vergleich mit dem deutschen Recht zu relativieren.[1006] Auch dort werden fundamentale Prinzipien des Zivilrechts nicht ausnahmslos eingehalten. So wurde mit der Anwendung von § 1157 S. 1 BGB auf die Grundschuld seit jeher der Grundsatz der Relativität der Schuldverhältnisse sowie das Abstraktionsprinzip zum Schutz des Eigentümers eingeschränkt. Mit dem Risikobegrenzungsgesetz wurde nun das bisherige System der deutschen Grundpfandrechte massiv verändert. Das Problem dabei ist weniger die neue Gewichtung von Gläubiger- und Schuldnerinteresse, sondern die Art und Weise des Eingriffs, der die zugegebenermaßen komplizierte Systematik der Grundpfandrechte nicht berücksichtigt und so eine in sich wenig schlüssige neue Rechtslage hinterlässt. Bemerkenswerterweise verhalten sich wiederaufladbare Hypothek und Grundschuld genau umgekehrt: Die eine entsteht als akzessorisches Recht, hält dies jedoch spätestens mit Erlöschen der Erstforderung nicht mehr konsequent durch. Die andere entsteht als gänzlich forderungsunabhängiges Recht, die an die gesicherte Forderung zunächst schuldrechtlich, bei Übertragung jedoch dann sogar gesetzlich/quasi-dinglich gebunden ist.

B. Die neue Gläubiger-Schuldner-Beziehung

Reformen von Kreditsicherheiten beeinflussen zwangsläufig die Rechtspositionen von Gläubiger und Schuldner. Das Wiederaufladungskonzept bildet hiervon keine Ausnahme. Neben der Veränderung der akzessorischen Bindung der Hypothek kennzeichnet es eine bemerkenswerte Neuordnung des Gläubiger-Schuldner-Verhältnisses.

I. Die wiederaufladbare Hypothek als Sicherungsreserve des Eigentümers

Bisher war die Hypothek ein Recht des Gläubigers, sein Sicherungsrecht. Zum Wiederaufladungskonzept gehört nun ganz entscheidend, dass die wiederaufladbare Hypothek auch ein Recht des Eigentümers ist.[1007] Die Inhaberschaft des Gläubigers ist auf die konkret gesicherte Forderung begrenzt und nicht erweiterbar. Ob und wie wiederaufgeladen wird, ist allein Sache des Eigentümers. Die

1006 S.o. § 8 B II 2 a.
1007 S.o. § 6 A II 2 a.

Rechtsmacht des Gläubigers ist somit nur temporär, die Rechtsmacht des Eigentümers dagegen dauerhaft. Die Wiederaufladbarkeit und damit die charakteristische Eigenschaft dieser neuen Hypothekenform ist allein das Recht des Eigentümers. Die wiederaufladbare Hypothek soll so eine Sicherungsreserve und damit auch eine Kreditreserve des Eigentümers sein.

Zwar entscheidet auch im deutschen Recht der Eigentümer im Rahmen des Sicherungsvertrages mit, für wen welche Forderungen gesichert werden. Die Konstruktion entspricht gleichwohl nicht der Entwicklung in Deutschland. Dort hat sich in der Praxis die Sicherungsgrundschuld entwickelt, die üblicherweise nach Erfüllung der gesicherten Forderung beim Gläubiger verbleibt und so, auch nach Inkrafttreten des Risikobegrenzungsgesetzes, einem bestimmten Gläubiger einen Sicherungsüberschuss, eine „Reserve", einräumt.

II. Komplikationen der neuen Rechtsverteilung

1. Die fragwürdige Idee der Co-Inhaberschaft

Ob dieses französische Konzept aufgehen wird, bleibt zweifelhaft. Es ermöglicht die gleichzeitige Sicherung mehrerer Gläubiger durch ein und dieselbe wiederaufladbare Hypothek. Die wiederaufladbare Hypothek hat dann mehrere Inhaber. Deren Rechtsmacht ist abhängig vom Rang ihrer Forderung innerhalb der wiederaufladbaren Hypothek. Die Rechtsmacht des einzelnen Gläubigers ist damit nicht statisch, sondern verändert sich, soweit vorrangige Forderungen sich verändern. Da auch Forderungen, die gesichert wurden aber bereits erloschen sind im Grundstücksregister eingetragen bleiben, dürfte reger Gebrauch dieser Technik zu einer unübersichtlichen und verwirrenden Rechtslage führen. Viele sonst wenig aufwendige Handlungen wie z.B. die Erneuerung der Eintragung, die Übertragung hypothekarisch gesicherter Forderungen, Rangänderungen oder die Löschung der Hypothek werden wesentlich komplizierter. Konflikte bei der Verwertung sind ebenso vorprogrammiert.

Erschweren wird dies jedoch vor allem die Wiederaufladung selbst. Bei einer mehrfach genutzten wiederaufladbaren Hypothek sind Nachforschungen bei deren Gläubigern durch den Neugläubiger bzw. dessen Notar hinsichtlich des aktuellen Umfangs der im Grundstücksregister ausgewiesenen Altforderungen nötig.[1008] Dadurch wird die Qualität der Sicherheit abhängig von Dritten. Dies dürfte der Wiederverwendbarkeit faktische Grenzen setzen. Die Attraktivität der neuen Sicherheit für Gläubiger, egal ob Erst- oder Zweitgläubiger, lässt in diesem System stark nach. Für den Erstgläubiger bleibt der Nutzen ungewiss. Er kann sich nicht sicher sein, ob die ihm bestellte Hypothek später für ihn oder für einen anderen Gläubiger wiederaufgeladen werden wird. Die Zweit- oder Dritt-Inhaberschaft für spätere Gläubiger ist hingegen risikobehaftet. Dieser Teil des Wiederaufladungskonzepts, der die Wiederverwendbarkeit durch Dritte möglichst umfassend ermöglichen sollte, überzeugt nicht. Die Co-Inhaberschaft führt an vielen Stellen zu rechtlichen oder tatsächlichen Erschwernissen. Die Kreditpraxis ist insgesamt gut beraten, die Co-Inhaberschaft zu meiden und stattdessen am bewährten Prinzip festzuhalten, wonach jedes Recht nur einen Inhaber hat.

2. Auswirkungen auf andere Konstellationen

Zu beachten ist, dass ähnliche Schwierigkeiten wie bei der Co-Inhaberschaft auch auftreten, wenn parallele Sicherung vermieden wird und Wiederaufladungen zugunsten neuer Gläubiger erst nach dem Erlöschen der bisher gesicherten Forderungen erfolgen. Diese sukzessive Sicherung durch Wiederaufladung wirkt dann wie eine Übertragung der wiederaufladbaren Hypothek.[1009] Auch wenn in dieser Konstellation formal stets nur ein Gläubiger die Hypothek innehat, sind auch hier mehrere Gläubiger gleichzeitig im Register eingetragen. Dies liegt daran, dass erfüllte Forderungen nicht gelöscht werden. Das Grundstücksregister ist dann ähnlich unübersichtlich wie bei einer Co-Inhaberschaft. Dies kann einem späteren Erwerber der wiederaufladbaren Hypothek einen ähnlichen Nachforschungsaufwand wie bei der Co-Inhaberschaft abverlangen. Die an sich billigenswert erscheinende Idee der Sicherungsreserve ohne feste Bindung an einen bestimmten Gläubiger hat so eine Kehrseite. Ohne ausreichend klaren und vor allem für Dritte nachvollziehbaren Schnitt zwischen den einzelnen Sicherungen wird ein solches Sicherungsrecht für Gläubiger undurchsichtig und umständlich bleiben.

Die Einbeziehung der deutschen Erfahrungen erhöht die Skepsis. Auch dort wurde die Idee der Sicherungsreserve für den Eigentümer entwickelt. Es ist dies

1008 S.o. § 6 C III 1.
1009 S.o. § 8 A II .

die Eigentümergrundschuld.[1010] Die Kreditwirtschaft hat dieses Instrument jedoch mit Löschungsvormerkungen umgangen. Der im Jahr 1978 dann eingeführte § 1179a BGB sollte die gesetzlichen Regelungen an die etablierte Kreditpraxis anpassen.[1011] Um dem Aufwand für die Eintragung von Löschungsvormerkungen ein Ende zu setzen, wurde nachrangigen Gläubigern kurzerhand ein gesetzlicher Löschungsanspruch zugesprochen. Im deutschen Recht wurde so die Kreditreserve des Eigentümers nachträglich wieder abgeschafft. Stattdessen hat sich mit der Sicherungsgrundschuld die Sicherungsreserve für den Gläubiger durchgesetzt. Der dort eingeräumte Sicherungsüberschuss hat den großen Vorteil, dass spätere Sicherungen ohne formale Änderung der Sicherheit und damit ohne Grundbuchänderung vorgenommen werden können. Die Wiederverwendbarkeit wird so denkbar einfach, sie erfolgt allein durch vertragliche Abrede.

C. Weitere Unstimmigkeiten

Neben den eben beschriebenen Kritikpunkten weist das Wiederaufladungskonzept auch andere Unstimmigkeiten auf, die ihre Rolle künftig mitprägen dürften.

I. Wiederaufladbarkeit und nicht-vertragliche Sicherungsrechte

Die wiederaufladbare Hypothek verträgt sich nicht mit einer anderen französischen Besonderheit, den nicht-vertraglichen Grundpfandrechten. So blockiert die Existenz des *privilège du prêteur de deniers* die Bestellung und Verwendung wiederaufladbarer Hypotheken, da diese alternative dingliche Sicherheit bei Immobiliarkrediten auch künftig gegenüber der wiederaufladbaren Hypothek finanziell enorm begünstigt wird, indem die Grundstücksregistersteuer bei ihr nicht anfällt.[1012] Das Problem liegt jedoch noch tiefer. Das Wiederaufladungskonzept harmoniert bereits grundsätzlich nicht mit der Idee eines Grundpfandrechts, das per Gesetz oder richterliche Anordnung entsteht.[1013] Die Grundideen sind geradezu gegensätzlich: Wiederverwendbarkeit durch Parteivereinbarung hier, gesetzliche Privilegierung bestimmter Gläubiger da. Rangsicherung durch Wiederverwendbarkeit einerseits, günstiger Rang durch Aufrücken bis hin zu

1010 Staudinger/*Wolfsteiner*, § 1179a Rn. 1.

1011 *Westermann*, in: Festgabe für Johannes Sontis, S. 256 ff.; zu den dogmatischen Auswirkungen *Hadding/Welter*, JR 1980, S. 90 ff.

1012 S.o. § 5 A I 1 b.

1013 S.o. § 7 B III 2 b.

pauschaler Vorrangigkeit andererseits. Die Reform 2006 stärkt die vertragliche Hypothek, jedoch nur bedingt, da eine Kompromisslösung zwischen beiden Konzepten gewählt wurde. Dies lässt erkennen, dass der an sich schon seit langem gültige Befund, dass die Sicherungsvielfalt dem französischen Sicherungsrecht abträglich ist,[1014] noch immer gilt.

II. Wiederaufladbarkeit ohne vertragliche Flexibilität

Mit der Wiederaufladbarkeit soll die Hypothek zur Sicherung verschiedener Forderungen befähigt werden. Hierzu musste die starre akzessorische Bindung der Hypothek an die Erstforderung gelöst werden. Diesem Bestreben ist an sich der Wille nach mehr Flexibilität und privater Gestaltungsfreiheit immanent. Genau hier liegt die große Stärke der Sicherungsgrundschuld.[1015] Und genau dies fehlt leider über weite Strecken beim Wiederaufladungskonzept. Das deutet bereits die gesetzliche Regelung an. Art. 2422 Abs. 6 CC verbietet ausdrücklich jede vertragliche Abweichung von der gesetzlichen Regelung. Zwar wird durch die Lockerung der Akzessorietät die Wiederverwendbarkeit der Hypothek tatsächlich erreicht. Diese Flexibilisierung wird jedoch durch verschiedenste Maßnahmen wieder eingerahmt. Man betrachte nur den Wiederaufladungsvorgang als solchen. Wiederaufladbarkeit soll die hypothekarische Sicherung von Forderungen erleichtern, indem der Aufwand der ständigen Neubestellung einer Hypothek vermieden wird. Genau dieser prinzipielle Vorteil eines wiederverwendbaren Rechts geht der wiederaufladbaren Hypothek jedoch wieder ab, weil zur Wiederaufladung fast identische Formalien wie bei einer Neubestellung einzuhalten sind.[1016]

III. Konsumkredit, *Subprime* und Verbraucherschutz

Die soeben beschriebene Unstimmigkeit von Mittel und Zweck zeigt sich besonders deutlich, wenn man sich das eigentliche politische Ziel der wiederaufladbaren Hypothek, die Konsumförderung, in Erinnerung ruft.[1017] Vermag die abstrakte Betrachtung der geäußerten konjunkturpolitischen Ziele noch Skepsis auszu-

1014 Vgl. *Ferid/Sonnenberger*, Das Französische Zivilrecht, S. 726, 3D 301 ff.; *Crocq*, Propriété et garantie, S. 307 Nr. 353.

1015 S.o. § 6 B I 3.

1016 S.o. § 6 C III 2.

1017 S.o. § 4 A I 2.

lösen, so wird man nach der Untersuchung der gesetzgeberischen Details getrost Entwarnung geben können. Die mit der Konsumkreditidee verbundene Öffnung zu mehr Risiko, mehr Freiheit und mehr Eigenverantwortung wurde im Detail durch viele verbraucherschützende Maßnahmen abgesichert. Eine ähnliche Entwicklung wie in den angelsächsischen Rechtsordnungen, im Guten wie im Schlechten, ist unter diesen Umständen nicht zu erwarten. Mutiger und riskanter ist die *fiducie-sûreté*.[1018] Die Nutzung der wiederaufladbaren Hypothek für Konsumkredite dürfte sich zudem aus trivialerem Grund weitgehend erledigen.

IV. Wiederaufladbarkeit und wirtschaftlicher Nutzen

Aus dem wirtschaftlichen Blickwinkel sind gewisse gesetzgeberische Entscheidungen bei der wiederaufladbaren Hypothek zumindest erstaunlich. Die Idee der Wiederverwendbarkeit eines Grundpfandrechts geht ja nicht zuletzt von einer wirtschaftlichen Überlegung aus: Man spart bei jeder weiteren Sicherung die Kosten der Bestellung. Für die Wiederaufladung gelten jedoch ähnliche formale Anforderungen wie bei der Bestellung einer Hypothek. Jede Wiederaufladung verursacht Kosten. Zuzugeben ist, dass diese Kosten geringer sind als bei einer Neubestellung.[1019] Die Kosten sind auch degressiv, so dass sich die Wiederaufladung bei Kleinkrediten wenig lohnt. Dies ist grundsätzlich nachvollziehbar, passt aber nicht zum eigentlichen politischen Motiv der wiederaufladbaren Hypothek, der Konsumförderung. Gerade für solche Kredite, die ja vergleichsweise klein sind, ist die wiederaufladbare Hypothek wirtschaftlich nicht sinnvoll. Die Idee des hypothekengestützten Konsums wurde damit bereits auf der Kostenebene aus den Augen verloren, aus welchen Gründen auch immer.

Nicht nachvollziehbar ist, dass die wiederaufladbare Hypothek bei der Bestellung systematisch teurer ist als der *privilège du prêteur de deniers*. Der Unterschied ist enorm, fast ein Prozent des Kreditbetrages. Für einen Kreditsuchenden dürften diese anfänglichen Mehrkosten entscheidend sein. Die abstrakte Möglichkeit, die wiederaufladbare Hypothek später irgendwann wiederzuverwenden, wird ihn kaum überzeugen. Der vermeintliche Verkaufsschlager könnte sich als Ladenhüter entpuppen.

1018 *Crocq*, D 2009, S. 716.
1019 S.o. § 6 B II 2.

§ 10: Die wiederaufladbare Hypothek als Detaillösung

A. Sonderformcharakter als Kompromiss

Losgelöst von den inhaltlichen Details dürfte für die wiederaufladbare Hypothek ein limitierendes, zurückhaltendes Element als charakteristisch anzusehen sein. Es zieht sich wie ein roter Faden durch die Reform. Mit der wiederaufladbaren Hypothek ist lediglich ein begrenzter Eingriff in das bisherige System gewollt und eben keine revolutionäre Umwälzung. Sie ist lediglich eine Sonderform der bisherigen vertraglichen Hypothek, von der sie sich nur durch die Wiederaufladbarkeit unterscheidet. Der Grund für diese Zurückhaltung liegt auf der Hand. Mit der wiederaufladbaren Hypothek sollte ein Kompromiss für eine Vielzahl gegenläufiger Interessen gefunden werden, die sich in den oben gezeigten Unstimmigkeiten wiederfinden. Als Kompromiss bot sich an, das bisherige System nicht zu ersetzen, sondern zu ergänzen.

B. Unberücksichtigte Fragestellungen

Die Limitierung der Reform wird auch an den Punkten deutlich, die die Reform gar nicht bzw. nur wenig berücksichtigte. Sie sind nicht unmittelbar im Hypothekenrecht angesiedelt, aber dennoch für die Zukunft der wiederaufladbaren Hypothek von erheblicher Bedeutung.

I. Unveränderte nationale Problemfelder

1. Probleme bei der Verwertung der Sicherheit

Die Verwertung der Hypothek galt vor der Reform 2006 als Schwachstelle.[1020] Die insolvenzrechtliche Ebene war dennoch aus der Reform 2006 ausgeklammert.[1021] Die bisherige Schwäche der Hypothek in der Insolvenz besteht somit unverändert fort.[1022] Eine Reform des Insolvenzrechts Ende 2008[1023] hatte zwar die insolvenzrechtliche Anpassung der Änderungen bei den Kreditsicherheiten

1020 S.o. § 2 A IV 2 c.
1021 S.o. § 3 B I 2 a.
1022 *Sonnenberger/Dammann*, Französisches Handels- und Wirtschaftsrecht, S. 546, VIII 86.
1023 L'ordonnance Nr. 2008-1345, 18.12.2008 portant réforme du droit des entreprises en difficulté.

zum Gegenstand.[1024] Sie änderte jedoch nichts an der seit 1967 für die Hypothek erkennbaren Grundlinie.

a. Neuerungen bei der Einzelverwertung

Der Spielraum für eine Veränderung war 2006 aufgrund der begrenzten Ermächtigung der Exekutive[1025] schon rein gesetzgebungstechnisch auf den Bereich der Einzelverwertung beschränkt.

aa. Verfallklausel und richterliche Zuteilung

Zur Verbesserung der Verwertung der Hypothek wurden mit der Verordnung 2006-346 zwei neue Möglichkeiten eingeführt. So kann nach Art. 2458 CC ein hypothekarisch gesicherter Gläubiger beim zuständigen Gericht statt der Einleitung des Zwangsvollstreckungsverfahrens die Übertragung des Eigentums am mit der Hypothek belasteten Grundstück beantragen (*attribution judiciaire*). Zum anderen erlaubt Art. 2459 CC die Vereinbarung einer Verfallklausel (*pacte commissoire*). Hiernach kann von den Sicherungsparteien schon bei Abschluss des Kreditgeschäfts vereinbart werden, dass im Fall der nicht ordnungsgemäßen Bedienung der Forderung das belastete Grundstück automatisch auf den Gläubiger übergeht.

Beide Techniken wirken auf den ersten Blick wie ein tiefer, einseitig den Interessen des Gläubigers dienender Eingriff in das bisherige Vollstreckungsrecht. Vor allem durch die Verfallklausel scheint das Zwangsvollstreckungsverfahren und dessen fast unvermeidliche Formalisierung radikal abgekürzt zu werden. Diese Vereinfachung erstaunt, gibt es doch gute Gründe, warum derartige Klauseln im Bestellungsvertrag nach altem Recht weitgehend unzulässig waren[1026] und auch im deutschen Recht gemäß § 1149 BGB vor Fälligkeit unzulässig sind[1027]. Das gerichtlich durchgeführte Zwangsvollstreckungsverfahren garantiert die neutrale Berücksichtigung der betroffenen Interessen, einen Schutz durch Verfahren. Die Verfallklausel hat dagegen etwas von Selbstjustiz und kann zu einseitiger, miss-

---

1024 *Crocq*, JCP E 2009, Nr. 13, 1313, S. 24, 25.

1025 S.o. § 3 B I 2 a.

1026 Eine Ausnahme hierzu wurde gemacht in Cass. civ. 1ère, 17.11.1959, Bull. civ. I, Nr. 480. Nach *Hébert*, D 2007, S. 2053 waren nachträgliche Verfallklauseln zulässig. Vgl. hierzu auch *Kircher*, Grundpfandrechte in Europa, S. 311 f.

1027 BGHZ 130, 101, MünchKomm/*Eickmann*, § 1149 Rn. 5; *Reinicke/Tiedtke*, Kreditsicherung, S. 390.

bräuchlicher Übervorteilung des wirtschaftlich stärkeren Kreditgebers führen.[1028] Gerade beim Immobiliarkredit ist aufgrund der Bedeutung des betroffenen Vermögenswerts ein Instrument mit derartigen Tendenzen besonders kritisch zu sehen.[1029]

bb. Defizite der neuen Verwertungsmechanismen

Nutzen wie Risiken dieser Instrumente sind gleichwohl geringer als sie zunächst scheinen.[1030] Ihre Anwendung ist im privaten Bereich stark eingeschränkt. So sind sie nach Art. 2458 S. 2 bzw. Art. 2459 S. 2 CC jeweils nicht möglich, wenn die Hypothek auf dem Hauptwohnsitz des Schuldners lastet. Die Verfallklausel ist weiter gemäß Art. L. 311-32. Abs. 3 C. Cons. ausgeschlossen, soweit es sich um einen Verbraucherkredit i.S.d. Art. L. 311-1 ff. C. Cons. handelt.[1031] Die gerichtliche Zuteilung soll dagegen nicht in Betracht kommen, soweit es sich um eine wiederaufladbare Hypothek eines Verbrauchers handle, für die Art. L. 313-14 C. Cons. gelte, da sie in Art. L. 313-14-1 C. Cons. indirekt ausgeschlossen seien.[1032] Weiter ist zweifelhaft, ob die Verfallklausel auch auf Spezialprivilegien anwendbar ist.[1033] Für die gerichtliche Zuteilung brachte dies erst das Gesetz Nr. 2007-212 vom 20. Februar 2007, so dass gegen die sachlich sinnvolle Einbeziehung der Verfallklausel systematische wie entstehungsgeschichtliche Argumente sprechen.[1034]

Aber auch im gewerblichen Bereich wird der Nutzen dieser Verwertungstechniken bezweifelt. Oftmals werden Gläubiger am Erwerb des Grundstücks gar nicht interessiert sein.[1035] Übersteigt der Wert des Grundstücks den ihrer Forderung und bestehen noch andere grundpfandrechtliche Sicherheiten (oder, bei einer wiederaufladbaren Hypothek, ein Co-Inhaber), so wird diese scheinbar einfache und schnelle Verwertung schnell komplex und uninteressant, da mit erheblichen

1028 *Hébert*, D 2007, S. 2052; vgl. auch MünchKomm/*Eickmann*, § 1149 Rn. 1.

1029 *Simler/Delebecque*, Les sûretés 2009, S. 435 Rn. 488.

1030 Vgl. *Delebecque*, JCP N 2006, Nr. 19, 1194, S. 944; *Carbonnel*, JCP N 2007, Nr. 51, 1335, S. 23; *Crocq*, RLDC 2007, Nr. 38, 2546, S. 64.

1031 *Crocq*, RLDC 2007, Nr. 38, 2546, S. 64.

1032 Ebenda.

1033 *Carbonnel*, JCP N 2007, Nr. 51, 1335, S. 20; *Dupichot*, D 2006, S. 1293.

1034 *Carbonnel*, JCP N 2007, Nr. 51, 1335, S. 20 f. Zu erinnern ist daran, dass das der ordonnance Nr. 2006-346 zugrunde liegende Gesetz Nr. 2005-842 „pour la conviance et la modernisation de l'économie" Privilegien nicht erfasste, s.o. § 3 B I 2 a.

1035 *Hébert*, D 2007, S. 2058; *Hocquard*, Dr. & patr. 2005, Nr. 142, S. 83.

Vorkosten verbunden.[1036] Die gesetzliche Pflicht, bei beiden Mechanismen vor der Übertragung den Wert des Grundstücks durch Sachverständige ermitteln zu lassen, verursacht ebenfalls Kosten.[1037] Abzusehen ist, dass es bei der Verfallklausel hierbei leicht zu Meinungsverschiedenheiten kommen kann, die dann gerichtlich ausgefochten werden müssen, womit der eigentliche Zweck, die Verfahrensbeschleunigung, verfehlt wird.[1038]

Die vielleicht größte Schwäche dieser Mechanismen besteht jedoch bei einer Insolvenz des Schuldners. In diesem Fall können diese nicht mehr durchgeführt werden, vgl. Art. 2287, Art. 2427 CC, Art. L. 622-7 C. Com.[1039] Spätestens hierdurch verlieren sie auch im gewerblichen Bereich weitgehend ihre Nützlichkeit für den Gläubiger, da sie ihn letztlich nicht wirksam vor dem Liquiditätsrisiko des Schuldners schützen können.[1040]

cc. Reform des Zwangsvollstreckungsrechts

Dasselbe Gesetz, welches die Regierung zum Erlass der Verordnung 2006-346 und zur wiederaufladbaren Hypothek ermächtigte, gab dieser auch den Auftrag, eine Reform des Zwangsvollstreckungsrechts vorzunehmen. Dies erfolgte fast zeitgleich, im April 2006 mit der Verordnung 2006-461. Aufgrund der eben gesehenen Grenzen von Verfallklausel und gerichtlicher Zuteilung gilt diese Reform für das Zwangsvollstreckungsrecht als bedeutsamer.[1041] Die Richtung dieser Reform gab das zugrunde liegende Gesetz vor: Vereinfachung des Verfahrens, Erhöhung der richterlichen Kontrolle und Stärkung des freihändigen Verkaufs.[1042] Die Reform behält die bisherige Grundrichtung bei und strebt eine effizientere Verwertung der Grundpfandrechte an bei gleichzeitiger Aufrechterhal-

1036 Vgl. hierzu *Simler/Delebecque*, Les sûretés 2009, S. 435 f. Rn. 491 f.

1037 *Delebecque*, JCP N 2006, Nr. 19, 1194, S. 944.

1038 So auch *Hocquard*, Dr. & patr. 2005, Nr. 142, S. S. 83 f. und *Carbonnel*, JCP N 2007, Nr. 51, 1335, S. 21; *Delebecque*, JCP N 2006, Nr. 19, 1194, S. 944.

1039 Bei der gerichtlichen Zuteilung sind die Regelungen zwar weniger eindeutig als bei der Verfallklausel, auch bei ihr wird jedoch eine Wirksamkeit in der Insolvenz bezweifelt, vgl. *Crocq*, D 2006, S. 1306.

1040 *Crocq*, RLDC 2007, Nr. 38, 2546, S. 64; *Simler/Delebecque*, Les sûretés 2009, S. 442 Rn. 493; *Carbonnel*, JCP N 2007, Nr. 51, 1335, S. 23.

1041 *Crocq*, RLDC 2007, Nr. 38, 2546, S. 64.

1042 Loi Nr. 2005-842 du 26.7.2005 Art. 24 Nr. 5: „Réformer les dispositions du livre III du Code Civil relatives à l'expropriation forcée et à la procédure de distribution du prix de vente des immeubles, pour simplifier les procédures civiles d'exécution immobilières et les rapprocher des procédures civiles d'exécution mobilières, renforcer le contrôle du juge et favoriser la vente amiable.“

tung eines hohen Schutzes des betroffenen Grundstückseigentümers.[1043] Zur Befriedigung des Gläubigers sind ähnlich wie bisher zwei Vollstreckungsformen möglich. Neben der Zwangsvollstreckung wurde der freihändige Verkauf (*vente amiable*) gestärkt.[1044] Überwiegend scheint diese Reform auf ein positives Echo zu stoßen.[1045] Die Kritik am schwerfälligen Vollstreckungsverfahren der Grundpfandrechte dürfte daher in ihrer Pauschalität noch weniger als früher sachlich zutreffen.[1046]

b. Neue Konkurrenz

aa. Anpassungen der fiducie-sûreté

Wichtige Veränderungen erfolgten bei der treuhänderischen Sicherungsübereignung (*fiducie-sûreté*). Da insolvenzrechtliche Regeln für diese zunächst fehlten, entfaltete diese bei Insolvenz des Schuldners eine geradezu brachiale Wirksamkeit.[1047] Es galt wie außerhalb der Insolvenz, dass durch die Vereinbarung der Sicherungsübereignung das Eigentum am Sicherungsgut auf den Treuhänder überging und nicht mehr zum Vermögen des Schuldners zählte, Art. 2024 CC.[1048] Damit ging sie noch über die Wirksamkeit ausländischer Vorbilder hinaus, bei denen gewisse Einschränkungen gelten.[1049] Zwar entspricht eine exklusive Rechtsposition des Sicherungsnehmers im Prinzip der Grundidee dieser Sicherheit. Andererseits stand ein derart absoluter Vorrang im offensichtlichen Widerspruch zu der bisherigen Grundlinie im Insolvenzrecht und auch zur Idee eines Insolvenzrechts im Allgemeinen.[1050] Mit der Sicherungsübereignung hätten alle wesentlichen Vermögenswerte aus dem Schuldnervermögen heraus gelöst werden kön-

---

1043 *Leborgne*, JCP E 2006, Nr. 29, 2108, S. 1264.
1044 *Simler/Delebecque*, Les sûretés 2009, S. 437 Rn. 489; ausführlich hierzu *Mauger-Vielpeau*, RLDC 2007, Nr. 38, 2547, S. 69 ff.
1045 Vgl. etwa *Leborgne*, JCP E 2006, Nr. 29, 2108, S. 52; *Pommier*, LPA 2009, Nr. 68, S. 3; *Crocq*, RLDC 2007, Nr. 38, 2546, S. 64.
1046 *Simler/Delebecque*, Les sûretés 2009, S. 437 Rn. 489.
1047 Vgl. *Dammann/Podeur*, D 2007, S. 1363.
1048 Art. 2024 CC: „L'ouverture d'une procédure de sauvegarde, de redressement judiciaire ou de liquidation judiciaire au profit du fiduciaire n'affecte pas le patrimoine fiduciaire." Vgl. auch *Sonnenberger/Dammann*, Französisches Handels- und Wirtschaftsrecht, S. 541 f., VIII 76 ff.
1049 *Dammann/Podeur*, D 2007, S. 1362; für die deutsche Sicherungsübereignung vgl. *Smid*, Kreditsicherheiten in der Insolvenz, S. 10 ff.; *Bork*, Einführung in das Insolvenzrecht, S. 146 ff. Rn. 251, Rn. 254 ff.; *Schulz/Bert/Lessing*, Handbuch Insolvenz, S. 166.
1050 Vgl. *Lucas/Sénéchal*, D 2008, S. 30.

nen, was eine kollektive Lösung oder die Fortführung eines in Liquiditätsprobleme geratenen Unternehmens unmöglich gemacht hätte. Ein derart einseitiger radikaler Wechsel[1051] zu diesem anderen Extrem war als endgültige Lösung kaum vorstellbar.

Die Reform des Insolvenzrechts Ende 2008 korrigiert dies nun und bietet eine Zwischenlösung an. Hiernach wird Sicherungseigentum nicht wie vollwertiges Fremdeigentum behandelt, sondern während der Beobachtungsphase und im Falle eines Sanierungsplans zunächst ebenfalls erfasst.[1052] Eine individuelle Befriedigung durch freiwillige Zahlung oder Einzelvollstreckung ist in dieser Phase grundsätzlich[1053] nicht möglich.[1054] Die neuen Regelungen werden für die Sicherungsübereignung dennoch als günstig angesehen, vor allem im Vergleich mit der Hypothek und den dort neu eingeführten Verwertungsmechanismen.[1055] Kommt ein Sanierungsplan nicht zustande oder scheitert dieser, endet die insolvenzrechtliche Blockade, vgl. Art. L. 641-11-VI du C. Com. Anders als die Hypothek bleibt der Gläubiger der Sicherungsübereignung im Rahmen der Liquidation außen vor und kann unmittelbar auf das Sicherungsobjekt zugreifen.[1056] An dieser für die Wirksamkeit entscheidenden Stelle bleibt ihre wesentliche Eigenschaft, der exklusive Zugriff für den Sicherungsnehmer aufgrund der Eigentümerstellung, zumindest nach derzeitigem Stand erhalten.[1057]

bb. Wiederaufladbare Hypothek vs. (wiederaufladbare) treuhänderische Sicherungsübereignung?

Die eben beschriebene gesetzgeberische Bevorzugung der Sicherungsübereignung ist entsprechend nachteilig für die wiederaufladbare Hypothek.[1058] Dies dürfte sich vor allem im gewerblichen Bereich auswirken und könnte die Sicherungsübereignung dort für Sicherungsnehmer attraktiver erscheinen lassen.[1059]

1051 Vgl. *Dammann/Podeur*, D 2007, S. 1359.
1052 *Dammann/Podeur*, D 2008, S. 2304.
1053 Eine Ausnahme gilt für die eher untypischen Fälle, bei denen dem Sicherungsnehmer unmittelbarer Besitz verschafft wird, vgl. *Crocq*, D 2009, S. 31: „La fiducie-sûreté avec dépossession est, en fait, la meilleure des sûretés en cas d'ouverture d'une procédure collective...“; ähnlich *Dupichot*, JCP N 2009, Nr. 17, 1138, S. 27.
1054 *Grimaldi/Dammann*, D 2009, S. 674 ff.; *Pérochon*, D 2009, S. 658.
1055 *Grimaldi/Dammann*, D 2009, S. 676; *Crocq*, JCP E 2009, Nr. 13, 1313, S. 31.
1056 Ebenda.
1057 *Pérochon*, D 2009, S. 659; *Crocq*, JCP E 2009, Nr. 13, 1313, S. 31.
1058 *Sonnenberger/Dammann*, Französisches Handels- und Wirtschaftsrecht, S. 546, VIII 86.
1059 *Sonnenberger/Dammann*, Französisches Handels- und Wirtschaftsrecht, S. 547, VIII 86

Angesichts der ständigen Anpassungen, die die Sicherungsübereignung einmal erweitern, einmal begrenzen, ist die künftige Entwicklung allerdings noch nicht absehbar. Auch wird die Etablierung dieses vielschichtigen Instruments in der Praxis seine Zeit brauchen.[1060] Es fällt zudem schwer zu glauben, dass es zu einer massiven Verdrängung der Hypothek kommen könnte, vor allem nicht bei mittelständischen (Familien-)Unternehmen und noch weniger im privaten Bereich.[1061] Bei diesen Kreditnehmern spielt beim Grundeigentum auch ein emotionales Element eine Rolle. Dass bei der Sicherungsübereignung bereits mit der Kreditaufnahme der Verlust des Eigentums am Wohnhaus oder am Betriebsgelände verbunden ist, dürfte kaum zu vermitteln sein. Gerade beim privaten Hausbau gehört der anfängliche Eigentumserwerb schlichtweg dazu. Der Käufer möchte Hausherr werden, nicht Mieter bleiben. Zu erinnern ist schließlich daran, dass die Nachteile der Hypothek bei Zahlungsunfähigkeit von privaten Schuldnern nicht so ins Gewicht fallen.[1062]

2. Wirtschaftliche Interessen der Banken

Ungeachtet dessen reagieren Banken, soweit bislang ersichtlich, noch sehr zurückhaltend auf die wiederaufladbare Hypothek.[1063] Obwohl in der Arbeitsgruppe *Grimaldi* auch Banken vertreten waren und diese Vertreter sich positiv über die Reform äußerten[1064], scheint es fast so, als ob die Banken dieses neue Sicherungsinstrument nicht annehmen. Zwar ist es wenige Jahre nach der Reform auch hier noch zu früh, um anhand des bisherigen Erfolgs in die Zukunft gerichtete Schlüsse zu ziehen. Dies zeigt nicht zuletzt auch die Geschichte der Grundschuld, deren Erfolg sich erst nach Jahrzehnten eingestellt hat.[1065] Schon allein die ständigen Anpassungen, Korrekturen und Nachbesserungen[1066] in maßgebli-

---

und *Carbonnel*, JCP N 2007, Nr. 51, 1335, S. 23, allerdings vor der Reform des Insolvenzrechts 2008.

1060 *Gourio*, D 2009, S. 1944.

1061 Vgl. *Cerles*, in: Mélanges en l'honneur de Michel Vasseur, S. 48, der den Schwerpunkt einer solchen Sicherheit nicht im Immobiliarbereich sieht. Ähnlich auch *Gourio*, D 2009, S. 1944.

1062 Vgl. oben § 2 A IV 2 b.

1063 *Les Echos*, 30.3.2007, S. 31: „Les crédits hypothécaire ne suscitent pas d'engouement dans les banques."

1064 Vgl. *Bac*, Dr. & patr. 2005, Nr. 140, S. 100; *Gourio*, RD bancaire et financier 2006, 14, S. 39 ff.

1065 Vgl. hierzu *Johow*, in: *Schubert (Hrsg.)*, Die Vorlagen der Redaktoren, Sachenrecht Teil 2, S. 464 und *Felgentraeger*, in: Festschrift v. Gierke, S. 142 ff.

1066 Hinsichtlich der Hypothek vgl. *Vauvillé*, Defrénois 2007, art. 38655, S. 1339.

chen Rechtsgebieten lassen keine langfristige Prognose zu. Nach dem, was sich derzeit abzeichnet, ist gleichwohl nicht auszuschließen, dass es mangels Attraktivität für die Banken beim untauglichen Versuch bleibt.[1067] Mit die auffälligste Reaktion der Kreditpraxis war bisher, dass Bürgschaftsinstitute und damit indirekt auch die Banken die Senkung der Bürgschaftskosten ankündigten.[1068] Weniger schlimm dürfte sein, dass *Crédit Logement* als größter Bürgschaftsanbieter die Einführung eine *„caution rechargeable"* in Aussicht gestellt hat.[1069] Bei den Banken, die die wiederaufladbare Hypothek überhaupt anbieten, handelt es sich auffälligerweise um (pflichtschuldige?) „staatsnahe" Banken wie die *Caisse d'Epargne,* die *Crédit Foncier* und die *UCB*.[1070]

Die so zum Ausdruck gebrachte Skepsis dürfte zum Teil an den Sicherungskosten liegen.[1071] Zur Abneigung dürfte auch die oben beschriebene, nachteilige Konzeption als Sicherungsreserve des Schuldners beitragen.[1072] Die bisherigen vielfältigen Vorteile des *cautionnement mutuel* für die Kreditwirtschaft bestehen hingegen unverändert weiter.[1073] Ein umständliches, tendenziell eher gläubigerunfreundliches Sicherungsinstrument wie die wiederaufladbare Hypothek wird kaum geeignet sein, an der Einstellung der Banken zu beiden Sicherheiten etwas zu ändern.

1067 Dalloz Rép. Dr. civ. *Fournier*, hypothèque conventionnelle, S. 12 Nr. 87: „Selon l'accueil qui lui réserve la pratique, l'hypothèque rechargeable peut aussi bien rester lettre morte que devenir de style." Anders *de Ravel d'Esclapon*, D 2008, S. 2022. Dieser sieht die Hypothek auf einem guten Weg („Aujourd'hui, elle est à la mode."), wohl aber vor allem deshalb, weil die Politik und namentlich der amtierende französische Staatspräsident *Sarkozy* sie fördert.

1068 Nach *Investir Hebdo*, 14.10.2006, kam es zu teilweise erheblichen Senkungen der Bürgschaftskosten:"Crédit Logement, principal organisme de caution des crédits immobiliers, a diminué ses tarifs de 30% à 50% à compter du 1er juillet."

1069 Vgl. *Les Echos*, 10.4.2006, S. 30: „Le Crédit Logement proposera une caution rechargeable."

1070 Vgl. *Investir Hebdo*, 14.10.2006: „Trois banques commercialisent les premières hypothèques rechargeables."

1071 *Crocq*, RLDC 2008, suppl. au Nr. 46, 2880, S. 12. Vgl. auch *Bac*, RLDC 2006, suppl. au Nr. 29, 2171, S. 39, die als Vertreterin der französischen Bankenvereinigung die Wirkung der taxe de publicité foncière kritisiert.

1072 S.o. § 9 B II.

1073 S.o. § 2 B II 1 b.

II. Die wiederaufladbare Hypothek und die Eurohypothek

1. Übersicht zu bisherigen Initiativen

Seit den 60er Jahren des vorigen Jahrhunderts wird über die Einführung eines gemeinsamen europäischen Grundpfandrechts nachgedacht.[1074] Trotz verschiedener Harmonisierungsschritte im Zivilrecht zeichnet sich dieses Rechtsgebiet noch immer durch erhebliche rechtliche Unterschiede aus, etwa bei den Anforderungen an Kreditangebote und den Möglichkeiten der Sicherungsgestaltung.[1075] Ein einheitliches und leistungsfähiges Grundpfandrecht würde diese Unterschiede abbauen und den grenzüberschreitenden Realkredit erleichtern. Der erhöhte innergemeinschaftliche Wettbewerb der Banken könnte den Kreditzugang und die Kreditkonditionen verbessern.[1076] Aus verschiedenen Richtungen gab es schon Initiativen in diesem Bereich.[1077] Ein erster bedeutsamer Anstoß ging von der EWG-Kommission aus, die 1966 mit dem *Segré*-Bericht eine an der deutschen Grundschuld orientierte Harmonisierung anregte.[1078] Beachtung fand auch der Vorschlag der *Union Internationale du Notariat Latin (UNIL)* von 1987 mit dem Schweizer Schuldbrief als Modell für eine Eurohypothek.[1079] Auch seitens der deutschen Kreditwirtschaft, durch den Verband deutscher Hypothekenbanken eV (VdH)[1080], gab es 1998 einen auf dieser Linie liegenden Vorschlag.[1081] Dieser sah ein nicht-akzessorisches Grundpfandrecht vor, welches nur in engem Rahmen gutgläubig erwerbbar war.[1082] Daneben gab es aber auch von deutscher Seite Stimmen, die einen akzessorischen Ansatz favorisierten.[1083] Die Reformüberlegungen wurden in den letzten Jahren durch internationale Initiativen fortgesetzt und fanden auch Eingang in die Arbeit der EU-Kommission.[1084]

1074 Vgl. hierzu *Stöcker/Stürner*, Grundpfandrechte in Europa, Band III, S. 117 ff.; *Köndgen/Stöcker*, ZBB 2005, S. 112 f.; *Wehrens*, WM 1992, 557 ff.; ausführlich *Stöcker*, Die Eurohypothek, S. 191 ff.

1075 *Kircher*, Grundpfandrechte in Europa, S. 376.

1076 *Kircher*, Grundpfandrechte in Europa, S. 379 f.

1077 Vgl. *Stöcker*, Die Eurohypothek, S. 217 ff.; *Kircher*, Grundpfandrechte in Europa, S. 376, 442 ff.

1078 *Stöcker*, Die Eurohypothek, S. 218 f.

1079 *Köndgen/Stöcker*, ZBB 2005, S. 112; anschaulich zum Schweizer Schuldbrief *Wehrens*, Österreichische Notariatszeitung 1988, S. 182 ff.

1080 Seit 2005 Verband der Pfandbriefbanken (vdp), vgl. *Stöcker*, WM 2006, S. 1941.

1081 S.o. § 8 B II 2 b bb.

1082 Abgedruckt in ZBB 1998, S. 264 ff.

1083 *Habersack*, JZ 1997, S. 662; *Wachter*, WM 1999, S. 70.

1084 Vgl. *Stöcker/Stürner*, Grundpfandrechte in Europa, Band III, S. 118 ff.

2005 wurde mit den *Basic Guidelines for a Eurohypothec* ein gewisser Fortschritt erzielt.[1085] Ein Durchbruch der Idee der Eurohypothek ist gleichwohl nicht erkennbar.

Aufgrund der Schwierigkeiten, ein für alle Länder akzeptables Grundpfandrecht zu entwerfen, ist zumindest in der deutschen Diskussion um die Eurohypothek die Erkenntnis gereift, dass eine Kompromisslinie „in der Mitte" zu suchen ist. So haben einerseits auch die Fürsprecher des Akzessorietätsprinzips kein starres, sondern vielmehr ein offenes, am Schutzzweck ausgerichtetes akzessorisches Strukturprinzip im Blick.[1086] Andererseits geben sich auch die Befürworter einer nicht-akzessorischen Konstruktion nachgiebig, lösen sich formal wie inhaltlich von den nationalen Vorbildern und schlagen Grundpfandrechte vor, die dem Schuldnerschutz mehr Beachtung schenken.[1087]

2. Eine wiederaufladbare Eurohypothek?

Eine Berücksichtigung der wiederaufladbaren Hypothek liegt angesichts dieser Entwicklung bei der europäischen Harmonisierungsdiskussion auf der Hand. Als eine Art Mischform mit akzessorischen und nicht-akzessorischen Elementen bietet sie scheinbar einen neuen Mittelweg an. Angesichts der bisherigen Untersuchung erübrigt sich dennoch fast die Frage, ob die wiederaufladbare Hypothek das Modell für die Eurohypothek sein könnte. Es scheint alles andere als ausgemacht zu sein, dass die wiederaufladbare Hypothek in Frankreich ein Erfolg werden wird. Für eine Übertragung auf die europäische Ebene fehlt dann jedoch die Grundlage. Bei den sich abzeichnenden strukturellen Schwachstellen der wiederaufladbaren Hypothek handelt es sich auch nicht lediglich um einzelne, isolierte, leicht behebbare Punkte. Sie fußen letztlich sehr tief, bei den beiden tragenden Gedanken des Wiederaufladungskonzepts: Teilweise Abschaffung der Akzessorietät, Schaffung einer Sicherungsreserve für den Eigentümer. Selbst wenn die hier vertretene Ansicht nicht geteilt würde oder sich die behaupteten Schwachstellen als in der Praxis nicht gravierend herausstellen sollten, erscheint es zum jetzigen Zeitpunkt ratsam, zunächst abzuwarten, wie sich die wiederaufladbare Hypothek in den nächsten Jahren in Frankreich tatsächlich entwickelt.

1085 Abgedruckt bei *Stöcker/Stürner*, Grundpfandrechte in Europa, Band III, S. 121.
1086 *Habersack*, JZ 1997, S. 864 f.
1087 Vgl. hierzu *Köndgen/Stöcker*, ZBB 2005, S. 113 ff.

Gewisse „Kinderkrankheiten“ sind bei jedem neuartigen Sicherungsrecht fast unvermeidlich und dürften auch hier nicht ausbleiben.

Gegen die wiederaufladbare Hypothek als europäisches Kompromissmodell spricht, dass sie offensichtlich nicht hierfür bestimmt ist. Eine Orientierung an den *Basic Guidelines*[1088] ist nicht erkennbar. Der Ansatzpunkt für die Flexibilisierung entspricht auch nicht den vorgefundenen europäischen Lösungen. Sie ist kein formal forderungsunabhängiges Sicherungsrecht wie die Grundschuld. Ihre Technik orientiert sich offensichtlich auch nicht an den belgischen Regelungen zur *hypothèque omnibus.*[1089] Es erscheint vielmehr fast so, als ob eine identische Lösung bewusst vermieden wurde. Die wiederaufladbare Hypothek ist als eine spezifisch französische Lösung für spezifisch französische Probleme gedacht. Man mühte sich am Spagat, die Hypothek anders als bisher wiederverwendbar werden zu lassen, ohne die bisherigen Grundprinzipien Akzessorietät, Bestimmtheit, Grundstücksregisterwesen oder Sicherungsvielfalt aufgeben zu müssen. Die schließlich gefundene Kompromisslösung ist folglich durch die nationalen Gegebenheiten geprägt und sollte nicht ohne weiteres auf die europäische Ebene übertragen werden.

3. Konturen einer europäischen Kompromisslinie

Was sich allerdings durchaus sagen lässt, ist, dass sich mit wiederaufladbarer Hypothek und Risikobegrenzungsgesetz die inhaltlichen Grundzüge einer Eurohypothek noch deutlicher abzeichnen. Beide Rechtsordnungen bewegen sich auf die von den Befürwortern einer Eurohypothek beschriebene Kompromisslinie zu. Beide Rechtsordnungen kennzeichnet jetzt der durch gesetzgeberische Aktivität zum Ausdruck gebrachte Wille, eine einfache und größere Nutzbarkeit der Grundpfandrechte bei gleichzeitig hohem Schutz des Schuldners anzubieten. Der französische Gesetzgeber hat Schritte unternommen, die bisher schwerfällige Hypothek zu flexibilisieren. Die akzessorische Bindung an die Erstforderung wurde zumindest zum Teil aufgegeben. Es dürfte jetzt außer Frage stehen, dass eine Eurohypothek wiederverwendbar sein muss. Im Detail besteht freilich wie gesehen noch keine Einigkeit. Nicht-Akzessorietät ist nicht zwingend notwendig. Für eine flexible, kostengünstige und anpassungsfähige Lösung dürfte jedoch eine weitgehende Lösung und Abstrahierung des Grundpfandrechts von

1088 Vgl. *Stöcker/Stürner*, Grundpfandrechte in Europa, Band III, S. 121.
1089 S.o. § 4 B I 2 a; § 5 A II 2 c.

der gesicherten Forderung erforderlich sein.[1090] Nicht-Akzessorietät ist hierbei die einfachste und konsequenteste Methode.

Beim Schuldnerschutz hat sich hingegen die deutsche Seite bewegt. Der gutgläubige, einredefreie Erwerb wurde eingeschränkt. Damit wurde ein prägendes Merkmal der deutschen Grundschuld aufgegeben. Dieses dürfte an der französischen Skepsis gegenüber diesem Sicherungsinstrument gewiss einen erheblichen Anteil gehabt haben. Die Beibehaltung des gutgläubigen Erwerbs bei der Hypothek ist demgegenüber nur von geringer Bedeutung.

4. Ausblick

Allzu große Hoffnung hinsichtlich einer Eurohypothek ist jedoch verfrüht. In der prinzipiellen Frage, Akzessorietät oder nicht, gibt es noch keine Übereinstimmung. Wiederaufladbare Hypothek und Sicherungsgrundschuld mögen funktionell übereinstimmen, beruhen jedoch auf gegensätzlichen Konzepten. Die Aufweichung beider Reinformen mag vielleicht die Konturen verwischen und die Unterscheidung nach Akzessorietätsgraden obsolet werden lassen.[1091] Die pauschale Einordnung hilft in der Tat wenig. Wie jedoch gesehen, führt der strukturell grundlegend andere Ansatz durchaus zu ganz anderen Abläufen bei der Wiederverwendung.[1092] Angesichts der Schwächen der wiederaufladbaren Hypothek besteht aus deutscher Sicht derzeit kein Anlass, auf das eigene Konzept des forderungsunabhängigen Grundpfandrechts zu verzichten.

Diese Untersuchung hat zudem erkennen lassen, dass die Politik in solchen Situationen dazu neigt, als Kompromiss Detaillösungen mit wenig Rücksicht auf dogmatische Strukturen vorzunehmen. Dieses Vorgehen bricht jedoch nicht nur mit alten und bisweilen auch veralteten Dogmen, sondern läuft in dieser ohnehin komplexen Rechtsmaterie Gefahr, dass verworrene Mischformen zurückbleiben, mit denen der Sache nicht gedient ist. Wenn es jedoch dem Gesetzgeber bereits auf nationaler Ebene dermaßen schwer fällt, die Rechtsmaterie durchdacht fortzuentwickeln, erscheint eine Lösung auf europäischer Ebene erst Recht viel zu anspruchsvoll.

1090 So auch *Kircher*, Grundpfandrechte in Europa, S. 561, 563.
1091 MünchKomm/*Eickmann*, § 1191 Rn. 11.
1092 S.o. § 6 D.

Schließlich sollte auch etwas anderes deutlich geworden sein. Die erfolgreiche Einführung einer Eurohypothek ist weitaus schwieriger, als man auf den ersten Blick annehmen würde. Das Konzept der Eurohypothek ist vom Grundgedanken her auch keine begrenzte oder sanfte Lösung. Als erster Schritt soll zwar lediglich ein weiteres Sicherungsinstrument bereitgestellt werden, dass die bisherigen Instrumente ergänzt. Das eigentliche Ziel, das zugrundeliegende Ideal, ist dabei ein gemeinsamer Immobiliarkreditmarkt, in dem grenzüberschreitende Immobiliarkredite auf einfache Weise möglich sind. Dies wird jedoch erst dann gelingen, wenn alle störenden nationalen Besonderheiten aufgegeben werden. Soll die Eurohypothek ein Erfolg werden und ihrem Ziel eines harmonisierten, einheitlichen Immobiliarkreditmarkts nahe kommen, kann man es nicht dabei belassen, nur ein zusätzliches europäisches Kreditsicherungsinstrument anzubieten. Nein, man muss dann früher oder später auch das nationale Recht angehen. Wie die Einführung der wiederaufladbaren Hypothek gezeigt hat, muss ein neues Sicherungsrecht in die bisherige Ordnung eingepasst werden. Bei einer Eurohypothek könnte sich dabei nicht auf das Recht der Grundpfandrechte beschränken, sondern müsste viele Bereiche des Zivilrechts einbeziehen. Dabei müssten auch einheitliche Antworten auf sehr sensible Fragen gefunden werden, etwa zum Verbraucherschutz im Rahmen der Zwangsvollstreckung oder zur steuerrechtlichen Behandlung der einzelnen Sicherheiten. Auch eine derart weite Harmonisierung bliebe noch immer unvollständig, solange die nationale Rechtsprechung nicht einheitlich würde.[1093] Das Projekt der Eurohypothek steht damit in der (guten?) europäischen Tradition funktioneller Integration mit schrittweiser, sich aus Sachzwängen ergebender Erweiterung (dem *spill-over*-Effekt) ohne begleitende politische Diskussion und klare politische Direktion. Die skeptische Haltung mancher Länder gegenüber einer Harmonisierung der Grundpfandrechte dürfte sich auch zu einem guten Teil dadurch erklären, dass dieser Zusammenhang erkannt wird. Schrittweise einzelstaatliche Rechtsangleichung ist demgegenüber realistischer.[1094] Für diesen bereits stattfindenden Prozess, aber auch für die Schwierigkeit einer Zwischenlösung zwischen akzessorischer französischer Tradition und verkehrsorientierter deutscher Grundschuld wird von nun an sinnbildlich die wiederaufladbare Hypothek stehen.

1093 Auf dieses Problem weist auch *Kircher*, Grundpfandrechte in Europa, S. 566 ff. hin.

1094 So auch *Baur/Stürner*, Sachenrecht 2009, § 64 Rn. 82.

Zusammenfassung

1. Die vertragliche Hypothek hatte in Frankreich vor der Reform 2006 eine vergleichsweise geringe Bedeutung. Kreditgeber bevorzugten beim Immobiliarkredit häufig ein der Hypothek ähnliches gesetzliches Sicherungsrecht, den *privilège du prêteur de deniers*, sowie eine besondere Form der Bürgschaft, den *cautionnement mutuel*.

2. Die Ursache für diese Entwicklung ist im alten Hypothekenrecht und den spezifischen Vorteilen der konkurrierenden Sicherheiten zu suchen. Mit dem *privilège du prêteur de deniers* war die vertragliche Hypothek inhaltlich weitgehend identisch, jedoch kostete ihre Bestellung aufgrund einer steuerlichen Besserstellung des Privilegs mehr. Gegenüber dem *cautionnement mutuel* galt die vertragliche Hypothek als teuer, kompliziert in der Zwangsvollstreckung und unsicher in der Insolvenz. Nachteilig wirkte sich zudem ihre Akzessorietät aus. Hierdurch war sie wenig flexibel und verkehrsfähig. Sie konnte nicht über die erste Forderung hinaus wiederverwendet werden. Der Erfolg des *cautionnement mutuel* ist hiermit allerdings nur teilweise zu erklären. Von Bedeutung dürfte auch sein, dass diese Sicherungsform von den Kreditgebern selbst entwickelt wurde und so stark an deren Interessen ausgerichtet ist.

3. Mit der Einführung der wiederaufladbaren Hypothek 2006 sollte die Rolle der vertraglichen Hypothek im französischen Kreditsicherungsrecht gestärkt werden. Wie jedes Grundpfandrecht dient sie auch der Mobilisierung von Grundvermögen. Zu ihrem Konzept gehört jedoch auch eine besondere wirtschaftspolitische Idee, die rückblickend, angesichts der 2008 ausgebrochenen internationalen Finanzkrise, als riskant anzusehen ist: Der kreditgestützte und hypothekarisch gesicherte Konsum zur Förderung von Wirtschaftswachstum.

4. Diese Grundidee der wiederaufladbaren Hypothek ist politischen Ursprungs und inspiriert von der angelsächsischen Sicherungspraxis des *Home Equity Withdrawal*. Dieser konjunkturpolitische Kern der Wiederaufladungsidee sowie einige Begrenzungen des Reformumfangs sind als entstehungsgeschichtliche Bürde anzusehen.

5. Inhaltlich zeigt sich bereits auf der Bestellungsebene der grundlegende Unterschied zur Grundschuld. Die wiederaufladbare Hypothek ist eine Sonderform der bisherigen vertraglichen Hypothek und wie ihre Grundform eine akzessori-

sche Sicherheit. Gleichwohl wurde die Akzessorietät bei der Bestellung gelockert. Denkt man diese Lockerung konsequent weiter, ist damit auch eine forderungslose wiederaufladbare Hypothek ähnlich einer Eigentümergrundschuld möglich.

6. Abgeschafft wurde die Erlöschensakzessorietät. Die wiederaufladbare Hypothek besteht ohne Forderung weiter. Sie wird zur Sicherungsreserve und damit zur Kreditreserve des Eigentümers. Sie lässt die Sicherung anderer Forderungen als die ursprünglich gesicherte Forderung zu. Sie kann neu valutiert und der gesicherte Forderungskreis prinzipiell beliebig erweitert und ausgewechselt werden. Anders als im deutschen Recht ist sogar die parallele Sicherung verschiedener Gläubiger (Co-Inhaberschaft) möglich. Rechtstechnisch erfolgt die Wiederaufladung allerdings nicht durch eine bloße schuldrechtliche Vereinbarung wie bei der Sicherungsgrundschuld. Die wiederaufladbare Hypothek ähnelt vielmehr der deutschen Hypothek und deren Zusammenspiel mit der Eigentümergrundschuld. Die mit der Wiederaufladbarkeit an sich geschaffene Flexibilität wird durch inhaltliche Vorgaben, vor allem aber durch die Verpflichtung zu notarieller Form und Registrierung der Wiederaufladungsvereinbarung im Grundstücksregister erheblich eingeschränkt. Dies dient dem Schutz des Schuldners, ist aber auch eine Konsequenz des akzessorischen Ansatzes und der Co-Inhaberschaft, wenn nicht sogar des französischen Konsensprinzips im Zivilrecht.

7. Zur Wiederaufladbarkeit gehört auch der Erhalt und die Wiederverwendbarkeit des ursprünglichen Rangs. Im Prinzip klar und einfach gelöst, ergeben sich gewisse Unstimmigkeiten aufgrund der Co-Inhaberschaft, vor allem aber in Bezug auf die im französischen Recht zahlreichen gesetzlichen und richterlichen Sicherungsrechte. Wiederaufladbarkeit und nicht-vertragliche Sicherungsrechte passen als Konzepte im Grunde nicht zusammen.

8. Die Grundzüge der Übertragung von Hypotheken wurden durch die französische Reform nicht verändert. Dagegen hat das Risikobegrenzungsgesetz von 2008 die deutschen Regelungen an das französische Recht angenähert. Um die Gefahren der massenhaften Veräußerung gesicherter Forderungen einzudämmen, wurde der gutgläubige Erwerb der Sicherungsgrundschuld stark eingeschränkt. Mehr Schuldnerschutz ist angesichts der veränderten Kreditpraxis prinzipiell zu begrüßen. Die gesetzliche Regelung kann hingegen kaum als gelungen bezeichnet werden, da sie den Schuldnerschutz wenig erhöht, dafür aber massiv in das

Gefüge der Grundpfandrechte eingreift. Da die Verkehrshypothek von der Reform nicht betroffen ist, kann nicht ausgeschlossen werden, dass sie in der Praxis künftig wieder häufiger zum Einsatz kommt. Das Instrument Sicherungsgrundschuld wurde erheblich verändert, es verbleibt ihm aber gleichwohl seine strukturelle Stärke: Flexible (Wieder-)Verwendbarkeit aufgrund Nicht-Akzessorietät.

9. Die wiederaufladbare Hypothek ist ein Kompromiss zur Lösung zahlreicher Spannungsverhältnisse: Akzessorietät und Wiederverwendbarkeit, Gläubiger- und Schuldnerinteresse, Gestaltungsfreiheit und Verbraucherschutz, Regierung und Parlament, Kredit als Chance und Kredit als Risiko, Erhalt französischer Eigenarten und international orientierte Modernisierung. Unstimmigkeiten und zuweilen inkonsequent erscheinende Regelungen sind eine kaum vermeidbare Folge. Die Erfolgsaussichten dieser neuen Sicherheit werden durch die skeptische Haltung der Banken getrübt. Diese ist insoweit nachvollziehbar, da die bisherigen Vorteile der anderen Sicherheiten noch immer fortbestehen und die Bedürfnisse der Gläubiger nicht im Fokus der Reform standen. Zudem wurde mit der *fiducie-sûreté* eine weitere Konkurrenz ins französische Recht eingeführt. Aufgrund der nicht enden wollenden gesetzlichen Eingriffe im Kreditsicherungsrecht fällt eine Prognose schwer.

10. Wiederaufladbare Hypothek und Grundschuld ähneln sich auf der funktionalen Ebene. Beide sind über die ursprüngliche Forderung hinaus wiederverwendbar. Die besondere Flexibilität der Sicherungsgrundschuld, mit der sie den Bedürfnissen der Kreditpraxis entgegenkommt, fehlt der wiederaufladbaren Hypothek dagegen. Die wiederaufladbare Hypothek entspricht am ehesten der deutschen Sicherungshypothek. Durch das Risikobegrenzungsgesetz wurde allerdings auch die Sicherungsgrundschuld der Sicherungshypothek angenähert. Beide Reformen konkretisieren so die Kompromisslinie einer Eurohypothek. Als Modell derselben bietet sich die wiederaufladbare Hypothek zumindest derzeit nicht an.

Sommaire

La présente thèse est une comparaison franco-allemande en droit des hypothèques. Au centre d'intérêt se trouve l'hypothèque rechargeable, introduit au Art. 2422 Code civil par une réforme des sûretés en 2006. L'objectif de cette comparaison est de clarifier si les droits hypothécaires français et allemand se sont approchés. En droit allemand, nous distinguons surtout deux formes des sûretés immobilières : d'un côté, une sûreté accessoire, l'Hypothek, § 1113 Bürgerliches Gesetzbuch (BGB), et de l'autre côté, une sûreté non-accessoire, la Grundschuld (dette foncière), § 1191 BGB. Étant donné que l'élément spécifique de l'hypothèque rechargeable est la diminution des son caractère accessoire, elle prend en droit français un rôle identique à celui de la Grundschuld en droit allemand, le rôle d'alternative à l'hypothèque conventionnelle.

La première partie de cette thèse présente l'histoire de l'hypothèque en droit français. Le premier chapitre résume la situation du crédit immobilier en France avant l'introduction de l'hypothèque rechargeable. Du point de vue allemand, il est surprenant de constater qu'en France le crédit immobilier n'est pas réservé aux sûretés réelles et qu'on utilise la pratique des cautionnements mutuels. En Allemagne, la Grundschuld domine le crédit immobilier. Le recours relativement rare à l'hypothèque conventionnelle française est traditionnellement expliqué d'une part par ses insuffisances en cas de faillite et d'insolvabilité du débiteur, et d'autre part par son coût élevé par rapport au cautionnement et au privilège du prêteur de denier. À cela, il faudrait également ajouter son caractère accessoire strict. Il en résulte qu'en droit français avant 2006, pour chaque nouveau crédit que nous souhaitions garantir par une hypothèque, il fallait constituer (et payer) une nouvelle hypothèque. À ce niveau-là, il existe une différence fondamentale entre la Grundschuld et l'hypothèque conventionnelle française. La Grundschuld offre une grande flexibilité résultant de l'indépendance de la créance. Cette flexibilité est considérée comme la raison principale de son succès en droit allemand. Elle se réalise par une forme particulière : la Sicherungsgrundschuld. Dans ce cas, la sûreté non-accessoire est combinée avec un contrat, le Sicherungsvertrag. Ce contrat règle les conditions du crédit et de l'utilisation de la Grundschuld. La Grundschuld n'est pas liée à la créance elle même, mais le créancier reste obligé de respecter ce contrat et, à la fin, il ne peut exercer ses droits de la Grundschuld que dans la limite de ses obligations contractuelles. Selon la terminologie allemande, ce lien n'est pas «akzessorisch». Cette structure permet de changer facilement la créance garantie et elle établit une capacité d'adaptation aux situations de crédit diverses. Comme seul le contrat crée le lien avec la créance et le contenu de la sûreté reste inchangé, nous évitons des changements lents et onéreux au registre public, au Grundbuch.

Le deuxième chapitre analyse les circonstances de la réforme de 2006, et surtout les motifs politiques qui ont mené à l'introduction de l'hypothèque rechargeable. En flexibilisant l'hypothèque, le législateur français voulait mobiliser la richesse immobilière. Avec des crédits mobiliers acquis grâce aux hypothèques rechargeables, le législateur visait à doper la consommation et à stimuler la croissance de l'économie française. Cette idée est inspirée d'une pratique des pays anglo-saxons, la «Mortgage Equity Withdrawal». Elle est proche aussi de la notion associée à la crise financière américaine de 2008, le «Supprime». Le bon coté d'une telle politique est qu'elle facilite l'accès au crédit pour des créanciers qui ne sont pas particulièrement riches. Un tel instrument leurs donne l'occasion d'investir, d'agir. Toutefois, cet accès est ambivalent, puisque des crédits à la consommation peuvent aboutir à la perte du bien immobilier. Vu que cette politique a finalement tellement échoué aux États-Unis, ce motif reste controversé. Cependant, il ne faut pas surestimer le lien entre l'hypothèque rechargeable et la crise financière 2008. À la fin, l'hypothèque rechargeable est juste un instrument juridique qui, contrairement à ce qui s'est passé aux États-Unis, est encadré par plusieurs mesures de protection des consommateurs.

Dans la deuxième partie, nous faisons une analyse juridique de l'hypothèque rechargeable. Comme la Grundschuld, elle aussi peut être affectée à la garantie pour des créances autres que la créance initiale. Toutefois il est évident que le mécanisme juridique est différent de celui de la Grundschuld. L'hypothèque rechargeable reste une sûreté accessoire, liée à la créance garantie. La convention de rechargement exige la forme notariée, chaque rechargement doit être publié (par mention en marge). Même si cela n'est pas aussi cher que l'inscription d'une nouvelle hypothèque, il s'agit d'une différence importante par rapport à la Sicherungsgrundschuld où aucune créance n'est enregistrée au Grundbuch. Pour réutiliser une Sicherungsgrundschuld il suffit un changement du Sicherungsvertrag lequel ne nécessite même pas un écrit. Il en résulte que la flexibilité des sûretés quant à leur rapport avec la créance n'est pas comparable. Comme cela au droit allemand l'hypothèque rechargeable ne rappelle pas la Sicherungsgrundschuld mais une autre technique : le changement d'une hypothèque à une Eigentümergrundschuld et vice-versa (§§ 1163 al. 1 2e phrase, 1177 al. 1 1e phrase BGB). L'hypothèque rechargeable conserve toujours son rang. Néanmoins, son rapport aux privilèges et aux hypothèques légales et judiciaires reste problématique, car en principe l'idée d'une sûreté réutilisable et celle d'une sûreté non-contractuelle sont contradictoires. Une autre particularité de l'hypothèque rechargeable est qu'elle peut être utilisée par plusieurs créanciers à la fois. Il est facile de comprendre pourquoi cette «cotitularité» est souvent critiquée : elle a tendance à bouleverser les droits des créanciers.

S'agissant de la cession des hypothèques, en 2008 un changement remarquable a eu lieu en Allemagne. Le législateur voulait diminuer les risques pour les débiteurs. Au fond le problème est que la pratique de crédit allemande est fortement orientée vers les intérêts des créanciers. La Sicherungsgrundschuld n'est qu'un parmi plusieurs éléments avantageux pour les créanciers. Le risque peut se réaliser quand un créancier cède une Sicherungsgrundschuld sans céder à la fois les obligations contractuelles. Le législateur allemand a réagi avec une réduction de la possibilité de l'acquisition de bonne foi, § 1192 al. 1a BGB. Il en découle que la Sicherungsgrundschuld est plus liée à la créance garantie qu'auparavant. Une décision du Bundesgerichtshof le 30. Mars 2010 (référence du dossier: XI ZR 200/09) va dans la même direction.

La conclusion principale du présent travail est que le droit français et le droit allemand se sont rapprochés. Les deux ordres juridiques ont maintenant un instrument hypothécaire réutilisable. Toutefois l'hypothèque rechargeable n'a que peu en commun avec la Grundschuld. Le mécanisme juridique pour réaliser la réutilisation reste fort différent. L'hypothèque rechargeable est une sûreté accessoire, la Grundschuld, comme la Sicherungsgrundschuld, est non-accessoire. Leurs caractères différents sont atténués, mais il reste un effet important : la principale vertu de la Grundschuld, sa flexibilité et sa souplesse, manque à l'hypothèque rechargeable. Ainsi, les consommateurs sont plus protégés, mais il y a le risque que les créanciers refusent d'utiliser cet instrument peu adaptée à leurs besoins. Étant donné que l'hypothèque rechargeable est inspirée par un modèle américain discrédité, les consommateurs français resteront probablement aussi réservés. En conséquence, le succès de l'hypothèque rechargeable en pratique est très incertain.

Literaturverzeichnis

93e Congrès des notaires de France, L'investissement immobilier, zitierter Abschnitt: Investissement et Valorisation, Deuxième Commission, Président: Bernard Dumas, Rapporteur: Marc-Henri Louvel, 4. - 7. Mai 1997, Paris 1997 (zitiert als: *93e Congrès des notaires de France*, L'investissement immobilier).

Albiges, Christophe, Responsabilité notariale et sûretés réelles. L'exemple de la convention d'hypothèque, in: *Cabrillac, Séverine/Albiges, Christophe/ Lisanti, Cécile (Hrsg.),* Évolution des sûretés réelles : regards croisés Universités-Notariat, Actes du colloque organisée par l'Association rencontres Notariat-Université (ARNU) et le laboratoire de droit privé de la faculté de droit de Montpellier, le 1er février 2006, Paris 2007, S. 15-27 (zitiert als: *Albiges*, in: Évolution des sûretés réelles).

Albiges, Christophe/Dumont-Lefrand, Marie-Pierre, Droit des sûretés, Paris 2007 (zitiert als: *Albiges/Dumont-Lefrand*, Droit des sûretés).

Ancel, Pascal, Droit des sûretés, 5e édition, Paris 2008 (zitiert als: *Ancel*, Droit des sûretés).

Aretz, Stephanie, Das Abstraktionsprinzip - Das einzig wahre? In: JA 1998, S. 242-250.

Assemblée nationale, Rapport fait au nom de la commission de finances, de l'économie générale et du plan sur le projet de loi (n° 2249), après déclaration d'urgence, pour la confiance et la modernisation de l'économie, document n° 2342, mis en distribution le 30 Mai 2005, par Gilles Carrez, http://www.assemblee-nationale.fr/12/rapports/r2342.asp, Stand: 25.5.2012 (zitiert als: *Assemblée nationale*, Rapport Nr. 2342).

Auger, Jacques, Problèmes actuels de sûretés réelles, in: RJT 1997, S. 624-650.

Aynès, Laurent, Anmerkung zu Cass. 3e civ., 16.7.1987, in: Defrénois 1987, Nr. 111, Art. 34120, S. 1488-1490.

Aynès, Laurent, Hypothèque. Prêts. Nullité. Maintien. Accessoire. Anmerkung zu Cass. com., 2.11.1994, in: Defrénois 1995, Nr. 38, Art. 36040, S. 423-425.

Aynès, Laurent, Présentation générale de la réforme, in: D 2006, S. 1289-1290.

Aynès, Laurent, Synthèse - Rencontres Petites Affiches - Actualité du droit de sûretés, in: LPA 1998, Nr. 72, S. 78-80.

Aynès, Laurent, Synthèse, zum Dossier: Réformer l'hypothèque, in: Dr. & patr. 2005, Nr. 142, S. 87-89.

Aynès, Laurent, Préface, zum Dossier: Le renouveau de l'hypothèque, in: Dr. & patr. 2007, Nr. 159, S. 41.

Aynès, Laurent/Crocq, Pierre, Le projet de réforme du droit des sûretés, in: RLDC 2006, suppl. au Nr. 25, 1080, S. 91-95.

Aynès, Laurent/Crocq, Pierre, Les sûretés. La publicité foncière, 5e édition, Paris 2011 (zitiert als: *Aynès/Crocq*, Les sûretés 2011).

Aynès, Laurent/Crocq, Pierre, Les sûretés. La publicité foncière, Paris 2004 (zitiert als: *Aynès/Crocq*, Les sûretés 2004).

Bac, Annie, La position de la Fédération bancaire française sur le projet de réforme des sûretés, in: Dr. & patr. 2005, Nr. 140, S. 98-100.

Bac, Annie, Le point de vue des établissements de crédit sur l'ordonnance, in: RLDC 2006, suppl. au Nr. 29, 2171, S. 37-41.

Bachner, Ralph-Roman, Notarrelevante Änderungen durch das Risikobegrenzungsgesetz, in: DNotZ 2008, S. 644-652.

Baden, Eberhard, Noch einmal: § 1157 BGB und das Einredesystem der Sicherungsgrundschuld, in: JuS 1977, S. 75-79.

Barrière, François, La fiducie-sûreté, in: JCP E 2009, Nr. 36, 1808, S. 18-26.

Bauer, Hans-Joachim/Freiherr von Oefele, Helmut (Hrsg.), Grundbuchordnung Kommentar, 2. Auflage, München 2006, bearbeitet von Hans-Joachim Bauer u.a. (zitiert als: *Bauer*/von Oefele, GBO-Kommentar).

Baur, Jürgen F./Stürner, Rolf, Sachenrecht, begründet von Fritz Baur, 18. Auflage, München 2009 (zitiert als: *Baur/Stürner*, Sachenrecht 2009).

Baur, Jürgen F./Stürner, Rolf, Sachenrecht, begründet von Fritz Baur, 17. Auflage, München 1999 (zitiert als: *Baur/Stürner*, Sachenrecht 1999).

Bazin-Beust, Delphine, Le crédit renouvelable: critique d'une réforme annoncée, in: RDBF 2009, Nr. 3, étude 23, S. 33-39.

Becker-Eberhard, Ekkehard, Die Forderungsgebundenheit der Sicherungsrechte, Bielefeld 1993 (zitiert als: *Becker-Eberhard*, Die Forderungsgebundenheit der Sicherungsrechte).

Becqué-Ickowicz, Solange, Les réformes de l'hypothèque, in: *Cabrillac, Séverine/Albiges, Christophe/Lisanti, Cécile (Hrsg.)*, Évolution des sûretés réelles : regards croisés Universités-Notariat, Actes du colloque organisée par l'Association rencontres Notariat-Université (ARNU) et le laboratoire de droit privé de la faculté de droit de Montpellier, le 1er février 2006, Paris 2007, S. 79-92 (zitiert als: *Becqué-Ickowicz*, in: Évolution des sûretés réelles).

Blanluet, Gauthier/Le Gall, Jean-Pierre, La fiducie, une œuvre inachevée, in: JCP E 2007, Nr. 36, 2059, S. 35-45.

Bolkart, Johannes, Prozessuale Rechtsnachfolge in titulierte Grundpfandrechte – zugleich Anmerkungen zum Urt. des BGH v. 30.3.2010 – XI ZR 200/09, in: DNotZ 2010, S. 483- 506.

Borga, Nicolas, Regards sur les sûretés dans l'ordonnance du 18 décembre 2008, in: RDBF 2009, étude 20, Nr. 3, S. 9-15.

Bork, Reinhard, Einführung in das Insolvenzrecht, 5. Auflage, Tübingen 2009 (zitiert als: *Bork*, Einführung in das Insolvenzrecht).

Böttcher, Christina, Das abstrakte Schuldversprechen in der Kreditsicherung, Diss., Frankfurt am Main 2007 (zitiert als: *Böttcher*, Das abstrakte Schuld versprechen in der Kreditsicherung).

Brémont, Vincent, Hypothèque et promesse d'hypothèque: Les liaisons dangereuses, in: JCP N 2003, Nr. 24, 1369 und 1374, S. 923-929 und S. 958-966.

Buchholz, Stephan, in: *Coing, Wilhelm (Hrsg.)*, Wissenschaft und Kodifikation des Privatrechts im 19. Jahrhundert, Frankfurt am Main 1976 (zitiert als: *Buchholz*, in: Wissenschaft und Kodifikation).

Buchholz, Stephan, Abstraktionsprinzip und Immobiliarrecht - Zur Geschichte der Auflassung und der Grundschuld, Diss., Frankfurt am Main 1978 (zitiert als: *Buchholz*, Abstraktionsprinzip und Immobiliarrecht).

Buchholz, Stephan, Abtretung der Grundschuld und Wirkungen der Sicherungsvereinbarung - Zur Anwendbarkeit des § 1157 BGB auf die Sicherungsgrundschuld, AcP 187 (1987), S. 107-141.

Buchholz, Stephan, Zur Rechtsvereinheitlichung in Deutschland in der zweiten Hälfte des 19. Jahrhundert, in: RabelsZ 1986, 50, S. 77-107.

Büdenbender, Ulrich, Grundsätze des Hypothekenrechts, in: JuS 1996, S. 665-674.

Bülow, Peter, Recht der Kreditsicherheiten. Sachen und Rechte, Personen, 7. Auflage, Heidelberg 2007 (zitiert als: *Bülow*, Recht der Kreditsicherheiten).

Büschgen, Hans E., Praxishandbuch Leasing, München 1998 (zitiert als: *Büschgen*, Praxishandbuch Leasing).

Cabrillac, Michel, Les accessoires de la créance, in: *Grosclaude, Jacques (Hrsg.)*, Études dédiées à Alex Weill, Paris 1983, S. 107-120 (zitiert als: *Cabrillac*, in: Études dédiées à Alex Weill).

Cabrillac, Michel/Mouly, Christian, Droit des sûretés, 7e édition, Paris 2004 (zitiert als: *Cabrillac/Mouly*, Droit des sûretés 2004).

Cabrillac, Michel/Pétel, Philippe, Juin 1994, le printemps des sûretés réelles? In: Dalloz Sirey 1994, Chronique, S. 243-249.

Carbonnel, Christine, Le pacte commissoire en matière de sûretés réelles immobilières ou la réforme inachevée, in: JCP N 2007, Nr. 51, 1335, S. 19-23.

Catte, Pietro/Girouard, Nathalie/Price, Robert/André, Christophe: Housing markets, wealth and the business cycle - Economics Department paper No. 394, ECO/WKP (2004) 17, OECD, 7.12.2004, http://ec.europa.eu/eco nomy_finance/events/2005/bxlworkshop2111/contributions/girouard_paper _en.pdf, Stand: 25.5.2012 (zitiert als: *Catte/Girouard/Price/u.a.*, OECD Housing markets, wealth and the business cycle).

Celestine, Patrick/Felsner, Marcus, Verbesserter Gläubigerschutz nach dem neuen französischen Insolvenzrecht, in: WM 1996, S. 425-434.

Cerles, Alain, La fiducie, nouvelle reine des sûretés? In: JCP E 2007, Nr. 36, dossier, 2054, S. 19-23.

Cerles, Alain, L'hypothèque rechargeable, in: RLDA 2007, Nr. 14, 857, S. 100-102.

Cerles, Alain, La propriété, nouvelle reine des sûretés? In: *Bonneau, Thierry (Hrsg.)*, Mélanges en l'honneur de Michel Vasseur, Paris 2001, S. 39-50 (zitiert als: *Cerles*, in: Mélanges en l'honneur de Michel Vasseur).

Chalvignac, François, L'hypothèque, une sûreté promue ou à promouvoir? In: Revue Lamy Droit des affaires 2007, Nr. 14, 855, S. 93-95.

Chauvin, Valérie/ Cornilleau, Gérard/Dupont, Gaël/u.a., Évaluation du plan de relance de l'économie française, Document de travail N° 2004-04, Étude réalisée par l'OFCE à la demande de l'Assemblée nationale, http://www.ofce.sciences-po.fr/pdf/dtravail/WP2004-04.pdf, Stand: 25.5.2012 (zitiert als: *Chauvin/Cornilleau/Dupont/u.a.,* Évaluation du plan de relance de l'économie française).

Clemente, Clemens, Neuerungen im Immobiliardarlehens- und Sicherungsrecht, in: ZfIR 2008, S. 589-599.

Clemente, Clemens, Recht der Sicherungsgrundschuld, 4. Auflage, Köln 2008 (zitiert als: *Clemente*, Sicherungsgrundschuld).

Clemente, Clemens, Die Sicherungsabrede der Sicherungsgrundschuld - eine Bestandsaufnahme, in: ZIP 1990, S. 969-976.

Coing, Wilhelm, Die Treuhand kraft privaten Rechtsgeschäfts, München 1973 (zitiert als: *Coing*, Die Treuhand kraft privaten Rechtsgeschäfts).

Conradt, Aurélie, L'hypothèque française et la dette foncière allemande au travers de l'accessoire, Mémoire Master 2, Strasbourg 2007 (zitiert als: *Conradt*, L'hypothèque française et la dette foncière).

Crocq, Pierre, Le coeur du dispositif fiduciaire, in: RLDC 2007, Nr. 40, 2624, S. 61-66.

Crocq, Pierre, L'évolution des garanties du paiement: de la diversité à l'unité, in: Mélanges Christian Mouly, Paris 1998, S. 317-334 (zitiert als: *Crocq*, in: Mélanges Christian Mouly).

Crocq, Pierre, Lacunes et limites de la loi au regard du droit des sûretés, in: D 2007, Dossier: La Fiducie, S. 1354-1358.

Crocq, Pierre, La nouvelle fiducie-sûreté : une porte ouverte sur une prochaine crise des *subprimes* en France? In: D 2009, S. 716.

Crocq, Pierre, L'ordonnance du 18 décembre 2008 et le droit des sûretés, in: JCP E 2009, Nr. 13, 1313, S. 24-32.

Crocq, Pierre, Le principe de spécialité des sûretés réelles: chronique d'un déclin annoncé, in: Dr. & patr. 2001, Nr. 92, S. 58-67.

Crocq, Pierre, Propriété et garantie, Diss. (thèse), Paris 1995 (zitiert als: *Crocq*, Propriété et garantie).

Crocq, Pierre, La réforme de la saisie immobilière et les actes préparatoires à la vente de l'immeuble, in: RLDC 2007, Nr. 38, 2546, S. 63-69.

Crocq, Pierre, La réforme des procédures collectives et le droit des sûretés, in: D 2006, S. 1306-1309.

Crocq, Pierre, La réserve de propriété, in: Dr. & patr. 2005, Nr. 140, S. 75-79.

Crocq, Pierre, Sûretés réelles: les apports des textes d'application de la réforme des sûretes, in: RLDC 2008, suppl. au Nr. 46, 2880, S. 9-13.

Crône, Richard/Ricco, Liliane, Hypothèque rechargeable: avenant consenti à la suite d'un privilège de prêteur de deniers (Cas pratique et formules), in: Defrénois 2008, 38700, S. 48-60.

Cuif, Pierre-François, Le caractère hybride de la convention de rechargement, in: RLDC 2007, Nr. 34, 2361, S. 27-30.

Dagot, Michel, L'hypothèque rechargeable, Paris 2006 (zitiert als: *Dagot*, L'hypothèque rechargeable).

Dagot, Michel, Promesse d'hypothèque - Ou le paradis des illusions, in: JCP N 2007, Nr. 7, 1065, S. 21-24.

Dagot, Michel, Sûretés réelles contre sûretés personnelles, in: JCP N 1986, Doctrine, S. 93-108.

Dalloz Encyclopédie Juridique, Répertoire de Droit civil, publié sous la direction de Pierre Raynaud, et depuis 1991, de Jean-Luc Aubert, Paris (zitiert als: Dalloz Rép. Dr. civ. *Bearbeiter*), mit den Beiträgen:

- hypothèque conventionelle, par Alain Fournier, Stand: April 2007,

- crédit bail, par Rose-Noëlle Schütz, Stand: Januar 2007.

Dammann, Reinhard, Das neue französische Insolvenzrecht, in: RIW 2006, S. 16-23.

Dammann, Reinhard/Podeur, Gilles, Fiducie-sûreté et droit des procédures collectives: évolution ou révolution? In: D 2007, S. 1359-1363.

Dammann, Reinhard/Podeur, Gilles, Le nouveau paysage du droit des sûretés : première étape de la réforme de la fiducie et du gage sans dépossession, in: D 2008, S. 2300-2305.

Daublon, Georges, Les prêts à l'acquisition immobilière - Remarques sur les hypothèques, les privilèges et quelques autres sûretés, in: Defrénois 1994, art. 35887, S. 1057-1069.

Davey, Melissa, Mortgage Equity withdrawal and consumption, Bank of England, Quarterly Bulletin, Spring 2001, http://www.bankofengland.co.uk/publications/quarterlybulletin/qb010105.pdf, Stand: 25.5.2012 (zitiert als: *Davey,* Mortgage Equity withdrawal and consumption).

Deblecker-Wittemberg, Nathalie, Vers un renouveau de l'hypothèque. L'hypothèque rechargeable? Mémoire pour le diplôme supérieur du notariat, Lille 2007 (zitiert als: *Deblecker-Wittemberg*, Vers un renouveau de l'hypothèque).

Delebecque, Philippe, Avant-propos - Actualité du droit des sûretés, in: LPA 1998, Nr. 72, S. 4-6.

Delebecque, Philippe, Le régime des hypothèques, in: JCP N 2006, Nr. 19, 1194, S. 941-944.

Delebecque, Philippe, Les sûretés dans les nouvelles procédures collectives, in: JCP N 1986, Doct., S. 185-192.

Derrida, Fernand/Sortais, Jean-Pierre, La réforme du droit des entreprises en difficulté, in: Dalloz Sirey 1994, Cahier Chronique, S. 267-290.

Destame, Claude, Comment simplifier la gestion des mainlevées hypothécaire? In: JCP N 1995, I, Pratique, 3354, S. 714-715.

Dieckmann, Johann Andreas, Die Einführung des § 799a ZPO durch das Risikobegrenzungsgesetz, in: BWNotZ 2008, S. 166-182.

Dieckmann, Johann Andreas, Das Risikobegrenzungsgesetz in der Immobilienwirtschaft, in: NZM 2008, S. 865-873.

Döring, Frank Markus, Risiko und Risikobegrenzung für den Sicherungsgeber bei der Sicherungsgrundschuld, Diss., Frankfurt am Main 2001 (zitiert als:

Döring, Risiko und Risikobegrenzung für den Sicherungsgeber bei der Sicherungsgrundschuld).

Dupichot, Philippe, L'antichrèse, in: JCP N 2006, Nr. 19, 1193, S. 936-938.

Dupichot, Philippe, La fiducie-sûreté en pleine lumière - À propos de l'ordonnance du 30 janvier 2009, in: JCP N 2009, Nr. 17, 1138, S. 23-27.

Dupichot, Philippe, Propriété et garantie au lendemain de l'ordonnance relative aux sûretés, in: RLDC 2006, suppl. au Nr. 29, 2168, S. 17-27.

Dupichot, Philippe, La réforme du régime hypothécaire, in: D 2006, S. 1291-1293.

Eickmann, Dieter, Gefährliche Grundschuld? Oder: Wie man Heuschrecken züchtet, in: *Aderhold, Lutz/Grunewald, Barbara/Assmann, Heinz-Dieter/ u.a. (Hrsg.)*, Festschrift für Harm Peter Westermann zum 70. Geburtstag, Köln 2008, S. 175-181 (zitiert als: *Eickmann,* in: Festschrift Harm Peter Westermann).

Erman, Bürgerliches Gesetzbuch, Handkommentar, hrsgg. v. Harm Peter Westermann (zitiert als: Erman/*Bearbeiter*):

- Band 2, §§ 759-2385, 12. Auflage, Köln 2008, Bearbeitung von Frank Wenzel u.a.

Euzen, Sylvie, Le cautionnement mutuel à l'épreuve du droit de l'immobilier, in: L'Actualité juridique - Droit immobilier 1998, Études, S. 246-255.

Farge, Michel, Les sûretés, Grenoble 2007 (zitiert als: *Farge*, Les sûretés).

Felgentraeger, Wilhelm, Hypothek und Grundschuld, in: Festschrift für Julius von Gierke zu seinem goldenen Doktorjubiläum, Berlin 1950, S. 140-162 (zitiert als: *Felgentraeger*, in: Festschrift v. Gierke).

Ferid, Murad/Sonnenberger, Hans Jürgen, Das Französische Zivilrecht, Band 2, Schuldrecht: Die einzelnen Schuldverhältnisse, Sachenrecht, 2. Auflage, Heidelberg 1986 (zitiert als: *Ferid/Sonnenberger*, Das Französische Zivilrecht).

Ferid, Murad/Sonnenberger, Hans Jürgen, Das Französische Zivilrecht, Ergänzungen, Band 4/1, 2. Auflage, Heidelberg 1993 (zitiert als: *Ferid/ Sonnenberger*, Das Französische Zivilrecht - Ergänzungen).

Ferrari, Franco, Vom Abstraktionsprinzip und Konsensualprinzip zum Traditionsprinzip, in: ZEuP 1993, S. 53-78.

Fest, Timo, Eine Revolution der Kreditsicherung mittels Grundschulden: Auswirkungen des Risikobegrenzungsgesetzes auf den Schuldnerschutz, in: ZfIR 2008, S. 657-663.

Frank, Susanne, Länderbericht Frankreich, in: *Frank, Susanne/Wachter, Thomas (Hrsg.)*, Handbuch Immobilienrecht in Europa - Zivil- und steuerrechtliche Aspekte des Erwerbs, der Veräußerung und der Vererbung von Immobilien, Heidelberg 2004, S. 281-380 (zitiert als: *Frank*, in: Handbuch Immobilienrecht in Europa).

Freitag, Robert, Wirksamkeit vorformulierter Vollstreckungsunterwerfungen auch bei Abtretbarkeit der besicherten Kreditforderung, Erwiderung auf Schimansky, WM 2008, 1049, in: WM 2008, S. 1813-1816.

Frémeaux, Eliane, L'hypothèque aujourd'hui: état des lieux, in: Dr. & patr. 2005, Nr. 142, S. 56-57.

Frémeaux, Eliane, L'hypothèque rechargeable, in: JCP N 2006, Nr. 19, 1196, S. 953-960.

Frémeaux, Eliane, L'incidence de la réforme sur les documents hypothécaires, in: RLDC 2006, suppl. au Nr. 29, 2170, S. 33-36.

Frémeaux, Eliane, Les modes actuels d'affectation d'un immeuble en garantie, in: Dr. & patr. 2003, Nr. 113, S. 76-80.

Frémeaux, Eliane, Le regard du notaire sur le projet de réforme des sûretés, in: Dr. & patr. 2005, Nr. 140, S. 88-94.

Frémeaux, Eliane/Daublon, Georges, La réforme du droit des sûretés, in: Defrénois 2006, art. 38430, S. 1085-1101.

Frigden, Alexander, Die Sicherungsgrundschuld beim Forderungskauf, in: WM 2008, S. 1862-1870.

Frison-Roche, Marie-Anne, Les difficultés méthodologiques d'une réforme du droit des faillites (1), in: Dalloz Sirey 1994, S. 17-20.

Gaberdiel, Heinz/Gladenbeck, Martin, Kreditsicherung durch Grundschulden, 8. Auflage, Berlin 2008 (zitiert als: *Gaberdiel/Gladenbeck*, Kreditsicherung durch Grundschulden).

Gärtner, Axel, Die Sicherungsgrundschuld im Spannungsfeld zwischen Eigentümerschutz und Verkehrsinteresse, Diss., Münster 2005 (zitiert als: *Gärtner*, Die Sicherungsgrundschuld).

Gerhardt, Walter, Immobiliarsachenrecht - Grundeigentum und Grundpfandrechte, 5. Auflage, München 2001 (zitiert als: *Gerhardt*, Immobiliarsachenrecht).

Germain, Michel, Avant-propos - La fiducie, révolution juridique et pratique des affaires, in: JCP E 2007, Nr. 36, S. 3.

Goubeaux, Gilles, La règle de l'accessoire en droit privé - Études sur la maxime accessorium sequitur principale, Thèse, Paris 1969 (zitiert als: *Goubeaux*, La règle de l'accessoire en droit privé).

Gourio, Alain, La fiducie-sûreté, in: D 2009, S. 1944.

Gourio, Alain, L'hypothèque rechargeable, in: RD bancaire et financier 2006, 14, S. 39-44.

Gourio, Alain, Le projet de réforme du droit des sûretés à l'épreuve d'une approche internationale, in: Dr. & patr. 2005, Nr. 140, S. 95-97.

Graham-Siegenthaler, Barbara, Kreditsicherungsrechte im internationalen Rechtsverkehr, Bern 2005 (zitiert als: *Graham-Siegenthaler*, Kreditsicherungsrechte im internationalen Rechtsverkehr).

Grimaldi, Michel, L'hypothèque, in: Dr. & patr. 2005, Nr. 140, S. 72-75.

Grimaldi, Michel, L'hypothèque rechargeable et le prêt viager hypothécaire, in: D 2006, S. 1294-1297.

Grimaldi, Michel, L'hypothèque rechargeable et le prêt viager hypothécaire, in: JCP G 2006, suppl. au Nr. 20, Études I, 9, S. 33-37.

Grimaldi, Michel, L'hypothèque rechargeable et le prêt viager hypothécaire, in: JCP N 2006, Nr. 19, 1195, S. 947-951.

Grimaldi, Michel, Orientations générales de la réforme, in: Dr. & patr. 2005, Nr. 140, S. 50-54.

Grimaldi, Michel/Dammann, Reinhard, La fiducie sur ordonnances, in: D 2009, S. 670-677.

Groupe de travail relatif à la réforme du droit des sûretés, Rapport à Monsieur Dominique Perben, Garde des Sceaux, Ministre de la Justice, 28.3.2005, Paris, http://www.ladocumentationfrancaise.fr/var/storage/rapports-publics/054000230/0000.pdf, Stand: 25.5.2012 (zitiert als: *Groupe de travail relatif à la réforme du droit des sûretés).*

Grziwotz, Herbert, Risikogeschäft Grundschuld? In: AnwBl 2008, S. 501-504.

Habersack, Mathias, Die Akzessorietät - Strukturprinzip der europäischen Zivilrechte und eines künftigen europäischen Grundpfandrechts, in: JZ 1997, S. 857-865.

Habersack, Mathias, Die Vollstreckungsunterwerfung des Kreditnehmers im Lichte des Risikobegrenzungsgesetzes, in: NJW 2008, S. 3173-3177.

Hadding, Walther/Schneider, Uwe H., Recht der Kreditsicherheiten, Teil 2 : Frankreich, Bearbeiter: Heinrich Reinecker und Wolfgang Petereit, Berlin 1978 (zitiert als: *Hadding/Schneider*, Recht der Kreditsicherheiten, Frankreich).

Hadding, Walther/Welter, Reinhard, Zum Anspruch auf "Löschung" gemäß § 1179a BGB, in: JR 1980, S. 89-93.

Hébert, Sophie, Le pacte commissoire après l'ordonnance du 23 mars 2006, in: D 2007, S. 2052-2058.

Heck, Philipp, Grundriss des Sachenrechts, Neudruck der Ausgabe, Tübingen 1930, Aalen 1960 (zitiert als: *Heck*, Grundriss des Sachenrechts).

Herrler, Sebastian, Zwangsvollstreckung aus titulierter (Sicherungs-)Grundschuld nach Gläubigerwechsel – prozessuale Rückbeziehung von § 1192 Abs. 1a BGB, in: BB 2010, S. 1931-1941.

Hinrichs, Mark/Jaeger, Gerold M., Zum Umgang der Bankpraxis mit der Kündigungsregelung für Grundschulden nach dem Risikobegrenzungsgesetz, in: ZfIR 2008, S. 745-753.

Hinrichs, Mark/Jaeger, Gerold M., Die Zwangsvollstreckung durch den Zessionar einer Sicherungsgrundschuld, in: NJW 2010, S. 2017-2018.

Höche, Thorsten, Kreditverkäufe – Das Ende des Schuldnerschutzes im Kreditrecht? In: *Habersack, Mathias/Joeres, Hans-Ulrich/Krämer, Achim (Hrsg.)*,

Entwicklungslinien im Bank- und Kapitalmarktrecht, Festschrift für Gerd Nobbe, Köln 2009, S. 317-344 (zitiert als: *Höche*, in: Festschrift Nobbe).

Hocquard, Jean-Michel, Le pacte commissoire en matière immobilière: une fausse bonne idée? In: Dr. & patr. 2005, Nr. 142, S. 80-84.

Houtcieff, Dimitri, Le droit de sûretés hors le Code Civil, in: LPA 2005, Nr. 123, S. 8-15.

Huber, Ulrich, Einreden gegen die Grundschuld, in: *Huber, Ulrich (Hrsg.)*, Festschrift für Rolf Serick zum 70. Geburtstag, Heidelberg 1992, S. 195-239 (zitiert als: *Huber*, in: Festschrift Serick).

Huber, Ulrich, Die Sicherungsgrundschuld, Diss., Heidelberg 1965 (zitiert als: *Huber*, Die Sicherungsgrundschuld).

Hypo Real Estate Holding AG, Ad Hoc Mitteilung zu Portfolioverkauf: Hypo Real Estate Bank AG verkauft 3,6 Mrd. Euro Portfolio und beendet Restrukturierung, München 2004 (zitiert als: *Hypo Real Estate Holding AG*, Ad Hoc Mitteilung zu Portfolioverkauf).

Institut d'études Juridiques du Conseil Supérieur du Notariat, Les dangers de la clause de réserve de propriété dans les ventes immobilières, in: JCP N 1986, Band II, Pratique, 9976, S. 639-634.

Jachiet, Nicolas/Bourquard, Joëlle/Champagne, Valérie/Rostand, Christine/ Malleray, Pierre-Alain de, Inspection générale des Finances et Inspection générale des Services Judiciaires, Rapport d'enquête sur l'hypothèque et le crédit hypothécaire, November 2004, http://www.minefe.gouv.fr/fonds_documentaire/minefi/services/publications/hypotheque/som_rap_hypotheque.htm, Stand: 25.5.2012 (zitiert als: *Jachiet/Bourquard/Champagne/u.a.*, Rapport d'enquête 2004).

Jachiet, Nicolas/Friggit, Jacques/Vorms, Bernard/Taffin, Claude, Rapport sur le prêt viager hypothécaire et la mobilisation de l'actif résidentiel des personnes âgées, http://www.ladocumentationfrancaise.fr/rapports-publics/054000045/index.shtml, Stand: 25.5.2012 (zitiert als: *Jachiet/Friggit/Vorms/u.a.*, Rapport sur le prêt viager hypothécaire, 2004).

Jacmin, Éduard, Réformer l'hypothèque: l'expérience belge, in: Dr. & patr. 2005, Nr. 142, S. 66-67.

Jallamion, Carine, Le rôle des notaires dans la création et le succès des sûretés réelles, in: *Cabrillac, Séverine/Albiges, Christophe/Lisanti, Cécile (Hrsg.)*, Évolution des sûretés réelles : regards croisés Universités-Notariat, Actes du colloque organisée par l'Association rencontres Notariat-Université (ARNU) et le laboratoire de droit privé de la faculté de droit de Montpellier, le 1er février 2006, Paris 2007, S. 5-15 (zitiert als: *Jallamion*, in: Évolution des sûretés réelles).

Jauernig, Othmar (Hrsg.), Bürgerliches Gesetzbuch mit Allgemeinen Gleichbehandlungsgesetz (Auszug), Kommentar, 12. Auflage, München 2007 (zitiert als: *Jauernig*-BGB).

Jauernig, Othmar, Zur Akzessorietät bei der Sicherungsübertragung, in: NJW 1982, S. 268-270.

Jobard-Bachellier, Marie-Noëlle/Bourassin, Manuella/Brémond, Vincent, Droit des sûretés, 15e édition, Paris 2007 (zitiert als: *Jobard-Bachellier/ Bourassin/u.a.*, Droit des sûretés).

Johow, Reinhold, in: *Schubert, Werner (Hrsg.)*, Die Vorlagen der Redaktoren für die Erste Kommission zur Ausarbeitung des Entwurfs eines Bürgerlichen Gesetzbuchs, Sachenrecht Teil 2: Beschränkt dingliche Rechte und materielles Zwangsversteigerungsrecht, Berlin, New York 1982 (zitiert als: *Johow*, in: *Schubert (Hrsg.)*, Die Vorlagen der Redaktoren, Sachenrecht Teil 2).

Juris-Classeur Annexe, Loseblattsammlung, Paris (zitiert als: JCl. Annexe *Bearbeiter*) mit dem Beitrag:

- Publicité foncière, fasc. 30, Généralité, par Michel Dagot et Paul Frémont, 2002.

Juris-Classeur Civil Code, Loseblattsammlung, Paris (zitiert als: JCl. *Bearbeiter*) mit den Beiträgen:

- Art. 1271-1281 CC: fasc. 30: contrats et obligation: fasc. 103, par Philippe Simler, 2005,

- Art. 2114-2117 CC, Hypothèques Definition. Caractères. Effets, par Christian Mouly, réactualisé par François Jacob, 2002,

- Art. 2421-2423 CC: fasc. 20, hypothèque rechargeable : fasc. 50, par Dimitri Houtcieff, 2007.

Kircher, Steffen, Grundpfandrechte in Europa: Überlegungen zur Harmonisierung der Grundpfandrechte unter besonderer Beachtung der deutschen, französischen und englischen Rechtsordnung, Diss. Freiburg i. Br., Berlin 2004 (zitiert als: *Kircher*, Grundpfandrechte in Europa).

Kircher, Steffen, Kreditsicherung durch Grundstücke in Frankreich und England - Eine Einführung. Teil 1: Frankreich, in: NotBZ 2005, S. 135-141.

Klein, Christian/Tietz, Sebastian, Frankreich reformiert sein Kreditsicherheit, in: RIW 2007, S. 101-107.

Knops, Kai-Oliver, Kreditnehmerschutz bei der Verbriefung von Forderungen, in: WM 2008, S. 2185-2194.

Knops, Kai-Oliver, Neuregelungen zum Kredithandel durch das Risikobegrenzungsgesetz: Kein großer Wurf, in: VuR 2009, S. 286-294.

Knops, Kai-Oliver, Die weite Sicherungszweckerklärung des persönlich schuldenden Eigentümers in der AGB-Kontrolle, in: ZIP 2006, S. 1965-1972.

Kohls, Stefanie, Die Hypothek im französischen und im deutschen Recht, Diss., Frankfurt am Main 1999 (zitiert als: *Kohls*, Die Hypothek im französischen und im deutschen Recht).

Kollhosser, Helmut, Grundbegriffe und Formularpraktiken im Grundpfandrecht, in: JA 1979, S. 61-67.

Köndgen, Johannes/Stöcker, Otmar M., Die Eurohypothek - Akzessorietät als Gretchenfrage? In: ZBB 2005, S. 112-120.

Kowalski, Herbert, Die Grundschuld im modernen Grundbuchverkehr, Berlin 1939 (zitiert als: *Kowalski*, Die Grundschuld).

Kühl, Christophe, Recht der Kreditsicherheiten: Anmerkung zur Reform in Frankreich, in: Kreditwesen 2006, S. 775-777.

Kuntze, Joachim/Eickmann, Dieter/Herrmann, Hans/Erber-Faller, Sigrun/Muntzig, Jörg, Grundbuchrecht - Kommentar zu Grundbuchordnung und Grundbuchverfügung einschließlich Wohnungseigentumsgrundbuchverfügung, 5. Auflage, Berlin, New York 1999 (zitiert als: *Kuntze/Eickmann/Herrmann/u.a.*, Grundbuchrecht-Kommentar).

La Magueresse, Yannick, De l'hypothèque rechargeable en matière de vente en l'état futur d'achèvement. Haro sur le privilège du vendeur! In: JCP N 2008, Nr. 15, 1175, S. 26-33.

Langenbucher, Katja, Kredithandel nach dem Risikobegrenzungsgesetz, in: NJW 2008, S. 3169-3173.

Larroumet, Christian, La loi du 19 février 2007 sur la fiducie - Propos critiques, in: D 2007, S. 1350-1353.

Leborgne, Anne, L'ordonnance portant réforme de la saisie immobilière : entre tradition et innovations, in: JCP E 2006, Nr. 29, 2108, S. 1264-1270.

Legeais, Dominique, L'apport du droit des marchés financiers au droit des garanties réelles, in: Mélanges Michel Cabrillac, Paris 1999, S. 365-378 (zitiert als: *Legeais*, in: Mélanges Michel Cabrillac).

Legeais, Dominique, Crédit et titres de crédit, in: RTDcom. 2006, S. 636-645.

Legeais, Dominique, L'imprévisible droit des garanties personnelles, in: *Antaki, Nabil/Béguin, Jacques (Hrsg.)*, Mélanges en l'honneur de Yves Guyon - Aspects actuels du droit des affaires, Paris 2003, S. 657-670 (zitiert als: *Legeais*, in: Mélanges en l'honneur de Yves Guyon).

Legeais, Dominique, La réforme du droit des garanties ou l'art de mal legiférer, in: Études offertes au Doyen Philippe Simler, Paris 2006, S. 367-374 (zitiert als: *Legeais*, in: Études offertes au Doyen Philippe Simler).

Legeais, Dominique, La règle de l'accessoire dans les sûretés personnelles, in: Dr. & patr. 2001, Nr. 92, S. 68-75.

Legeais, Dominique, Sûretés et garanties du crédit, 8e édition, Paris 2011 (zitiert als: *Legeais*, Sûretés).

Lehmann, Mathias, Die Änderungen im Darlehens- und Grundschuldrecht durch das Risikobegrenzungsgesetz, in: ZGS 2009, S. 214-221.

Lejeune, François, Une sûreté nouvelle, l'antichrèse-bail, in: Journ. not. 1986, Art. 58465, S. 571-585.

Lent, Friedrich/Jauernig, Othmar/Berger, Christian, Zwangsvollstreckungs- und Insolvenzrecht, 22. Auflage, München 2007 (zitiert als: *Lent/Jauernig/Berger*, Zwangsvollstreckungs- und Insolvenzrecht).

Léost, Raymond, Le financement du marché immobilier, in: L'Actualité juridique 2000, Études, S. 6-19.

Lepeltier, Daniel, Le nouveau droit de l'hypothèque, in: Dr. & patr. 2007, Nr. 158, S. 60-66.

Leutner, Gerd/Lehberg, Tobias, Die Entdeckung der Grundschuld: Die "wiederauffüllbare Hypothek" (hypothèque rechargeable) als neues Kreditsicherungsmittel im französischen Recht, in: ZfIR 2006, S. 817-820.

Lucas, François-Xavier/Sénéchal, Marc, Fiducie vs Sauvegarde, Fiducie ou sauvegarde, il faut choisir, in: D 2008, S. 29-30.

Lwowski, Hans-Jürgen, Das Recht der Kreditsicherung, begr. von Hellmut Scholz, 8. Auflage, Berlin 2000 (zitiert als: *Lwowski*, Kreditsicherung).

Marini, Philippe, Enfin la fiducie à la française! In: D 2007, S. 1347-1349.

Martin, Didier R., L'antichrèse, in: JCP N 1987, II, Doct., S. 229-303.

Martin, Didier R., Le Code civil à saute-mouton, in: D 2005, S. 1577.

Martin, Frédéric, Le principe de spécialité de l'hypothèque - Application et évolution, in: Dr. & patr. 2005, Nr. 142, S. 58-61.

Marty, Gabriel/Raynaud, Pierre/Jestaz, Philippe, Droit civil - Les sûretés, la publicité foncière, 2e édition, Paris 1987 (zitiert als: *Marty/Raynaud/Jestaz*, Les sûretés).

Mauger-Vielpeau, Laurence, Les specificités des ventes sur saisie immobilière, in: RLDC 2007, Nr. 38, 2547, S. 69-76.

Mazeaud, Henri et Léon/Mazeaud, Jean/Chabas, François, Leçons de droit civil, Tome II/ Premier Volume, Obligations, théorie générale, 9e édition, par François Chabas, Paris 2001 (zitiert als: *Mazeaud/Mazeaud/Chabas*, Leçons de droit civil, Obligations).

Mazeaud, Henri et Léon/Mazeaud, Jean/Chabas, François/Picod, Yves, Leçons de droit civil, Tome III, premier volume, Sûretés. Publicité foncière, 7e édition, par Yves Picod, Paris 1999 (zitiert als: *Mazeaud/Mazeaud/Chabas/ Picod*, Leçons de droit civil, Sûretés).

Medicus, Dieter, Durchblick: Die Akzessorietät im Zivilrecht, in: JuS 1971, S. 497-504.

Mesonnier, Jean-Stéphane, Crédit hypothécaire et soutien à la consommation : quelles leçons tirer du modèle anglo-saxon? In: Bull. Banque de France, déc. 2004, Nr. 132, S. 43-57.

Mestre, Jacques/Putman, Emmanuel/Billiau, Marc, Traité de droit civil: théorie générale, Droit commun des sûretés réelles sous la direction de Jacques Ghestin, Paris 1996 (zitiert als: *Mestre/Putman/Billiau*, Traité de droit civil).

Ministère de l'Économie, des Finances et de l'Industrie, Projet de loi pour la confiance et la modernisation de l'économie - Dossier de presse, 13.4.2005, http://www.minefi.gouv.fr/presse/dossiers_de_presse/ministr e/dp050413.pdf Stand: 25.5.2012 (zitiert als: *Ministère de l'Économie, des Finances et de l'Industrie*, Dossier de presse).

Monassier, Bernard/Michel, Frédéric, Les sûretés ne sont plus sûres..., in: Dr. & patr. 2001, Nr. 92, S. 52.

Möschel, Wernhard, Die Finanzkrise - Wie soll es weitergehen? In: ZRP 2009, S. 129-133.

Mouillart, Michel/l'Institut CSA/Crédit Logement, L'Observatoire du Financement de Marchés Résidentiels, 2. édition, Paris Mars 2008 (zitiert als: *Mouillart/l'Institut CSA/Crédit Logement*, L'Observatoire du Financement de Marchés Résidentiels).

Mouly, Christian, Procédures collectives: assainir le régime des sûretés, in: Études dédiées à René Roblot - Aspects actuels du droit commercial français, Paris 1984, S. 529-564 (zitiert als: *Mouly*, in: Études dédiées à René Roblot).

Mouraud, Brigitte, L'hypothèque rechargeable : Comment en tirer partie? In: RB 2007, Nr. 688, S. 51-52.

Mugdan, Benno, Die gesamten Materialien zum Bürgerlichen Gesetzbuch für das Deutsche Reich, Band III, Sachenrecht, Berlin 1899 (zitiert als: Motive bei *Mugdan* III).

Mühlberg, Peter O., Das verzinsliche Darlehen. Konsensualvertrag statt Realvertrag – oder: synallagmatisches Entgelt statt akzessorischer Zinsen, in: AcP 192 (1992), S. 457-515.

Münchener Kommentar zum Bürgerlichen Gesetzbuch, hrsgg. von Franz Jürgen Säcker und Roland Rixecker, Band 6, Sachenrecht, §§ 854-1296, Wohnungseigentumgesetz, Erbbaurechtsgesetz, 5. Auflage, München 2009, Redakteur: Reinhard Gaier, Bearbeitung von Dieter Eickmann, Jürgen Oechsler u.a. (zitiert als: MünchKomm/*Bearbeiter*).

Nobbe, Gerd, Der Verkauf von Krediten, in: ZIP 2007, S. 97-106.

Nonnenbacher, Willy, Un nouvel habit pour les mainlevées, in: JCP N 2009, Nr. 6, 1056, S. 13-21.

Notté, Gérard, Ordonnance n° 2009-112 du 30 janvier 2009 portant diverses mesures relatives àla fiducie - Aperçu rapide par Gérard Notté, rédacteur en chef du JCP E, in: JCP E 2009, Nr. 7, Art. 185, Act., S. 5-8.

OECD, Economic Outlook, IV. Housing markets, wealth and the business cycle, Preliminary Edition, Paris 2004, http://www.oecd.org/dataoecd/4/60/31920338.pdf, Stand: 25.5.2012 (zitiert als: *OECD Economic Outlook 2004*).

Oehler, Wolfgang, Sicherungsgrundschuld - Folgen der Zahlung durch den Eigentümer - BGH, NJW 1988, 2730, in: JuS 1989, S. 604-610.

Ohnet, Jean-Marie, Procédures de saisi immobilière et d'ordre, in: Dr. & patr. 2005, Nr. 142, S. 74-79.

Palandt, Otto, Bürgerliches Gesetzbuch, Kurzkommentar, 71. Auflage, München 2012, bearbeitet von Peter Bassenge, Christian Grüneberg u.a. (zitiert als: Palandt/*Bearbeiter*)

Pellier, Jean-Denis, Réflexions sur la spécificité de l'hypothèque rechargeable, in: LPA 2008, Nr. 13, S. 3-8.

Pérochon, Françoise, Les interdictions de paiement et le traitement des sûretés réelles, in: D 2009, S. 651-662.

Picod, Yves, Droit des sûretés, 2e édition, Paris 2011 (zitiert als: *Picod*, Droit des sûretés).

Piedelièvre, Stéphane, Droit des sûretés, Paris 2008 (zitiert als: *Piedelièvre*, Sûretés 2008).

Piedelièvre, Stéphane, Premier apércu sur la réforme du droit des sûretés par l'ordonnance du 23 mars 2006, in: Defrénois 2006, art. 38393, S. 791-813.

Piedelièvre, Stéphane, La responsabilité du notaire en matière hypothécaire, in: RLDC 2005, Art. 644, Nr. 16, S. 15-20.

Piedelièvre, Stéphane, Les sûretés, 4e édition, Paris 2004 (zitiert als: *Piedelièvre*, Sûretés 2004).

Planiol, Marcel/Ripert, Georges, Traité pratique de Droit civil français, 2e édition, Tome XII, Sûreté réelles, par Emile Becqué, Paris 1953 (zitiert als: *Planiol/Ripert*, Traité pratique de Droit civil français).

Pommier, Fabrice, Saisie immobilière : L'achèvement de la réforme, in: LPA 2009, Nr. 68, S. 3-6.

Prigent, Stephane, L'hypothèque rechargeable - Analyse et formules, in: Defrénois 2007, art. 38650, S. 1268-1293.

Provansal, Alain, L'hypothèque rechargeable ou le style baroque, in: Gaz. Pal. 2007, S. 647-655.

Provansal, Alain, Le regard de l'avocat sur le projet de réforme des sûretés, in: Dr. & patr. 2005, Nr. 140, S. 80-87.

Rapport au Président de la République relatif à l'ordonnance 2006-346, 24.4.2006, http://www.henricapitant.org/node/71, Stand: 25.5.2012 (zi-tiert als: *Rapport au Président de la République*).

Ravel d'Esclapon, Thibault de, L'hypothèque rechargeable, Mémoire, Strasbourg 2006 (zitiert als: *de Ravel d'Esclapon*, L'hypothèque rechargeable).

Ravel d'Esclapon, Thibault de, L'hypothèque, une sûreté décidemment bien en vue, in: D 2008, S. 2021-2024.

Redeker, Philipp, Renaissance der Hypothek durch Abschaffung des gutgläubigen einredefreien Erwerbs bei der Grundschuld? In: ZIP 2009, S. 208-213.

Reinicke, Dietrich/Tiedtke, Klaus, Kreditsicherung durch Schuldbeitritt, Bürgschaft, Patronatserklärung, Garantie, Sicherungsübereignung, Sicherungsabtretung, Eigentumsvorbehalt, Pool-Vereinbarungen, Pfandrecht an beweglichen Sachen und Rechten, Hypothek und Grundschuld, 5. Auflage, Neuwied 2006 (zitiert als: *Reinicke/Tiedtke*, Kreditsicherung).

Reischl, Klaus, in: *Herberger, Maximilian/Martinek, Michael/Rüßmann, Helmut/Weth, Stephan (Gesamtherausgeber)*, Juris Praxiskommentar BGB,

Band 3, Sachenrecht, 4. Auflage, Saarbrücken 2008 (zitiert als: *Bearbeiter*, in: jurisPK-BGB).

Robinne, Sébastien, L'antichrèse, in: *Cabrillac, Séverine/Albiges, Christophe/ Lisanti, Cécile (Hrsg.)*, Évolution des sûretés réelles: regards croisés Université-Notariat, Actes du colloque organisée par l'Association rencontres Notariat-Université (ARNU) et le laboratoire de droit privé de la faculté de droit de Montpellier, le 1er février 2006, Paris 2007, S. 93-99 (zitiert als: *Robinne*, in: Évolution des sûretés réelles).

Rohlfing, Stephanie, Das lokale elsässisch-moselsche Recht, in: ZEuP 2000, S. 620-636.

Runge, Berndt/Bremser, Horst/Zöller, Günter, Leasing - Betriebswirtschaftliche, handels- und steuerrechtliche Grundlagen, Heidelberg 1978 (zitiert als: *Runge/Bremser/Zöller*, Leasing).

Rüthers, Bernd, Rechtstheorie, 5. Auflage, München 2010 (zitiert als: *Rüthers*, Rechtstheorie).

Sachverständigenrat zur Begutachtung der gesamtwirtschaftlichen Entwicklung, Die Finanzmarktkrise meistern - Wachstumskräfte stärken, Jahresgutachten 2008/09, Wiesbaden 2008, http://www.macroeconomics.tu-berlin.de/filead min/fg124/avwl2/literatur/SVR-2008.pdf, Stand: 25.5.2012 (zitiert als: *Sachverständigenrat*, Jahresgutachten 2008/09).

Saint-Alary-Houin, Corinne, Rapport de synthèse, zu: Sûretés et procédures collectives: morceaux choisis, Journée nationale d'études organisée par le Centre de recherche sur les aspects juridiques, économiques et financiers de l'éntreprise (C.R.A.J.E.F.E.), Nice Sophia-Antipolis, 20 mai 2000, in: LPA 2000, Nr. 188, S. 40-47.

Savouré, Dominique, L'hypothèque rechargeable, in: JCP N 2007, Nr. 19, 1175, S. 31-34.

Schalast, Christoph, Das Risikobegrenzungsgesetz - Konsequenzen für die Kreditvergabe und für Kredittransaktionen, in: BB 2008, S. 2190-2195.

Schapp, Jan, Die Reform des Rechts der Löschungsvormerkung und das System des Grundpfandrechts, in: JuS 1979, S. 544-548.

Schimansky, Herbert, Verkauf von Kreditforderungen und Unterwerfung unter die sofortige Zwangsvollstreckung, in: WM 2008, S. 1049-1052.

Schintowsky, Hans-Peter/Schantz, Peter, Grenzen der Abtretbarkeit grundpfandrechtlich gesicherter Darlehensforderungen, in: NJW 2008, S. 472-476.

Schmid, Irene/Voss, Matthias, Die Sicherungsgrundschuld nach dem Risikobegrenzungsgesetz, in: DNotZ 2008, S. 740-758.

Schmidt, Karsten, Zur Akzessorietätsdiskussion bei Sicherungsübereignung und Sicherungsabtretung, in: *Huber, Ulrich (Hrsg.)*, Festschrift für Rolf Serick zum 70. Geburtstag, Heidelberg 1992, S. 329-350 (zitiert als: *Schmidt*, in: Festschrift Serick).

Schnabl, Daniel, Die US-amerikanische reverse mortgage ("umgekehrte Hypothek"): Ein Alterssicherungsmodell für Deutschland? In: NZM 2007, S. 714-719.

Schulz, Dirk/Bert, Ulrich/Lessing, Holger, Handbuch Insolvenz, 3. Auflage, Freiburg, Berlin, München 2009 (zitiert als: *Schulz/Bert/Lessing*, Handbuch Insolvenz).

Schwartz, Carl/Lewis, Christine/Norman, David/u.a., Factors Influencing Housing Equity Withdrawal: Evidence from a Microeconomic Survey, in: The Economic Record 2008, Vol. 84, No. 267, S. 421-433.

Seckelmann, Helmut, Die Grundschuld als Sicherungsinstrument, Diss., Münster, Berlin 1962 (zitiert als: *Seckelmann*, Grundschuld).

Serick, Rolf, Eigentumsvorbehalt und Sicherungsübertragung, Band 1, Der einfache Eigentumsvorbehalt, Heidelberg 1963 (zitiert als: *Serick*, Eigentumsvorbehalt und Sicherungsübertragung, Band 1).

Serick, Rolf, Eigentumsvorbehalt und Sicherungsübertragung, Band 5, Verlängerungs- und Erweiterungsformen des Eigentumsvorbehaltes und der Sicherungsübertragung, 2. Erweiterungsformen, Heidelberg 1982 (zitiert als: *Serick*, Eigentumsvorbehalt und Sicherungsübertragung, Band 5).

Simler, Philippe, Avant-propos, in: JCP N 2006, Nr. 19, 1192, S. 932-933.

Simler, Philippe, Codifier ou recodifier le droit des sûretés personnelles? In: Le Code civil, 1804-2004: livre du bicentenaire, 2004, S. 373-379 (zitiert als: *Simler*, in: Le Code civil, 1804-2004).

Simler, Philippe, Das Recht der Mobiliarsicherheiten in Frankreich, in: *Kreuzer, Karl F. (Hrsg.)*, Mobiliarsicherheiten - Vielfalt oder Einheit, Verhandlungen der Fachgruppe für vergleichendes Handels- und Wirtschaftsrecht anlässlich der Tagung der Gesellschaft für die Rechtsvergleichung in Jena vom 20.-22. März, Baden-Baden 1999, S. 105-123 (zitiert als: *Simler*, in: Mobiliarsicherheiten - Vielfalt oder Einheit).

Simler, Philippe, Les solutions de substitution au cautionnement, in: JCP E 1990, Band 1, Études, 15659, S. 5-10.

Simler, Philippe/Delebecque, Philippe, Droit civil: Les sûretés, La publicité foncière, 4e édition, Paris 2004 (zitiert als: *Simler/Delebecque*, Les sûretés 2004).

Simler, Philippe/Delebecque, Philippe, Droit civil: Les sûretés, La publicité foncière, 5e édition, Paris 2009 (zitiert als: *Simler/Delebecque*, Les sûretés 2009).

Smid, Stefan, Kreditsicherheiten in der Insolvenz des Sicherungsgebers, Stuttgart 2003 (zitiert als: *Smid*, Kreditsicherheiten in der Insolvenz).

Soergel, Hs. Th./Siebert, W./Baur, Jürgen F./u.a. (Hrsg.), Bürgerliches Gesetzbuch mit Einführungsgesetz und Nebengesetzen, Band 16, Sachenrecht 3, §§ 1018-1296, 13. Auflage, Stuttgart 2001, Redakteur: Horst Kontzen, Bearbeitung durch Horst Kontzen u.a. (zitiert als: Soergel/*Bearbeiter*).

Sommer, Rainer, Die Subprime-Krise und ihre Folgen. Von faulen US-Krediten bis zur Kernschmelze des internationalen Finanzsystems, 2. Auflage, Hannover 2009 (zitiert als: *Sommer*, Die Subprime-Krise und ihre Folgen).

Sonnenberger, Hans Jürgen/Dammann, Reinhard, Französisches Handels- und Wirtschaftsrecht, 3. Auflage, Frankfurt am Main 2008 (zitiert als: *Sonnenberger/Dammann*, Französisches Handels- und Wirtschaftsrecht).

Stadler, Astrid, "Wenn es nicht notwendig ist, ein Gesetz zu machen, dann ist es notwendig, kein Gesetz zu machen" oder: Brauchen wir das Risikobegrenzungsgesetz? In: *Derschka, Harald/Hausmann, Rainer/ Löhnig, Martin (Hrsg.)*, Festschrift für Hans-Wolfgang Strätz zum 70. Geburtstag, Regenstauf 2009, S. 519-536 (zitiert als: *Stadler*, in: Festschrift Strätz).

Stadler, Astrid, Das Abstraktionsprinzip und die Kreditsicherheiten nach deutschem Recht, in: *Yuanshi Bu (Hrsg.)*, Chinesisches Zivil- und Wirtschaftsrecht aus deutscher Sicht, Tübingen 2008, S. 37-55 (zitiert als: *Stadler*, in: Chinesisches Zivil- und Wirtschaftsrecht aus deutscher Sicht).

Stadler, Astrid, Gestaltungsfreiheit und Verkehrsschutz durch Abstraktion. Eine rechtsvergleichende Studie zur abstrakten und kausalen Gestaltung rechtsgeschäftlicher Zuwendungen anhand des deutschen, schweizerischen, österreichischen, französischen und US-amerikanischen Rechts, Tübingen 1996 (zitiert als: *Stadler*, Gestaltungsfreiheit und Verkehrsschutz durch Abstraktion).

Stadler, Astrid, Der Rang im Immobiliarsachenrecht - ein noch immer ungelöstes Problem? In: AcP 189 (1989), S. 425-469.

Städtler, Hans Jörg, Grundpfandrechte in der Insolvenz. Eine rechtsvergleichende Untersuchung der Effektivität von Grundpfandrechten in der Insolvenz des Schuldners in Deutschland und Frankreich, Tübingen 1998 (zitiert als: *Städtler*, Grundpfandrechte in der Insolvenz).

Staudinger, Julius v., Kommentar zum Bürgerlichen Gesetzbuch mit Einführungsgesetz und Nebengesetzen, Berlin (zitiert als: Staudinger/*Bearbeiter*), mit den Bänden:

- §§ 854-882; Einleitung zum Sachenrecht, Neubearbeitung 2007 durch Elmar Bund, Karl-Heinz Gursky, Hans-Dieter Kutter und Hans Hermann Seiler, Redaktor: Karl-Heinz Gursky,

- §§ 925-984; Anhang zu §§ 929 ff., Sonderformen der Übereignung (Eigentum 2), Neubearbeitung 2011 durch Karl-Heinz Gursky, Axel Pfeifer und Wolfgang Wiegand, Redaktor: Karl-Heinz Gursky,

- §§ 1113-1203 (Hypothek, Grundschuld, Rentenschuld), Neubearbeitung 2009 durch Hans Wolfsteiner, Redaktor: Wolfgang Wiegand.

Stöcker, Otmar M., Die "Eurohypothek". Zur Bedeutung eines einheitlichen nicht-akzessorischen Grundpfandrechts für den Aufbau eines "Europäischen Binnenmarktes für den Hypothekarkredit" mit einer Darstellung der Verwendung der Grundschuld durch die deutsche Hypothekarpraxis sowie des französischen, spanischen und schweizerischen Hypothekenrechts, Diss., Berlin 1992 (zitiert als: *Stöcker*, Die Eurohypothek).

Stöcker, Otmar M., Die grundpfandrechtliche Sicherung grenzüberschreitender Immoblilienfinanzierungen - die Eurohypothek - ein Sicherungsinstrument mit Realisierungschancen, in: WM 2006, S. 1941-1949.

Stöcker, Otmar M./Stürner, Rolf, Flexibilität, Sicherheit und Effizienz der Grundpfandrechte in Europa, Band III, Ergebnisse des Workshops vom 4./5. September 2008 in Berlin, Berlin 2008 (zitiert als: *Stöcker/Stürner*, Grundpfandrechte in Europa, Band III).

Stürner, Rolf, Das Grundpfandrecht zwischen Akzessorietät und Abstraktheit und die europäische Zukunft, in: *Huber, Ulrich (Hrsg.)*, Festschrift für Rolf Serick zum 70. Geburtstag, Heidelberg 1992, S. 377-388 (zitiert als: *Stürner*, in: Festschrift Serick).

Théry, Philippe, L'hypothèque rechargeable, in: Dr. & patr. 2007, Nr. 159, S. 41-51.

Thouault, Elisabeth, Le nouveau droit des sûretés après la réforme du 23 mars 2006, in: Rev. fisc. not. 2006, 17, S. 6-8.

Tiedtke, Klaus, Die Sicherungsgrundschuld, in: Jura 1980, S. 407-421.

Trambouze, Carole, Dossier - Spécial présidentielle - Les enjeux électoraux pour la profession bancaire, in: RB 2007, Nr. 690, April, S. 26-49.

Vaissé, Sauveur, Sûreté et insécurité, Entretiens de Nanterre, 13 et 14 mars 1987, in: JCP E 1987, Nr. 43, Supplément, S. 19-23.

Vallens, Jean-Luc, Le droit local d'Alsace-Moselle, in: D 1998, Chronique, S. 275-279.

Vauvillé, Frédéric, Les ajustements hypothécaires de la réforme des sûretés (1), in: Defrénois 2007, art. 38655, S. 1327-1339.

Vernet, Adrien/Ohnet, Jean-Marie, L'hypothèque: und bonne sûreté? Mémoire professionnel, Strasbourg 2007 (zitiert als: *Vernet/Ohnet*, L'hypothèque: une bonne sûreté?).

Vollkommer, Gregor, Risikohaftung des Neugläubigers bei unberechtigter Vollstreckung aus Urkunden nach § 799a ZPO, in: ZIP 2008, S. 2060-2064.

Volmer, Michael, Die Kündigung der Sicherungsgrundschuld nach dem Risikobegrenzungsgesetz, in: MittBayNot 2009, S. 1-8.

Wachter, Thomas, Die Eurohypothek - Grenzüberschreitende Kreditsicherung an Grundstücken im Europäischen Binnenmarkt, in: WM 1999, S. 49-70.

Wagemann, Steffi Katrin, Funktion und Bedeutung von Grundstücksregistern. Eine rechtsvergleichende Studie zum Liegenschaftsrecht von Deutschland, England und Frankreich, Diss., Heidelberg 2001 (zitiert als: *Wagemann*, Funktion und Bedeutung von Grundstücksregistern).

Wehrens, Hans G., Der schweizer Schuldbrief und die deutsche Briefgrundschuld - Ein Rechtsvergleich als Basis für eine zukünftige Europhypothek, in: Österreichische Notariatszeitung 1988, S. 181-191.

Wehrens, Hans G., Überlegungen zur Eurohypothek, in: WM 1992, S. 557-563.

Weingartner, Paul, Die Höchstbetragshypothek im Bankverkehr, Diss., Würzburg 1938 (zitiert als: *Weingartner*, Die Höchstbetragshypothek).

Weirich, Hans-Armin, Die Sicherungsgrundschuld, in: JuS 1980, S. 188-191.

Westermann, Harry, Die Grundlagen des Gutglaubensschutzes, in: JuS 1963, S. 1-8.

Westermann, Harry, Die nachträgliche Entstehung der durch die Hypothek gesicherten Forderung, in: JZ 1962, S. 302-303.

Westermann, Harry, Sicherung des Interesses am Rang des Grundpfandrechts nach dem bisherigen Recht und nach dem Entwurf des Gesetzes zur Änderung von sachen- und grundbuchrechtlichen Vorschriften vom 17.12.1976, in: *Baur, Fritz/Larenz, Karl/Wieacker, Franz (Hrsg.)*, Beiträge zur europäischen Rechtsgeschichte und zum geltenden Zivilrecht - Festgabe für Johannes Sontis, München 1977, S. 253-266 (zitiert als: *Westermann*, in: Festgabe für Johannes Sontis).

Westermann, Harry, Sachenrecht, fortgeführt von Harm Peter Westermann, Karl-Heinz Gursky und Dieter Eickmann, 7. Auflage, Heidelberg 1998 (zitiert als: Westermann/*Bearbeiter*, Sachenrecht).

Wiegand, Wolfgang, Akzessorietät und Spezialität. Zum Verhältnis zwischen Forderung und Sicherungsgegenstand, in: Probleme der Kreditsicherung, Bern 1982, S. 35-59 (zitiert als: *Wiegand*, in: Probleme der Kreditsicherung).

Wiegand, Wolfgang, Der öffentliche Glaube des Grundbuchs, in: JuS 1975, S. 205-214.

Wilhelm, Jan, Sachenrecht, 4. Auflage, Berlin 2010 (zitiert als: *Wilhelm*, Sachenrecht).

Wilhelm, Jan, Sicherungsgrundschuld und Einreden gegenüber dem Dritterwerber, in: JZ 1980, S. 625-633.

Witz, Claude, Analyse critique des règles régissant le transfert de propriété en droit français à la lumière du droit allemand, in: *Martinek, Michael/ Schmidt, Jürgen/Wadle, Elmar (Hrsg.)*, Festschrift für Günther Jahr zum siebzigsten Geburtstag am 10. Juli 1993, Tübingen 1993, S. 553-549 (zitiert als: *Witz*, in: Festschrift Jahr).

Witz, Claude, La fiducie française face aux expériences étrangères et la convention de La Haye relative au trust, in: D 2007, S. 1369-1374.

Witz, Claude, Réflexions sur la fiducie-sûreté, in: JCP E 1993, I. Études et chroniques, Art. 244, S. 231-235.

Wolf, Manfred/Wellenhofer, Marina, Sachenrecht, 26. Auflage, München 2011 (zitiert als: *Wolf/Wellenhofer*, Sachenrecht).

Zetsche, Dirk, Die Drittwirkung des Sicherungsvertrags beim Immobiliarkredithandel, in: AcP 209 (2009), S. 543-576.

Abkürzungsverzeichnis

AnwBl	Anwaltsblatt
BB	Betriebsberater, Zeitschrift für Recht, Steuern und Wirtschaft
Bull. civ.	Bulletin des arrêts de la Cour de Cassation rendu en matière civile
bspw.	beispielsweise
BWNotZ	Zeitschrift für das Notariat in Baden-Württemberg
C. Com.	Code de Commerce
C. Cons.	Code de la Consommation
Cass.	Cour de Cassation
Cass. com.	Cour de cassation chambre civile, section commerciale
CC	Code Civil
civ.	civil
D	Recueil Dalloz
D. aff.	Dalloz affaires
DB	Der Betrieb - Wochenschrift für Betriebswirtschaft, Steuerrecht, Wirtschaftsrecht und Arbeitsrecht
Defrénois	Répertoire du notariat Defrénois
DNotZ	Deutsche Notarzeitschrift
Doct.	Doctrine
DP	Dalloz Périodique
Dr. & patr.	Droit & patrimoine
f.	folgende (Singular)
ff.	folgende (Plural)
Fn.	Fussnote
Gaz. Pal.	La Gazette du Palais
GPR	Zeitschrift für Gemeinschaftsprivatrecht

Hrsg.	Herausgeber
hrsgg.	herausgegeben
i.V.m.	in Verbindung mit
insb.	insbesondere
JA	Juristische Arbeitsblätter
JCP E	La Semaine Juridique, Juris Classeur Périodique, Édition Entreprise et Affaires
JCP G	La Semaine Juridique, Juris Classeur Périodique, Édition Générale
JCP N	La Semaine Juridique, Juris Classeur Périodique, Édition Notariale et Immobilière
Journ. not.	Journal notarial
JuS	Juristische Schulung
JZ	Juristenzeitung
LPA	Les Petites Affiches. La Loi
LZ	Leipziger Zeitschrift für deutsches Recht
MittBayNot	Mitteilungen des Bayerischen Notarvereins, der Notarkasse und der Landesnotarkammer Bayern
NJW	Neue Juristische Wochenschrift
NotBZ	Zeitschrift für die notarielle Beratungs- und Beurkundungspraxis
Nr.	Nummer
NZM	Neue Zeitschrift für Miet- und Wohnungsrecht
RabelsZ	Rabels Zeitschrift für ausländisches und internationales Privatrecht
RB	Revue Banque
RD	Revue de Droit
RDBF	Revue de droit bancaire et financier

Rev. fisc. not.	La Revue fiscale notariale
RGZ	Entscheidungen des Reichsgerichts in Zivilsachen
RIW	Recht der internationalen Wirtschaft - Betriebsberater-Berater international
RJT	Revue Juridique Thémis
RLDA	Revue Lamy Droit des Affaires
RLDC	Revue Lamy Droit Civil
Rn.	Randnummer
RTDcom.	Revue trimestrielle de droit commercial et de droit économique
S.	Seite
s.o.	siehe oben
s.u.	siehe unten
sog.	sogenannte
suppl.	supplément
u.a.	und andere
v.a.	vor allem
Vgl.	Vergleiche
WM	Wertpapier-Mitteilungen, Zeitschrift für Wirtschafts- und Bankrecht
z.B.	zum Beispiel
ZGS	Zeitschrift für das gesamte Schuldrecht
ZEuP	Zeitschrift für Europäisches Privatrecht
ZfIR	Zeitschrift für Immobilienrecht
ZRP	Zeitschrift für Rechtspolitik
ZIP	Zeitschrift für Wirtschaftsrecht

Schriften zum internationalen Privat- und Verfahrensrecht

Herausgegeben von Rainer Hausmann und Astrid Stadler

Band 1 Frederike Schwenke: Factoring im deutsch-französischen Rechtsverkehr. 2006.

Band 2 Sinja Rüberg: Auf dem Weg zu einem europäischen Scheidungskollisionsrecht. 2006.

Band 3 Hava Erdem: Ehescheidung im deutsch-türkischen Rechtsverkehr. 2007.

Band 4 Nadja Probst: Die internationale Zuständigkeit zur Eröffnung von Insolvenzverfahren im europäischen Insolvenzrecht. Autonome Bestimmung der Eröffnungszuständigkeit, insbesondere für Konzerninsolvenzen, und Anforderungen für die gemeinschaftsweite Anerkennung grenzüberschreitender Insolvenzen nach der EuInsVO. 2008.

Band 5 Maximiliane-Stephanie Wild: Die anwaltliche Verschwiegenheitspflicht in Deutschland und Frankreich. Unter besonderer Beachtung der sich aus dem grenzüberschreitenden Rechtsverkehr ergebenden Kollisionsfälle. 2008.

Band 6 Catharina Klumpp: Die Zustellungsformen der Verordnung (EG) Nr. 805/2004 zur Einführung eines Europäischen Vollstreckungstitels. Vergleich mit den Zustellungsordnungen Deutschlands und Frankreichs. 2009.

Band 7 Daniel Wied: Zivilprozessuale Qualifikationsprobleme im Spannungsfeld von Vertrag und Delikt. Ein Beitrag zur Auslegung nationalen Zivilprozessrechts in europäischer Perspektive. 2010.

Band 8 Gerald Gräfe: Gläubigerschutz bei der englischen Limited mit Verwaltungssitz in Deutschland. Eine europarechtliche Untersuchung. 2010.

Band 9 Martin Bläsi: Das Haager Übereinkommen über Gerichtsstandsvereinbarungen. Unter besonderer Berücksichtigung seiner zu erwartenden Auswirkungen auf den deutsch-amerikanischen Rechtsverkehr. 2010.

Band 10 Christian Groß: Die internationale Durchsetzung wettbewerbsrechtlicher Unterlassungsansprüche im Wege des vorläufigen Rechtsschutzes. Vor dem Hintergrund der EuGVO und des Lugano-Übereinkommens. Unter Berücksichtigung der Rechtslage in der Bundesrepublik Deutschland, Österreich und der Schweiz. 2010.

Band 11 Daniel Schäuble: Die Einweisung der Erben in die Erbschaft nach österreichischem Recht durch deutsche Nachlassgerichte. Eine Untersuchung auf Grundlage des FamFG und der Erbrechtsverordnung. 2011.

Band 12 Lara Puñal García: Eigentumsvorbehalt und reserva de dominio als Sicherungsmittel im deutsch-spanischen Warenverkehr. 2012.

Band 13 Monika König: Die Anwendbarkeit des *forum non conveniens* im deutschen und europäischen Zivilverfahrensrecht. 2012.

Band 14 Alexander Baumann: Die *hypothèque rechargeable* – eine wiederaufladbare Hypothek als Grundschuld *à la française*? Eine Analyse der französischen *hypothèque rechargeable* durch Vergleich mit den deutschen Grundpfandrechten. 2012.

www.peterlang.de

FSC
www.fsc.org
MIX
Papier | Fördert
gute Waldnutzung
FSC® C083411

Kolibri 360 GmbH
Ferdinand-Jühlke-Straße 7
99095 Erfurt, Deutschland
produktsicherheit@kolibri360.de